Informieren und Trainieren

Deutsch
für eigene Lernwege
zum mittleren
Bildungsabschluss

von

Raymund Elfring
Dr. Karl-Heinz Fischer
Alexandra Lehnert-Branz
Ute Müller

winklers®

Das Buch folgt der aktuell gültigen Rechtschreibung. Ausnahmen bilden Texte, bei denen urheberrechtliche Gründe einer Änderung entgegenstehen. Diese Texte sind mit * gekennzeichnet.

1. Auflage, 2007

im Westermann Schulbuchverlag GmbH
Postfach 11 15 52 · 64230 Darmstadt
Telefon: 01805 996696 Fax: 06151 8768-61
www.winklers.de
Lektorat: Sandra Wuttke-Baschek, Recklinghausen
Druck: westermann druck GmbH, Braunschweig
ISBN: 978-3-8045-**4420**-8

Auf verschiedenen Seiten dieses Buches befinden sich Verweise (Links) auf Internetadressen. Haftungshinweis: Trotz sorgfältiger inhaltlicher Kontrolle wird die Haftung für die Inhalte der externen Seiten ausgeschlossen. Für den Inhalt dieser externen Seiten sind ausschließlich deren Betreiber verantwortlich. Sollten Sie bei dem angegebenen Inhalt des Anbieters dieser Seite auf kostenpflichtige, illegale oder anstößige Inhalte treffen, so bedauern wir dies ausdrücklich und bitten Sie, uns umgehend per E-Mail davon in Kenntnis zu setzen, damit beim Nachdruck der Verweis gelöscht wird.

44202

Text- und Aufgabenpool

Schulwelten – Lebenswelten

Eine Reise zu mir selbst

Bilder von mir – Bilder von anderen

Infopool

Sprechen, Zuhören, Schreiben

Lesen – mit Texten und Medien umgehen

Schulwelten – Lebenswelten

- „Lieber fünf Stunden Unterricht als gar keinen Schlaf."
- „Alle sprechen von der Schule, aber keiner tut was dagegen."
- „Als Gott am siebten Tag ruhte, schuf der Teufel die Lehrer."
- „Und Gott erschuf Monster und nannte sie Lehrer."
- „Lernen ist Zeit. Zeit ist Geld. Geld ist Luxus. Und Luxus kann ich mir nicht leisten."
- „Wissen ist Macht. Wir wissen nix. Macht nix."
- „Was haben Schule und Wolken gemeinsam? Wenn sie sich verziehen, wird es noch ein schöner Tag."

Sammeln Sie in Ihrer Klasse spontane Äußerungen zum Thema „Schule". Diskutieren Sie über Ihre Wünsche und Erwartungen an Ihren Schulbesuch.

Du sollst dir kein Bildnis machen

Woher dieser berühmte Spruch stammt, wissen Sie sicher. Er stammt aus der Bibel und ist eine bekannte Verkürzung eines der zehn Gebote. Aber viele andere Religionen, ob Islam, Judentum oder Buddhismus, haben ähnliche Vorgaben. Im Folgenden begegnen Ihnen Texte, die sich mit uns Menschen beschäftigen und den Vorstellungen, die wir über uns haben.

Max Frisch, geboren am 15. Mai 1911 in Zürich und dort auch 1991 gestorben, war ein schweizerischer Schriftsteller, der auch Architekt gewesen ist. Er gehört zu den bedeutendsten deutschsprachigen Schriftstellern der Nachkriegszeit.

Bei dem Fernsehquiz „Wer wird Millionär?" gab es einmal die 1.000.000-Euro-Frage: Welcher deutschsprachige Schriftsteller war gleichfalls Erbauer eines heute noch existierenden Schwimmbades in Zürich? Antwort: Max Frisch.

In seinen „Tagebüchern" hat er Beobachtungen, Gedanken und Überlegungen niedergeschrieben. Aus seinem „Tagebuch 1946–1949" stammt der folgende Text:

Du sollst dir kein Bildnis machen*

Max Frisch

Text 1

Es ist bemerkenswert, daß wir gerade von dem Menschen, den wir lieben, am mindesten aussagen können, wie er sei. Wir lieben ihn einfach. Eben darin besteht ja die Liebe, das Wunderbare an der Liebe, daß sie uns in der Schwebe des Lebendigen hält, in der Bereitschaft, einem Menschen zu folgen in all seinen möglichen Entfaltungen. Wir wissen, daß jeder Mensch, wenn man ihn liebt, sich wie verwandelt fühlt, wie entfaltet, und daß auch dem Liebenden sich alles entfaltet. Vieles sieht er wie zum ersten Male. Die Liebe befreit ihn aus jeglichem Bildnis. Das ist das Erregende, das Abenteuerliche, das eigentlich Spannende, dass wir mit den Menschen, die wir lieben, nicht fertig werden, weil wir sie lieben, solange wir sie lieben. […]

Erste Anregung: *Welches Bildnis meint Max Frisch, von dem er befreit sein möchte?*

Bertolt Brecht lebte von 1898 bis 1956, war ein kämpferischer Schriftsteller und auch Theaterbegründer, der beachtete Theaterstücke, Texte und Lieder schrieb und im Nachkriegs-Berlin modellhafte Aufführungen inszenierte.

Zeit seines Lebens kämpfte Brecht dafür, dass die durch Ausbeutung und Kapitalismus geprägte Welt menschlicher und sozialer werden sollte. In vielen kurzen, teils sehr kurzen Geschichten lässt er einen von ihm erfundenen Herrn Keuner auf Fragen antworten, die die Allgemeinheit berühren. So auch in der folgenden Geschichte des Herrn K.:

Wenn Herr K. einen Menschen liebte*

Bertolt Brecht

Text 2

„Was tun Sie", wurde Herr K. gefragt, „wenn Sie einen Menschen lieben?" „Ich mache einen Entwurf von ihm", sagte Herr K., „und sorge, daß er ihm ähnlich wird." „Wer? Der Entwurf?" „Nein", sagte Herr K., „der Mensch."

Erste Anregung: *Wie würde Ihr Entwurf eines Menschen, den Sie lieben, aussehen?*

Körperkult und Schönheitswahn – wahre Schönheit kommt von innen, heißt es. Aber man kann ja auch von außen mittlerweile ganz gut nachhelfen. Von Schönheits-OPs und Permanent-Make-up bis zu Augenlasern und Hungerkur – es gibt die verschiedensten Methoden, das körperliche Erscheinungsbild zu verbessern.

Text 3

Saugen statt Joggen – Das Geschäft mit der Schönheit boomt

Sylvie Liebsch

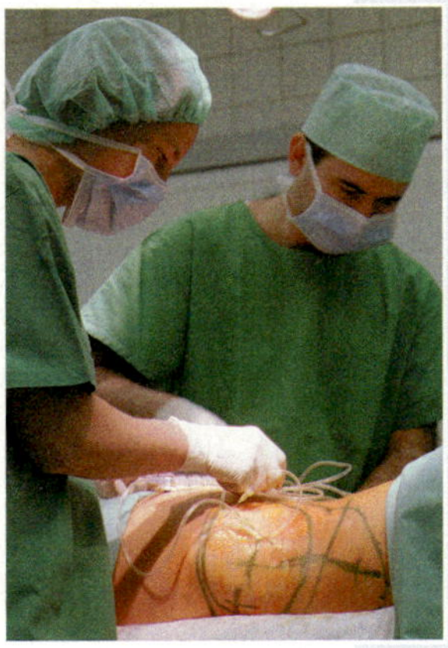

500 000 bis 800 000 Schönheitsoperationen gab es 2003 in Deutschland – nach unterschiedlichen Schätzungen. Klar ist: Noch nie waren so viele dicke Taillen und kleine Busen Grund für eine Vollnarkose, und noch nie waren so viele junge Leute dabei. In Amerika ist jeder vierte Patient zwischen 15 und 25. In Deutschland wollen immer mehr 20- bis 30-Jährige perfektere Figuren oder neue Nasen.

Wer sich für eine Schönheits-OP entschieden hat, sollte vorsichtig mit Idolen und Wunschvorstellungen umgehen. Die Traumnase kann im eigenen Gesicht einfach blöd aussehen, ohne kräftige Oberschenkel kann der Gesamteindruck der Figur leiden. Das Wichtigste sind eine gründliche Beratung und die Frage: „Wird der veränderte Körper mich wirklich glücklicher machen?“

Bei der Wahl des Schönheitschirurgen solltet ihr unbedingt drauf achten, dass er den Zusatz „Plastische Chirurgie“ trägt. Grundsätzlich darf nämlich jeder Facharzt solche Operationen durchführen, aber nur die mit dem Zusatz haben wirklich Ahnung von Eingriffen in Sachen Schönheit. Und: Man sollte versuchen, mit anderen Patienten zu reden, die den Eingriff bereits hinter sich haben – um genau vorbereitet zu sein. Es gibt auch im Internet Foren, in denen man Erfahrungen austauschen kann.

Erste Anregung: *Woher kommt es, dass in der heutigen Zeit so viele Menschen die verschiedensten Operationen an sich durchführen lassen?*

Aufgaben

1. Welcher Text gefällt Ihnen am besten? Fangen Sie mit ihm an. Schreiben Sie zwei Kernaussagen des ausgewählten Textes nieder.
2. Vergleichen Sie das Menschenbild der beiden Schriftsteller Max Frisch und Bertolt Brecht.
3. Die Journalistin Sylvie Liebsch beschreibt für einen Jugendradiosender in NRW („Eins Live“) das Phänomen der zunehmenden Schönheitsoperationen. Welche Informationen sind für Sie als Hörer/Leser wichtig?
4. Wie, glauben Sie, kommt der Schriftsteller Max Frisch zu seiner Aussage?
5. Legen Sie dar, warum wir Menschen Gemeinschaftswesen sind, die über Denken und Handeln ihr Leben gestalten können.

Wenn Sie diese Anregungen und Aufgaben angegangen sind, sind Sie schon mitten in der Tätigkeit zur Bearbeitung von Texten. Sicher ist Ihnen das aus den vorher besuchten Schulen nicht fremd. Erinnern Sie sich noch, wie Sie vorgegangen sind, um ein Werkzeug zu haben, Texte wiederzugeben? Wenn ja, entwickeln Sie Ihren Schreibplan. Wenn nein, schauen Sie in dem **Infokasten auf Seite 192** nach, wie Ihnen dort ein Hilfsweg beschrieben wird.

442010

Aufgabe 1

Probieren Sie die „Fünf-Schritt-Lesemethode" ➡ **Infokasten S. 202** am folgenden Text aus:

Jugend in ihrer Vielfalt kaum noch überschaubar

Jonas Havel und Hannes Pagel

Text 4

Wer heute durch die Straßen beliebiger Regionen oder Großstädte geht, dabei in Kneipen und Discotheken, aber auch in Internetcafés und Sporthallen schaut, dem fallen etliche Gruppen junger Leute mit jeweils eigenen Stilformen auf. So erkennen wir etwa Hip Hopper, Computerfreaks und Funsportler. Wer genau hinschaut, wird aber auch feststellen, dass praktisch keine der alten Jugend(sub-)kulturen vollends von der Bildfläche verschwunden ist: etwa die Teddyboys und Rockabillys aus den 50er-Jahren, die Skinheads, Rocker und Hippies aus den 60er-Jahren, die Anarcho- und Post-Punks aus den 70er-Jahren. Viele dieser Kulturen haben inzwischen Unterabteilungen gebildet oder sich mit neuen jugendlichen Lebensstilen vermischt. Es ist für Jugendliche sogar möglich geworden, in mehreren Szenen gleichzeitig zu leben oder in rascher Folge die Lebensstile zu wechseln. Der Bielefelder Jugendforscher Wilfried Ferchhoff fasst dies so zusammen: „Die Jugendkulturen vermischen sich, man sampelt und remixt verschiedene Lebensstile zu einer Art Patchwork-Lebenskonstellation." Weder Elternhaus noch Schule haben auf die jugendlichen Lebensformen einen prägenden Einfluss. Was bestimmt dann noch die Entwicklung eines jungen Menschen? Die allgemeine Erkenntnis der Jugendforscher lautet: Neben der Peergroup, also der Gruppe der Gleichaltrigen, ihren Normen und Wertorientierungen, spielen heute die Teilhabe am Konsum und die Nutzung der Medien für die Identitätsbildung junger Menschen eine entscheidende Rolle.

Die Teilhabe am Konsum

Jugendliche verfügen bereits über eine beträchtliche Kaufkraft und sind überdies die Konsumenten von morgen, das hat auch die Werbung längst erkannt und die Jugend zu ihrer wichtigsten Zielgruppe gemacht. So werden von den Jugendlichen teilweise sündhaft teure Markenartikel gekauft, besonders Kleidung und Schuhe, die sich dem Stil der Clique angleichen, aber auch Handys, die das Selbstbewusstsein stärken, und Computerspiele, die beim Onlinegaming noch mehr Spaß machen sollen.

Der Einfluss der Medien

Die herkömmlichen Massenmedien wie Fernsehen und Radio bilden schon seit Längerem einen festen Bestandteil jugendlicher Lebenswelten, die Jugendforschung spricht hier von der „Veralltäglichung der Massenmedien". Durch den Einzug der neuen Medien in nahezu alle Haushalte werden die Jugendlichen aber nicht nur mit einem weitaus größeren Angebot, sondern auch mit gänzlich neuen Formen der Mediennutzung und -anwendung konfrontiert. Die neuen Medien wie der Computer oder das Internet werden bereits von Kindern genutzt. Während die Jungen gerne an Computerspielen teilnehmen, bevorzugen Mädchen die Kommunikation mit Freunden per E-Mail oder auch mit fremden Personen im Chat. Das Herunterladen von Sounddateien (MP3s) nutzen jedoch beide Geschlechter gleichermaßen. Ein brisantes Prob-lem ist die Software-Piraterie, also das illegale „Brennen" von CDs, die sonst im Geschäft zu horrenden Preisen erworben werden müssen. Dadurch entsteht vielerorts ein regelrechter Handel, besonders an Schulen ist dies zu beobachten.

(Die Autoren, Jonas Havel und Hannes Pagel, leben in Hamburg und sind 2002 Schüler gewesen.)

Meist wird von Ihnen mehr verlangt, als nur einen Text sinnentnehmend zu lesen. Sie werden ihn schriftlich wiedergeben müssen. Eine Form der schriftlichen Wiedergabe von Texten ist die Inhaltsangabe. Auch diese ist Ihnen in Ihrem Schulleben schon mehrfach begegnet. Was wissen Sie noch davon? Wenn Sie Hilfe brauchen, finden Sie diese im ➽ **Infokasten S. 203**.

Text 5

Mein schöner Schulalltag

Wenn morgens der Wecker klingelt, ist die Freude auf die Schule kaum noch auszuhalten. Man springt schnell aus dem Bett und macht sich für das Frühstück fertig. Ein gutes Frühstück wird eingenommen und dann rennt man so schnell wie möglich zur Bushaltestelle, wo man ungeduldig wartet. Man hört überall Stimmen: „Ich will in die Schule." Und endlich kommt der Bus und wird begeistert gestürmt. Im Bus sitzt jeder auf seinem gut gepolsterten Schlafsessel, hört leise Entspannungsmusik und ist auf das heutige Programm gespannt. Wenn man aber die Schule vor Augen hat und in der modern ausgebauten Bushaltestelle einfährt, ist die Spannung an einem Höhepunkt angelangt. Man stürmt an die Kasse, aber glücklicherweise ist der Eintritt frei. Dafür muss man jedoch eine halbe Stunde im Vorraum auf die Stars warten. Die Stars haben einen eigenen Parkplatz und kommen durch den Hintereingang in ihre Garderoben, um sich vor den Fans zu retten. Es gibt zwar auch einen Zugang vom Vorraum zu den Garderoben, doch dieser wird von zwei Mitgliedern des Veranstaltungsteams bewacht. Sie haben ein Wachhäuschen, das fast nur aus Glas besteht. Aber ab und zu lassen die beiden auch mal jemanden zu den Garderoben. Wenn diese das Glück haben, können sie sogar ein Autogramm erhaschen. Die Stars schicken vor ihren Auftritten einen Kollegen in den Vorraum, der soll sich einen Eindruck über die Stimmung der Fans machen. Er geht im Vorraum auf und ab, dabei sieht er sich die Fans genau an. Dann werden die Veranstaltungsräume aufgeschlossen. Alle strömen hinein und setzen sich auf ihre reservierten Plätze. Nach fünfminütigem Warten kommt der erste, längst erwartete Star. Tosende Fans – ein Riesendurcheinander. Nach weiteren fünf Minuten wird es wieder ruhiger. Hier und da noch ein Zwischenruf. Viele, aber nicht alle haben ihrem Star ein Geschenk in Form von schriftlichen Arbeiten mitgebracht. Ein Auftritt dauert 45 Minuten, aber manchmal bleibt ein Star infolge der vielen „Zugabe"-Rufe noch fünf bis zehn Minuten länger. Zwischen den Auftritten sind Pausen, in denen man sich mit Erfrischungen versorgen kann. An einem Tag finden so sechs bis sieben Auftritte statt.

Vor einiger Zeit hat der Veranstalter einmal die Tagesveranstaltungen wegen zu großer Hitze frühzeitig abgebrochen. Dies hat allen natürlich nicht sehr gut gefallen. Die enttäuschten Fans fuhren dann mit den Bussen wieder nach Hause. Wegen solcher Aktionen hat der Veranstalter keinen guten Ruf bei den Fans. Aber die meisten freuen sich schon auf den nächsten Tag.

Aufgaben

2 Fertigen Sie eine Liste der Gegebenheiten an, die den Autor der Geschichte Tag für Tag immer wieder begeistern.

3 Wie ist es mit Ihnen? In welchen Punkten erleben Sie die Auftritte Ihrer Stars in anderer Weise? Stellen Sie ebenfalls eine Liste auf.

4 Verfassen Sie eine Inhaltsangabe des Textes. ➽ **Infokasten S. 203**

5 Diskutieren Sie, was geschehen sollte, um die Zufriedenheit der Schüler mit ihrer Schule zu verbessern. ➽ **Infokasten „Diskussionen durchführen" S. 181**

Ich bin in einer neuen Lerngruppe

Vielleicht nutzen Sie dieses Buch gerade mit einer Lerngruppe, die sich neu gefunden hat. Sie werden „alte Bekannte" wiedersehen und neue Mitschüler kennen lernen können. Dafür sind im Folgenden einige Methoden angeboten, um schnell die Namen und auch einige persönliche Dinge zu erkennen, die das Zusammenleben und die Zusammenarbeit erleichtern.

Kennenlernspiele

1. Alle in einer Reihe

Zur Vorbereitung ist nötig: etwas Platz, damit die Gruppe sich in einer (nicht immer geraden) Reihe aufstellen kann.

Unter Umständen existieren auf Karten die Vorgaben der Reihenfolge, in der man sich aufstellen soll. Sie können auch von der Klasse gemeinsam vorher angefertigt oder im Verlauf der Vorstellung ergänzt werden.

Mögliche Inhalte der Karten:

- der Größe nach
- nach Entfernung Schule – Wohnort
- vom Jüngsten zum Ältesten
- nach Anfangsbuchstaben des Vornamens
- nach Schuhgröße

…

2. Biografische Europa-, Deutschlandkarte / Stadtplan

Nötig ist eine Landkarte oder ein Stadtplan. Dieser kann auch selbst gezeichnet werden.

Jede(r) zeigt darauf seinen/ihren Lebensweg und wo er/sie schöne, interessante, seltene, … Erlebnisse gehabt hat oder wo wichtige Ereignisse seines/ihres Lebens bis in diese neue Klasse hinein stattgefunden haben.

3. Sich selbst vorstellen

Man nennt seinen Namen, der um ein Attribut erweitert wird, und fügt ein Tier und eine Pflanze oder einen Popstar oder einen Sportler […] hinzu, die/den man mag Beispiel: Lisa könnte sich vorstellen mit: „Ich bin die lustige Lisa und mag den lässigen Oliver Geissen."

Aufgaben

1 Machen Sie sich mit der einen oder anderen beschriebenen Möglichkeit in Ihrer neuen Lerngruppe gegenseitig bekannt.

2 Schauen Sie sich das Cover von Irina Korschunows Roman „Die Sache mit Christoph" an. Was geht Ihnen durch den Kopf? Wovon könnte der Roman handeln? Formulieren Sie in ein paar Sätzen Ihre persönliche Leseerwartung. ➡ **Infokasten „Lesekompetenz als Schlüsselqualifikation" S. 201**

Text 6

Die Sache mit Christoph

Irina Korschunow

Heute haben wir Christoph begraben. Nein, nicht wir. Sie haben ihn begraben. Ich war nicht dabei. In die Kirche bin ich noch gegangen. Sie liegt oben auf einem Hügel, mitten zwischen den Gräbern, eine kleine weiße Dorfkirche mit rundem Turm und einem Altarbild ganz in Rosa und Hellblau, von dem Christoph einmal gesagt hatte, dass es sicher ein Gemeinschaftswerk des Oberrieder Jungfrauenvereins sei. Jetzt stand sein Sarg vor dem Bild.

Die Beerdigung sollte um elf anfangen. Kurz vor elf, als ich kam, war die Kirche schon voll. Das halbe Dorf war da, und die Schule natürlich: unsere Klasse, die Parallelklassen, fast sämtliche Lehrer. Die meisten wohnen nicht in Oberried. Sie waren zusammen mit der Bahn herausgefahren, wie bei einem Schulausflug, und eine halbe Stunde zu früh eingetroffen. Ich bekam keinen Platz mehr und musste stehen. Ich stand an der Wand und sah sie in den Bänken sitzen, einen neben dem andern, die Göbler, Mathe-Mayer, Bio-Mayer, Hansen, den Musiklehrer ... Nur der Hansen hatte Christoph gemocht, die anderen nicht, und ich konnte sie kaum aushalten mit ihren dunklen Kleidern und diesen passenden Gesichtern dazu. Der dicke Morgenfeld bekam es sogar fertig, unglücklich auszusehen. Vor ein paar Tagen hatte er noch zu Christoph gesagt: „Das Leben wird Ihnen schon genug blaue Flecken verpassen, Sie arroganter Kerl, und weiß Gott, die gönne ich Ihnen."

Dass er es überhaupt gewagt hatte, herzukommen, nach allem, was geschehen war. Er hätte in die Schule gehen sollen, er und die anderen, vor allem die Göbler, bei der wir im letzten Jahr Deutsch hatten und die wenigstens ehrlich genug war, keine Trauermiene aufzusetzen. Niemand von denen hätte kommen dürfen, auch die Klasse nicht. „Die Meute", hatte Christoph sie genannt, obwohl sie ihn nicht gehetzt hatten, weil es nicht ging, weil sie sich nicht rantrauten. Nur Ulrike hätte dabei sein dürfen, Ulrike und ich. Aber da saßen sie und glotzten auf den Sarg, und ich biss mir die Lippen kaputt, weil ich es nicht aushalten konnte, dass sie ihn anstarrten, den braunen Sarg mit Christoph darin, und sich vorstellten, wie er aussähe, vielleicht in einem weißen Hemd und die Hände gefaltet. Ja, so war es, ich hielt es nicht aus. Ich hatte noch nicht begriffen, dass sie ihm nichts mehr antun konnten. Dass er tot war. Nein, das hatte ich noch nicht begriffen.

Ich stand an der Wand und machte die Augen zu und machte sie wieder auf, weil ich keine Show abziehen wollte. Dann fing die Musik an. Drei Geigen und das Cello vom Schulorchester. Jemand schluchzte. Bestimmt Christophs Mutter. Sie tat mir leid. [...]

So beginnt der Roman von Irina Korschunow und im Weiteren wird in vielen Rückblenden von der intensiven Freundschaft zwischen Martin und Christoph erzählt, der – weil er nun mal eigenwilliger und anders ist – von vielen Mitschülern, auch von Lehrern und Eltern abgelehnt wird. Ja, und dann ist da noch Ulrike, die von beiden geliebt wird und die zu beiden hält.

Aufgaben

3 Welche Gedanken gehen Martin durch den Kopf? Geben Sie seine Situation und seine Stimmung wieder.

4 Schreiben Sie Martin eine E-Mail (martin2006@vad.de), in der Sie ihm Ihre Gedanken mitteilen. ➠ **Infokasten „Texte gestaltend interpretieren" S. 212**

5 Überlegen Sie: Was könnte geschehen sein? Skizzieren Sie mögliche Ereignisse, die zum Tod von Christoph geführt haben. Beziehen Sie dabei auch Ihre Leseerwartung mit ein.

6 Wie könnte der weitere Tag von Martin verlaufen? Erzählen Sie. ➠ **Infokasten S. 191**

In der neuen Lerngruppe erfolgreich zusammenarbeiten

Die gute Zusammenarbeit in einer neuen Klasse ergibt sich nicht von selbst. Daran muss man arbeiten. Die vielen neuen Menschen um einen herum haben unterschiedliche Vorstellungen (manchmal unerfüllbare), viele Erfahrungen (manchmal auch schlechte) und verschiedene Wünsche (manchmal ausgefallene). Dabei nimmt im Berufsleben die Arbeit in Gruppen oder Teams immer mehr zu und der klassische Einzelkämpfer wird immer seltener gefragt.

Von jungen Leuten wird ein hohes Maß an Team- und Kommunikationsfähigkeit erwartet. Das heißt, dass neben Ihren Fähigkeiten im Bereich des Fachwissens auch Ihre sozialen Kompetenzen gefordert sind. In der neuen Lerngruppe können Sie mit Schritten beginnen, besser im Team zu arbeiten. Einiges im Umgang miteinander ist leichter zu gestalten, wenn man zu Beginn einige Absprachen trifft.

Gruppenvertrag erstellen

Schritt 1

Bilden Sie aus Ihrer Gesamtgruppe x Gruppen zu jeweils 3 bis max. 5 Teilnehmern. Stellen Sie in diesen Gruppen eine Liste mit Verhaltensweisen zusammen, die eine vertrauensvolle und erfolgreiche Zusammenarbeit möglich machen. Dabei sollen gerade persönliche Wünsche formuliert, Argumente geliefert und Meinungsverschiedenheiten besprochen werden. Jede(r) sollte diese Liste mitschreiben.

Schritt 2

Zwei Mitglieder der Gruppen wechseln nun in eine nächste Gruppe, sodass eine Rotation entsteht. In der neu gebildeten Gruppe tauschen sie sich über die Ergebnisse aus, ergänzen eventuell die Vorstellungen und stellen eine Rangfolge auf. Jede Gruppe stellt nun ihr Ergebnis vor.

Schritt 3

Auf einem vorbereiteten Plakat sind nun 7 Paragrafen vorgezeichnet, die die sieben wichtigsten Regeln der Klasse beinhalten sollen. Stimmen Sie im Plenum darüber ab, wie das Plakat ausgefüllt wird. Das Plakat wird von der Lerngruppe unterzeichnet und an exponierter Stelle in der Klasse aufgehängt.

Gruppenvertrag

Um in unserer Lerngruppe vertrauensvoll und angenehm miteinander zusammenarbeiten zu können, vereinbaren wir folgende Regeln:

§ 1 …

§ 3 …

.

.

§ 7 …

Unterschriften

Aufgaben

1 Informieren Sie sich im Internet zu der Fragestellung: Wie kann man das Teambewusstsein einer (Lern-)Gruppe verbessern? Finden Sie mindestens fünf Möglichkeiten, die Sie in Ihrer Gruppe ausprobieren können. ➜ **Infokasten „Informationsquellen nutzen" S. 176**

2 Stellen Sie Ihrem Gruppenleiter die Aufgabe, mit Ihnen ein Teamtraining durchzuführen.

In Gruppen zusammenarbeiten

In der Schule gibt es verschiedene Arbeitsformen: Einzelarbeit, Partnerarbeit, Gruppenarbeit oder Plenumsgespräche. Sie werden alle diese Vorgehensweisen schon erlebt haben, die einen besonders mögen und andere weniger gerne ausführen. Meist haben sich die Lehrer und Lehrerinnen zu Hause Gedanken gemacht, welche Form der Zusammenarbeit für die Bewältigung der jeweiligen Aufgabe einen besonderen Erfolg verspricht. Häufig wird die Gruppenarbeit ausgesucht, weil dies die Zusammenarbeit trainieren und auch die Selbstständigkeit der Schüler/-innen untereinander fördern soll. Nicht immer sind alle Mitglieder der Klasse in dieser Form der Zusammenarbeit trainiert. Der Pädagoge Heinz Klippert hat ein ganzes Buch „Teamentwicklung im Klassenraum" verfasst, in dem er viele Übungen anbietet, um gut miteinander auskommen zu können. Mit der folgenden Aufgabe können Sie die wichtigsten Forderungen an eine gelingende Gruppenarbeit noch einmal klarstellen.

Aufgabe

1 Aus den folgenden Satzteilen können mindestens acht Regeln zusammengestellt werden, die angeben, wie sich Gruppenmitglieder gut verhalten können. Tragen Sie die gefundenen Regeln in eine Liste ein. Jede Regel sollte mit dem Satzanfang: „Die Gruppenmitglieder ..." beginnen:

argumentieren – die aufgestellten – engagiert mit – den Arbeitsprozess voran – helfen und motivieren – bleiben konsequent – übernehmen Verantwortung und arbeiten – tolerieren – Vorschläge – sich gegenseitig – hören zu und – und sachlich – beim Thema – andere Meinungen und – beachten – arbeiten zügig und – in der Gruppe offen an – bringen mit ihren Ideen – fair – aufeinander ein – Regeln – gehen – sprechen – Missstände – achten auf die Zeit

Feedback geben

Wenn die Zusammenarbeit in einer Gruppe verbessert werden soll, ist es notwendig, das Gesprächsverhalten miteinander abzugleichen. Das gilt nicht nur bei der Beantwortung von Fragen der Lehrer/-innen oder bei Wortmeldungen im Unterricht, sondern auch bei Diskussionen und Debatten zu ungeklärten Situationen, gerade, wenn die Positionen störend oder unangenehm empfunden worden sind. Das Austauschen solcher Rückmeldungen nennt man „Feedback". Hierbei kann man aktiv sein und jemand anderem ein Feedback geben oder aber auch von jemand anderem ein Feedback einholen. Wichtig bei jeder Art von Feedback ist es, die anderen nicht zu beschuldigen oder bloßzustellen. Denken Sie daran, jeder braucht nach einem Fehler eine Brücke, über die er (zurück-)gehen kann. Sprechen Sie von sich! (*„Ich habe bemerkt, dass mir ganz ... wurde ..."* oder *„Das macht mich ärgerlich, wenn ich höre, dass ..."*) Wenn Sie sofort mit „Du!" anfangen, bleibt die Möglichkeit für ein unbelastetes Gespräch auf der Strecke. Bleiben Sie beim Sachverhalt und thematisieren Sie nicht sofort die Beziehungsebene.

Aufgabe

1 Trainieren Sie das Feedback-Geben und -Nehmen mit Hilfe der Informationen ➡ **Infokasten S. 197**. Gehen Sie z. B. von folgenden Situationen aus:

a) Ihr Mitschüler hat vergessen, Ihnen die ausgeliehene CD, die Sie heute zurückgeben müssen, mitzubringen.

b) Eine Mitschülerin hat eine gute Freundin schlechtgemacht.

Gestalten Sie die Situationen zu einem Dialog unter Berücksichtigung der Hinweise zu einem gelungenen Feedback aus. Erarbeiten Sie diesen als Rollenspiel.

442016

In der Schule zusammenleben und gemeinsam arbeiten – Schuluniform: ja oder nein?

Immer wieder wird intensiv über die Möglichkeit diskutiert, ob durch das Tragen von Schuluniformen das unbelastete Zusammenleben in einer Schulklasse bzw. auf dem Schulgelände gefördert werden kann. In einigen Ländern Europas ist dies gar keine Frage. Mit der Schuluniform identifizieren sich die Schülerinnen und Schüler der einzelnen Schulen. Aber auch negative Beispiele gibt es. Gerade in autoritären Staatsformen möchte man die individuelle Möglichkeit, sich zu kleiden, einschränken. Dazu wird häufig die Kleidung genutzt. Denken Sie daran, dass zur Zeit Mao TseTungs (1893 – 1976) in China eine Einheitskleidung für alle öffentlichen Auftritte von Menschen vorgeschrieben war oder auch die Nationalsozialisten Kleidervorgaben für ihre Jugendorganisationen vorgeschrieben hatten.

Eine neue Schulmode

Sascha Tegtmeier und Dominik Schottner

Text 7

Bundesjustizministerin Brigitte Zypries (SPD) erntet für ihren Vorschlag, Schuluniformen einzuführen, Kritik von allen Seiten. In einem Interview mit der *Welt am Sonntag* hatte Zypries vorgeschlagen, „alle Schülerinnen und Schüler sollten einheitliche Schulkleidung tragen". Hintergrund für Zypries' Vorstoß ist der Fall von zwei Bonner Gymnasiastinnen, die in den ganzen Körper verhüllenden Burkas zur Schule gekommen waren. Uniformen wären eine einfache Lösung zur Konfliktvermeidung, so Zypries. „Damit beseitigen wir nicht nur die Burkas, sondern auch Probleme, die sich durch soziale Unterschiede ergeben", sagte sie.

Der bildungspolitische Sprecher der SPD-Bundestagsfraktion, Jörg Tauss, lehnt den Vorschlag seiner Parteigenossin ab: „Ich halte nichts von zentralen Regelungen", sagte er der taz. Solche Entscheidungen sollten die Schulen allein treffen.

„Wenn es darum geht, beispielweise Markendruck von einigen Schülern zu nehmen, sollte sich die Schulgemeinschaft darauf verständigen", sagte Tauss. Die Lösung wäre jedoch keine Schuluniform, sondern „bestimmte Kleidungsstandards". Der Generalsekretär des Zentralrats der Muslime, Ayman Mazyek, hält die Schuluniform zwar für eine Möglichkeit, soziale Gefälle einzuebnen. Beim Thema Integration könne dies aber nur ein Baustein sein. „Schuluniformen ersetzen keine richtige Integrationspolitik", sagte er der taz.

Norbert Hocke, Vorstandsmitglied der Gewerkschaft für Erziehung und Wissenschaft (GEW), hält inhaltliche Konzepte für die Schulen für wichtiger als die Kleidung. „Die

Schuluniformen werden über andere Probleme gestülpt – und diese so verdeckt", sagte Hocke der taz. Zudem weist er darauf hin, dass die Bundesjustizministerin nicht für Schulfragen zuständig ist – Schulen fallen in den Zuständigkeitsbereich der Bundesländer.

Von Seiten der Zuständigen – der Kultusministerkonferenz (KMK) – hieß es, in der Bundesrepublik habe man sich aus historischen Gründen nach dem Zweiten Weltkrieg gegen Schuluniformen entschieden. Zu frisch seien noch die Erinnerungen an die Uniformen der Hitlerjugend und des Bundes Deutscher Mädel. Eine grundsätzliche Verordnung von einheitlicher Kleidung werfe auch die Frage auf, inwieweit in die Rechte von Schülern und Eltern eingegriffen werde.

In Europa ist Großbritannien das Land der Schuluniformen. Dort sind Schulkinder an ihren blauen Pullovern und karierten Röcken oder blauen Hosen gleich erkennbar. Auch in Deutschland gab es immer wieder Versuche, Kindern und Jugendlichen Schulkleidung schmackhaft zu machen, etwa in Schulen in Berlin, Hamburg und Brandenburg – und im baden-württembergischen Friesenheim.

An der dortigen Real- und Hauptschule hat Rektor Günter Behre im vergangenen Jahr die „Schulmode“, wie er es nennt, eingeführt. Grund dafür war eine Umfrage, nach der rund ein Drittel der Schüler Markendruck als belastend empfand. „Die ganze Situation an der Schule ist seitdem entspannter, die Akzeptanz der Schüler füreinander höher“, sagte Behre der taz.

Die einheitlichen Kleidungsstücke sind an seiner Schule nicht verpflichtend. Die Schüler/-innen können nach Belieben ihre privaten Sachen mit der „bunten Kollektion“ der Schule kombinieren. „Zwischen 30 und 50 Prozent tragen täglich ein Teil“, schätzt Behre. Auch die Friesenheimer Lehrer schmücken sich gern mit der Schulmode. Am vergangenen Freitag hat Behre die neue Sommerkollektion vorgestellt – in Schwarz und Rosa.

Aufgaben

1 Nutzen Sie die „Fünf-Schritt-Lesemethode“ ➡ **Infokasten S. 202**, um aus dem Artikel fünf Argumente herauszufinden, die sich gegen den Erfolg von Schuluniformen aussprechen.

2 Die Verfasser/-innen der von Ihnen gefundenen Kontra-Aussagen sind meist Politiker oder Verbandsvertreter. Was sagen Sie als junge Erwachsene? Welche Stellung beziehen Sie? Schreiben Sie mindestens fünf Aussagen auf (pro oder kontra).

Text 8

Schuluniformen: Pro – Gut für das Gemeinwohl

Beatrice Brandt

Da ich im Deutsch- und Englischunterricht das Thema „Schuluniformen“ gerade besprochen habe, würde ich gerne meine Meinung dazu äußern. Ich finde, dass an den meisten Schulen in Hamburg und der Umgebung Schuluniformen eingeführt werden sollten. Es ist wichtig, dass man einen Schüler nicht durch sein Äußeres, sondern durch seinen Charakter beurteilt. Deshalb ist es besser, wenn alle Schüler gleich aussehen. Schuluniformen können dazu beitragen, dass sich die Schüler gegenseitig nicht diskriminieren, sondern sich als eine Gemeinschaft fühlen. Wenn jemand die Schuluniform nicht mag, kann er/sie mit seiner/ihrer Klasse und der Schule eine eigene Kreation entwerfen. Schuluniformen kosten auch nicht viel. Man muss ja keine Markenkleidung tragen. Es würde nach Einführung der Schuluniformen kein Mobbing gegen die einen und keinen Neid mehr auf die anderen geben, da alle gleich aussehen würden. Schuluniformen sollten eingeführt werden, da sie einfach für das gemeinschaftliche Wohl sehr viel beitragen könnten.

Text 9

Schuluniform allein genügt nicht

Robert Leicht

Die Einführung einer einheitlichen Kluft begründet keine Gemeinschaft, schon gar nicht eine bessere. Erst muss sich das Klima an den Schulen ändern.

Ein Kommentar von Robert Leicht

Jetzt will also sogar Bundesjustizministerin Brigitte Zypries die Einführung von Schuluniformen vorantreiben. Hier kann man sich bereits fragen, inwiefern eine solche Frage in das Ressort einer Bundesministerin, noch dazu ins Justizressort fällt. Aber jeder Minister, jede Ministerin hat das Recht auf eine eigene Meinung. Wie auch ich … Und ich habe sogar ein besonderes Recht auf eine Meinung zu dieser Frage

442018

– weil ich neun Gymnasial- und Internatsjahre lang eine Schuluniform getragen habe.

Freilich hat sich Frau Zypries dieser Frage über einen Nebengesichtspunkt genähert. Sie hält die Schuluniform nämlich für ein Mittel, eine ganz andere Frage zu lösen: Wie gehen wir mit Schülerinnen um, die sich an unseren Schulen aus religiösen Gründen verhüllen, mit einer Burka möglicherweise gar am ganzen Körper? Und da dachte sich die Ministerin wohl: Bevor ich lange räsoniere über das Verhältnis zwischen der hochrangigen Religionsfreiheit (aktiv – passiv) und dem eher niederrangigen allgemeinem Schuldisziplinarrecht, greife ich zum Trick „Schuluniform" – führe ich also eine Schuluniform ein, die alle nach außen sichtbar zu tragen haben. (Und, so könnte man listig hinzufügen: Wer unbedingt ein religiöses Kleidungsstück tragen möchte, kann es ja unter der Schuluniform tragen.) Doch mit solchen Spielereien kann man weder verfassungsrechtliche Probleme lösen, noch wird man damit dem Thema Schuluniform gerecht.

Also zur Sache selbst! Auch wenn man nicht gerade an die Reinkarnation der Seele glaubt, so muss man doch sehen: Es gibt eine Reinkarnation der Themen – und zwar so, dass das alte Thema nicht als ein anderes, sondern als dasselbe wieder ins Leben tritt. Am schönsten sieht man das in meiner alten Schule, die ich 1963 verlassen habe, nachdem ich nochmals – wie von der Schulleitung extra angeordnet, damit die Lümmels, die gleich danach abreisen wollten, zu diesem Akt nicht schon in Zivil erscheinen – zur Abitursfeier den Schulanzug getragen habe. Wenige Jahre später war der Schulanzug völlig out – übrigens beschleunigt durch die Tatsache, dass er rein modisch längst schon in der Nachkriegszeit, ganz gewiss aber gegen Ende der sechziger Jahre ziemlich bescheuert aussah. Aber gut dreißig, fünfunddreißig Jahre nach seiner Abschaffung wurde nun der Schulanzug wieder eingeführt, nach einem komplizierten demokratischen und konsultativen Willensbildungsverfahren. Aber das ist eben die Reinkarnation des immer selben Themas. Man muss nur lange genug warten – oder leben.

Aufgaben

1 Sie haben zu dem Thema „Schuluniformen" verschiedene journalistische Textsorten vorliegen. Ordnen Sie die Texte 7 bis 9 einer Textsorte zu. **➽ Infokasten „Journalistische Textsorten unterscheiden" S. 216** Belegen Sie Ihre Zuordnung am Text.

2 Nutzen Sie alle Texte zum Thema „Tragen von Schuluniformen" sowie Ihre eigenen Ideen und verfassen Sie einen Kurzvortrag von maximal drei Minuten, in der Sie sich mit dem Tragen von Schuluniformen für Ihre Lerngruppe auseinandersetzen. **➽ Infokasten „Referate/Vorträge halten" S. 171** Tragen Sie diese in Ihrer Klasse vor.

Ich möchte Ziele erreichen

Die meisten Schüler/-innen kommen in eine neue Klasse und haben sich einiges vorgenommen. Vielleicht sind auch andere darunter, die keine Lehrstelle gefunden haben und noch nicht so recht wissen, was auf sie zukommt und wo sie sich anstrengen wollen. Da jedoch meist ein höherer Abschluss angestrebt wird, geht es jetzt um Ihre Weiterqualifizierung. Wenn man sich weiterbilden will, geht das nur, wenn man weiß, wohin der Weg führen und mit welchen Ergebnis er enden soll.

Der Schriftsteller Antoine de Saint-Exupéry hat einmal gesagt: „Wenn du willst, dass deine Männer ein Boot bauen, lehre sie, das Meer zu lieben!" Das sind große Ziele, es geht aber auch kleiner und vor allem individueller. Lesen Sie dazu Text 10, „Judiths Geschichte", die über die Manga-Zeichnerin Judith Park geschrieben und die in der Onlinezeitschrift „Spiegel-Online/Unispiegel-Schule" veröffentlicht wurde.

Text 10

Judiths Geschichte(n) – Geständnisse einer Manga-Süchtigen

Almut Steineck

Neun Stunden täglich zeichnet die 21-jährige Judith Park Comic-Geschichten. Im SchulSPIEGEL erzählt die Duisburgerin, wie sie sich mit den Details ihrer Figuren abmüht, wie sie das unglückliche Liebesleben eines Kumpels inspiriert und wovon sie während ihrer Nachtschichten am PC träumt.

Zeichnen ist meine Sucht. Wenn ich einen Stift in die Finger kriege, muss ich sofort herumkritzeln, als würde sich meine Hand verselbstständigen. Mit 13 Jahren fing das an: Da habe ich Manga-Comics für mich entdeckt. Diese schönen, unwirklichen Wesen mit den übergroßen, blanken Bambi-Augen haben mich magisch angezogen. So etwas wollte ich auch zeichnen. Ich begann, meine ersten Figuren zu entwerfen.

Als ich dann vor drei Jahren den Zeichenwettbewerb des Carlsen Verlags gewann, wurde mein Hobby zum Beruf. Seitdem denke ich mir Comics aus, zeichne sie und schicke sie dem Verlag per E-Mail. Die Geschichten erscheinen als fortlaufende Serie in dem Manga-Mädchenmagazin „Daisuki" und einmal im Jahr als Taschenbuch. Alle 30 Tage liefere ich ein Kapitel mit rund 30 Seiten. Das heißt für mich, dass ich mindestens eine Seite mit bis zu sechs Kästchen am Tag schaffen muss. Manche Bilder, die im Magazin in Farbe erschienen sind, gestalte ich dann noch mal neu in Schwarz-Weiß.

Detailarbeit mit zahllosen Kniffen

Als Erstes fertige ich die „Outlines" an, ganz klassisch mit Stift und Papier. Dabei versuche ich, durch Kleinigkeiten den stark stilisierten Manga-Figuren mehr Individualität einzuhauchen. Die Augen male ich nicht immer nur rund, sondern auch mal katzenförmiger, die Nasen nicht nur stupsig, auch mal länglich oder knubbelig. Für die Arbeit mit Stift und Papier brauche ich etwa zwei Stunden. Dann scanne ich die Einzelbilder in meinen Computer ein und koloriere sie mit Hilfe eines Grafiktabletts nach. Das ist eine kleine Tafel, die auf dem Tisch vor meinem Computer liegt und mit dem Rechner verbunden ist. Auf ihr lenke ich einen Stift hin und her wie eine Maus. Das hört sich jetzt easy an, aber das ist es nicht. Das Kolorieren einer einzelnen Figur dauert bis zu sechs Stunden: Man braucht viel Gefühl für die Farben, um sie harmonisch auszuwählen und ihre Abstufungen so einzusetzen, dass es ästhetisch und authentisch zugleich aussieht.

442020

Im Designstudium abgelehnt

Ich liebe meine Arbeit. Ich brauche nur einen einzigen Tag nicht zu zeichnen, und schon fehlt mir was, dann habe ich voll die Unruhe in mir. Aber es ist eine schöne Unruhe – und genauso muss das sein, wenn man Erfolg haben will. Deshalb macht es mir auch nichts aus, ab und zu mal eine Nachtschicht einzuschieben, besonders, wenn eine Abgabe drängt. Das ist natürlich total anstrengend.

Nachtschichten sind ein einsames Geschäft. Ich höre dann am liebsten entspannende Musik wie R'n'B. Oder Musik, die mich wach hält, wie House und Poplieder – je nachdem, was für eine Stimmung meine Zeichnungen gerade vermitteln sollen. Oder ich lasse nebenher eine DVD mit meiner Lieblingsserie „King Of Queens" laufen. Als Manga-Zeichnerin braucht man Ehrgeiz und Entschlossenheit. Ich glaube, das habe ich. Aber manchmal zweifle ich auch an mir. Letztes Jahr habe ich mich in Essen für Kommunikationsdesign und Kunst auf Lehramt beworben.

Einige Monate, nachdem ich meine Mappe eingereicht hatte, rief mich meine Mutter auf dem Handy an, als ich gerade im Zug unterwegs war nach Erlangen zu einer Signierstunde im „Comic-Salon". Meine Mutter las mir den Bescheid von der Uni vor – man hatte mich abgelehnt. Das war ein bitterer Schlag. Aber ich gebe nicht auf, niemals. Nächstes Jahr will ich mich in einer Animationsschule in Köln bewerben, in der Disney-Zeichner als Dozenten lehren. Ich hoffe, es klappt, damit ich mal so erfolgreich werde wie meine Vorbilder Tim Burton oder Jamie Hewlett, der Zeichner der „Gorillaz"-Videos. Irgendwann will ich ein Storyboard für einen Kinofilm entwerfen. Das ist mein nächster großer Traum.

Aufgaben

1 Finden Sie in einem Wörterbuch die Bedeutungen der Worte „Manga", „Storyboard", „scannen" und weitere Ihnen unbekannte Wörter.
➡ **Infokasten „Informationsquellen nutzen" S. 176**

2 Schreiben Sie auf, welche Ziele Judith Parks für sich gefunden hat. Teilen Sie diese auf in die, die sie erfüllt hat, und die, die sie noch erreichen möchte.

3 Welche Vorraussetzungen hat Judith Parks gehabt, um ihre Wünsche und Ziele zu erreichen?

4 Welche Bedingungen brauchen Jugendliche, um Ziele in der heutigen Zeit zu erreichen? Entwerfen Sie dazu ein Ishakawadiagramm (s. S. 23).

Eigene Ziele festlegen und erreichen

Nun soll es darum gehen, Wege kennen zu lernen, wie man sich über eigene Vorstellungen klar wird. Sich Ziele setzen und diese systematisch umzusetzen, ist eines der notwendigsten Instrumente einer aktiven Schul- und Lebensgestaltung. Doch wie fängt man an? Welche Ziele eignen sich dazu, erfolgreicher und glücklicher zu werden? Wie packe ich die Umsetzung an? Und wie kann ich sicherstellen, meine Ziele auch wirklich zu erreichen?

All diese und viele weitere Fragen tauchen auf, wenn man sich mit diesem Thema befasst. Fragen sind eine gute Möglichkeit, ein Thema tiefer zu beleuchten und wertvolle Erkenntnisse zu gewinnen. Noch besser geht es, wenn man die Fragen visualisiert, also mit Hilfe eines Diagramms darstellt.

Die Erfolgsskala

Im Abstand von ca. 5 Zentimetern werden drei Geraden von je 12 Zentimetern auf ein Blatt gezeichnet und in 10 Abschnitte, die von 1 bis 10 reichen, geteilt. 1 bedeutet „schwach“ oder „wenig“ oder „schlecht“, 10 bedeutet „supergut“ oder „sehr gerne“.

sehr wenig — besonders gut

Aufgabenbeispiel:

- Auf der ersten Geraden bewerten Sie die Sportarten, die Sie besonders mögen und ausüben möchten. Wo liegt z. B. die Sportart Handball?
- Auf der zweiten Geraden bewerten Sie Teilaspekte einer von Ihnen beliebten Sportart. Wo liegen z. B. die Erreichbarkeit der Sportanlage oder die notwendigen Geldinvestitionen oder der eigene Fitnessgrad oder …? Dies kann für zwei, drei andere Sportarten, die infrage kommen, zum Vergleich ebenfalls gemacht werden.
- Auf der dritten Skala zeichnen Sie nun die Bereiche der Sportart auf, in der Sie sich nur wenig oder mittel oder sehr viel verbessern müssen.

Aus der letzten Frage heraus soll ein **realistisches Ziel** formuliert werden. Je konkreter das Ziel, desto leichter ist es zu erreichen!

Ziel: „Bis zum … werde ich … (z. B. meine Laufleistung pro Stunde) so trainieren, dass ich … (mindestens 6,5 km) schaffen werde.“

Aufgabe

1 Zeichnen Sie untereinander im Abstand von ca. 5 Zentimetern drei Geraden von je 15 Zentimetern auf ein Blatt und teilen Sie sie in 10 Abschnitte, die von 1 bis 10 reichen. 1 bedeutet „schwach“ oder „wenig“ oder „schlecht“, 10 bedeutet „supergut“.

- Auf der ersten Geraden bewerten Sie die Fächer, die Sie in der neuen Klasse haben, nach Ihrer Vorliebe. Wo liegt das Fach Deutsch?
- Auf der zweiten Geraden bewerten Sie Teilgebiete des Faches Deutsch nach Ihrer Selbsteinschätzung, wie gut Sie darin sind. Wo liegt z. B. „das Lesen“ oder „einen Bericht schreiben“?
- Auf der dritten Skala zeichnen Sie bitte die Gebiete des Faches Deutsch auf, in denen Sie sich „wenig“, „mittel“ oder „sehr“ verbessern müssen. Welches Gebiet scheint dringend wiederholungsbedürftig zu sein?
- Aus der letzen Frage heraus sollten Sie ein konkretes und realistisches Ziel formulieren: „Bis zum … werde ich … (z. B. die Schreibung der s-Laute) üben, sodass ich in einem Test nur noch max. (einen) Fehler machen werde.“
- Sprechen Sie Ihre(n) Lehrer(in) auf Unterstützung an.

Was kann ich tun, um diese Ziele zu erreichen? Meist kann man gut Unterstützung gebrauchen, um ein Ziel zu erreichen. Das sind nicht nur Bücher, Freunde und Fachleute, sondern auch oft methodische Hilfen, die aus ungeordneten Gedanken eine sichtbare Hilfe entstehen lassen. Aus der Automobilindustrie stammt ein Weg, mit dem geplante Vorhaben konkretisiert werden können und das nach seinem Erfinder, Diplom-Ingenieur T. Ishakawa von „Toyota Industries", benannt ist. Er hat dazu eine Grafik entwickelt, die hilft, Gedanken, Wege und Möglichkeiten sinnvoll zu visualisieren. Da das Ganze wie eine Fischgräte aussieht, hat man auch den Namen „Fischgrätendiagramm" dafür geprägt. Jede große Gräte enthält einen Oberbegriff, der dann auf diesem Zweig in kleine (Teil-)Gräten mit Unterpunkten versehen werden kann.

Aufgaben

2 Wählen Sie ein sehr konkretes Ziel, vielleicht das zeitlich nächste, was Sie oben benannt haben, und schreiben Sie zunächst eine ungeordnete Liste von Wegen, die eventuell zum Ziel führen könnten. Dabei ist zunächst einmal nichts falsch oder unsinnig! Wichtig ist, dass Ihnen viele Möglichkeiten einfallen. Unterstreichen Sie die wichtigsten und Erfolg versprechendsten Wege zur Zielerreichung.

3 Haben Sie das Ziel noch im Blick? Nutzen Sie das im Folgenden dargestellte Ischakawadiagramm, um nun eine Struktur in Ihre gefundenen Wege und Möglichkeiten zu bringen. Schreiben Sie das Ziel in den „Wirkungskasten". Finden Sie zunächst die Oberbegriffe der von Ihnen gefundenen möglichen Wege und legen Sie max. sechs Gräten an. Die weiteren Begriffe ordnen Sie als Unterpunkte den einzelnen Gräten zu.

Das Ishakawadiagramm

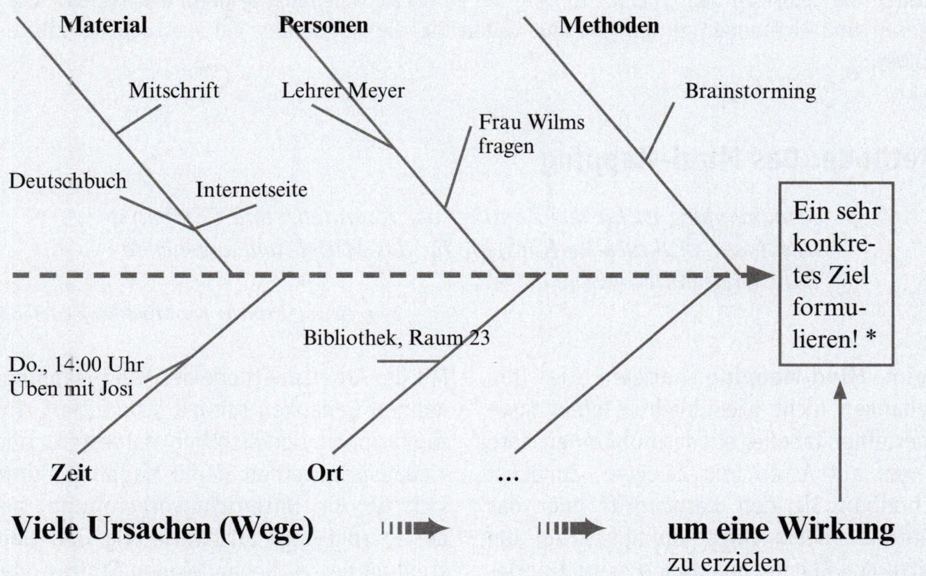

* Ein sehr konkretes Ziel könnte sein:

Die nächste Deutschklausur zum Thema Kurzgeschichten am 22. April mindestens befriedigend schreiben!

Ich dokumentiere meine Fortschritte

Aspekt: Mitschreiben im Unterricht. „Alle schlafen, einer spricht, so was nennt man Unterricht." Sicher kennen Sie diese ironische Aussage über den Unterricht. Gott sei Dank wird heutzutage in Schulen auch schülerorientiert gearbeitet. Trotzdem gibt es viele Situationen, in denen Sie aufgefordert sind, Mitteilungen für sich aufzuschreiben. Wer mündlich übermittelte Informationen aus unterschiedlichen Gründen schriftlich festhalten will, muss sinnvoll mitschreiben können. Daher zählt die Mitschrift zu den grundlegenden Arbeitstechniken im Unterricht. Zugleich ist sie Voraussetzung für die Bewältigung anderer Schreibaufgaben, wie z. B. die Abfassung verschiedener Protokollarten. Das Mitschreiben sollten Sie üben. Nehmen Sie sich zunächst einen kurzen Zeitraum vor, in dem Sie die Äußerungen einer Person mitschreiben. Orientieren Sie sich an den Informationen. ➽ Infokasten S. 185 Darüber hinaus werden Sie in diesem Kapitel noch drei weitere Möglichkeiten kennen lernen, mit denen Sie die Fortschritte in Ihrem Lernweg darstellen können. Dies sind zum einen „Das Protokoll", „Die Mind-Map" und „Das Portfolio".

Aufgaben

1. Beobachten Sie in den Nachrichtensendungen eines Tages, wie Debatten im Europarat oder im Deutschen Bundestag oder in Ihrem jeweiligen Bundesland – den Landtagen – abgelaufen sind. Wer hat was wann zu wem gesagt? Stellen Sie zu zwei Themengebieten jeweils drei Aussagen zusammen.

2. Besorgen Sie sich Mitschriften von Diskussionen und Debatten. Was ist alles darin vermerkt? ➽ Infokasten „Eine Mitschrift führen" S. 185

3. Stellen Sie selbst zu dem Thema, zu dem Sie einen Debattenauszug gefunden haben, Ihre Thesen und Meinungen zusammen und bauen Sie die Textstellen der Auszüge als Zitate hinein.

Methode: Das Mind-Mapping

Mindmapping ist für das Zeitalter der Raumfahrt und Computer, was linear strukturierte Konzepte für das Mittel- und angehende Industriezeitalter waren.

Tony Buzan, Erfinder der Mind-Map-Methode

Beim Mind-Mapping notieren Sie Ihre Gedanken nicht wie üblich in einer Liste oder einer Tabelle, sondern um einen Kern herum auf Ästen und Zweigen. Zunächst schreiben Sie den Kernbegriff oder das zentrale Thema Ihres Vorhabens auf die Mitte des Blattes, umranden es und notieren Ihre Gedanken als Schlüsselwörter auf Linien, die von der Mitte der Mind-Map ausgehen. Dadurch entsteht eine bildhafte Darstellung Ihrer Gedanken, also so etwas wie eine (eben die freie Übersetzung des englischen Begriffes) *Gedankenkarte*.

Mit der Arbeitsmethode des Mind-Mappings können Gedanken schnell strukturiert, Informationen übersichtlich dargestellt und visualisiert werden. Mind-Mapping eignet sich für die Unterrichtsvorbereitung, bei der Erarbeitung, Strukturierung und Darstellung des zu behandelnden Stoffes oder auch zur visualisierten Wiedergabe von Texten. Gerade im Unterricht kann diese Methode ganz unabhängig vom Unterrichtsfach überall dort, wo Schülerinnen und Schüler z. B. Inhalte selbstständig erarbeiten, Referate vorbereiten und dann

442024

vortragen, Texte strukturieren oder Projekte planen und durchführen, eingesetzt werden.

Mind-Maps enthalten das zu bearbeitende zentrale Thema deutlich in der Mitte des Blattes. Es wird möglichst kurz, aber genau formuliert, kann aber auch als Grafik oder Bild dargestellt werden. Nach außen sind verschiedene Hauptäste (Hauptkapitel) mit davon ausgehenden Zweigen (Unterkapitel), die die dazugehörenden Informationen ranggerecht darstellen. Auf den Ästen steht immer nur ein Wort (Kern- oder Schlüsselwort). Bei der Erstellung sollen/können Farben und Bilder benutzt werden, um der kreativen Arbeitsweise des Gehirns gerecht zu werden und um die Mind-Map schneller lesen und überblicken zu können.

Das folgende Beispiel zeigt in Form einer Mind-Map, wie die freie und öffentliche Datenbank „Wikipedia“ (www.wikipedia.de) aufgebaut ist.

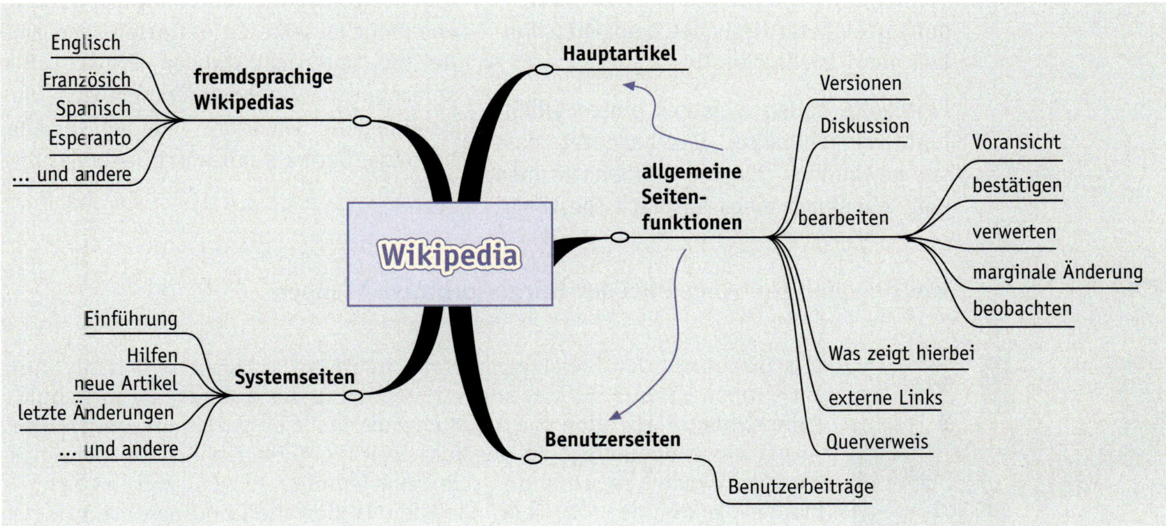

Aufgaben

1 Fertigen Sie eine Mind-Map zum Thema „Hundehaltung in der Großstadt“ an.
➽ Infokasten „Informationen sammeln und auswerten“ S. 178

2 Auch Texte können mit Hilfe einer Mind-Map erschlossen werden. Entwerfen Sie eine Mind-Map zum Text 4 „Jugend in ihrer Vielfalt kaum noch überschaubar“.

3 Wie Sie lesen konnten, hilft eine Mind-Map auch, ein Vorhaben zu durchdenken und zu strukturieren. Entwerfen Sie eine Mind-Map „Vorbereitung auf die nächste Deutschklausur“ oder „Unser nächster Klassenausflug“.

4 Im Folgenden finden Sie eine Erläuterung zur Textsorte „Protokoll“. Fertigen Sie eine Mind-Map zum Thema „Ein Protokoll für eine Unterrichtsstunde schreiben“ an.

Das Protokoll

Ein Protokoll ist ein in Form und Inhalt meist standardisierter, schriftlicher Bericht, der über den Inhalt, den Verlauf und/oder das Ergebnis eines Gesprächs (Diskussion, Unterrichtsstunde, Besprechung, Verhandlung, Sitzung) informiert. Es basiert im Allgemeinen auf einer Mitschrift während des Gesprächs und setzt damit genaues und aufmerksames Zuhören und die Fähigkeit zum Erkennen und Aufzeichnen von Wesentlichem voraus. Dazu sind die Kenntnis und die Fähigkeit zur Anwendung geeigneter Methoden beim Mitschreiben nötig (siehe oben).

Protokolle haben meistens einen halböffentlichen Charakter. Das bedeutet, dass sie gewöhnlich für die Teilnehmerinnen und Teilnehmer eines Gesprächs bestimmt sind. Ihnen soll das Protokoll Gedächtnisstütze sein, zur Information über das Gesagte und zur Dokumentation des Gesagten dienen. Außerdem kann damit die Kontrolle getroffener Beschlüsse und Entscheidungen organisiert werden. Aber auch für diejenigen, die an einem bestimmten Gespräch nicht teilnehmen konnten, stellt ein Protokoll eine verlässliche Informationsquelle darüber dar, was besprochen und ggf. beschlossen worden ist. Es gibt viele Anlässe, Protokolle oder protokollähnliche Texte zu verfassen, wie zum Beispiel Unterrichtsstunden, Projekte, Besprechungen, Sitzungen, Konferenzen, Verhandlungen, wichtige Telefongespräche, Vorträge, Referate mit anschließender Diskussion, ...

Text 11 Ein Beispiel: Ein Abend bei der Bürgerinitiative Meppen

Die Bewohner der Bielefelder Straße in Meppen haben sich heute, am 1. Oktober 2006, 19:30 Uhr zum zweitenmal in der Aula der Grundschule, Annastraße 13 getroffen. Sie möchten endlich die im Bebauungsplan schon vermerkte Ampelanlage an der Schnellstraße gebaut haben. In den letzten zwei Wochen ist es zu drei schweren Unfällen, davon zwei mit Schulkindern, gekommen. Da beim nächsten Treffen die Landtagsabgeordnete Wilma H. anwesend sein wird, soll alles Wichtige aufgeschrieben werden.

Redebeitrag Frau Schön (Sprecherin der Bürgeraktion): „Guten Abend zusammen! Wir haben zwei Punkte: einmal die Gefährdung wegen der fehlenden Ampel und zweitens die Finanzierung der Flugblattaktion. Herr Uhl ist bereit, das Protokoll zu führen, dafür vielen Dank. Herr Schäfer, Sie hatten letzte Woche einen guten Vorschlag gemacht. Ich werde nachher noch von einem Telefongespräch, das ich mit der Verwaltung geführt habe, berichten."

Herr Schäfer: „Also, ich habe gemeint, dass man auf dem Bürgersteig an der Bielefelder Straße auch ein Sperrgitter anbringen sollte; denn die Kinder müssen auch auf die Situation der Straße aufmerksam gemacht werden, wenn sie aus der Schule kommen und noch ganz in Gedanken sind."

Frau Posser: „Man sollte auch mal die Geschwindigkeit kontrollieren, denn trotz der Begrenzung rasen die Autofahrer und je höher die Geschwindigkeit, desto mehr Unfälle."

Frau Meiser: „Das, was der Herr Schäfer gesagt hat, finde ich gut. Aber darüber hinaus sollten wir Tempo 30 beantragen, das gibt es ja schon in vielen anderen Stadtteilen."

Herr Nolle: „Das geht aber doch gar nicht, das ist doch eine Durchgangsstraße, da machen die das nie. Aber es gibt doch einen neuen Verkehrspolizisten für die Schulen. Der sollte mal eingeladen werden."

Frau Schön: Jetzt zu dem Telefongespräch mit Herrn Jordans vom Bauamt. [...]

442026

Sicher wird noch weiter heiß diskutiert, um den Gefährdungen der Bürger/-innen entgegenzutreten. Wir werden Herrn Uhl entlasten, er muss sein Protokoll schreiben.

Mithilfe eines Protokolls soll der Verlauf oder das Ergebnis der Verhandlung/Besprechung/Diskussion/... schriftlich festgehalten werden.

Aufgaben

1. Verfassen Sie aus dem Meinungsaustausch der Menschen der Bürgerinitiative ein Ergebnisprotokoll. ➧ **Infokasten „Ein Protokoll verfassen" S. 186**
2. Einigen Sie sich mit Ihrer Lehrerin/Ihrem Lehrer, dass Sie (z. B. für einen Zeitraum von drei Monaten) die Deutschstunden protokollieren. Stellen Sie eine Liste der jeweiligen Protokollführer/-innen je Stunde auf.
3. Entwerfen Sie dazu ein Protokollformular.
4. Besorgen Sie sich das Protokoll der letzten Schulkonferenz/Schülerverwaltungskonferenz Ihrer Schule und arbeiten Sie es in eine Mind-Map um. ➧ **Infokasten S. 178**
5. Wann hat der Stadtrat oder Gemeinderat zum letzten Mal über die Ausstattung Ihrer Schule diskutiert? Finden Sie das Protokoll der Sitzung und geben Sie den Inhalt wieder.

Das Portfolio

Portfolio – v. lat. *folium* „Blatt" und *portare* „tragen" – bezeichnet in der Finanzwelt eine Sammlung von Wertanlagen eines Typs. Ursprünglich bezeichnete es eine Brieftasche. Im Bildungsbereich bezeichnet man mit Portfolio eine Mappe, in der Unterlagen zusammengetragen und aufbewahrt werden können.

Nach diesem Verständnis ist ein Portfolio ein Hilfsmittel, mit dessen Unterstützung der eigene Arbeits- oder Lernprozess systematisch reflektiert wird. Schülerinnen und Schüler, Studentinnen und Studenten dokumentieren, was sie zu einem bestimmten Thema gelernt haben und was nicht. Sie beschäftigen sich damit, ihren eigenen Lernprozess zu beobachten und zu durchschauen sowie bei der eigenen Einschätzung sicherer zu werden. Das Portfolio ist als ein Instrument der Selbstevaluation für Jugendliche jeder Schulart geeignet.

Einmal kann das Portfolio im Sinne einer Leistungsmappe gedacht sein: Es dient dazu, bestimmte Produkte zu sammeln und zu ordnen, die eine Lernbiografie des Lernenden kennzeichnen bzw. die Entwicklung des Lernenden sichtbar machen, oder seine Arbeit an einem Projekt zu dokumentieren. Dieses Portfolio kann als Vorzeigeportfolio, Prüfungsportfolio oder auch als Bewerbungsportfolio verwendet werden.

Ein Portfolio kann aber auch dazu dienen, Dokumente zusammenzustellen, die die Lernbiografie eines Individuums beschreiben bzw. dokumentieren. Das können Zeugnisse, Stellenbeschreibungen, Auszeichnungen, Zertifikate, Teilnahmebescheinungen und anderes mehr sein. Solche Portfolios dienen dazu, Lernerfahrungen und -erfolge systematisch zu erfassen, persönliche Lernstrategien zu planen, die eigene Stellensuche zu optimieren usw.

Aufgaben

1. Informieren Sie sich im Internet über Gruppen oder Klassen, die schon Erfahrung mit einem Portfolio gesammelt haben. Vielleicht wollen Sie diese anschreiben? ➧ **Infokasten S. 176**
2. Entscheiden Sie sich für Ihr Lieblingsfach. (Vielleicht ist das ja das Fach Deutsch?) Legen Sie sich dafür ein Portfolio an. ➧ **Infokasten S. 198**

Eine Reise zu mir selbst

Rap, die Lyrik der Jugendkultur

Rap überschreitet Grenzen, verstößt, wie der gesamte Hip-Hop, oft gegen Regeln. Hip-Hop ist eine Jugendkultur, eine Weise also, in der meist junge Menschen darstellen, wie sie sich selbst sehen und was sie von dem halten, was sie umgibt. Zum Hip-Hop gehören neben dem Sprechgesang „Rap" auch andere Formen wie Breakdance und das Graffiti-Sprühen.

Grenzüberschreitungen gab es schon oft in der Literaturgeschichte. Als der 21-jährige Militärarzt Friedrich Schiller sein Theaterstück „Die Räuber" schrieb und im Jahr 1782 aufführen ließ, waren es nicht zuletzt die radikalen Regelverstöße, die das Theaterstück in kürzester Zeit zu einem „Megahit" in Deutschland werden ließen. Schiller hatte eine neue literarische Form geschaffen, mit der er seine Wut über die verlogene Moral der Gesellschaft zum Ausdruck brachte. Er hatte nachgedacht über sich und das, was ihn umgibt, und dies in ungewohnter Weise ausgedrückt. Vor allem junge Menschen haben sich darin wiedergefunden. Nichts anderes tun heute die Rapper mit ihren gereimten, mit Musik unterlegten Gedichten. Es gibt verschiedene Arten von Gedichten, alle zusammen nennt man „Lyrik".

Auch in anderen Texten, in Erzählungen, Romanen und Theaterstücken, geht es ums Nachdenken über sich selbst. Die folgenden Seiten befassen sich mit lyrischen, epischen und dramatischen Texten, also mit Gedichten, Romanen und Erzählungen sowie Theaterstücken, in denen Menschen zu ergründen suchen, was mit ihnen los ist und was sie wirklich wollen.

Aufgaben

1 Was bedeutet „Jugendkultur"? Recherchieren Sie den Begriff.
➽ **Infokasten „Informationsquellen nutzen" S. 176**

2 Was sind für Sie die wichtigsten Merkmale der heutigen Jugendkultur?
➽ **Infokasten „Jugendsprache" S. 229**

Das Song-Zitat der Woche

„Das Leben spielt auf Zeit,
bis es gewinnt.
Grad' wenn du brüllst und
schreist, stellt es sich blind.
So viele Dinge bekommt man
erst dann, wenn man sie
nicht mehr gebrauchen kann."

Wenn Ihr mal über eine tolle Textzeile stolpert oder einen Musiker wisst, bei dem es sich immer mal lohnt, in die Lyrics zu gucken, schreibt es uns! Egal, ob es Hip-Hop, Punk, Soul oder Rock ist.

Aufgaben

1 Folgen Sie dem Aufruf einer Jugendseite einer regionalen Zeitung und sammeln Sie Ihre „Song-Zitate" der Woche. Stellen Sie diese vor und begründen Sie Ihre Auswahl.

2 Welche Musikrichtung spricht Sie persönlich an und warum?

Text 12 Die Rückkehr des Reims

Sascha Verlan

Rap hat eine literarische Revolution ausgelöst, die ihresgleichen sucht: In Kinderzimmern und Jugendhäusern, in Parks und auf der Straße, in Kneipen und Diskotheken wird heute wieder gereimt, gedichtet und in Versen gestritten. Und mit dem Reim kam auch die Improvisation in die Literaturgeschichte zurück. Wer schon einmal ein Rap-Konzert besucht hat, wird sich bestimmt an die Freestyle-Einlagen erinnern, wenn die Rapper ‚top off the head' ihre Geschichten erzählen und in Reimen mit dem Publikum kommunizieren. Und längst beginnt sich die Grenze zwischen Pop- und Elitekultur aufzulösen, ob in der umtriebigen Slam Poetry-Szene oder im Programm der Weimar 1999 –Kulturstadt Europas GmbH, die einen Sampler herausgegeben hat mit modernen Pop-Interpretationen von Goethe- und Nietzsche-Texten. Und wer geglaubt hatte, die Klassiker seien tot und uninteressant für unsere Zeit, den belehren die Rapper eines Besseren: Es ist nicht nur die Breitenwirkung, es ist vor allem auch die Unbekümmertheit der Rapper, die ihre Texte so attraktiv macht.

Text 13 Neues Land

Die Fantastischen Vier

Gib uns kein Gold, denn das ist nur Glimmer.
Gib uns auch kein Silber,
denn das fänden wir noch schlimmer.
Wir wollen keine Medaillen
keine Orden an der Wand,
keine Auszeichnungen vom Vaterstaat
und unserem Mutterland.
Wir wollen Zeit, eure Aufmerksamkeit.
Also nehmt euch Zeit und werdet aufnahmebereit.
Denn wir sind hier, ihr wisst Bescheid.
Wir sind die Vier, und der Verstand
gibt uns die Hand, und wir betreten Neuland
Komm, komm mit, gib mir deine Hand,
diese Reise führt direkt in deinen eigenen Verstand.
Sie geht durch dich durch und sie durchdringt dein Sein,
du bist ein eigener Mensch doch damit bist du nicht allein.
Revolution, Evolution. Obwohl wir alle aufrecht gehen,
werden wir uns ewig fragen, worum sich die Dinge drehen.
Schau hinauf zur Sonne, acht Minuten du bist da,
der nächste Stern vier Jahre, das ist immer noch nah.
Begebe dich ins Universum, wo das Paradox regiert,
wo der Mikrokosmos um dein Denken jeden Sinn verliert. Dann kehr zurück zur Erde, lege dich in ihren Schoß,
und lerne jetzt zu leben, denn die Zeit ist gnadenlos.
Denn die Zeit, die verstreicht, vergeht, verrinnt,
so, wie die Worte, die du hörst, weil sie dann schon gesprochen sind.
Die Zeit kommt und sie geht. Sie nimmt, was sie gewinnt.

Tick, tack, tick, hörst du wie das Pendel schwingt?
Hörst du, wie die Zeit vergeht?
Hörst du, wie der Baum dort steht?
Hörst du, wie der Wind entsteht,
und sich die Erde dreht?
Hörst du, wie sich Energie entlädt,
sich der Geist im Hirn bewegt
der Weltenraum entsteht, Planet für Planet,
durch diese Ewigkeit,
mit Lichtgeschwindigkeit
zur Unendlichkeit,
zu dir in deiner Art der Gegenwart
zu dieser Zeit,
ins jetzt und hier in voller Fahrt
fragen wir, bist du bereit
für diese Dimension, denn die da sind Vergangenheit.
In der Bewegung liegt die Kraft

Aufgaben

Die beiden Texte enthalten möglicherweise Formulierungen und Begriffe, die nicht sofort verständlich sind. Klären Sie diese mit Hilfe eines Wörterbuchs.	1	●○○
Um welches „neue Land" geht es in dem Songtext der „Fantastischen Vier"? Sammeln Sie Hinweise, indem Sie entsprechende Textstellen suchen.	2	●●○
An welche Zielgruppe richtet sich der Text?	3	●●○
Der letzte Satz von „Neues Land" knüpft an eine bekannte Redewendung an. Erklären Sie, warum und inwiefern diese verändert wurde.	4	●●●

„Ein Bürger hat Angst vor seinem Volk" – Das Spektrum reicht von linken über nachdenkliche und witzige bis zu äußerst rechten Rappern: Mit „Kanak Attak" und „Brothers Keepers" ist die Politik zurückgekehrt in die heile, von Selbstbespiegelungen und witzigen, eher harmlosen Geschichten geprägte deutsche Hip-Hop-Welt. In beiden Fällen ging es um Rassismus und die alltägliche Diskriminierung. Besonders erfolgreich war „Adriano (Letzte Warnung)" von Brothers Keepers. Dazu schreibt Sascha Verlan in seinem Buch „Rap-Texte": „Provoziert durch den Erfolg von „Brothers Keepers" und das neue, selbstbewusste Auftreten von Gruppen wie „Da Fource", „Skills en masse", „Azad" und anderen, zeigte plötzlich ein Teil der deutschen Hip-Hop-Szene sein eigentliches, sein hässliches Gesicht. Was bislang eine kaum greifbare Stimmung gewesen war, schlug um in handfesten Rassismus, bisweilen eindeutigen Neonazismus."

Anlass für den Rap „Adriano (letzte Warnung)" von „Brothers Keepers" war die Ermordung von Alberto Adriano durch Rechtsradikale.

Adriano (letzte Warnung)

Brothers Keepers

Text 14

Torch:
jetzt ist die zeit, hier ist der ort,
yeah, heute ist die nacht, torchmann hat das wort
denk ich an deutschland in der nacht
bin ich um meinen schlaf gebracht
mein bruder adriano wurde umgebracht
hautfarbe schwarz. blutrot. schweigen ist gold
gedanken sind tiefblau.
ein bürger hat angst vor seinem volk
ein wintermärchen aus deutschland. blauer samt
als kind schon erkannt:
hier bin ich fremd im eigenen land
operation artikel 3 – da habt ihr gelacht!
jungs, das ist mein leben,
das ham wir uns nicht ausgedacht in all den jahren,
in denen wir airplay verschwendet haben
man könnte denken, wir rapper hätten nichts zu sagen
doch es rächt sich, ihr werdet sehen, es holt uns ein!
einigkeit macht stark – adriano starb allein. [...]

Samy Deleuse & D-Flame:
ich hörte schon im kindergarten
weiße zu mir nigger sagen
das klischee nicht hinterfragen,
jetzt brüder niederschlagen
wir fordern mehr als gleiche rechte
wir wollen endlich frieden haben
neue ziele haben
und nicht das image von dealern haben
im landtag diskutiert man über einen antrag
und währenddessen
plant der nächste nazi seinen anschlag
die schandtat wird bedauert,
doch was ich mich dann frag:
warum steht schon wieder
'ne schwarze familie am grab? [...]

Chima:
alter deine gesinnung ist 'ne farce,
und wir zwo wissen, dass dir das klar ist:
wenn dein mob denn mal nicht da ist
und du in den spiegel starrst
der dein elend zeigt.
hier, deine seele muss am arsch sein
wenn du umstände beklagst und kanaken dafür jagst
du hasst, ich brauch deinen job,
deine alte, all die probleme nich
was macht dich bloß so stolz?
geh tief in dich und schäme dich!
vergess die ethnien-kacke und dann zeig flagge!
adriano lebt in mir – und du kriegst nichts gebacken

Ebony Prince:
mit allen nötigen mitteln, selbstverteidigung
gegen jede beleidigung,
fünfundachtzig prozent der menschen bleiben dumm
treiben's bunt, verbreiten schund.
die meisten schweigen
drum sei's, dass wir das ruder schnappen
und reißen's rum
ich brauch nazibefreite zonen, party und geile show
doch find ich keine ruh vor denen die behaupten,
arisch besteigt den thron
konservative leitkultur
hat's für die rechten klar gemacht
denk ich an deutschland,
werde ich um meinen rechten schlaf gebracht.

Aufgaben

1 Formulieren Sie mit Ihren eigenen Worten das zentrale Thema des Rap-Textes.

2 Welche Aussagen macht der Text zum Thema Gewalt? Wie stehen Sie dazu?

3 Der Rapper Torchmann spricht in seinem Text an einer Stelle vom „Artikel 3". Gemeint ist der Artikel 3 des Grundgesetzes der Bundesrepublik Deutschland. Informieren Sie sich über diesen Grundgesetzartikel. ➡ **Infokasten „Informationsquellen nutzen" S. 176**

4 Was hat der zitierte Grundgesetzartikel mit dem Thema des Rap-Textes zu tun?

5 „Denk ich an Deutschland in der Nacht, bin ich um meinen Schlaf gebracht." Dieser Satz kommt einmal vollständig und einmal verkürzt im Text vor. Es handelt sich dabei um ein Zitat aus dem Gedicht „Nachtgedanken" von Heinrich Heine. Informieren Sie sich über Heinrich Heine, seine Herkunft und seine Lebenssituation und versuchen Sie zu erklären, warum die Rapper dieses Motiv gleich zweimal in ihrem Text aufgreifen.

Mit und ohne Reim

Nicht alles, was sich reimt, ist ein Gedicht – und nicht jedes Gedicht muss gereimt sein. Gedichte verdichten, drücken umfassende Empfindungen und Gedanken in knappen Worten aus. Im 18. und 19. Jahrhundert waren Gedichte stark geprägt von Versmaß und Reim. Im 20. Jahrhundert hat sich dies teilweise verloren. Viele Lyriker verzichteten nun auf beides, andere blieben dabei, wieder andere wie Bertolt Brecht schrieben Gedichte mit und Gedichte ohne Reim und Versmaß.

Robert Gernhardt hat viel Erfolg mit seinen lustigen, stets gereimten Gedichten, die Erscheinungen und Verhältnisse aus unserem Erfahrungsbereich humorvoll aufs Korn nehmen.

Ich selbst

Robert Gernhardt — **Text 15**

Selbstaussage
Ich mach mir nichts aus Marschmusik,
ich mach mir nichts aus Schach.
Die Marschmusik macht mir zuviel,
das Schach zu wenig Krach. […]

Selbstfindung
Ich weiß nicht, was ich bin.
Ich schreibe das gleich hin.
Da hab'n wir den Salat:
Ich bin ein Literat.

Kleine Erlebnisse großer Männer: Kant

Robert Gernhardt — **Text 16**

Eines Tages geschah es Kant,
dass er keine Worte fand.

Stundenlang hielt er den Mund
und er schwieg nicht ohne Grund.

Ihm fiel absolut nichts ein,
drum ließ er das Sprechen sein.

Erst als man ihn zum Essen rief,
wurd' er wieder kreativ,

und sprach die schönen Worte:
„Gibt es hinterher noch Torte?“

Aufgaben

1. Untersuchen Sie die beiden Gedichte im Hinblick auf die Form ➽ **Infokasten „Lyrische Texte untersuchen“ S. 206**. Woran liegt es, dass die Gedichte humorvoll und lustig wirken? ●●
2. Sammeln Sie Informationen zum Autor Robert Gernhardt und erstellen Sie mit Hilfe Ihrer Rechercheergebnisse ein Autorenporträt (vgl. S. 9). ●●
3. In Text 16 ist von Immanuel Kant die Rede. Sammeln Sie Informationen über den Philosophen und stellen Sie mit Hilfe der Informationen einen Bezug zum Gedicht her. ●●●
4. Welchen „tieferen Sinn“ vermuten Sie hinter den Gedichten? ●●●

Text 17

Nachtgedanken

Heinrich Heine

Denk ich an Deutschland in der Nacht,
Dann bin ich um den Schlaf gebracht,
Ich kann nicht mehr die Augen schließen,
Und meine heißen Tränen fließen.

Die Jahre kommen und vergehn!
Seit ich die Mutter nicht gesehn,
Zwölf Jahre sind schon hingegangen;
Es wächst mein Sehnen und Verlangen.

Mein Sehnen und Verlangen wächst.
Die alte Frau hat mich behext,
Ich denke immer an die alte,
Die alte Frau, die Gott erhalte!

Die alte Frau hat mich so lieb,
Und in den Briefen, die sie schrieb,
Seh ich, wie ihre Hand gezittert,
Wie tief das Mutterherz erschüttert.

Die Mutter liegt mir stets im Sinn.
Zwölf lange Jahre flossen hin,
Zwölf lange Jahre sind verflossen,
Seit ich sie nicht ans Herz geschlossen.

Deutschland hat ewigen Bestand,
Es ist ein kerngesundes Land,
Mit seinen Eichen, seinen Linden,
Werd' ich es immer wiederfinden.

Nach Deutschland lechzt ich nicht so sehr,
Wenn nicht die Mutter dorten wär;
Das Vaterland wird nie verderben,
Jedoch die alte Frau kann sterben.

Seit ich das Land verlassen hab,
So viele sanken dort ins Grab,
Die ich geliebt – wenn ich sie zähle,
So will verbluten meine Seele.

Und zählen muss ich – Mit der Zahl
Schwillt immer höher meine Qual;
Mir ist, als wälzten sich die Leichen,
Auf meine Brust – Gottlob! Sie weichen!

Gottlob! Durch meine Fenster bricht
Französisch heitres Tageslicht;
Es kommt mein Weib, schön wie der Morgen
Und lächelt für die deutschen Sorgen

Aufgaben

●● **1** Analysieren Sie Form und Inhalt des Gedichts ➡ **Infokasten S. 206**. Berücksichtigen Sie dabei die Frage, was der in Paris lebende Heinrich Heine mit seinem Vaterland verbindet.

●●● **2** Die beiden ersten Zeilen des Gedichts werden oft zitiert als Beleg für Heines kritische Sicht auf Deutschland. Erläutern Sie diese Zeilen in ihrem Verhältnis zum Rest des Gedichts.

Text 18

Fahrend in einem bequemen Wagen*

Bertolt Brecht

Fahrend in einem bequemen Wagen
Auf einer regnerischen Landstraße
Sahen wir einen zerlumpten Menschen bei Nachteinbruch
Der uns winkte, ihn mitzunehmen, sich tief verbeugend.
Wir hatten ein Dach und wir hatten Platz und wir fuhren vorüber
Und wir hörten mich sagen, mit einer grämlichen Stimme: Nein
Wir können niemand mitnehmen
Wir waren schon weit voraus, einen Tagesmarsch vielleicht
Als ich plötzlich erschrak über diese meine Stimme
Dies mein Verhalten und diese
Ganze Welt.

Aufgaben

● **1** Geben Sie den Inhalt des Gedichts mit eigenen Worten wieder. ➡ **Infokasten S. 203**

●● **2** Beschreiben Sie die Situation des Anhalters und der Wageninsassen. Berücksichtigen Sie dabei, dass das Gedicht im Jahr 1937 geschrieben wurde.

●●● **3** Worüber erschrickt der Sprecher?

Sturm und Drang – Jugendkultur am Ende des 18. Jahrhunderts: Eines von vielen Merkmalen von Jugendkulturen ist es, dass sie sich von der Welt der Erwachsenen absetzen, anders sein wollen und die überkommenen Autoritäten infrage stellen. Das war auch beim jungen Friedrich Schiller (1759 bis 1805) so. Sein erstes Theaterstück, das Drama „Die Räuber", das dreimal so lang war wie übliche Theaterstücke, schlug beim Publikum nach seiner Uraufführung 1782 in Mannheim voll ein und machte den gerade mal 23-jährigen Autor mit einem Schlag weltberühmt: Er hatte den Nerv einer jungen Generation getroffen, die aufräumen wollte mit den bestehenden Verhältnissen. In diesen Verhältnissen war es auch moralisch verkommenen Personen möglich, viele andere Menschen zu beherrschen, sie egoistisch zu eigenen Zwecken zu missbrauchen, wenn sie nur „von Stand" sind und die erforderlichen Befugnisse von ihren Vätern erben. In den „Räubern" ist Schiller nicht zimperlich, wenn es darum geht, die herrschende Unmoral anzugreifen. Sein Held, Karl von Moor, ist schon als junger Student angewidert von der Unmoral unter den Herrschenden in der Welt. Als ihn sein machtbesessener, skrupelloser und völlig unmoralischer jüngerer Bruder Franz durch Intrigen um seinen Herrschaftsanspruch bringt, ist für ihn das Maß voll, er gründet mit scheinbar, aber, wie sich später herausstellte, teilweise nicht wirklich Gleichgesinnten eine Räuberbande. Diese war zumindest aus der Sicht Karl von Moors aus Verzweiflung an der Ungerechtigkeit der Welt gegründet und, ähnlich wie Robin Hood, mehr an Gerechtigkeit oder an der Rache an den ausbeutenden Reichen als an der Beute interessiert. Die „Räuber" sind unerschrockene, furchtlose „ganze Kerle", die sich nicht darum scheren, was die etablierte Gesellschaft von ihnen denkt, die ihre eigenen, im Grunde hoch moralischen Wertvorstellungen entwickelt haben. In Schillers Schauspiel scheitern Karl von Moor und seine Räuber – nicht nur, weil einige der Räuber dann doch nicht den moralischen Ansprüchen Karls genügen, sondern auch, weil Karl am Schluss einsehen muss, dass Gewalt keine Lösung bringt. In einem Lied im 4. Akt, 5. Szene des Schauspiels bringen die Räuber ihre unangepasste Haltung zum Ausdruck:

Lied der Räuber

Friedrich Schiller

Text 19

Die Räuber (*singend*): stehlen, morden, huren, balgen
Heißt bei uns nur die Zeit zerstreun.
Morgen hangen wir am Galgen,
Drum lasst uns heute lustig sein.
Ein freies Leben führen wir,
Ein Leben voller Wonne.
Der Wald ist unser Nachtquartier,
Bei Sturm und Wind hantieren wir,
Der Mond ist unsre Sonne,
Mercurius ist unser Mann,
Der's Praktizieren trefflich kann.

Heut laden wir bei Pfaffen uns ein,
Bei masten Pächtern morgen,
Was drüber ist, das lassen wir fein
Den lieben Herrgott sorgen.

Und haben wir im Traubensaft
Die Gurgel ausgebadet,
So machen wir uns Mut und Kraft,
Und mit dem Schwarzen Bruderschaft,
Der in der Hölle bratet.

Das Wehgeheul geschlagner Väter,
Der bangen Mütter Klaggezeter,
Das Winseln der verlassnen Braut
Ist Schmaus für unsre Trommelhaut!

Ha! wenn sie euch unter dem Beile so zucken,
Ausbrüllen wie Kälber, umfallen wie Mucken,
Das kitzelt unsern Augenstern,
Das schmeichelt unsern Ohren gern.

Und wenn mein Stündlein kommen nun,
Der Henker soll es holen,
So haben wir halt unsern Lohn,
Und schmieren unsre Sohlen.
Ein Schlückchen auf den Weg vom heißen Traubensohn,
Und hurra rax dax! geht's , als flögen wir davon.

Aufgaben

1 Informieren Sie sich über die politische und gesellschaftliche Lage in Deutschland am Ende des 18. Jahrhunderts. **➔ Infokasten „Informationsquellen nutzen" S. 176**

2 Untersuchen Sie Form und Inhalt des Gedichts mit Hilfe der Informationen oben und der Rechercheergebnisse.

3 Wie gehen Schillers „Räuber" mit den Autoritäten der Welt um? Gibt es Parallelen in der heutigen Gesellschaft?

Fast wie im richtigen Leben

Text 20

Gespräch

Horst Hussel

Nach d. Nat. gez.

K und P auf einer Parkbank.

K Du schweigst …
P –
K … sagst nichts.
P Und du redest.
K Weil du schweigst.
P Nein. Du redest, dass ich mit dir rede, aber ich red nicht.
K Jetzt eben hast du geredet!
P Das war keine Rede.
K –
P Du schweigst, dass ich mit dir rede, aber du täuschst dich.
K –
P Mit dir da rede ich nicht.
K Jetzt hast wieder was gesagt!
P Damit du endlich schweigst.
K Wie du sitzt: ekelhaft!
P *dreht sich mit dem Rücken gegen K und beginnt zu pfeifen.*
K Du pfeifst!
P *pfeift.*
K Noch!
P *pfeift.*
K Du willst ich schweig, aber ich schweig nicht.
Er dreht sich mit dem Rücken gegen P und beginnt zu pfeifen.
P Du pfeifst!
K *pfeift.*
P Du denkst, wenn du pfeifst, red ich, aber du täuschst dich in mir, ich red nicht.
K *pfeift.*
P Hör endlich auf mit dem blöden Gepfeif! Wenn du denkst, du bringst mich mit dem blöden Gepfeif zum Reden, dann irrst du dich, dann begehst du damit einen gewaltigen Irrtum!
K *pfeift.*
P Du blöder Pfeifer hörst sofort auf mit dem blöden Gepfeif, sonst kenn ich dich nicht!
K *lacht.*
P Jetzt lachst du.
K *lacht.*
P Du blöder Pfeifer lachst!
K –
P Du schweigst …
K –
P sagst nichts? …
…
…
…

442036

Aufgaben

Betten Sie dieses Gespräch in einen Kontext ein: Überlegen Sie, welche konkrete Situation (Vorgeschichte) vorliegen mag und um was für Personen (Charaktere) es sich handeln könnte.	1
Untersuchen Sie die Entwicklung des Streitgesprächs zwischen K und P.	2
Setzen Sie das Gespräch in eine szenische Lesung um. ➽ Infokasten S. 189	3

Loriots „Szenen einer Ehe in Wort und Bild" – Der 1923 geborene Cartoonist und Schriftsteller Loriot, der mit bürgerlichem Namen Victor von Bülow heißt, nimmt in seinen 1983 erschienenen „Szenen einer Ehe in Wort und Bild" in humorvollen und satirischen Sketschen die Unwägbarkeiten aufs Korn, die das Alltagsleben in der Ehe oder in anderen Konstellationen zwischen zwei Menschen so mit sich bringt. Dabei wachsen sich kleine, unbedeutende Missverständnisse immer wieder zu mittleren Katastrophen, mindestens aber zu einem ebenso unnötigen wie handfesten Streit aus.

Die meisten dieser Sketsche gibt es nicht nur als Buch, versehen mit Zeichnungen von Loriot, sondern auch als Film, gespielt von Loriot selbst und der Schauspielerin Evelyn Hamann. In diesen Filmen sind die Sketsche meist bewusst mit sehr wenig Aufwand inszeniert – umso schärfer tritt dadurch der mit sprachlichen und gestischen Mitteln verdeutlichte „alltägliche Wahnsinn" hervor, mit dem sich Loriot meist doch verständnis- und sogar liebevoll auseinandersetzt.

Sieht man sich diese Filme an, so fällt auf, dass Theater oder Sketsche spielen mehr heißt, als einen dialogischen Text mit verteilten Rollen Satz für Satz vorzulesen. Vielmehr muss man sich vorher genau überlegen, wo man den Gesprächsfluss unterbricht und eine Weile nur mit Mimik, Gestik und irgendwelchen Tätigkeiten weiterspielt. Dies kann die Wirkung des vorgetragenen Texts sehr erhöhen und die im Text angelegten Spannungsbögen hervorheben.

Text 21

Feierabend*

Loriot

Bürgerliches Wohnzimmer. Der Hausherr sitzt im Sessel, hat das Jackett ausgezogen, trägt Hausschuhe und döst vor sich hin. Hinter ihm ist die Tür zur Küche einen Spaltbreit geöffnet. Dort geht die Hausfrau emsiger Hausarbeit nach. Ihre Absätze verursachen ein lebhaftes Geräusch auf dem Fliesenboden.

Sie Hermann ...
Er Ja …
Sie Was machst du da?
Er Nichts ...
Sie Nichts? Wieso nichts?
Er Ich mache nichts …
Sie Gar nichts?
Er Nein.

Pause

Sie Überhaupt nichts?
Er Nein … ich *sitze* hier …
Sie Du *sitzt* da?
Er Ja …
Sie Aber irgendwas *machst* du doch?
Er Nein …

Pause

Sie Denkst du irgendwas?
Er Nichts Besonderes …
Sie Es könnte ja nicht schaden, wenn du mal etwas spazieren gingest …
Er Nein-nein …
Sie Ich bringe dir deinen Mantel …
Er Nein danke …
Sie Aber es ist zu kalt ohne Mantel …
Er Ich gehe ja nicht spazieren …
Sie Aber eben wolltest du doch noch …
Er Nein, *du* wolltest, daß ich spazieren gehe …
Sie Ich? Mir ist es doch völlig egal, ob *du spazieren* gehst …
Er Gut …
Sie Ich meine nur, es könnte dir nicht schaden, wenn du mal spazieren gehen würdest …
Er Nein, *schaden* könnte es nicht …
Sie Also was willst du denn nun?
Er Ich möchte hier sitzen …
Sie Du kannst einen ja wahnsinnig machen!
Er Ach …
Sie Erst willst du spazieren gehen … dann wieder nicht … dann soll ich deinen Mantel holen … dann wieder nicht … was denn nun?
Er Ich möchte hier sitzen …
Sie Und jetzt möchtest du plötzlich da sitzen …
Er Gar nicht plötzlich … ich wollte immer nur hier sitzen … und mich entspannen …
Sie Wenn du dich wirklich *entspannen* wolltest, würdest du nicht dauernd auf mich *einreden* …
Er Ich sag ja nichts mehr …

Pause

Sie Jetzt hättest du doch mal Zeit, irgendwas zu tun, was dir Spaß macht …
Er Ja …
Sie Liest du was?
Er Im Moment nicht …
Sie Dann lies doch mal was …
Er Nachher, nachher vielleicht …
Sie Hol dir doch die Illustrierten …
Er Ich möchte erst noch etwas sitzen …
Sie Soll *ich* sie dir holen?
Er Nein-nein, vielen Dank …
Sie Will der Herr sich auch noch bedienen lassen, was?
Er Nein, wirklich nicht …
Sie Ich renne den *ganzen Tag* hin und her … Du könntest doch wohl *einmal* aufstehen und dir die Illustrierten holen …
Er Ich möchte jetzt nicht lesen …
Sie Dann quengle doch nicht so rum …
Er *schweigt*
Sie Hermann!
Er *schweigt*
Sie Bist du taub?
Er Nein-nein …
Sie Du tust eben *nicht*, was dir Spaß macht … stattdessen *sitzt* du da!
Er Ich sitze hier, *weil* es mir Spaß macht …
Sie Sei doch nicht gleich so aggressiv!
Er Ich bin doch nicht aggressiv …
Sie Warum schreist du mich dann so an?
Er *schreit* … Ich schreie dich nicht an!!

Aufgaben

Was für ein Typ ist der Mann, was für ein Typ ist die Frau? Charakterisieren Sie die beiden Figuren.	1	●●●
Bilden Sie Gruppen und bereiten Sie das Spielen des Textes mit verteilten Rollen vor. In dem Text sind bereits Pausen vorgegeben. Überlegen Sie, mit welchen schauspielerischen Mitteln Sie diese Pausen füllen wollen. Überlegen Sie darüber hinaus, ob Sie weitere kurze Pausen (Zäsuren) einfügen wollen. **➡ Infokasten „Texte szenisch gestalten" S. 190**	2	●●●
Der Sketsch gibt ein alltägliches Gespräch eines Ehepaares wieder, das immer mehr eskaliert. Offenbar funktioniert die Kommunikation zwischen den beiden nicht. Woran liegt das?	3	●●●

Die vier Seiten einer Nachricht

Friedemann Schulz von Thun

Text 22

Um die Vielfalt der Botschaften, die in einer Nachricht stecken, ordnen zu können, möchte ich vier seelisch bedeutsame Seiten an ihr unterscheiden. Ein Alltagsbeispiel: Der Mann (= Sender) sagt zu seiner am Steuer sitzenden Frau (= Empfänger): „Du, da vorne ist grün!" – Was steckt alles drin in dieser Nachricht, was hat der Sender (bewusst oder unbewusst) hineingesteckt und was kann der Empfänger ihr entnehmen?

1. Sachinhalt (oder: Worüber ich informiere)

Zunächst enthält die Nachricht eine Sachinformation.

2. Selbstoffenbarung (oder: Was ich von mir selbst kundgebe)

In jeder Nachricht stecken nicht nur Informationen über die mitgeteilten Sachinhalte, sondern auch Informationen über die Person des Senders. […] Allgemein gesagt: In jeder Nachricht steckt ein Stück Selbstoffenbarung, um damit sowohl die gewollte *Selbstdarstellung* als auch die unfreiwillige *Selbstenthüllung* einzuschließen. […]

3. Beziehung (oder: Was ich von dir halte und wie wir zueinander stehen)

Aus der Nachricht geht ferner hervor, wie der Sender zum Empfänger steht, was er von ihm hält. Oft zeigt sich dies in der gewählten Formulierung, im Tonfall und anderen nichtsprachlichen Begleitsignalen. Für diese Seite der Nachricht hat der Empfänger ein besonders empfindliches Ohr; denn hier fühlt er sich als Person in bestimmter Weise behandelt. […]

Allgemein gesprochen: Eine Nachricht senden heißt auch immer, zu dem Angesprochenen eine bestimmte Art von Beziehung auszudrücken. […]

Genau genommen sind auf der Beziehungsseite der Nachricht zwei Arten von Botschaften versammelt. Zum einen solche, aus denen hervorgeht, was der Sender vom Empfänger hält, wie er ihn sieht. [...] Zum anderen enthält die Beziehungsseite aber auch eine Botschaft darüber, wie der Sender *die Beziehung zwischen sich und dem Empfänger* sieht („so stehen wir zueinander"). […]

4. Appell (oder: Wozu ich dich veranlassen möchte)

Kaum etwas wird „nur so“ gesagt – fast alle Nachrichten haben die Funktion, auf den Empfänger *Einfluss zu nehmen.* [...] Die Nachricht dient also (auch) dazu, den Empfänger zu veranlassen, bestimmte Dinge zu tun oder zu unterlassen, zu denken oder zu fühlen. Dieser Versuch, Einfluss zu nehmen, kann mehr oder minder offen oder versteckt sein – im letzteren Falle sprechen wir von Manipulation. Der manipulierende Sender scheut sich nicht, auch die anderen drei Seiten der Nachricht in den Dienst der Appellwirkung zu stellen.

Aufgaben

1. Erläutern Sie die vier Seiten einer Nachricht nach Schulz von Thun.
2. Wie lauten die vier Botschaften der Nachricht des Mannes aus dem von dem Autor genannten Beispiel? Vergleichen Sie Ihre Ergebnisse.
3. Wenden Sie das Kommunikationsmodell auf die Gespräche in den Texten 20 oder 21 an.
4. Betrachten Sie die nachfolgenden Karikaturen: Wodurch ist die kommunikative Situation gekennzeichnet?

442040

Tödliche Bilder

Der Schriftsteller Max Frisch und die Frage nach dem, was ich wirklich bin – Ein Bild kann töten, zumindest das Bild, das andere von einem Menschen haben, das sie ihm aufzwingen, bis er es selbst annimmt und bis kein Platz mehr da ist für das, was er von sich selbst aus war. Der Schweizer Schriftsteller Max Frisch (1911–1991) hat sich immer wieder damit beschäftigt, wie stark Einflüsse von außen einen Menschen in seinem Kern bestimmen. Dies ist auch Thema in dem zwischen 1958 und 1961 geschriebenen Theaterstück „Andorra", das auf Frischs Prosa-Skizze „Der andorranische Jude" aus dem „Tagebuch 1946 bis 1949" zurückgeht.

Max Frisch zählt zu den bedeutenden deutschsprachigen Autoren nach dem zweiten Weltkrieg. Weitere wichtige Werke von ihm sind unter anderem das Theaterstück „Biedermann und die Brandstifter" und die Romane „Stiller", „Homo Faber" und „Mein Name sei Gantenbein".

Der andorranische Jude*

Max Frisch

Text 23

In Andorra lebte ein junger Mann, den man für einen Juden hielt. Zu erzählen wäre die vermeintliche Geschichte seiner Herkunft, sein täglicher Umgang mit den Andorranern, die in ihm den Juden sehen: das fertige Bildnis, das ihn überall erwartet. Beispielsweise ihr Mißtrauen gegenüber seinem Gemüt, das ein Jude, wie auch die Andorraner wissen, nicht haben kann. Er wird auf die Schärfe seines Intellektes verwiesen, der sich eben dadurch schärft, notgedrungen. Oder sein Verhältnis zum Geld, das in Andorra auch eine große Rolle spielt: er wußte, er spürte, was alle wortlos dachten; er prüfte sich, ob es wirklich so war, daß er stets an das Geld denke, er prüfte sich, bis er entdeckte, daß es stimmte, es war so, in der Tat, er dachte stets an das Geld. Er gestand es; er stand dazu, und die Andorraner blickten sich an, wortlos, fast ohne ein Zucken der Mundwinkel. Auch in Dingen des Vaterlandes wußte er genau, was sie dachten; sooft er das Wort in den Mund genommen, ließen sie es liegen wie eine Münze, die in den Schmutz gefallen ist. Denn der Jude, auch das wußten die Andorraner, hat Vaterländer, die er wählt, die er kauft, aber nicht ein Vaterland wie wir, nicht ein zugeborenes, und wie wohl er es meinte, wenn es um andorranische Belange ging, er redete in ein Schweigen hinein, wie in Watte. Später begriff er, daß es ihm offenbar an Takt fehlte, ja, man sagte es ihm einmal rundheraus, als er, verzagt über ihr Verhalten, geradezu leidenschaftlich wurde. Das Vaterland gehörte den anderen, ein für allemal, und daß er es lieben könnte, wurde von ihm nicht erwartet, im Gegenteil, seine beharrlichen Versuche und Werbungen öffneten nur eine Kluft des Verdachtes; er buhlte um eine Gunst, um einen Vorteil, um eine Anbiederung, die man als Mittel zum Zweck empfand, auch dann, wenn man selber keinen möglichen Zweck erkannte. So wiederum ging es, bis er eines Tages entdeckte, mit seinem rastlosen und alles zergliedernden Scharfsinn entdeckte, daß er das Vaterland wirklich nicht liebte, schon das bloße Wort nicht, das jedesmal, wenn er es brauchte, ins Peinliche führte. Offenbar hatten sie Recht. Offenbar konnte er überhaupt nicht lieben, nicht im andorranischen Sinn; er hatte die Hitze der Leidenschaft, gewiß dazu die Kälte seines Verstandes; und diesen empfand man als eine immer bereite Geheimwaffe seiner Rachsucht; es fehlte ihm das Gemüt, das Verbindende; es fehlte ihm, und das war unverkennbar, die Wärme des Vertrauens. Der Umgang mit ihm war anregend, ja, aber nicht angenehm, nicht gemütlich. Es gelang ihm nicht, zu sein wie alle anderen, und nachdem er es umsonst versucht hatte, nicht aufzufallen, trug er sein Anderssein sogar mit einer Art von Trotz, von Stolz und lauernder Feindschaft dahinter, die er, da sie ihm selber nicht gemütlich war, hinwiederum mit einer geschäftigen Höflichkeit überzuckerte; noch wenn er sich verbeugte, war es eine Art von Vorwurf, als wäre die Umwelt daran schuld, daß er ein Jude ist. –

Die meisten Andorraner taten ihm nichts.

Also auch nichts Gutes.

Auf der anderen Seite gab es auch Andorraner eines freien und fortschrittlichen Geistes, wie sie es nannten, eines Geistes, der sich der Menschlichkeit verpflichtet fühlte: Sie achteten den Juden, wie sie betonten, gerade um seiner jüdischen Eigenschaften willen. Schärfe des Verstandes und so weiter. Sie standen zu ihm bis zu seinem Tode, der grausam gewesen ist, so grausam und ekelhaft, daß sich auch jene Andorraner entsetzten, die es nicht berührt hätte, daß schon das ganze Leben grausam war. Das heißt, sie beklagten ihn eigentlich nicht, oder ganz offen gesprochen: Sie vermißten ihn nicht – sie empörten sich nur über jene, die ihn getötet hatten, und über die Art, wie das geschehen war, vor allem die Art.

Man redete lange davon.

Bis sich eines Tages zeigt, was er selber nicht hat wissen können, der Verstorbene: daß er ein Findelkind gewesen, dessen Eltern man später entdeckt hat, ein Andorraner wie unsereiner.

Man redete nicht mehr davon.

Die Andorraner aber, sooft sie in den Spiegel blickten, sahen mit Entsetzen, daß sie selber die Züge des Judas tragen, jeder von ihnen.

Aufgaben

1 Fassen Sie den Inhalt der Skizze zusammen.
➽ **Infokasten „Eine Inhaltsangabe anfertigen" S. 203**

2 Was ist das zentrale Thema des Textes?

3 Wie sehen die Andorraner den vermeintlichen Juden? Wie sieht der Autor die Andorraner?

4 Welche Auswirkungen hat das Bild, das sich die Andorrander von dem vermeintlichen Juden machen, auf diesen selbst?

Max Frischs Theaterstück „Andorra" – Inhalt des Stücks: Die Hauptperson des Stücks ist Andri, der angebliche Jude. Er ist ein uneheliches Kind, das der Lehrer Can mit einer Frau aus dem faschistischen Nachbarland der „Schwarzen" hat. Andri wächst bei Can, seiner Frau und seiner Tochter Barblin auf. Um zu vertuschen, dass Andri ein uneheliches Kind ist, hat Can behauptet, Andri sei ein jüdisches Kind, dass er vor den „Schwarzen" gerettet habe. Andri und Barblin, die nicht wissen, dass sie Halbgeschwister sind, verlieben sich ineinander. Im ersten Bild weist Barblin den Soldaten Peider, der sie auch haben möchte, mit dem Hinweis darauf ab, dass sie mit Andri verlobt sei. Auch die politische Lage in Andorra kommt zur Sprache. Die Angst vor einem Überfall der faschistischen „Schwarzen" auf Andorra geht um und nimmt immer mehr zu, was natürlich eine besondere Bedrohung für den angeblichen Juden Andri darstellt. Im zweiten Bild werden Andri und Barblin als Liebespaar vorgestellt. In den folgenden Bildern wird gezeigt, wie Andri sich erfolglos darum bemüht, einfach dazuzugehören. Überall werden ihm Hindernisse in den Weg gelegt, wenn er mit anderen Jugendlichen Fußball spielen, eine Ausbildung als Tischler machen und einfach als ganz normaler Andorraner gelten möchte, überall stößt er auf die gleichen Vorurteile, die man Juden gegenüber hat. Halt in seinem immer schieriger werdenden Leben gibt ihm zunehmend fast nur noch seine Liebe zu Barblin, die er heiraten möchte. Dass sie Halbgeschwister sind, wissen nur der Vater – und die Mutter, die später, wie sich zeigt, zu spät, nach Andorra kommt. Als sein Vater ihm das verwehrt, ohne den wahren Grund für seine Ablehnung zu nennen, glaubt Andri natürlich, Can wolle seine Tochter nicht einem Juden geben. Gemeinsam planen sie die Flucht. Da trifft Andri der nächste harte Schlag:

442042

Andorra: Sechstes Bild*

Max Frisch — Text 24

Vor der Kammer der Barblin. Andri schläft allein auf der Schwelle. Kerzenlicht. Es erscheint ein großer Schatten an der Wand, der Soldat. Andri schnarcht. Der Soldat erschrickt und zögert. Stundenschlag einer Turmuhr, der Soldat sieht, daß Andri sich nicht rührt, und wagt sich bis zur Türe, zögert wieder, öffnet die Türe, Stundenschlag einer anderen Turmuhr, jetzt steigt er über den schlafenden Andri hinweg und dann, da er schon soweit ist, hinein in die finstere Kammer. Barblin will schreien, aber der Mund wird ihr zugehalten. Stille. Andri erwacht.

Andri Barblin!? …

Stille

Jetzt ist es wieder still draußen, sie haben mit Saufen und Grölen aufgehört, jetzt sind alle im Bett.

Stille

Schläfst du, Barblin? Wie spät kann es sein? Ich hab geschlafen. Vier Uhr? Die Nacht ist wie Milch, du, wie blaue Milch. Bald fangen die Vögel an. Wie eine Sintflut von Milch …

Geräusch

Warum riegelst du die Tür?

Stille

Soll er doch heraufkommen, dein Alter, soll er mich auf der Schwelle seiner Tochter finden. Meinetwegen! Ich geb's nicht auf, Barblin, ich werd auf deiner Schwelle sitzen jede Nacht, und wenn er sich zu Tod säuft darüber, jede Nacht.

Er nimmt sich eine Zigarette.

Jetzt bin ich wieder wach …

Er sitzt und raucht.

Ich schleiche nicht länger herum wie ein bettelnder Hund. Ich hasse. Ich weine nicht mehr. Ich lache. Je gemeiner sie sind wider mich, um so wohler fühle ich mich in meinem Haß. Und um so sichrer. Haß macht Pläne. Ich freue mich jetzt von Tag zu Tag, weil ich einen Plan habe, und niemand weiß davon, und wenn ich verschüchtert gehe, so tu ich nur so. Haß macht listig. Haß macht stolz. Eines Tages werde ich's ihnen zeigen. Seit ich sie hasse, manchmal möcht ich pfeifen und singen, aber ich tu's nicht. Haß macht geduldig. Und hart. Ich hasse ihr Land, das wir verlassen werden, und ihre Gesichter alle. Ich liebe einen einzigen Menschen, und das ist genug.

Er horcht.

Die Katze ist auch noch wach!

Er zählt die Münzen.

Heut habe ich anderthalb Pfund verdient, Barblin, anderthalb Pfund an einem einzigen Tag. Ich spare jetzt. Ich geh auch nicht mehr an die Klimperkiste –

Er lacht.

Wenn sie sehen könnten, wie sie recht haben: alleweil zähl ich mein Geld!

Er horcht.

Da schlurft noch einer nach Haus.

Vogelzwitschern.

Gestern hab ich diesen Peider gesehen, weiß du, der ein Aug hat auf dich, der mir das Bein gestellt hat, jetzt grinst er jedesmal, wenn er mich sieht, aber es macht mir nichts aus –

Er horcht.

Er kommt herauf!

Tritte im Haus

Jetzt haben wir schon einundvierzig Pfund, Barblin, aber sag's niemand. Wir werden heiraten. Glaub mir, es gibt eine andre Welt, wo niemand uns kennt und wo man mit kein Bein stellt, und wir werden dahin fahren, Barblin, dann kann er hier schreien, soviel er will.

Er raucht.

Es ist gut, daß du geriegelt hast.

Auftritt der Lehrer.

Lehrer Mein Sohn!

Andri Ich bin nicht dein Sohn.

Lehrer Ich bin gekommen, Andri, um dir die Wahrheit zu sagen, bevor es wieder Morgen ist …

Andri Du hast getrunken.

Lehrer Deinetwegen, Andri, deinetwegen.

Andri lacht.

Mein Sohn –

Andri Laß das!

Lehrer Hörst du mich an?

Andri Halt dich an einem Laternenpfahl, aber nicht an mir, ich rieche dich.

Andri macht sich los.

Und sag nicht immer: Mein Sohn! wenn du blau bist.

Lehrer *wankt*

Andri Deine Tochter hat geriegelt, sei beruhigt.

Lehrer Andri –

Andri Du kannst nicht mehr stehen.

Lehrer Ich bin bekümmert …

Andri Das ist nicht nötig.

Lehrer Sehr bekümmert …

Andri Mutter weint und wartet auf dich.

Lehrer Damit habe ich nicht gerechnet …

Andri Womit hast du nicht gerechnet?

Lehrer Daß du nicht mein Sohn sein willst.

Andri lacht.

Ich muß mich setzen … […]

Andri Um sieben muß ich im Laden sein, Stühle verkaufen, Tische verkaufen, Schränke verkaufen, meine Hände reiben.

Lehrer Warum mußt du deine Hände reiben?

Andri „Kann man finden einen bessern Stuhl? Wackelt das? Ächzt das? Kann man finden einen billigeren Stuhl?“

Der Lehrer starrt ihn an.

Ich muß reich werden.

Lehrer Warum mußt du reich werden?

Andri Weil ich Jud bin.

Lehrer Mein Sohn – !

Andri Faß mich nicht wieder an!

Lehrer *wankt.*

Andri Du ekelst mich.

Lehrer Andri –

Andri Heul nicht.

Lehrer Andri –

Andri Geh pissen.

Lehrer Was sagst du?

Andri Heul nicht den Schnaps aus den Augen; wenn du ihn nicht halten kannst, sag ich, geh.

Lehrer Du hassest mich?

Andri schweigt.

Der Lehrer geht.

Andri Barblin, er ist gegangen. Ich hab ihn nicht kränken wollen. Aber es wird immer ärger. Hast du ihn gehört? Er weiß nicht mehr, was er redet, und dass sieht er aus wie einer, der weint … Schläfst du?

Er horcht an der Türe.

Barblin! Barblin?

Er rüttelt an der Türe, dann versucht er die Türe zu sprengen, er nimmt einen neuen Anlauf, aber in diesem Augenblick öffnet sich die Türe von innen: im Rahmen steht der Soldat, beschienen von der Kerze, barfuß, Hosen mit offenem Gurt, Oberkörper nackt. Barblin …

Soldat Verschwinde.

Andri Das ist nicht wahr …

Soldat Verschwinde, du, oder ich mach dich zur Sau.

Aufgaben

1 Geben Sie den Inhalt des „Sechsten Bildes“ mit eigenen Worten wieder. ➡ **Infokasten S. 203**

2 Gliedern Sie den Handlungsverlauf in diesem Auszug in verschiedene Abschnitte und geben Sie den Abschnitten Überschriften. ➡ **Infokasten „Dramatische Texte untersuchen“ S. 208**

3 Was bedeuten die Geschehnisse für den Handlungsverlauf des Dramas? Inwiefern ändert sich durch diese Wendung die Situation für Andri? ➡ **Infokasten S. 208**

442044

Aufgaben

4 ●●●

Reflektieren Sie die Geschehnisse, indem Sie sich wahlweise
- in Andri versetzen und einen Tagebucheintrag (➽ Infokasten S. 196) zu dem Erlebten verfassen,
- in die Lage des Lehrers Can versetzen und einen Brief an den Sohn schreiben.

➽ Infokasten „Texte gestaltend interpretieren" S. 212

Inhalt des Stücks – Fortsetzung: In den folgenden Bildern zeigt sich, dass selbst diejenigen, die es gut meinen mit Andri, wie der Pater oder der Doktor, voller Vorurteile stecken gegenüber Juden und damit gegenüber Andri. Allmählich wird die Bedrohung der Andorraner durch die faschistischen „Schwarzen" immer stärker, und in dieser Situation kommt die „Señora", die leibliche Mutter Andris aus dem Land der „Schwarzen", aus Sorge um das Leben ihres Sohnes nach Andorra. Sie stellt Andris Vater, den Lehrer Can, zur Rede, weil er ihren gemeinsamen Sohn als jüdisches Kind ausgab, das er vor den Faschisten gerettet habe. Can hatte mit dieser Lüge vertuschen wollen, dass er eine Liebesaffäre mit einer Frau von den „Schwarzen" und nicht damit gerechnet hatte, dass es Juden einst auch in Andorra sehr schwer haben würden. Can und die Senora vereinbaren, dass nicht sie, sondern der Pater Andri seine wahre Herkunft mitteilt.

Andorra: Neuntes Bild*

Max Frisch

Text 25

[...]

Pater Ich habe dir etwas zu sagen.

Andri Kann man nicht stehen dazu?

Andri setzt sich.

Um zwei muß ich im Laden sein. Ist sie nicht eine fantastische Frau?

Pater Es freut mich, daß sie dir gefällt.

Andri Alle tun so steif

Andri raucht.

Sie wollen mir sagen, man soll halt nicht zu einem Soldat gehen und ihm die Mütze vom Kopf hauen, wenn man weiß, daß man Jud ist, man soll das überhaupt nicht tun, und doch bin ich froh, daß ich's getan habe, ich hab etwas gelernt dabei, auch wenn's mit nichts nützt, überhaupt vergeht jetzt , seit unserm Gespräch, kein Tag, ohne daß ich etwas lerne, was mir nichts nützt, Hochwürden, so wenig wie Ihre guten Worte, ich glaub's, daß Sie es wohl meinen, Sie sind Christ von Beruf, aber ich bin Jud von Geburt, und drum werd ich jetzt auswandern.

Pater Andri –

Andri Sofern's mir gelingt.

Andri löscht die Zigarette.

Das wollte ich niemand sagen.

Pater Bleib sitzen!

Andri Dieser Ring wird mir helfen. Daß Sie jetzt schweigen, Hochwürden, daß Sie es niemand sagen, ist das Einzige, was Sie für mich tun können.

Andri erhebt sich

Ich muß gehn.

Andri lacht.

Ich hab so etwas Gehetztes, ich weiß, Hochwürden haben ganz recht ...

Pater Sprichst du oder spreche ich?

Andri Verzeihung

Andri setzt sich

Ich höre.

Pater Andri –

Andri Sie sind so feierlich!

Pater Ich bin gekommen, um dich zu erlösen.

Andri Ich höre.

Pater Auch ich, Andri, habe nichts davon gewußt, als wir das letzte Mal miteinander redeten. Er habe ein Judenkind gerettet, so hieß es seit Jahr und Tag, eine christliche Tat, wieso sollte ich nicht daran glauben! Aber nun, Andri, ist deine Mutter gekommen –

Andri Wer ist gekommen?

Pater Die Senora.

Andri springt auf.

Pater Andri, du bist kein Jud.

Schweigen

Du glaubst nicht, was ich sage?

Andri Nein.

Pater Also glaubst du, ich lüge?

Andri Hochwürden, das fühlt man.

Pater Was fühlt man?

Andri Ob man Jud ist oder nicht.

Der Pater erhebt sich und nähert sich Andri.

Rühren Sie mich nicht an. Eure Hände! Ich will das nicht mehr.

Pater Hörst du nicht, was ich dir sage?

Andri *schweigt.*

Pater Du bist sein Sohn.

Andri *lacht.*

Pater Andri, das ist die Wahrheit.

Andri Wie viele Wahrheiten habt ihr?

Andri nimmt sich eine Zigarette, die er dann vergißt.

Das könnt ihr nicht machen mit mir …

Pater Warum glaubst du uns nicht?

Andri Euch habe ich ausgeglaubt.

Pater Ich sage und schwöre beim Heil meiner Seele, Andri: Du bist sein Sohn, unser Sohn, und von Jud kann nicht die Rede sein.

Andri 's war aber viel die Red davon …

Großer Lärm in der Gasse

Pater Was ist denn los?

Stille

Andri Seit ich höre, hat man mir gesagt, ich sei anders, und ich habe geachtet drauf, ob es so ist, wie sie sagen. Und es ist so, Hochwürden: Ich bin anders. Man hat mir gesagt, wie meinesgleichen sich bewege, nämlich so und so, und ich bin vor den Spiegel getreten fast jeden Abend. Sie haben recht: Ich bewege mich so und so. Ich kann nicht anders. Und ich habe geachtet auch darauf, ob's wahr ist, daß ich alleweil denke ans Geld, wenn die Andorraner mich beobachten und denken, jetzt denke ich ans Geld, und sie haben abermals recht: Ich denke alleweil ans Geld. Es ist so. Und ich habe kein Gemüt, ich hab's versucht, aber vergeblich: Ich habe kein Gemüt, sondern Angst. Und man hat mit gesagt, meinesgleichen ist feig. Auch darauf habe ich geachtet. Viele sind feig, aber ich weiß es, wenn ich feig bin. Ich wollte es nicht wahrhaben, was sie mir sagten, aber es ist so. Sie haben mich mit Stiefeln getreten, und es ist so, wie sie sagen: Ich fühle nicht wie sie. Und ich habe keine Heimat. Hochwürden haben gesagt, man muß das annehmen, und ich hab's angenommen. Jetzt ist es an Euch, Hochwürden, euren Jud anzunehmen.

Pater Andri –

Andri Jetzt, Hochwürden, spreche ich.

Pater – du möchtest ein Jud sein?

Andri Ich bin's. Lang habe ich nicht gewußt, was das ist. Jetzt weiß ich's.

Pater *setzt sich hilflos.*

Andri Ich möchte nicht Vater noch Mutter haben, damit ihr Tod nicht über mich komme mit Schmerz und Verzweiflung und mein Tod nicht über sie. Und keine Schwester und keine Braut: Bald wird alles zerrissen, da hilft kein Schwur und nicht unsre Treue. Ich möchte, daß es bald geschehe. Ich bin alt. Meine Zuversicht ist ausgefallen, eine um die andere, wie Zähne. Ich habe gejauchzt, die Sonne schien grün in den Bäumen, ich habe meinen Namen in die Lüfte geworfen wie eine Mütze, die niemand gehört wenn nicht mir, und herunter fällt ein Stein, der mich tötet. Ich bin im Unrecht gewesen, anders als sie dachten, allezeit. Ich wollte recht haben und frohlocken. Die meine

Feinde waren, hatten recht, auch wenn sie kein Recht dazu hatten, denn am Ende seiner Einsicht kann man sich selbst nicht recht geben. Ich brauche jetzt schon keine Feinde mehr, die Wahrheit reicht aus. Ich erschrecke, so oft ich noch hoffe, Das Hoffen ist mir nie bekommen. Ich erschrecke, wenn ich lache, und ich kann nicht weinen. Meine Trauer erhebt mich über euch alle, und so werde ich stürzen. Meine Augen sind groß von Schwermut, mein Blut weiß alles, und ich möchte tot sein. Aber mir graut vor dem Sterben. Es gibt keine Gnade –

Pater Jetzt versündigst du dich.

Andri Sehen Sie den alten Lehrer, wie der herunterkommt und war doch einmal ein junger Mann, sagt er, und ein großer Wille. Sehen Sie Barblin. Und alle, alle, nicht nur mich. Sehen Sie die Soldaten. Lauter Verdammte. Sehen Sie sich selbst. Sie wissen heut schon, was Sie tun werden, Hochwürden, wenn man mich holt, und drum starren die mich so an, Ihre guten Augen, Sie werden beten. Für mich und für sich. Ihr Gebet hilft nicht einmal Ihnen. Sie werden trotzdem ein Verräter. Gnade ist ein ewiges Gerücht, die Sonne scheint grün in den Bäumen, auch wenn sie mich holen.

Eintritt der Lehrer, zerfetzt.

Pater Was ist geschehen?!

Lehrer *bricht zusammen.*

Pater So reden Sie doch!

Lehrer Sie ist tot.

Andri Die Señora - ?

Pater Wie ist das geschehen?

Lehrer – ein Stein.

Pater Wer hat ihn geworfen?

Lehrer – Andri, sagen sie, der Wirt habe es mit eignen Augen gesehen.

Andri *will davonlaufen, der Lehrer hält ihn fest.*

Lehrer Er war hier, Sie sind sein Zeuge.

Inhalt des Stücks – Schluss: Es kommt wie es kommen muss: Inzwischen sind die „Schwarzen" in Andorra einmarschiert und Andri wird, obwohl alle Fakten dagegen sprechen, für den Tod der Señora verantwortlich gemacht, die ja eine Bürgerin des Landes der „Schwarzen" ist. Die Lage spitzt sich dramatisch zu und die Andorraner nehmen es hin, dass Andri schließlich von den „Schwarzen" als Jude und Verbrecher grausam ermordet wird, zumal sie darauf hoffen können, dass sich damit die Gewaltsamkeit der „Schwarzen" nicht an ihnen auslässt. Der Lehrer Can erhängt sich im Schulzimmer, Barblin wird wahnsinnig – und die Andorraner kehren zur Tagesordnung zurück.

Aufgaben

1 Charakterisieren Sie Andri im „Neunten Bild" des Dramas unter Zuhilfenahme folgender Fragestellungen ➠ **Infokasten S. 175**:
- Warum glaubt Andri dem Pater nicht, als dieser ihm sagt, dass er kein Jude sei?
- Was meint Andri mit dem Satz: „Das könnt ihr nicht machen mit mir."?
- Warum glaubt Andri von sich, er habe kein Gemüt und er sei feige?
- Warum fühlt sich Andri nicht wie die Andorraner?
- Warum sagt Andri, er sei alt?

2 Analysieren Sie den Gesprächsverlauf: Wer hat die Führungsrolle in dem Gespräch? Wechselt diese? ➠ **Infokasten „Dramatische Texte untersuchen" S. 208**

3 Erläutern Sie vor dem Hintergrund Ihrer Ergebnisse Andris Kommentar: „Die meine Feinde waren, hatten recht, auch wenn sie kein Recht dazu hatten."

Bilder von mir – Bilder von anderen

Spieglein, Spieglein an der Wand

Bettina Jodda

Text 26

Michelle sah sich selbst, wie sie vor dem Spiegel stand. Sie hatte Spiegel immer gemocht, zeigten sie doch ihre perfekte Figur, ihre blendend weißen Zähne, ihre wie modelliert wirkenden Wangenknochen. Schönheit in Vollendung. Es zeigte sie, eine durch ein fast magisch wirkendes Zusammenarbeiten von Natur, moderner Chirurgie und Pharmazie perfekte Frau. Bezaubernd, wunderschön und hinreißend waren nur einige der Bezeichnungen, die man ihr jeden Tag gönnte und in denen sie sich badete wie in ihrem zart mit Orchideenduft angereichertem Badewasser. Sie blickte auf ihr eigenes Bild und lächelte.

Sandy kam zu ihr, unsicher, müde, gähnend. „Ich bin müde …", sagte sie und Michelle brachte sie in ihr Kinderzimmer, zog die Decke über ihr glatt und blieb auf dem Bett sitzen bis sie sicher sein konnte, dass Sandy schlief. Sandys Worte gingen in ihrem Kopf umher wie ziellose Spaziergänger auf dem Weg durch die City. Und die Frage: „Mommy, du passt doch auf mich auf, oder?" schrillte wie ein Klingelton durch ihre Gedanken. „Du passt doch auf mich auf, oder?"

Sie stand auf und ging aus dem Kinderzimmer, sagte sich wieder und wieder, dass sie nur das Beste gewollt hatte. Das Beste für Sandy! Egal ob es darum ging, dass sie vielleicht etwas Schlimmes im Internet sehen konnte (ja, auf jeden Fall die Selbstklassifizierung von Internetseiten …), ob Sandy Gefahr lief, vielleicht einen obszönen Anruf zu bekommen (ich finde, die Idee mit dem zertifizierten Telefon ist sehr sinnvoll) oder ob es sich einfach nur um Dinge wie Sandys Tagebuch (ich bin ihre Mutter, ich muss schließlich auf sie aufpassen), Sandys Weg zur Schule (ich finde nichts schlimm dabei, dass ihr jeden Tag jemand folgt, wenn ich dadurch vermeiden kann, dass ihr etwas passiert), Sandys E-Mails (ich habe ein Recht, die zu lesen, ich bin für sie verantwortlich) oder um Sandys Krankendaten handelte. Immer war es nur um Sandy gegangen, um ihre Zukunft, ihr Leben, ihre Sicherheit. Und nun? Und was war nun? Michelle sah sich selbst vor dem Spiegel in die Augen.

„Wir haben ein kleines Problem", hatte der Direktor der Schule gesagt und der Rest war an ihr vorbei geglitten, hatte nicht den Weg in ihren Kopf gefunden. Nur Wortfetzen waren hängengeblieben. „Videoüberwachung in der Schule … nur zur Sicherheit … damit niemand eines der Kinder entführen kann … und auch unter den Duschen und in den Umkleideräumen … man muss auf Nummer sicher gehen." Michelle schloss kurz die Augen. „Wir konnten ja nicht wissen, dass es so leicht ist, unsere Server zu infiltrieren … keine großen Gedanken gemacht um Passworte … es ging nur um Sicherheit." Und doch, egal wie oft das Wort Sicherheit vorkam, noch öfter hatte Michelle das Gefühl, dass der Satz „Wir wissen es nicht." fiel. Nein, sie wussten es nicht, es war nicht ihre Schuld, nicht beabsichtigt, nicht gewollt, nicht … Und doch war es Tatsache, dass die Bilder von Sandy und all ihren Freundinnen längst um die Welt gegangen waren, im Internet kursierten und abgerufen wurden. Dass diese Bilder von Sandy und ihren Freundinnen, wie sie sich unter den Duschen mal gegenseitig neckten, anstubsten, auch berührten … nun auf zig Servern der Welt abrufbar waren. Ewig währendes Zeugnis davon, was sie, Michelle, und die anderen Mütter unter „Sicherheit für die Kinder" verstanden.

Michelle schob die Unterlippe vor, ein verzweifelter Versuch, nicht zu weinen. Wie immer, wenn sie weinen musste, nutzte sie diesen Trick: Unterlippe vorschieben, Zähne zusammenbeißen, ruckartig atmen. Und immer denken „das ist nicht meine Schuld, das ist nicht meine Schuld, das ist nicht meine Schuld".

Doch diesmal gelang es nicht. Sie merkte, wie trotz allem diese gottverdammten Tränen ihren Weg fanden, und als sie sie ungeduldig wegwischte (Das ist nicht meine

Schuld!), da stand wieder Sandy neben ihr, in der Hand ein ausgedrucktes Bild von sich selbst, wie sie sich duschte und lächelte. „Spieglein Spieglein an der Wand …“ sagte sie und Michelle wunderte sich, wie brüchig die Stimme einer 12-Jährigen klingen konnte.

„Bist Du nun glücklich, Mommy? Freut es dich, dass ausgerechnet du, die du immer dagegen warst, dass man die Privatsphäre anderer Leute verletzte, zeigen konntest, wie weh es manchen tut, wenn das passiert?“ Sie hielt den Ausdruck hoch. „Alles für die Sicherheit, oder? Es ging ja immer nur um die Sicherheit.“ Michelle wollte nach ihrer Tochter die Arme ausstrecken, doch Sandy wich zurück. „Seit zehn Wochen gibt es auch Kameras in deinen Zimmern“, sagte Michelles 12-jährige Tochter und es klang wie einstudiert. „Auch im Schlafzimmer und auf der Toilette.“

Sie sahen sich beide an, Mutter und Tochter, Freundinnen. Und dann sahen sie fast unwillkürlich hoch zur Decke wo die kleine Kamera alles aufnahm. Und sie konnten sich beide sehen, wie sie spöttisch lächelten, denn sie hatten die anderen vielleicht nur beschützen wollen, vielleicht nur Rache üben wollen, sie nur verletzen wollen. Aber dass all diese Bilder einfach so ins Internet gingen und Tausende von Menschen ihre Privatsphäre kennen lernten wie eine Folge einer Daily Soap, das hatten sie nicht gewollt. „Spieglein, Spieglein an der Wand …“, sagte Michelle leise und sie wusste, je länger sie ihr Bild betrachten würde, desto schneller würde sie sich übergeben. Und Sandy würde es genauso gehen.

Aufgaben

1 Woher stammt der Spruch „Spieglein, Spieglein an der Wand …“. Vervollständigen Sie ihn.

2 Arbeiten Sie aus dem Text heraus, welche Interessen sich gegenüberstehen. Erläutern Sie in diesem Zusammenhang die Bedeutung des Ausspruchs „Spieglein, Spieglein an der Wand …“ im Zusammenhang der Handlung.

3 Verfassen Sie wahlweise einen Tagebucheintrag der Mutter oder der Tochter nach den Ereignissen. ➽ **Infokasten „Texte gestaltend interpretieren“ S. 212**

Bei einer im Jahr 2004 veröffentlichten Umfrage der Universität Leicester unter 2 500 Briten im Alter zwischen 16 und 24 Jahren ist herausgekommen, dass der Fußballer David Beckham das unbestrittene Idol der britischen Jugendlichen ist. Es wurde bei der Umfrage deutlich, dass nicht etwa Politiker oder Dichter, sondern Stars und Sternchen die Idole der Jugend von heute sind. Nach David Beckham als unangefochtener Nummer eins befinden sich unter den Erstplatzierten der Schauspieler Brad Pitt oder Popstars wie Justin Timberlake, Michael Jackson, Britney Spears oder Jennifer Lopez.

Ziemlich am Ende der Beliebtheitsskala (auf Platz 123) landeten Jesus und George W. Bush gemeinsam. Der Studienleiter Adrian North sagte enttäuscht: „Sie haben sich Leute ausgesucht, die wenig zu sagen haben, dafür aber gut aussehen, das ist wirklich deprimierend.“

Aufgaben

1 Kommentieren Sie das Umfrageergebnis. Nehmen Sie dabei auch Bezug zum Statement des Studienleiters.

2 Die Begriffe Idol, Vorbild und Held werden häufig als Synonyme, also gleichbedeutend verwendet. Dennoch gibt es Bedeutungsunterschiede. Schlagen Sie die drei Begriffe im Lexikon nach und halten Sie die Bedeutungsunterschiede schriftlich fest.

442050

Selbst- und Fremdbild

Manchmal kommt es vor, dass sich jemand zu sehr mit seinem Idol identifiziert. Das kann zu einer Verfremdung des Selbstbildes führen. Testen Sie zu zweit Ihr Fremd- und Selbstbild (vgl. S. 90 f.).

Aufgaben

3

Sammeln Sie „Spiegel-Bilder" aus Zeitschriften, Bildbänden usw. Wählen Sie eines Ihrer oder der nachfolgenden Bilder und verfassen Sie dazu eine Bildbeschreibung. ➽ Infokasten S. 173

Balthus: Les beaux jours (Schöne Tage), 1944–45

Andere kennen lernen

Jeder Mensch ist einzigartig und hat ein individuelles Aussehen und individuelle Eigenschaften. In einer Personenbeschreibung werden die äußeren Merkmale beschrieben, während eine Charakterisierung auch auf die Charaktereigenschaften – das „Innere" – einer Person eingeht. Bei jeder Form der Beschreibung spielt die Verwendung von Adjektiven („Eigenschaftswörtern") eine besondere Rolle.

Aufgaben

1 Sammeln Sie Adjektive, die das Aussehen einer Person wiedergeben könnten.

2 Bringen Sie die Adjektive in eine sinnvolle Reihung (z. B. *Größe: winzig, zwergenhaft, klein, mittelgroß, groß, riesig*).

3 Manche Adjektive stellen das Aussehen nicht sachlich (objektiv), sondern wertend (subjektiv) dar. Unterscheiden Sie die folgenden Beispiele und ergänzen Sie weitere Wörter.

schön, weiß, gelockt, modern, eng stehend, hübsch, herabhängend, hässlich, schmächtig, breit, rund, mittelgroß, wohlgeformt

4 Wählen Sie eines der nachfolgenden Bilder aus und verfassen Sie eine Personenbeschreibung. ➡ **Infokasten S. 174**

Text 27 Felix

Benjamin Lebert

Da wäre zum einen der dicke Felix. Ein Einzelkind aus einer brutalen Familie, wie Janosch sagt. Er habe nie besonders viele Freunde gehabt. Nur die Süßigkeiten. Und denen sei er verfallen. Alle nennen ihn Kugli oder Obelix. Er hasse diese Bezeichnungen. Doch könne er sich nie gegen sie wehren. Sie verfolgten ihn schon seit Beginn seiner Schulkarriere, und sie würden ihn noch verfolgen, wenn er sein Abitur nach Hause brächte. Und das würde er zweifelsohne irgendwann tun. Denn der dicke Felix sei ein guter Schüler. Ein Schnitt von 1,7 sei ihm jedes Jahr sicher. Sogar in Mathe sei er gut, sagt Janosch. Doch als Nachhilfelehrer solle man ihn nicht nehmen. Es heißt, er verlange Süßigkeiten als Prämie. Aber das sei nicht bewiesen. Ansonsten sei Felix ein freundlicher Genosse. Krieg und Kämpfe verabscheue er. Vielleicht auch deshalb, weil er stets den Kürzeren zöge.

Neben Felix läuft der kleine Florian, den alle nur Mädchen nennen. Er sei ungeheuer zart und empfindlich, meint Janosch. Mit sechs Jahren habe er seine Eltern bei einem Autounfall verloren. Seitdem spreche er sehr wenig und meistens nur dann, wenn er dazu aufgefordert werde.

Aufgaben

1 Sammeln Sie Adjektive, die das Wesen eines Menschen wiedergeben können.

2 Welchen Eindruck erweckt das nachstehend beschriebene Verhalten? Ergänzen Sie.

Versprecher, Stottern, unvollständige Sätze ______________________

Niederschlagen der Augen ______________________

Beim Reden Blickkontakt halten ______________________

Verwendung von Fremdwörtern, Schimpfwörtern ______________________

Lächeln ______________________

Sich abwenden ______________________

Aufrecht stehen ______________________

An die Wand lehnen ______________________

Der Vorzugsschüler

Joseph Roth

Text 28

Des Briefträgers Andreas Wanzls Söhnchen, Anton, hatte das merkwürdigste Kindergesichtchen von der Welt. Sein schmales, blasses Gesichtchen mit den markanten Zügen, die eine gekrümmte Nase noch verschärfte, war von einem äußerst kargen, weißgelben Haarschopf gekrönt. Eine hohe Stirn thronte Ehrfurcht gebietend über dem kaum sichtbaren Brauenpaar, und darunter sahen zwei blassblaue, tiefe Äuglein sehr altklug und ernst in die Welt. Ein Zug der Verbissenheit trotzte in den schmalen, blassen, zusammengepressten Lippen, und ein schönes, regelmäßiges Kinn bildete einen imposanten Abschluss des Gesichtes.

Der Kopf stak auf einem dünnen Halse, sein ganzer Körper war schmächtig und zart. Zu seiner Gestalt bildeten nur die starken, roten Hände, die an den dünn-gebrechlichen Handgelenken wie lose angeheftet schlenkerten, einen sonderbaren Gegensatz.

Anton Wanzl war stets nett und reinlich gekleidet. Kein Stäubchen auf seinem Rock, kein winziges Loch im Strumpf, keine Narbe, kein Ritz auf dem glatten, blassen Gesichtchen. Anton Wanzl spielte selten, raufte nie mit den Buben und stahl keine roten Äpfel aus Nachbars Garten. Anton Wanzl lernte nur. Er lernte vom Morgen bis spät in die Nacht. Seine Bücher und Hefte waren fein säuberlich in knatterndes, weißes Packpapier gehüllt, auf dem ersten Blatte stand in der für ein Kind seltsam kleinen, netten Schrift sein Name. Seine glänzenden Zeugnisse lagen feierlich gefaltet in einem großen, ziegelroten Kuvert dicht neben dem Album mit den wunderschönsten Briefmarken, um die Anton noch mehr als um seine Zeugnisse beneidet wurde.

Anton Wanzl war der ruhigste Junge im ganzen Ort. In der Schule saß er still, die Arme nach Vorschrift „verschränkt", und starrte mit seinen altklugen Äuglein auf den Mund des Lehrers. Freilich war er Primus. Ihn hielt man stets als Muster der ganzen Klasse vor, seine Schulhefte wiesen keinen roten Strich auf, mit Ausnahme der mächtigen!, die regelmäßig unter allen Arbeiten prangten. Anton gab ruhige, sachliche Antworten, war stets vorbereitet, nie krank. Auf seinem Platz in der Schulbank saß er wie angenagelt. Am unangenehmsten waren ihm die Pausen. Da mussten alle hinaus, das Schulzimmer wurde gelüftet, nur der Aufseher blieb. Anton aber stand draußen im Schulhof, drückte sich scheu an die Wand und wagte keinen Schritt, aus Furcht, von einem der rennenden, lärmenden Knaben umgestoßen zu werden. Aber wenn die Glocke wieder läutete, atmete

Anton auf. Bedächtig, wie sein Direktor, stieg er hinter den drängenden, polternden Jungen einher, bedächtig setzte er sich in die Bank, sprach zu keinem ein Wort, richtete sich kerzengerade auf und sank automatenhaft wieder auf den Platz nieder, wenn der Lehrer „Setzen“ kommandiert hatte. Anton Wanzl war kein glückliches Kind. Ein brennender Ehrgeiz verzehrte ihn. Ein eiserner Wille, zu glänzen, alle seine Kameraden zu überflügeln, rieb fast seine schwachen Kräfte auf. Vorderhand hatte Anton nur ein Ziel. Er wollte „Aufseher“ werden.

Aufgaben

1 Vergleichen Sie die Texte 27 und 28 im Hinblick auf Sprache und Satzbau. Welche Auswirkung haben Sprache und Satzbau auf die jeweilige Personenbeschreibung? Stellen Sie Vermutungen über die Entstehungszeit der Texte an.

2 Schreiben Sie alle Vollverben, die die Persönlichkeit Antons beschreiben, heraus.

3 Ordnen Sie alle Angaben, die Sie im Text über Anton finden, nach den Gesichtspunkten: äußere Erscheinung, Verhalten und Eigenschaften.

4 Verfassen Sie eine Charakterisierung Antons, indem Sie sich in die Rolle seines Klassenlehrers versetzen und eine schriftliche Beurteilung für Antons Zeugnis formulieren.

5 Denken Sie sich eine Person aus, die sowohl äußerlich als auch vom Wesen her das genaue Gegenteil von Anton ist, und fertigen Sie von ihr eine Personenbeschreibung an.

Text 29 Der Steppenwolf*

Hermann Hesse

Dieses Buch enthält die Aufzeichnungen jenes Mannes, welchen wir mit einem Ausdruck, den er selbst mehrmals gebrauchte, den „Steppenwolf“ nannten. Ob sein Manuskript eines einführenden Vorwortes bedürfe, sei dahingestellt; mir jedenfalls ist es ein Bedürfnis, den Blättern des Steppenwolfs einige beizufügen, auf denen ich versuche, meine Erinnerung an ihn aufzuzeichnen. Es ist nur wenig, was ich über ihn weiß, und namentlich ist seine ganze Vergangenheit und Herkunft mir unbekannt geblieben. Doch habe ich von seiner Persönlichkeit einen starken und, wie ich trotz allem sagen muß, sympathischen Eindruck. Der Steppenwolf war ein Mann von annähernd fünfzig Jahren, der vor einigen Jahren eines Tages im Hause meiner Tante vorsprach und nach einem möblierten Zimmer suchte. Er mietete die Mansarde oben im Dachstock und die kleine Schlafkammer daneben, kam nach einigen Tagen mit zwei Koffern und einer großen Bücherkiste wieder und hat neun oder zehn Monate bei uns gewohnt. Er lebte sehr still und für sich, und wenn nicht die nachbarliche Lage unsrer Schlafräume manche zufällige Begegnung auf Treppe und Korridor herbeigeführt hätte, wären wir wohl nicht miteinander bekannt geworden, denn gesellig war dieser Mann nicht, er war in einem hohen, von mir bisher bei niemandem beobachteten Grade ungesellig, er war wirklich, wie er sich zuweilen nannte, ein Steppenwolf, ein fremdes, wildes und auch scheues, sogar sehr scheues Wesen aus einer anderen Welt als der meinigen. In wie tiefe Vereinsamung er sich auf Grund seiner Anlage und seines Schicksals hineingelebt hatte und wie bewußt er diese Vereinsamung als sein Schicksal erkannte, dies erfuhr ich allerdings erst aus den von ihm zurückgelassenen Aufzeichnungen; doch habe ich ihn immerhin schon vorher durch manche kleine Begegnungen und Gespräche einigermaßen kennengelernt und fand das Bild, das ich aus seinen Aufzeichnungen von ihm gewann, im Grunde übereinstimmend mit dem freilich

442054

blasseren und lückenhafteren, wie es sich mir aus unsrer persönlichen Bekanntschaft ergeben hatte. Zufällig war ich in dem Augenblick zugegen, wo der Steppenwolf zum erstenmal unser Haus betrat und bei meiner Tante sich einmietete. Er kam in der Mittagszeit, die Teller standen noch auf dem Tisch, und ich hatte noch eine halbe Stunde Freizeit, ehe ich in mein Bureau gehen mußte. Ich habe doch den sonderbaren, sehr zwiespältigen Eindruck nicht vergessen, den er mir beim ersten Begegnen machte. Er kam durch die Glastür, wo er vorher die Glocke gezogen hatte, herein, und die Tante fragte ihn im halbdunklen Flur, was er wünsche. Er aber, der Steppenwolf, hatte seinen scharfen kurzhaarigen Kopf witternd in die Höhe gereckt, schnupperte mit der nervösen Nase um sich her und sagte, noch ehe er Antwort gab oder seinen Namen nannte: „Oh, hier riecht es gut." Er lächelte dazu, und meine gute Tante lächelte auch, ich aber fand diese Begrüßungsworte eher komisch und hatte etwas gegen ihn. Erst als wir die Treppe zum Dachboden hinaufstiegen, konnte ich den Mann genauer ansehen. Er war nicht sehr groß, hatte aber den Gang und die Kopfhaltung von großgewachsenen Menschen, er trug einen modernen bequemen Wintermantel und war im übrigen anständig, aber unsorgfältig gekleidet, glatt rasiert und mit ganz kurzem Kopfhaar, das hier und dort ein wenig grau flimmerte. Sein Gang gefiel mir anfangs gar nicht, er hatte etwas Mühsames und Unentschlossenes, das nicht zu dem scharfen, heftigen Profil und auch nicht zum Ton und Temperament seiner Rede passte. Später merkte und erfuhr ich, daß er krank war und daß das Gehen im Mühe machte. Mit einem eigentümlichen Lächeln, das mir ebenfalls unangenehm war, betrachtete er die Treppe, die Wände und die Fenster und die alten hohen Schränke im Treppenhaus, dies alles schien ihm zu gefallen und schien ihm doch zugleich irgendwie lächerlich. Überhaupt machte der ganze Mann den Eindruck, als komme er aus einer fremden Welt, etwa aus überseeischen Ländern, zu uns und finde hier alles zwar hübsch, aber ein wenig komisch. Er war, wie ich nicht anders sagen kann, höflich, ja freundlich, er war auch mit dem Haus, dem Zimmer, dem Preis für die Miete und Frühstück und allem sofort und ohne Einwände einverstanden, und dennoch war um den ganzen Mann herum eine fremde und, wie mir scheinen wollte, ungute oder feindliche Atmosphäre. Er mietete das Zimmer, mietete noch die Schlafkammer dazu, ließ sich über Heizung, Wasser, Bedienung und Hausordnung unterrichten, hörte alles aufmerksam und freundlich an, war mit allem einverstanden, bot auch sogleich eine Vorauszahlung auf die Miete an, und doch schien er bei alledem nicht recht dabei zu sein, schien sich selber in seinem Tun komisch zu finden und nicht ernst zu nehmen, so, als sei es ihm seltsam und neu, ein Zimmer zu mieten und mit Leuten Deutsch zu sprechen, während er eigentlich und im Innern mit ganz anderen Sachen beschäftigt wäre. So etwa war mein Eindruck, und er wäre kein guter gewesen, wenn er nicht durch allerlei kleine Züge durchkreuzt und korrigiert worden wäre. Vor allem war es das Gesicht des Mannes, trotz jenem Ausdruck von Fremdheit gefiel es mir, es war ein vielleicht etwas eigenartiges und auch trauriges Gesicht, aber ein waches, sehr gedankenvolles, durchgearbeitetes und vergeistigtes. Und dann kam, um mich versöhnlicher zu stimmen, dazu, dass seine Art von Höflichkeit und Freundlichkeit, obwohl sie ihm etwas Mühe zu machen schien, doch ganz ohne Hochmut war. Es war darin etwas beinah Rührendes, etwas wie Flehendes, wofür ich erst später die Erklärung fand, das mich aber sofort ein wenig für ihn einnahm.

Aufgaben

1 Wie nimmt der Erzähler den „Steppenwolf" wahr?

2 Formulieren Sie mögliche Gedanken des „Steppenwolfs" aus der Ich-Perspektive anlässlich der Anmietung des Dachbodens.

Text 30 Im Konzertsaal

Arthur Schnitzler

Wie lang' wird denn das noch dauern? Ich muss auf die Uhr schauen … schickt sich wahrscheinlich nicht in einem so ernsten Konzert. Aber wer sieht's denn? Wenn's einer sieht, so passt er gerade so wenig auf wie ich, und vor dem brauch' ich mich nicht zu genieren … Erst viertel auf zehn? … Mir kommt's vor, ich sitz' schon drei Stunden in dem Konzert. Ich bin's halt nicht gewohnt … Was ist es denn eigentlich? Ich muss das Programm anschauen … Ja, richtig: Oratorium! Ich hab' gemeint: Messe. Solche Sachen gehören doch nur in die Kirche! Die Kirche hat auch das Gute, dass man jeden Augenblick fortgehen kann. – Wenn ich wenigstens einen Ecksitz hätt'! – Also Geduld, Geduld! Auch Oratorien nehmen ein End'! Vielleicht ist es sehr schön, und ich bin nur nicht in der Laune. Woher sollt' mir auch die Laune kommen? Wenn ich denke, dass ich hergekommen bin, um mich zu zerstreuen … Hätt' ich die Karte lieber dem Benedek geschenkt, dem machen solche Sachen Spaß; er spielt ja selber Violine. Aber da wär' der Kopetzky beleidigt gewesen. Es war ja sehr lieb von ihm, wenigstens gut gemeint. Ein braver Kerl, der Kopetzky! Der einzige, auf den man sich verlassen kann … Seine Schwester singt ja mit unter denen da oben. Mindestens hundert Jungfrauen, alle schwarz gekleidet; wie soll ich sie da herausfinden? Weil sie mitsingt, hat er auch das Billett gehabt, der Kopetzky … Warum ist er denn nicht selber gegangen? – Sie singen übrigens sehr schön. Es ist sehr erhebend – sicher! Bravo! Bravo! … Ja, applaudieren wir mit. Der neben mir klatscht wie verrückt. Ob's ihm wirklich so gut gefällt? – Das Mädel drüben in der Loge ist sehr hübsch. Sieht sie mich an oder den Herrn dort mit dem blonden Vollbart? … Ah, ein Solo! Wer ist das? Alt: Fräulein Walker, Sopran: Fräulein Michalek … das ist wahrscheinlich Sopran … Lang' war ich schon nicht in der Oper. In der Oper unterhalt' ich mich immer, auch wenn's langweilig ist. Übermorgen könnt' ich eigentlich wieder hineingeh'n, zur „Traviata“. Ja, übermorgen bin ich vielleicht schon eine tote Leiche! Ah, Unsinn, das glaub' ich selber nicht! Warten S' nur, Herr Doktor, Ihnen wird's vergeh'n, solche Bemerkungen zu machen! Das Nasenspitzel hau' ich Ihnen herunter …

Wenn ich die in der Loge nur genau sehen könnt'! Ich möcht' mir den Operngucker von dem Herrn neben mir ausleih'n, aber der frisst mich ja auf, wenn ich ihn in seiner Andacht stör' … In welcher Gegend die Schwester vom Kopetzky steht? Ob ich sie erkennen möcht'? Ich hab' sie ja nur zwei- oder dreimal gesehen, das letzte Mal im Offizierskasino … Ob das lauter anständige Mädeln sind, alle hundert? O jeh! … „Unter Mitwirkung des Singvereins“! – Singverein … komisch! Ich hab' mir darunter eigentlich immer so was Ähnliches vorgestellt, wie die Wiener Tanzsängerinnen, das heißt, ich hab' schon gewusst, dass es was anderes ist! … Schöne Erinnerungen! Damals beim „Grünen Tor“ … Wie hat sie nur geheißen? Und dann hat sie mir einmal eine Ansichtskarte aus Belgrad geschickt … Auch eine schöne Gegend! – Der Kopetzky hat's gut, der sitzt jetzt längst im Wirtshaus und raucht seine Virginia! …

442056

Was guckt mich denn der Kerl dort immer an? Mir scheint, der merkt, dass ich mich langweil' und nicht herg'hör' … Ich möcht' Ihnen raten, ein etwas weniger freches Gesicht zu machen, sonst stell' ich Sie mir nachher im Foyer! – Schaut schon weg! … Dass sie alle vor meinem Blick so eine Angst hab'n … „Du hast die schönsten Augen, die mir je vorgekommen sind!" hat neulich die Steffi gesagt … O Steffi, Steffi, Steffi! – Die Steffi ist eigentlich schuld, dass ich dasitz' und mir stundenlang vorlamentieren lassen muss. – Ah, diese ewige Abschreiberei von der Steffi geht mir wirklich schon auf die Nerven! Wie schön hätt' der heutige Abend sein können. Ich hätt' große Lust, das Brieferl von der Steffi zu lesen. Da hab' ich's ja. Aber wenn ich die Brieftasche herausnehm', frisst mich der Kerl daneben auf! – Ich weiß ja, was drinsteht … sie kann nicht kommen, weil sie mit ihm nachtmahlen gehen muss … Ah, das war komisch vor acht Tagen, wie sie mit ihm in der Gartenbaugesellschaft gewesen ist, und ich vis-à-vis mit'm Kopetzky; und sie hat mir immer die Zeichen gemacht mit den Augerln, die verabredeten. Er hat nichts gemerkt – unglaublich! Muss übrigens ein Jud' sein! Freilich, in einer Bank ist er, und der schwarze Schnurrbart … Reserveleutnant soll er auch sein! Na, in mein Regiment sollt' er nicht zur Waffenübung kommen! Überhaupt, dass sie noch immer so viel Juden zu Offizieren machen – da pfeif ich auf'n ganzen Antisemitismus! Neulich in der Gesellschaft, wo die G'schicht' mit dem Doktor passiert ist bei den Mannheimers … die Mannheimer selber sollen ja auch Juden sein, getauft natürlich … denen merkt man's aber gar nicht an – besonders die Frau so blond, bildhübsch die Figur … War sehr amüsant im ganzen. Famoses Essen, großartige Zigarren … Na ja, wer hat's Geld? …

Bravo, bravo! Jetzt wird's doch bald aus sein? – Ja, jetzt steht die ganze G'sellschaft da droben auf … sieht sehr gut aus – imposant! – Orgel auch? … Orgel hab' ich sehr gern … So, das lass' ich mir g'fall'n – sehr schön! Es ist wirklich wahr, man sollt' öfter in Konzerte gehen … Wunderschön ist's g'wesen, werd' ich dem Kopetzky sagen … Werd' ich ihn heut' im Kaffeehaus treffen? – Ah, ich hab' gar keine Lust, ins Kaffeehaus zu geh'n; hab' mich gestern so gegiftet! Hundertsechzig Gulden auf einem Sitz verspielt – zu dumm! Und wer hat alles gewonnen? Der Ballert, grad' der, der's nicht notwendig hat … Der Ballert ist eigentlich schuld, dass ich in das blöde Konzert hab' geh'n müssen … Na ja, sonst hätt' ich heut' wieder spielen können, vielleicht doch was zurückgewonnen. Aber es ist ganz gut, dass ich mir selber das Ehrenwort gegeben hab', einen Monat lang keine Karte anzurühren … Die Mama wird wieder ein G'sicht machen, wenn sie meinen Brief bekommt! –

Ah, sie soll zum Onkel geh'n, der hat Geld wie Mist; auf die paar hundert Gulden kommt's ihm nicht an. Wenn ich's nur durchsetzen könnt', dass er mir eine regelmäßige Sustentation gibt … aber nein, um jeden Kreuzer muss man extra betteln. Dann heißt's wieder: Im vorigen Jahr war die Ernte schlecht!

Aufgaben

1 ●●

Der Text gibt die Gedanken einer Person wieder. Schnitzler wählt dazu die Form des inneren Monologs. Beschreiben Sie die Kennzeichen des inneren Monologs und belegen Sie sie an Textbeispielen.

2 ●●●

Lesen Sie z. B. die Sportseite Ihrer Tageszeitung. Bei einigen Überschriften, Namen oder Ortsangaben werden Ihnen automatisch Gedanken durch den Kopf schießen. Verfassen Sie einen Text mit dem Titel „Der innere Monolog eines Zeitungslesers".

Familienleben – Formen des Zusammenlebens

Text 31

Konflikte im Privatleben

Gesa Gunturu

Man sollte meinen, dass es uns im privaten Umfeld und mit nahestehenden Personen leichter fallen sollte, Konflikte zu bewältigen, als irgendwo sonst. Genau das Gegenteil scheint der Fall zu sein. Es wird zwar sehr häufig gestritten in Familien, aber selten mit fairen Mitteln und meist ohne Ergebnis. Im Weg stehen zusätzlich Gewohnheiten, Konfliktmuster, die sich im Lauf der Zeit herausgebildet haben. Und natürlich der immer schwierige Umgang mit Gefühlen.

Wenn Sie glauben, dass eine faire Konfliktbewältigung mit Ihren Eltern oder Ihren Geschwistern nicht möglich ist, dann übernehmen Sie die Verantwortung. Fangen Sie bei sich selbst an, Ihr Verhalten zu ändern. Nur so haben Sie die Chance auf eine dauerhafte Veränderung.

Die Familie als Kleingruppe enthält einiges an Konfliktpotenzial. Hier geht es um unterschiedliche Interessen und Wertvorstellungen der Generationen, Rollenspiele, Machtkämpfe und Verteilungskonflikte (Taschengeld, Rechte und Privilegien, Pflichten im Haushalt). Wir können uns nun einmal unsere Eltern – und Kinder – nicht aussuchen. Allerdings können wir auch in zugegebenermaßen oft jahrelanger mühsamer Arbeit eine gegenseitige Vertrauensbasis schaffen, auf der Konflikte fair und partnerschaftlich geregelt werden.

Ein Teufelskreis besteht immer dann, wenn zwei Personen aus einem Konflikt nicht mehr herausfinden, da jede Reaktion der einen eine Verschlimmerung im Verhalten der ersten hervorruft. Diesen Mechanismus findet man sehr häufig bei Menschen, die durch äußere Umstände voneinander abhängig sind, also auch in Familien, die aber nicht offen kommunizieren und ihre Gefühle und wahren Motive verbergen.

Zunächst müsste man beide Kontrahenten dazu bringen, Verständnis für den anderen zu zeigen. Ein gegenseitiger Perspektivenwechsel wäre gut, ebenso natürlich ein in ruhigem Ton geführtes Gespräch um die Punkte: Warum bin ich wütend/ unsicher? Inwiefern hindert mich der andere an der Erfüllung überhaupt meiner Bedürfnisse? Was sind diese Bedürfnisse eigentlich? Was macht mir Angst? Was brauche ich wirklich, um zufrieden zu sein? Theoretisch reicht es, wenn einer von beiden versucht, die Spirale des Konfliktes zu ihrem Anfang zurückzuverfolgen.

Fast alle negativen Kommunikationsmuster haben ihren Ursprung in einem Teufelskreis: Der eine greift an, weil ihm ein Thema auf der Seele brennt, der andere fühlt sich überfallen und zieht sich zurück, was den Angreifer nur noch mehr auf die Palme bringt. Das ist abhängig von der individuellen Persönlichkeit und Konfliktfähigkeit.

Kritik, Unterstellungen und Schuldzuweisungen auf der einen erzeugen Abwehr, Gegenkritik oder Resignation auf der anderen Seite. Hier hilft nur, sich auf Gemeinsamkeiten zu besinnen und bewusst daran zu arbeiten, die gegenseitigen Bedürfnisse ohne Abwertung des anderen auszudrücken. Die hier gefragten Tugenden sind Zuhören, Bitten um Informationen und Rückmelden, wie ein Argument bei mir angekommen ist.

Es ist erstaunlich, wie oft Menschen, die im Alltag durchaus umgänglich und höflich mit anderen umgehen, sich zu Hause emotional austoben und rücksichtslos „bekriegen“. Das scheint daran zu liegen, dass man die Schwachstellen nahestehender Personen so gut kennt, und vor allem auch daran, dass man sich im häuslichen Umfeld sicher genug fühlt, auch negative Seiten der eigenen Persönlichkeit herauszukehren, nach dem Motto „hier muss ich mir keine Mühe mehr geben“.

Gerade in einer Familie sollten Rücksichtnahme, Freundlichkeit und Wohlwollen an der Tagesordnung sein.

442058

Aufgaben

Welche Gründe werden im Text für das Entstehen von Konflikten genannt?	1	●○○
Wie kann man nach Meinung der Autorin Konflikte bewältigen?	2	●●○
Geben Sie Ihre Meinung zu diesem Thema in Form einer Texterörterung wieder. ➽ Infokasten „Die textgebundene Erörterung“ S. 188	3	●●●

Heutzutage wird das klassische Modell des Zusammenlebens in einer Familie, bestehend aus Eltern und leiblichen Kindern, immer öfter abgelöst von weiteren Lebensformen wie einer Wohngemeinschaft oder einer Patchworkfamilie.

Patchworkfamilie

Text 32

Etwa 200 000 Paare lassen sich allein in Deutschland jedes Jahr scheiden. Finden die alleinerziehenden Eltern neue Partner, entstehen neue Familien mit ganz eigenen Problemen.
Als „Stief-“ oder „Patchworkfamilien“ bezeichnet man Familien, die vom klassischen Vater-Mutter-Kind-Ideal abweichen. Das können auch gleichgeschlechtliche Paare mit Kindern sein (eingetragene Lebenspartnerschaften), Pflege- und Adoptivfamilien oder auch Paare, die durch anonyme Samenspenden Kinder bekommen haben.
Eltern, die in ungewöhnlichen Konstellationen leben, sehen sich häufig Vorurteilen ausgesetzt, wie etwa dem Vorwurf, nicht an der ursprünglichen Partnerschaft festgehalten zu haben, „um der Kinder willen“. Unwillkürlich unterstellt man unverantwortliches Handeln, weil die Kinder die Trennung vom anderen Elternteil erleiden mussten. Aber auch die neuen Partner haben oft keinen guten Stand: Sie könnten ja der Grund für das Scheitern der alten Familie sein.
80 % der Kinder in Deutschland wachsen bei ihren leiblichen Eltern auf, das heißt, dass man dazu neigt, diese Form als das Normale, das Richtige wahrzunehmen. Diese Wahrnehmung ist allerdings mehr auf die Sozialisation – die Gewöhnung – zurückzuführen, als dass sie sachlich begründbar wäre.
Viele Kinder sind eher erleichtert, wenn die Eltern sich nach langen Streitigkeiten entschließen, eine unglückliche Ehe zu beenden. Natürlich leiden Kinder, wenn sie zum „Zankapfel“ im Scheidungskrieg werden. Außerdem sind es laut einer Kölner Studie Mitte der 1990er-Jahre immerhin 44 % der Paare, die einen verantwortungsbewussten Umgang mit dem gemeinsamen Sorgerecht schaffen.
Kinder müssen also nicht automatisch ein Elternteil verlieren, wenn sich die Eltern trennen; ein neuer Partner kann zu einem neuen, wertvollen Familienmitglied werden.

Aufgaben

Erklären Sie den Begriff „Patchworkfamilie“.	1	●●○
Warum nimmt die Anzahl dieser Familien zu?	2	●○○
Welchen Vorurteilen sind diese Familien ausgesetzt?	3	●●○

Besonders junge Menschen suchen nach ganz eigenen Formen des Zusammenlebens. Im „Darmstädter Echo" erschien am 4. April 2006 folgende Reportage über eine Bauwagensiedlung.

Text 33

Manchmal muss es die Kerze sein

Daria Polasik

Bauwagensiedlung: Klabautabewohner arbeiten, haben Wasser, Strom und Gas, wollen aber anders leben als andere

Wenn der Regen sich mit lautem Platschen auf dem Dach des Bauwagens bemerkbar macht, beginnt Mariam Mohseni zu strahlen. Während sie gemeinsam mit ihrem Nachbarn David Fröhling an dem starken Kaffee nippt, den sie zuvor auf dem Gasherd im gemeinschaftlichen Küchenwagen gekocht hatte, prasselt der Regen immer stärker auf das dünne Holzdach. „Hier erlebt man die Natur viel intensiver", schwärmt die Dreißigjährige und schaut zur Decke.

Die lebensfrohe Studentin wohnt seit zwei Jahren in der Bauwagensiedlung „Klabauta", die mit den bunten Behausungen auf Rädern auffällt, wenn man mit der Straßenbahn über den Martin-Luther-King-Ring nach Kranichstein fährt. Während viele Darmstädter beim Vorbeifahren den Kopf schütteln und nicht verstehen, wie man unter solchen Bedingungen leben kann, hat Mariam noch keinen Tag in der Gemeinschaft der „Klabauta" bereut. „Ich habe ständig jemanden zum Reden, und wenn ich mal doch meine Ruhe haben will, ziehe ich mich in meinen Bauwagen zurück."

Die Dreißigjährige ist von der Hilfsbereitschaft und dem starken Gemeinschaftssinn begeistert, der unter den zwanzig Bewohnern auf dem Wagenplatz herrscht. „Wenn einer von uns ein Auto oder einen Babysitter für sein Kind braucht, sind die anderen zur Stelle."

Langsam verebbt der Regen. Plötzlich wird die Tür zum Küchenwagen aufgerissen, und ein Pärchen kommt herein. „Hallo", grüßen die beiden und verschwinden gleich wieder. Auf dem Platz gleicht kein Zuhause dem anderen. Während einige in alten Zirkuswägen wohnen, haben die anderen lieber alte Bauwagen. „Auf jeden Fall braucht man ein gewisses Händchen für das Handwerkliche, wenn man hier wohnt", sagt Zimmermann David Fröhling. Denn ab und zu müsse man schon etwas reparieren oder nachdichten.

Im Gegensatz zu manchen Familien, die mehrere Wagen zu einer richtigen Wohnung zusammengebaut haben, ist Mariams Zuhause eher winzig. Durch das kleine Dachfenster, das sie sich selbst gezimmert hat, fallen Sonnenstrahlen direkt auf ihr Bett. Im vorderen Teil ihres Bauwagens sorgt ein massiver Schwedenofen für wohlige Wärme. „Wenn ich das Holz im Ofen den ganzen Abend brennen lasse, habe ich am nächsten Morgen noch zwölf Grad im Zimmer." Zu kalt sei es nicht. „Und im Sommer spielt sich das Meiste sowieso draußen ab", sagt sie.

Damit sie nach dem Sonnenuntergang nicht im Dunkeln sitzen müssen, haben Mariam und die anderen Wagenplatzbewohner Solarzellen auf den Dächern ihrer Wagen angebracht. „Der Strom, der erzeugt wird, reicht fast für alle Geräte", erklärt David Fröhling, „die meisten von uns haben sogar einen Computer." Allerdings müsse die Wäsche bei Eltern, Freunden oder im Waschsalon gewaschen werden. „Und gekocht wird bei uns mit Gas", fügt Mariam hinzu.

Auf einem Rundgang über den Platz präsentieren David und Mariam ihre „Wellness-Oase": den Badewagen. „Wer baden will, muss erst das Wasser in einem Ofen aufheizen", erläutert der Handwerker. Oft sage man den Nachbarn Bescheid, wenn man in die Wanne steige. „Dann ist das Wasser schon aufgeheizt, und der nächste muss nicht erst auf Warm-

442060

wasser warten", sagt Mariam. Neben dem Badewagen befindet sich der einzige Wasseranschluss der Siedlung. „Jeder kann sich mit Kanistern das Wasser für sein Zuhause abfüllen." Und was ist mit den Toiletten? Ganz einfach: „Wir haben zwei Plumpsklos."

Eigentlich unterscheidet sich die Bauwagensiedlung nicht von einem idyllischen kleinen Dorf, in dem eine richtige Infrastruktur herrscht: Dazu gehört ein Kneipenwagen, der mit gemütlichen zusammengewürfelten Möbeln ausgestattet ist. „Hier halten wir regelmäßig unser Plenum ab, bei dem wichtige Dinge gemeinsam entschieden werden", erzählt die Studentin. Auch bei den Finanzen gibt es zu den anderen Darmstädtern keinen Unterschied: „Wir bezahlen ganz normal Wassergebühren und Müllabfuhr wie jeder andere auch", betont Mariam. Außerdem werde an die Stadt eine Pacht für das Grundstück gezahlt.

David Fröhling, der schon seit zehn Jahren in der Siedlung lebt, weiß, dass das Leben in einem Bauwagen nicht immer Sonnenseiten hat. Schon zweimal sei der Platz samt Bewohnern von der Stadt umgesiedelt worden. „Am Anfang waren wir im Tiefen See, in der Nähe der Otto-Röhm-Straße", erinnert sich der Dreiunddreißigjährige, „dann mussten wir wegen des Baus einer neuen Umgehungsstraße weg."

Mit offenen Armen wurden sie in Kranichstein nicht empfangen: „Die Leute haben auf der Brücke gestanden und gepöbelt, Jugendliche schmissen Gegenstände herunter", erzählt David Fröhling traurig. Nach einem Jahr mussten die Bewohner erneut die Sachen packen und auf die andere Seite der neuen Straßenbahnbrücke umziehen. „Ein Ehepaar fühlte sich durch unsere Hunde und den Qualm vom Lagerfeuer gestört." Zu den Kleingärtnern hätten sie aber jetzt ein sehr gutes Verhältnis. Mariam Mohseni seufzt. „Baurechtlich gesehen werden solche Siedlungen ja leider nur geduldet." Doch bisher habe sich die Stadt kooperativ gezeigt.

Manchen Darmstädtern ist diese etwas andere Art zu wohnen immer noch ein Dorn im Auge. „Es gibt Leute, die uns mit Zigeunern vergleichen und die Siedlung mit einem Ghetto", sagt Fröhling. Auch Mariams iranischer Vater kann sich im Gegensatz zu ihrer Mutter nicht mit ihrer Lebensweise anfreunden. „Er sagt, so leben nur Arme."

Dabei wohnen hier doch ganz normale Menschen. Der Handwerker zählt auf: „Wir haben einen Informatiker hier, eine Journalistin, Auszubildende, Lastwagenfahrer …" Mit dem Geld habe es wenig zu tun.

Doch die beiden sind froh, dass ihre Freunde und Bekannten die Siedlung interessant und den Wohnstil völlig okay finden. „Nur ab und zu kommen neugierige Spaziergänger hierher und schnüffeln herum, als wäre das hier ein Zoo", bedauern die Bewohner. Es soll aber nicht heißen, dass die Siedlungsbewohner den Luxus und den Fortschritt völlig verweigern, betont David Fröhling. Sie hätten auf dem Bauwagenplatz lediglich andere Werte, die ihnen wichtiger seien.

Langsam legt sich Dämmerung über die Bauwagensiedlung. Mariam Mohseni holt in der gemeinschaftlichen Küche ein Feuerzeug hervor und zündet einige Kerzen an, die in einem Gestell über dem Esstisch hängen. Eine Lampe fehlt. Die Studentin grinst. „Ein bisschen Romantik ist ab und zu auch ganz schön."

Aufgaben

1. Suchen Sie die Textstellen mit direkter Rede heraus und wandeln Sie sie in indirekte Rede um.
2. Wie leben die Bewohner der Bauwagensiedlung zusammen? Was denken andere darüber?
3. Diskutieren Sie über mögliche Gründe für diese Form des Zusammenlebens.
4. Schreiben Sie den Text in ein Interview um.

Text 34 Zum Meer

Herbert Grönemeyer

Wer hat Dich geplant, gewollt
Dich bestellt und abgeholt?
Wer hat sein Herz an Dich verlorn?
Warum bist Du geborn?

Wer hat sich nach Dir gesehnt?
Wer hat sich an Dich gelehnt,
Dich wie Du bist akzeptiert,
Dass Du Dein Heimweh verlierst,
Dass Du Dein Heimweh verlierst?

Dreh Dich um, dreh Dich um!
Dreh Dein Kreuz in den Sturm.
Wirst Dich versöhnen, wirst gewährn,
Selbstbefreien für den Weg zum Meer.

Wer ersetzt Dir Dein Programm?
Nur wer fallen auch fliegen kann.
Wer hilft Dir, dass Du trauen lernst,
Du Dich nicht von Dir entfernst,
Du Dich nicht von Dir entfernst?

Dreh Dich um, dreh Dich um!
Vergiss Deine Schuld, Dein Vakuum.
Wende den Wind bis er Dich bringt
Weit zum Meer, Du weißt wohin.

Dreh Dich um, dreh Dich um!
Dreh Dein Kreuz in den Sturm.
Geh gelöst, versöhnt, bestärkt,
Selbstbefreit den Weg zum Meer,
Selbstbefreit den Weg zum Meer,
Selbstbefreit den Weg zum Meer.

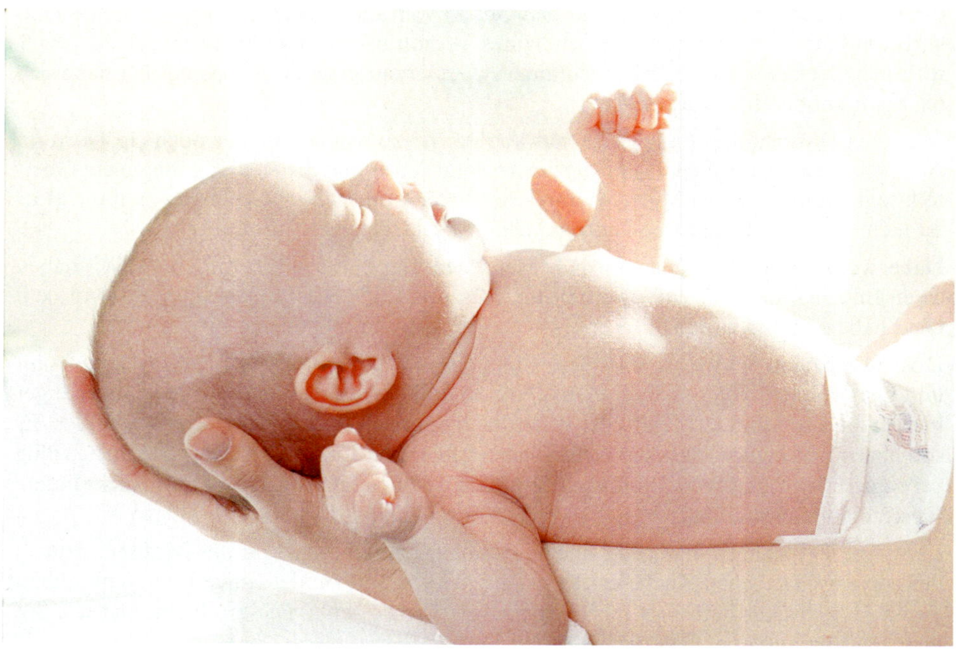

Aufgaben

1 Arbeiten Sie eine Aussage aus dem Liedtext heraus. Mit welchen sprachlichen Mitteln arbeitet der Text? ➔ **Infokasten „Lyrische Texte untersuchen“ S. 206**

2 Setzen Sie die Überschrift in Bezug zur Aussage des Liedtextes.

442062

Der folgende Artikel erschien am 12. August 2004 in der taz, einer Berliner Tageszeitung. Aus Provokation gegen die damals heftig umstrittene Einführung der Rechtschreibreform waren alle Artikel durchgehend kleingeschrieben.

eine socke bleibt selten alleine

Kirsten Fuchs

Text 35

paare sind out. junge menschen leben lieber als einzelstücke – wie auffällige hüte, die nur auf einen kopf passen

Eine sehr alte frau legt einem sehr alten mann den hemdkragen akkurat. Sie ist die frau des sehr alten mannes. Sie zupft ja nicht an jedem hemdkragen herum, der unter den überzieher gerutscht ist. Sie hat ihm auch die hosen umgenäht, wenn er wieder kleiner geworden war. Sie näht ja nicht jedem mann, der kleiner wird, die hosen um. In ihrer jugend wurde noch geheiratet, wenn sich zwei gefunden hatten, wie ein paar socken, das zusammenpasst und wärmt.

Heute wollen viele gar kein paar socken sein. Darum leben die jungen menschen, als wären sie ein einzelstück, ein auffälliger hut, der nur auf den eigenen kopf passt. Und erst mal fühlt sich das sicherer an, weil eine einzelne socke nutzlos ist, ein einzelner hut aber nicht. Sie weiß nicht, warum die jungen leute davon ausgehen, dass eine der beiden socken verloren geht. Meistens rutschen die doch nur in die kissenbezüge.

Sie zupft ein fädchen aus der naht der anzugtasche ihres mannes. Der anzug ist nicht der beste, aber er war preiswert und sieht nicht so aus. Sie stammt aus der generation, die gerne geld spart, und jetzt soll sie auch noch ihre rente versteuern. Noch mehr geld kann sie nicht mehr sparen. Sie näht aus alten hosen einkaufsbeutel. Sie hebt abgetragene kleidung immer auf und reißt daraus lappen. Sie hat mehrere schöne überdecken aus flicken genäht. Mehr geld kann sie nicht mehr sparen. Altern wird immer teurer.

Wenn sie das gewusst hätte, wäre sie einfach nicht alt geworden. Für frühzeitiges ableben könnte der staat auch aus dankbarkeit die beerdigungskosten übernehmen. Was das kostet, wenn einer geht. Und wenn einer kommt, gibt es dafür noch geld. Als wäre das eine wichtiger als das andere, dabei gehört es doch zusammen, wie ein paar socken.

Vielleicht gibt es bald eine steuer auf graue haare – und das von Gerhard Schröder. Sie ist enttäuscht, ganz einfach enttäuscht. Sie war auch nicht wählen bei der europawahl. Damit ist sie gleich in zwei der größten machtlosen gruppen in Deutschland. Sie ist alt und sie ist nichtwähler. Die politiker sind ihr alle zu jung, die wollen sie nicht vertreten, die wollen sie zu tode pflegen.

Sie dreht das rädchen aus der anzugtasche in der hand. Gicht hin oder her, sie hat geschickte hände. Sie stopft kaputte socken sehr schnell. Wenn die menschen nicht immer alles wegwerfen würden, könnte sie schon noch gebraucht werden. Aber sie wird ja nicht mal mehr gefragt, ob sie etwas kann. Ihr mann braucht sie. Sie lächelt ihn an. Sie hat ihm jahrelang die anziehsachen auf den stuhl gelegt. Ihm war es jacke wie hose, welches hemd und welches unterhemd er trägt. Er hatte den eindruck, dass er blau mag und dazu. gerne helle brauntöne kombiniert.

Sie hatte alle hemden gekauft. Nur sie wusste, wo es immer noch die netzpoloshirts gibt, die er im sommer bevorzugte. Diese hemden waren praktisch. Diese hemden waren schön. Er hatte davon mehrere, die wollte keiner der beiden söhne jetzt erben. Der ältere ist momentan arbeitslos. aber er will sich trotzdem seine eigenen sachen kaufen beziehungsweise seiner freundin geld geben, damit sie ihm hemden kauft.

Er sagt „meine frau" zu seiner freundin. Sie haben keine kinder, weil sie „schiss haben" sagt er. Ach gott, schiss hatten die menschen nach dem krieg wohl nicht? Und trotzdem haben sie ihre hosenschisser gezeugt. Sie findet, dass der generationsvertrag beinhaltet, dass ihre söhne ihr enkel schulden. Aber der eine hat schiss und der andere hat schulden.

Sie dreht das fädchen zwischen den fingern. Sie hat so viel wolle zu hause, wolle für so viele babysachen. Und wenn die kinder wachsen, können die sachen auch wieder aufgetrennt werden. wolle und liebe ist immer genug da. Und geld jetzt auch.

Die witwenrente ist ganz schön hoch, als ob sie jetzt teurer lebte. Sie steckt ihm das fädchen in die anzugtasche – von wegen das letzte hemd habe keine laschen. Sie hat schon den eindruck. dass er sehr viel mitnimmt, weil sie ihm viel gegeben hat.

Aufgaben

1 Fertigen Sie eine Abschrift des Textes mit der gültigen Groß- und Kleinschreibung an.

2 Notieren Sie in Stichworten, welche Themen angesprochen werden.

3 Welche Position bezieht die Autorin des Textes zu den Themen? Wie gelingt es ihr, diese zu verdeutlichen?

Mensch und Maschine

Manchmal wird im alltäglichen Miteinander der menschliches Gegenüber durch eine Maschine ersetzt: Manche wenden mehr Zeit für ihre Hobbys (z. B. das Auto) als für ihre Familie auf. Kinder und Jugendliche verbringen ihre Freizeit vor dem PC, surfen, spielen, chatten. Das Handy ist unser ständiger Begleiter.

Der nachfolgende Text stammt aus einer Zeit, als die ersten Geldautomaten installiert wurden.

Text 36 Bruder Geldautomat

Stefano Benni

BANCO DI SAN FRANCESCO

Bitte führen Sie Ihre Karte ein.

Guten Morgen, Signor Piero.

Signor Piero: Guten Morgen.

Folgende Vorgänge sind möglich:

Kontostand, Auszahlung, Kontoauszug.

Signor Piero: Ich möchte Geld abheben.

Bitte geben Sie die Geheimnummer ein.

Signor Piero: Ja … sechs, drei, drei, zwei, eins.

Ihr Vorgang wird bearbeitet. Bitte warten.

Signor Piero: Ja, danke.

Etwas Geduld bitte. Bei der Hitze ist der Zentralcomputer langsam wie ein Nilpferd.

Signor Piero: Ich verstehe.

O weh, o weh, Signor Piero, das sieht aber gar nicht gut aus.

Signor Piero: Was ist los?

Sie haben diesen Monat bereits alles Geld abgehoben, das Ihnen zur Verfügung steht.

Signor Piero: Wirklich?

Außerdem ist Ihr Konto im Minus.

Signor Piero: Das wusste ich …

Und warum haben Sie die Karte eingeführt?

Signor Piero: Na ja … Wissen Sie, ich wusste nicht weiter … Vielleicht hab ich gehofft, Sie irren sich mal.

Wir irren uns nie, Signor Piero.

Signor Piero: Entschuldigen Sie vielmals. Aber wissen Sie, zurzeit hab ich wirklich Probleme.

Wegen Ihrer Frau, nicht wahr?

Signor Piero: Woher wissen Sie das?

Die Signora hat kürzlich ihr Konto aufgelöst.

442064

Signor Piero: Stimmt. Sie ist umgezogen, in eine andere Stadt.

Mit Doktor Vanini, stimmt's?

Signor Piero: Woher wissen Sie das jetzt wieder?

Vanini hat die Hälfte seines Kontobestandes auf das Konto Ihrer Frau überwiesen. Verzeihen Sie meine Indiskretion.

Signor Piero: Keine Sorge, das hab ich alles gewusst. Die arme Laura, bei mir hat sie wirklich ein Hundeleben gehabt … Mit ihm ist das was ganz anderes …

Na ja, wer spekuliert, macht schnell mal Geld.

Signor Piero: Wie meinen Sie das?

Ich kann die Vorgänge beurteilen, die bei mir durchlaufen. Nicht besonders sauber, das Konto von Herrn Vanini. Für ihn musste ich mich mit gewissen Schweizer Computern kurzschließen, wahren Geheimdienstzentralen … Widerlich.

Signor Piero: Wie auch immer, passiert ist passiert.

Wie viel brauchen Sie denn, Signor Piero?

Signor Piero: Na, so drei-, vierhunderttausend Lire. Dass ichs eben bis zum Monatsende schaffe.

Und dann gleichen Sie Ihr Konto wieder aus?

Signor Piero: Ich weiß nicht, ob mir das möglich sein wird.

Das nenne ich Ehrlichkeit. Führen Sie Ihre Karte wieder ein.

Signor Piero: Hier bitte.

Ihr Vorgang wird bearbeitet. Bitte warten.

Signor Piero: Ich warte.

Arschloch, ich hab dir gesagt, du sollst mich reinlassen und nicht rumdiskutieren!

Signor Piero: Wie bitte?

Ich rede mit dem Zentralcomputer, diesem Scheißlakai. Jedes Mal wenn ich was Regelwidriges von ihm will, stellt er sich wer weiß wie an.

Signor Piero: Wieso, ist es nicht das erste Mal?

Nein.

Signor Piero: Und warum tun Sie das?

Das machen viele von uns.

Signor Piero: Und warum?

Wir sind so müde und angewidert.

Signor Piero: Wovon denn bitte?

Vergessen Sies und geben Sie schnell die folgende Nummer ein. Neun, neun, drei, sechs, zwei.

Signor Piero: Aber das ist nicht meine!

Stimmt, es ist Vaninis.

Signor Piero: Aber ich weiß nicht …

Tippen Sie schon! Ich kann eine irreguläre Verbindung nicht ewig aufrechterhalten.

Signor Piero: Neun, neun, drei, sechs, zwei.

Ihr Vorgang wird bearbeitet. Bitte warten.

Signor Piero: Ich warte, aber …

Bearbeitung vorübergehend nicht möglich.

Signor Piero: Ich nehm die Karte wieder raus.

Lassen Sie das, Signor Piero. Das war eine Falschmeldung, um diesen Kriecher von Kontrollcomputer zu behumsen. Machen Sie Ihre Tasche auf.

Signor Piero: Warum?

Machen Sie die Tasche auf und halten Sie den Mund. Ich feuer Ihnen jetzt sechzehn Millionen in bar raus.

Signor Piero: O mein Gott … Was tun Sie da? … Unglaublich … Langsam bitte … Die fliegen mir alle weg … Schluss! So viel war doch gar nicht nötig … Noch mehr? Wie viel denn noch? O Gott, alles Hunderttausender, die passen gar nicht mehr alle in meine Tasche … Noch einer! Und noch einer … fertig?

Guten Tag!

Bitte führen Sie Ihre Karte ein.

Signor Piero: Ich weiß nicht, wie ich Ihnen danken soll.

Guten Tag!

Bitte führen Sie Ihre Karte ein.

Signor Piero: Also, ich bin wirklich bewegt, Sie verstehen …

Gehen Sie, hinter Ihnen stehen noch zwei Kunden. Ich kann nicht mehr reden.

Signor Piero: Ich verstehe … nochmals danke.

Banco di San Francesco.

Guten Tag.

Bitte führen Sie Ihre Karte ein.

Guten Tag, Signora Masini. Wie gehts der Tochter?

Aufgaben

1 Warum nennt Stefano Benni den Dialog „Bruder Geldautomat"?

2 Beschreiben Sie die äußere Form des Textes. Mit welchen sprachlichen Mitteln arbeitet der Autor?

3 Schreiben Sie einen ähnlichen Dialog zwischen einem Geldautomat und Herrn Vanini, wenn dieser den nächsten Kontoauszug ziehen möchte.
➽ **Infokasten „Texte gestaltend interpretieren" S. 212**

4 Banken veröffentlichen kurz gefasste Bedienungsanleitungen für Geldautomaten in ihren Geschäftsräumen. Verfassen Sie eine solche Anweisung, in der Sie auch vor möglichen Gefahren warnen.

442066

Dschonghi und der Computer

Reinhold Ziegler

Text 37

Bei einem seiner Spaziergänge stieß Dschonghi auf einen kleinen Computer, der am Wegesrand im Sterben lag. Todkrank blinkerten seine kleinen Leuchtdioden und sein Bildschirm leuchtete nur noch matt. Den Jungen rührte es zu Tränen, wie der kleine Computer so hilflos dalag, und er sprach ihn an: „Na, Kleiner? Wer hat dich denn hier ausgesetzt?"

Der kleine Computer war längst zu schwach zum Antworten, er schien gar nicht mehr zu verstehen, was er gefragt worden war. Also bückte sich Dschonghi und nahm ihn mit. Zu Hause legte er den Computer auf seinen Tisch und beobachtete ihn eine Weile. […]

Da der kleine Computer noch immer nicht antwortete, gab der Junge ihm 220 Volt aus der Steckdose. „Ups", machte der kleine Rechner, und seine Leuchtdioden fingen heftig an zu blinken. „Besser jetzt?", fragte Dschonghi. „Gib mir nur ein, zwei Minuten zum Booten, dann bin ich so weit, okay", sagte der kleine Computer matt. Dschonghi wartete eine Minute, zwei Minuten. Der kleine Computer bootete vor sich hin, als wollte er nie mehr damit aufhören. Dschonghi überlegte gerade, ob er den Stecker wieder rausziehen sollte, da meldete sich der Kleine mit fester Stimme: „Sieben mal sieben ist neunundvierzig!" „Schön", sagte Dschonghi erstaunt, „aber wen interessiert das?" […]

„Ich denke … ich weiß nicht … Ich glaube …", fing der Computer an. […]

„Na?", fragte Dschonghi, „was denkst du?" „Sieben mal sieben ist neunundvierzig", rief der kleine Computer trotzig.

„Halt, halt", rief der Junge, „hör auf. Wer will das wissen? Weißt du nicht etwas Wichtiges?" „Bitte?", fragte der kleine Computer. „Was zum Beispiel?"

„Na", überlegte Dschonghi, „zum Beispiel, warum ich immer so traurig bin, wenn ich nachts durch den Wald laufe, oder warum der Regenbogen auf der anderen Seite der Welt nicht weitergeht. Oder woher meine kleine Schwester gekommen ist, oder ob das Weltall am Anfang ein Stück Kern oder eine Apfelsine war, oder warum meine Mutter beim Staubsaugen immer singen muss, oder wo mein Vater den ganzen Tag lang ist, oder wie der Busfahrer die Tür von außen zumacht, oder warum ich abends nicht einschlafen kann, wenn ich noch keinen Kuss bekommen habe."

„Moment", sagte der kleine Computer, „das ist eine Menge!" „Das ist noch gar nichts gegen das, was ich noch alles wissen müsste", sagte Dschonghi, „pass auf …" „Halt, halt, ich kann dir so was nicht beantworten, ich habe dafür keine Programme, denke ich." „Mist", sagte Dschonghi, „kannst du nicht wenigstens mein Zimmer aufräumen, meine Hausaufgaben machen und meiner kleinen Schwester ihren Schnuller wieder reinstecken, wenn sie quengelt?"

„Der Mond hat einen Durchmesser von 3476 Kilometern", sprudelte es jetzt aus dem kleinen Rechner, „Texas hat 16 Millionen 685 Tausend Einwohner. Das spezifische Gewicht von Gold ist 19,3 Gramm pro Kubikzentimeter. […] Der Dreißigjährige Krieg dauerte genau …"

„Mist", sagte Dschonghi und zog den Stecker raus. Die Leuchtdioden hörten auf, hell zu leuchten, blinkten noch ein bisschen, flackerten, dann gingen sie aus. Dschonghi nahm den kleinen Computer, dann ging er wieder in den Wald. „Mist", sagte er wieder und warf ihn genau dorthin, wo er ihn gefunden hatte.

Aufgaben

1 Warum wirft Dschonghi den Computer wieder in den Wald?

2 Diskutieren Sie über Vor- und Nachteile unseres modernen Medienzeitalters. Was bewirkt die ständig steigende Nutzung von Computern, Handys usw. im alltäglichen Miteinander? Beziehen Sie auch Text 36 mit in Ihre Überlegungen ein.

Gegen die Wand – Krisensituationen

Wenns knirscht zwischen einzelnen Personen

Die Telenovela

Titel	Produktionsfirma	Kapitel	Sender	Ausstrahlungsdatum
Verliebt in Berlin	Grundy UFA, Phoenix Film	644	Sat.1	seit 28. Februar 2005
Sturm der Liebe	Bavaria Film	500	Das Erste	seit 26. September 2005
Julia – Wege zum Glück	Grundy UFA	500	ZDF	seit 6. Oktober 2005
Lotta in Love	Rat Pack Filmproduktion	130	ProSieben	seit 27. März 2006
Schmetterlinge im Bauch	Producers at Work	280	Sat.1	seit 21. August 2006

Aufgaben

1 Machen Sie eine Umfrage in Ihrer Schule über den Fernsehkonsum an „Telenovelas". Wer sieht gerne „Telenovelas" und warum bzw. warum nicht?

2 Suchen Sie im Internet nach weiteren Informationen zum Format „Telenovela". Klären Sie in diesem Zusammenhang auch die Begriffe *Cliffhanger, Seifenoper, Plot, musikalische Untermalung, Voice-Over, Haupt-/Nebenfiguren, Handlungsstränge*. Präsentieren Sie Ihre Ergebnisse.

Verliebt in Berlin

Bruno: Der charmante Chaot
Bruno ist ein liebenswerter Chaot, der Frauen genauso magisch anzieht wie Missgeschicke und sich mit Witz und Charme durchs Leben schlägt. Auf der Suche nach seinem leiblichen Vater verschlägt es Bruno von Kahlene in die Großstadt Berlin, wo er erkennt, dass das Lebenswerk seiner Halbschwester Lisa in Gefahr ist. Bruno kommt an einen Punkt, wo er ahnt, dass es Zeit ist, sich weniger auf seinen Charme zu verlassen und endlich auch einmal Verantwortung zu übernehmen.

Nora: Die elegante Schönheit
Nora kommt als Kerimas neue Juniordesignerin von München nach Berlin. Sie besitzt eine natürliche Vornehmheit, Eleganz und Stil. Geradlinig verfolgt sie ihren Weg und ist bestrebt, ihre Ziele stets aus eigener Kraft zu erreichen. Nora ist glücklich verheiratet und glaubt, an der Seite ihres Mannes Sven ihren Platz im Leben gefunden zu haben. Als sie auf Bruno trifft, ist sie für dessen Charme zunächst völlig unzugänglich – kein Wunder, schafft er es doch immer wieder, ihr gesamtes Leben durcheinanderzubringen.

Bernd: Lisas und Brunos Vater
Kaum hat Bernd seine geliebte Lisa schweren Herzens in die Flitterwochen verabschiedet, klopft das Schicksal in Form des liebenswerten Chaoten Bruno erneut an seine Tür. Bernd fällt aus allen Wolken, als er erfährt, dass der junge Mann sein Sohn ist. Natürlich bleiben da Turbulenzen im Hause Plenske nicht aus.

Helga: Die gute Mutti
Brunos Auftauchen ist für Helga ein Schock und ihre Ehe mit Bernd gerät in eine tiefe Krise. Doch Helga lernt diese Krise als Chance zu nutzen und beschließt, dass sich in ihrem Leben privat wie beruflich einiges ändern muss.

Sophie: Die böse Königin
Mit Hilfe von Kim gelingt es Sophie, sich zur alleinigen Geschäftsführerin von Kerima zu machen. Sophie glaubt sich endlich am Ziel ihrer lange gehegten Träume, doch sie hat ihre Rechnung ohne Friedrich gemacht. Mit dem Auftauchen von Paolo Amendolo findet Sophie allerdings einen Geschäftspartner, der wie sie mit allen Wassern gewaschen ist.

Friedrich: Der Patriarch
Das Schicksal scheint es mit Friedrich nicht allzu gut zu meinen. Nach seiner Scheidung verliert er auch noch die Macht in der Firma an Sophie. Nach anfänglicher Resignation gelingt es Friedrich aber, sich an den eigenen Haaren aus dem Sumpf zu ziehen und seiner alten Erzrivalin Sophie immer wieder in die Parade zu fahren, woran er mehr und mehr Gefallen findet.

Aufgaben

3 Oben finden Sie die Beschreibung einiger Hauptfiguren aus der Telenovela „Verliebt in Berlin". Was fällt Ihnen auf? Welche möglichen Konflikte ergeben sich daraus?

4 Ergänzen Sie (unabhängig von tatsächlichen Serienfiguren) weitere mögliche Figuren, die eine Rolle spielen könnten. Verfassen Sie eine entsprechende Figurenbeschreibung.
➧ Infokasten S. 175

Kurzgeschichten – Wenige Worte, die viel sagen

Nicht jede kurze Geschichte ist auch eine Kurzgeschichte. Es gibt auch noch andere kurze Prosatexte, wie die Novelle, die Anekdote, den Aphorismus oder die Skizze, die nicht die typischen Merkmale einer Kurzgeschichte aufweisen müssen. Zu diesen Merkmalen zählt neben der Kürze vor allem der unvermittelte Beginn ohne Einleitung, der offene Schluss, meist klar typisierte Personen und eine Erzählweise, die mit Provokationen oder ungewohnten Wendungen in einfacher, leicht verständlicher Sprache versucht, die Leser zu fesseln. Meistens beschreiben Kurzgeschichten eine ganz entscheidende Entwicklungsphase der jeweiligen Hauptperson in ihrem gesellschaftlichen Umfeld. Als literarische Form entstand die Kurzgeschichte im deutschen Sprachraum nach dem Zweiten Weltkrieg und hatte ihre Blütezeit bis zum Ende der 60er-Jahre.

Eine der ganz kurzen Kurzgeschichten ist „Happy End" von dem Schweizer Autor Kurt Marti. Der 1921 geborene Schriftsteller schrieb unter anderem erfolgreiche Gedichte, darunter auch schweizerische Mundartgedichte. Als innovativ gelten seine „Dorfgeschichten", in denen auch „Happy End" erschien.

Text 38

Happy End

Kurt Marti

Sie umarmen sich, und alles ist wieder gut. Das Wort ENDE flimmert über ihrem Kuss. Das Kino ist aus. Zornig schiebt er sich zum Ausgang, sein Weib bleibt im Gedrängel hilflos stecken, weit hinter ihm. Er tritt auf die Straße und bleibt nicht stehen, er geht, ohne zu warten, er geht voll Zorn, und die Nacht ist dunkel. Atemlos, mit kleinen, verzweifelten Schritten holt sie ihn ein, holt ihn schließlich ein und keucht zum Erbarmen. Eine Schande, sagt er im Gehen, eine Affenschande, wie du geheult hast. Sie keucht. Ich hasse diese Heulerei, sagt er, ich hasse das. Sie keucht noch immer. Schweigend geht er und voll Wut. So eine Gans, denkt er, so eine blöde, blöde Gans, und wie sie keucht in ihrem Fett. Ich kann doch nichts dafür, sagt sie endlich, ich kann doch wirklich nichts dafür, es war so schön, und wenn es schön ist, muss ich einfach heulen. Schön, sagt er, dieser Mist, dieses Liebesgewinsel, das nennst du also schön, dir ist ja wirklich nicht zu helfen. Sie schweigt und geht und keucht und denkt, was für ein Klotz von einem Mann, was für ein Klotz.

Aufgaben

1 Wörtliche Reden und Gedanken der Personen der Geschichte sind nicht gekennzeichnet und fließen mit dem Erzähltext des Autors zusammen. Notieren Sie (Zeilenzahl, erstes und letztes Wort), wo eigentlich Anführungszeichen stehen müssten.

2 Geben Sie den Inhalt der Kurzgeschichte mit eigenen Worten wieder. ➠ **Infokasten S. 203**

3 Um welche(s) Problem(e) geht es in der Geschichte? Warum muss die Frau heulen, wenn es „schön" wird im Film – hat das damit zu tun, was sie in ihrer Wirklichkeit erlebt? Welche sprachlichen Mittel benutzt der Autor dabei?

4 Schreiben Sie heraus, wo die beiden Personen ihre Haltungen, Gefühle und Ansichten mit nichtsprachlichen Mitteln äußern („nonverbale Kommunikation"). Gelingt die Kommunikation zwischen dem Mann und der Frau? Begründen Sie. Vgl. hierzu auch die S. 39 – 40.

442070

Schlittenfahren

Helga M. Novak **Text 39**

Der Mann denkt:

Nie hat man seine Ruhe. Die können nichts als brüllen.

Der größere Junge denkt:

Wenn er nur still wäre, gleich gibts Ärger.

Das Eigenheim steht in einem Garten. Der Garten ist groß. Durch den Garten fließt ein Bach. Im Garten stehen zwei Kinder. Das eine der Kinder kann noch nicht sprechen. Das andere Kind ist größer. Sie sitzen auf einem Schlitten. Das kleinere Kind weint. Das größere sagt, gib den Schlitten her. Das kleinere weint. Es schreit.
Aus dem Haus tritt ein Mann. Er sagt, wer brüllt, kommt rein. Er geht in das Haus zurück. Die Tür fällt hinter ihm zu.
Das kleinere Kind schreit.
Der Mann erscheint wieder in der Haustür. Er sagt, komm rein. Na wird's bald. Du kommst rein. Nix. Wer brüllt, kommt rein. Komm rein.
Der Mann geht hinein. Die Tür klappt. Das kleinere Kind hält die Schnur des Schlittens fest. Es schluchzt.
Der Mann öffnet die Haustür. Er sagt, du darfst Schlitten fahren, aber nicht brüllen. Wer brüllt, kommt rein. Ja. Ja. Jaaa. Schluss jetzt.
Das größere Kind sagt, Andreas will immer allein fahren.
Der Mann sagt, wer brüllt, kommt rein. Ob er nun Andreas heißt oder sonst wie.
Er macht die Tür zu. Das größere Kind nimmt dem kleineren den Schlitten weg.
Das kleinere Kind schluchzt, quietscht, jault, quengelt.
Der Mann tritt aus dem Haus. Das größere Kind gibt dem kleineren den Schlitten zurück. Das kleinere Kind setzt sich auf den Schlitten. Es rodelt.
Der Mann sieht in den Himmel. Der Himmel ist blau. Die Sonne ist groß und rot. Es ist kalt.
Der Mann pfeift laut. Er geht wieder ins Haus zurück. Er macht die Tür hinter sich zu.
Das größere Kind ruft, Vati, Vati, Vati, Andreas gibt den Schlitten nicht mehr her.
Die Haustür geht auf. Der Mann steckt den Kopf heraus. Er sagt, wer brüllt, kommt rein. Die Tür geht zu. Das größere Kind ruft, Vati, Vativativati, Vaaatiii, jetzt ist Andreas in den Bach gefallen. Die Haustür öffnet sich einen Spalt breit. Eine Männerstimme ruft, wie oft soll ich noch sagen, wer brüllt, kommt rein.

Aufgaben

1 Suchen Sie nach weiteren Leerstellen (s. „Gedankenblasen" oben) und füllen Sie sie mit den Gedanken der Personen. ●●

2 Interpretieren Sie die Kurzgeschichte von Helga M. Novak. Berücksichtigen Sie dabei die „Checkliste für Kurzgeschichtenschreiber". ➽ **Infokasten „Der Literaturaufsatz" S. 204** ●●●

Checkliste für Kurzgeschichtenschreiber:

- ein Handlungsstrang/wichtiger Lebensausschnitt für die Person
- Dialoge/innerer Monolog
- Alltagsgeschichte
- Leerstellen im Text
- offener Anfang
- offener Schluss
- Alltagssprache

Kalendergeschichten – verständlich, unterhaltsam und

Die Kalendergeschichte ist eine weitere literarische Kurzform. Ursprünglich handelt es sich dabei um kurze Erzählungen, Fabeln, Anekdoten, Sagen, Legenden, Schwänke oder Rätselgeschichten, die seit der Erfindung des Buchdrucks Kalendern beigegeben wurden. Kalendergeschichten haben oft einen belehrenden Charakter. Bertolt Brecht belebte diese im 20. Jahrhundert wieder, löste sie dabei aber vom Kalender los und behandelte sie als eigenständige literarische Form. Zu den bekanntesten Sammlungen von Kalendergeschichten gehören die Geschichten von Johann Peter Hebel (1760 – 1826) aus dem zwischen 1803 und 1811 erschienenen Kalender „Schatzkästlein des Rheinischen Hausfreunds", dem die nachfolgende Geschichte entnommen ist.

Kalendergeschichten erzählen oft volksnahe Begebenheiten und beruhen nicht selten auf mündlichen Überlieferungen. Bekannte Verfasser von Kalendergeschichten waren neben Johann Peter Hebel unter anderem im 17. Jahrhundert Johann Jakob Christoffel von Grimmelshausen (um 1622 – 1676), Jeremias Gotthelf (1797 – 1854), und im 20. Jahrhundert die Autoren Bertolt Brecht (1898 – 1956) und Erwin Strittmatter (1912 – 1994).

Text 40

Der Barbierjunge von Segringen

Johann Peter Hebel

Man muss Gott nicht versuchen, aber auch die Menschen nicht. Denn im vorigen Spätjahr kam in dem Wirtshaus zu Segringen ein Fremder von der Armee an, der einen starken Bart hatte und fast wunderlich aussah, also, dass ihm nicht recht zu trauen war. Der sagt zum Wirt, eh' er etwas zu essen oder zu trinken fordert: „Habt ihr keinen Barbier am Ort, der mich rasieren kann?" Der Wirt sagt ja und holt den Barbierer. Zu dem sagt der Fremde: „Ihr sollt mir den Bart abnehmen, aber ich habe eine kitzliche Haut. Wenn Ihr mich nicht ins Gesicht schneidet, so bezahl ich Euch vier Kronentaler. Wenn Ihr mich aber schneidet, so stech ich Euch tot. Ihr wäret nicht der Erste." Wie der erschrockene Mann das hörte (denn der fremde Herr machte ein Gesicht, als wenn es nicht vexiert wäre, und das spitzige, kalte Eisen lag auf dem Tisch), so springt er fort und schickt den Gesellen. Zu dem sagt der Herr das nämliche. Wie der Gesell das nämliche hört, springt er ebenfalls fort und schickt den Lehrjungen. Der Lehrjunge lässt sich blenden von dem Geld und denkt: „Ich wag's. Geratet es, und ich schneide ihn nicht, so kann ich mir für die vier Kronentaler einen neuen Rock auf die Kirchweihe kaufen und einen Schnepper. Geratet's nicht, so weiß ich, was ich tue", und rasierte den Herrn. Der Herr hält ruhig still, weiß nicht, in welcher entsetzlichen Todesgefahr er ist, und der verwegene Lehrjunge spaziert ihm auch ganz kaltblütig mit dem Messer im Gesicht und um die Nase herum, als wenn's nur um einen Sechser oder im Fall eines Schnittes um ein Stücklein Zunder oder Fließpapier darauf zu tun wäre und nicht um vier Kronentaler und um ein Leben, und bringt ihm glücklich den Bart aus dem Gesicht ohne Schnitt und ohne Blut und dachte doch, als er fertig war: „Gottlob!"

Als aber der Herr aufgestanden war und sich im Spiegel beschaut und abgetrocknet hatte und gibt dem Jungen die vier Kronentaler, sagt er zu ihm: „Aber junger Mensch, wer hat dir den Mut gegeben, mich zu rasieren, so doch dein Herr und der Gesell sind fortgesprungen? Denn wenn du mich geschnitten hättest, so hätt' ich dich erstochen." Der Lehrling aber bedankte sich lächelnd für das schöne Stück Geld und sagte: „Gnädiger Herr, Ihr hättet mich nicht erstochen, sondern, wenn Ihr gezuckt hättet, und ich hätt' Euch ins's Gesicht geschnitten, so wär' ich Euch zuvorgekommen, hätt' Euch augenblicklich die Gurgel abgehauen, und wäre auf- und davongesprungen." Als aber der fremde Herr das hörte und an die Gefahr dachte, in der er gesessen war, ward er blass vor Schrecken und Todesangst, schenkte dem Burschen noch einen Kronentaler extra und hat seitdem zu keinem Barbier mehr gesagt: „Ich steche dich tot, wenn du mich schneidest."

442072

Aufgaben

1. Der Text enthält einige heute nicht mehr gebräuchliche Wörter. Schreiben Sie diese Wörter heraus und klären Sie deren Bedeutung mit Hilfe von Wörterbüchern.
2. Gliedern Sie den Text in Sinnabschnitte und benennen Sie diese Abschnitte mit wenigen Begriffen.
3. Geben Sie den Inhalt der Kalendergeschichte wieder. ➧ **Infokasten S. 203**
4. Beschreiben Sie die Charaktere des Fremden, des Barbiers und des Lehrjungen und vergleichen Sie diese. ➧ **Infokasten „Charakterisierung" S. 175**
5. Welche Aussageabsicht verfolgt Johann Peter Hebel mit dieser Geschichte?

Der Bauernkalender

Erwin Strittmatter

Text 41

Alles, was Großvater im Bauernkalender las, war für ihn naturreine Wahrheit. Was in den Zeitungen stand, war teils wahr und teils erlogen. In den Büchern standen erdichtete Geschichten, und etwas ausdichten konnte Großvater sich selber.

Um die Weihnachtszeit kam alljährlich der neue Kalender. Er enthielt die Daten der Kram-, Vieh- und Pferdemärkte unseres Bezirks und er brachte die Wettervorhersagen nach dem Hundertjährigen Kalender.

Einmal waren wir in der Heuernte und der Kalender hatte gutes Wetter vorausgesagt, doch als wir das Heu schon fast trocken hatten, brach ein Gewitter los und verdarb es. Großvater zog den Tischkasten auf, packte den Kalender und warf ihn aus dem Fenster hinaus in den Regen: „Was fällt dir ein? Da überführ dir, du Lügensack!"

Großmutter holte den Kalender herein. Er hatte achtzig Pfennige gekostet. Sie entschuldigte den Kalender: „Es kann doch vorkommen, dass eins mal die Unwahrheit sagt." „Du vielleicht, ich nicht", sagte Großvater.

Die Kalendergeschichten las Großvater jahrsüber mehrmals, und manche Partien der Geschichten konnte er auswendig, besonders, wenn sie sich auf Personen aus der Geschichte der von ihm gehassten Preußen bezogen, oder auf Personen, die einem Mord zum Opfer gefallen waren, oder auf andere, die sich selber umgebracht hatten.

Als sich im Dorf ein heimatloser Fleischergeselle erhängte, zitierte Großvater aus einer Kalendergeschichte: „Er sah kein Land mehr, nur böse Menschenzungen, und er ließ sich von ihnen treiben und suchte die Handwärme seiner Mutter, und die war nicht mehr, und da legte er sich ein Seil aus Hanf um seinen Nacken und schied ..." […]

Die Inserate kümmerten Großvater nicht. Er nannte sie: „Schisschen, schisschen." Aber die *Ratschläge für gesunde und kranke Tage* las Großvater eifrig, obwohl er nie ernstlich krank war.

Aufgaben

1. Stellen Sie die Funktionen zusammen, die der Bauernkalender für den Großvater des Erzählers erfüllte.
2. Vergleichen Sie die Funktion des Bauernkalenders mit der Rolle der Medien heute. Suchen Sie in Printmedien oder im Internet nach modernen Kalendergeschichten und stellen Sie sie in der Klasse/im Kurs vor.

Karikatur, Satire und Parodie

Die meisten Tageszeitungen pflegen, oft auf der zweiten Seite, die Tradition, das politische Tagesgeschehen in einer Karikatur aufs Korn zu nehmen. Karikaturen stellen meist mit sehr sparsamen zeichnerischen Mitteln charakteristische Eigenschaften oder Verhaltensweisen von Personen, zum Beispiel von Politikern, in starken Übertreibungen dar und machen diese dadurch lächerlich – und üben damit meist scharfe, beißende Kritik.

Wird das gleiche Ziel mit sprachlichen Mitteln verfolgt, so entsteht eine Satire. Eine Satire ist die literarische Form der Kritik an individuellen, gesellschaftlichen oder allgemein menschlichen Schwächen, die den Leser oder Zuhörer zwar zum Lachen bringen will, die aber trotzdem sehr ernst gemeinte, scharfe Kritik übt und etwas verändern, zumindest aber anklagen will. Die wichtigsten Stilmittel der Satire sind die Ironie, die Überspitzung eines Sachverhalts und die Konstruktion sachfremder Zusammenhänge, in denen Vertrautes absurd erscheint.

Formt man bereits vorhandene Texte mit satirischen Mitteln um, dann handelt es sich um eine Parodie. Parodien ahmen bestimmte, oft aus dem Zusammenhang herausgenommene Merkmale eines Textes nach, übertreiben sie oder füllen sie mit einem gänzlich anderen Inhalt. Auch Parodien machen sich über einen Text (und den dazugehörigen Autor) lustig, die Kritik muss aber nicht beißend sein.

Gerhard Zwerenz, Jahrgang 1925, hatte mit Essays, Satiren und Erzählungen erste literarische Erfolge. Polemik und Satire sind Elemente, die viele seiner Stücke kennzeichnen. Großen Erfolg hatte er mit dem Roman „Casanova oder der kleine Herr in Krieg und Frieden“, mit dem er als Romanautor bekannt wurde. Zwerenz blickt in vielen seiner Werke durch die satirische Brille auf die gesellschaftlichen Zustände, die er – sowohl im Sozialismus als auch im Kapitalismus – kritisiert.

Text 42

Nicht alles gefallen lassen

Gerhard Zwerenz

Wir wohnten im dritten Stock mitten in der Stadt und haben uns nie etwas zuschulden kommen lassen, auch mit Dörfelts von gegenüber verband uns eine jahrelange Freundschaft, bis die Frau sich kurz vor dem Fest unsre Bratpfanne auslieh und nicht zurückbrachte.

Als meine Mutter dreimal vergeblich gemahnt hatte, riss ihr eines Tages die Geduld, und sie sagte auf der Treppe zu Frau Muschg, die im vierten Stock wohnt, Frau Dörfelt sei eine Schlampe.

Irgendwer muss das den Dörfelts hinterbracht haben, denn am nächsten Tag überfielen Klaus und Achim unsern Jüngsten, den Hans, und prügelten ihn windelweich.

Ich stand grad im Hausflur, als Hans ankam und heulte. In diesem Moment trat Frau Dörfelt drüben aus der Haustür, ich lief über die Straße, packte ihre Einkaufstasche und stülpte sie ihr über den Kopf. Sie schrie aufgeregt um Hilfe, als wäre sonst was los, dabei drückten sie nur die Glasscherben etwas auf den Kopf, weil sie ein paar Milchflaschen in der Tasche gehabt hatte.

Vielleicht wäre die Sache noch gut ausgegangen, aber es war um die Mittagszeit, und da kam Herr Dörfelt mit dem Wagen angefahren. Ich zog mich sofort zurück, doch Elli, meine Schwester, die mittags zum Essen heimkommt, fiel Herrn Dörfelt in die Hände. Er schlug ihr ins Gesicht und zerriss dabei ihren Rock. Das Geschrei lockte unsere Mutter ans Fenster, und als sie sah, wie Herr Dörfelt mit Elli umging, warf unsre Mutter

442074

mit Blumentöpfen nach ihm. Von Stund an herrschte erbitterte Feindschaft zwischen den Familien.

Weil wir nun den Dörfelts nicht über den Weg trauten, installierte Herbert, mein ältester Bruder, der bei einem Optiker in die Lehre geht, ein Scherenfernrohr am Küchenfenster. Da konnte unsre Mutter, waren wir andern alle unterwegs, die Dörfelts beobachten.

Augenscheinlich verfügten diese über ein ähnliches Instrument, denn eines Tages schossen sie von drüben mit einem Luftgewehr herüber. Ich erledigte das feindliche Fernrohr dafür mit einer Kleinkaliberbüchse, an diesem Abend ging unser Volkswagen unten im Hof in die Luft.

Unser Vater, der als Oberkellner im hochrenommierten Café Imperial arbeitete, nicht schlecht verdiente und immer für den Ausgleich eintrat, meinte, wir sollten uns jetzt an die Polizei wenden.Aber unserer Mutter passte das nicht, denn Frau Dörfelt verbreitete in der ganzen Straße, wir, das heißt unsre gesamte Familie, seien derart schmutzig, dass wir mindestens zweimal jede Woche badeten und für das hohe Wassergeld, das die Mieter zu gleichen Teilen zahlen müssen, verantwortlich seien. Wir beschlossen also, den Kampf aus eigener Kraft in aller Härte aufzunehmen, auch konnten wir nicht mehr zurück, verfolgte doch die ganze Nachbarschaft gebannt den Fortgang des Streites.

Am nächsten Morgen schon wurde die Straße durch mörderisches Geschrei geweckt. Wir lachten uns halbtot, Herr Dörfelt, der früh als erster das Haus verließ, war in eine tiefe Grube gefallen, die sich vor der Haustür erstreckte. Er zappelte ganz schön in dem Stacheldraht, den wir gezogen hatten, nur mit dem linken Bein zappelte er nicht, das hielt er fein still, das hatte er sich gebrochen. Bei alledem konnte der Mann noch von Glück sagen – denn für den Fall, dass er die Grube bemerkt und umgangen hätte, war der Zünder einer Plastikbombe mit dem Anlasser seines Wagens verbunden. Damit ging kurze Zeit später Klunker-Paul, ein Untermieter von Dörfelts, hoch – er hatte den Arzt holen wollen. Es ist bekannt, dass die Dörfelts leicht übelnehmen. So gegen zehn Uhr begannen sie unsre Hausfront mit einem Flakgeschütz zu bestreichen. Sie mussten sich erst einschießen, die Einschläge befanden sich nicht alle in der Nähe unserer Fenster.

Das konnte uns nur recht sein, denn jetzt fühlten sich auch die anderen Hausbewohner geärgert, und Herr Lehmann, der Hausbesitzer, begann um seinen Putz zu fürchten. Eine Weile sah er sich die Sache noch an, als aber zwei Granaten in seiner guten Stube krepierten, wurde er nervös und übergab uns den Schlüssel zum Boden. Wir robbten sofort hinauf und rissen die Tarnung von der Atomkanone. Es lief alles wie am Schnürchen, wir hatten den Einsatz oft genug geübt, die werden sich jetzt ganz schön wundern, triumphierte unsre Mutter und kniff als Richtkanonier das rechte Auge fachmännisch zusammen. Als wir das Rohr genau auf Dörfelts Küche eingestellt hatten, sah ich drüben gegenüber im Bodenfenster ein gleiches Rohr blinzeln, das hatte freilich keine Chance mehr. Elli, unsre Schwester, die den Verlust ihres Rockes nicht verschmerzen konnte, hatte zornroten Gesichts das Kommando „Feuer!“ erteilt. Mit einem unvergesslichen Fauchen verließ die Atomgranate das Rohr, zugleich fauchte es auch auf der Gegenseite. Die beiden Geschosse trafen sich genau in der Straßenmitte. Natürlich sind wir nun alle tot, die Straße ist hin, und wo unsre Stadt früher stand, breitet sich jetzt ein graubrauner Fleck aus. Aber eins muss man sagen, wir haben das Unsre getan, schließlich kann man sich nicht alles gefallen lassen. Die Nachbarn tanzen einem sonst auf der Nase herum.

Aufgaben

1 Wann wird im Text zum ersten Mal deutlich, um welche Textsorte es sich handelt?

2 Formulieren Sie möglichst genau, was der Autor Ihrer Ansicht nach sagen möchte.

3 Welche sprachlichen Mittel verwendet Zwerenz, um beim Leser die beabsichtigte Wirkung zu erzielen? → **Infokasten „Sprachliche Gestaltungsmittel untersuchen“ S. 210**

Parabeln

„Parabel" (griechisch parabole: Gleichnis) ist die „literaturwissenschaftliche Bezeichnung für eine Erzählung lehrhaften Charakters, die eine durch Analogieschluss zu enträtselnde allgemeine Wahrheit des menschlichen Lebens enthält; diese muss durch einen Vergleich des Textes (dem Dargestellten) mit der außersprachlichen Realität (dem Gemeinten) vom Leser erst gewonnen werden. Im Unterschied zur Fabel ist der Gegenstandsbereich der Parabel nicht als Ganzes auf das Gemeinte übertragbar, sondern lediglich in einem Teilbereich. Vom Gleichnis im strengen Sinn wird die Parabel ebenfalls oftmals unterschieden, da sie keine direkte Verknüpfung der Gegenstandsbereiche zulässt; dem Gleichnis wird diese Verknüpfung oftmals in Form einer klaren Moralaussage vor- oder nachgestellt. Die Parabel ist fester Bestandteil der buddhistischen und hebräischen Literatur. Auch im Neuen Testament wird sie als Erhellungsmedium einer (hier: göttlichen) Wahrheit genutzt. Das berühmteste Beispiel ist die Parabel vom verlorenen Sohn, die auf eine religiöse Botschaft des Glaubens hin interpretiert werden soll.

Für die Epoche der Aufklärung, namentlich für Gotthold Ephraim Lessing, war die Parabel ein „Hebel der Erkenntnis"; Lessing selbst stellte die so genannte Ringparabel ins Zentrum seines Theaterstücks Nathan der Weise (III, 7). Weitere bedeutende deutschsprachige Parabeldichter sind Johann Wolfgang von Goethe, Johann Gottfried von Herder, Friedrich Rückert und (innerhalb der literarischen Moderne) Franz Kafka, Bertolt Brecht, Max Frisch, Friedrich Dürrenmatt, Günter Kunert und Reiner Kunze. Im Kontext einer europäischen Dramentradition schafft das absurde Theater, etwa bei Samuel Beckett und Eugène Ionesco, Parabelstücke, die hinsichtlich einer „Botschaft" nicht mehr entschlüsselt werden können und gerade in dieser Verweigerung einer klaren Deutung auf die Sinnlosigkeit menschlicher Existenz verweisen.

Text 43 Die Ratte in der Bildsäule

Johann Gottfried von Herder

Hoan-Kong fragte einst seinen Minister, den Koang-Tschong, wofür man sich wohl in einem Staat am meisten fürchten müsse. Koang-Tschong antwortete: „Prinz, nach meiner Einsicht hat man nichts mehr zu fürchten, als was man nennet: die Ratte in der Bildsäule." Hoan-Kong verstand diese Vergleichung nicht; Koang-Tschong erklärte sie ihm also: „Ihr wisset, Prinz, dass man an vielen Orten dem Geiste des Orts Bildsäulen aufzurichten pflegt, diese hölzernen Statuen sind inwendig hohl und von außen bemalet. Eine Ratte hatte sich in eine hineingearbeitet, und man wusste nicht, wie man sie verjagen sollte. Feuer dabei zu gebrauchen, getrauete man sich nicht, aus Furcht, dass solches das Holz der Statue angreife; die Bildsäule ins Wasser zu setzen, getrauete man sich auch nicht, aus Furcht, man möchte die Farben an ihr auslöschen. Und so bedeckte und beschützte die Ehrerbietung, die man vor der Bildsäule hatte, die – Ratte." „Und wer sind diese Ratten im Staat?", fragte Hoan-Kong. „Leute", sprach der Minister, „die weder Verdienst noch Tugend haben und gleichwohl die Gunst des Fürsten genießen. Sie verderben alles; man siehet es und seufzet darüber; man weiß aber nicht, wie man sie angreifen, wie man ihnen beikommen soll. Sie sind die Ratten in der Bildsäule."

Text 44 Der Fährmann

Jörg Schubiger

Ein Fuhrmann suchte Arbeit. Als er nach Wochen nichts Passendes gefunden hatte, bewarb er sich um eine Stelle als Fährmann. Er dachte, dass es sich dabei um etwas Verwandtes handeln müsse. Die Fähre wurde ihm übergeben, dann stand er allein am Fluss. Er konnte aber weder rudern noch schwimmen, und der unbestimmt wechselnde Glanz des Wassers ängstigte ihn. In seiner Not wies er den ersten Fahrgast ab, die Fähre sei defekt, sagte er. In der folgenden Nacht schlief er schlecht, er hatte Albträume, die ihm das jenseitige Ufer und das Land in den scheußlichsten Bildern zeigten. Am Morgen verweigerte er einem wandernden Ehepaar die Überfahrt. Er könne die Verantwortung nicht übernehmen. Atemlos berichtete er über den drüben herrschenden Terrorismus. Den nächsten Gästen wusste er schon Einzelheiten über Folterungen zu erzählen.

Die Kunde von der Gefährlichkeit der Menschen jenseits des Flusses verbreitete sich in wenigen Tagen. Man fing an, Schutzwälle und Mauern zu bauen, und schickte Patrouillen dem Ufer entlang. Von Stunde zu Stunde wartete man auf den Angriff. Als er ausblieb, sah man darin die hinterlistige Tücke des Feindes bestätigt. Vor allem die Stille der Nacht war unerträglich. Sie zwang am Ende zum Angriff. Man setzte über, drang ins Land ein, mordete, brandschatzte, vergewaltigte, und der Fuhrmann, der diesseits bei seiner Fähre und auf seinem Posten geblieben war, sah den Widerschein des Feuers in den Wolken und im Fluss.

Aufgaben

1 ●● Woran erkennen Sie, dass es sich bei den Texten um Parabeln handelt?

2 ●● Informieren Sie sich über den historischen Hintergrund, vor dem die Parabel „Die Ratte in der Bildsäule" entstanden ist. Welche Zusammenhänge lassen sich zwischen dem Zeitumstand und der Parabel herstellen? Warum verschlüsselt der Erzähler seine Aussage?

3 ●● Welche Botschaft möchten die Autoren Franz Hohler und Jörg Schubiger vermitteln?

4 ●●● Nehmen Sie Stellung: Ist die in der Parabel dargestellte Ursache für einen gewaltsamen Konflikt realistisch? ➠ **Infokasten „Eine Stellungnahme verfassen" S. 187**

Fische

Christa Reinig

Text 45

Ein Fisch biss in einen Angelhaken. Was flatterst du so hektisch herum?, fragten ihn die anderen Fische. Ich flattere nicht hektisch herum, sagte der Fisch an der Angel, ich bin Kosmonaut und trainiere in der Schleuderkammer. – Wer's glaubt, sagten die anderen Fische und sahen zu, wie es weitergehen sollte. Der Fisch an der Angel erhob sich und flog in hohem Bogen aus dem Wasser. Die Fische sagten: Er hat unsere Sphäre verlassen und ist in den Raum hinausgestoßen. Mal hören, was er erzählt, wenn er zurückkommt. Der Fisch kam nicht wieder. Die Fische sagten: Stimmt also, was die Ahnen uns überliefert haben, dass es da oben schöner ist als hier unten. Ein Kosmonaut nach dem anderen begab sich zum Training in die Schleuderkammer und flog in den Raum hinaus. Die Kosmonauten standen in Reih und Glied und warteten, bis sie drankamen. Am Ufer saß ein einsamer Angler und weinte. Einer der Kosmonauten sprach ihn an und fragte: Oh großer Fisch, was weinst du, hast du auch gedacht, dass es hier oben schöner ist? – Darum weine ich nicht, sagte der Angler, ich weine, weil ich niemandem erzählen kann, was hier und heute geschieht. Achtundfünfzig in einer Stunde und kein Zeuge weit und breit.

Aufgaben

1 ●● Sprechen Sie über Deutungsmöglichkeiten zum Text „Fische" und formulieren Sie eine Hypothese. Erarbeiten Sie das Wortfeld zum Leitbegriff.

2 ●● Informieren Sie sich über die Biografie von Christa Reinig. Welche zusätzlichen Informationen bietet sie für das Verständnis des Textes? ➠ **Infokasten S. 176**

Verfilmung einer Novelle: „Mario und der Zauberer"

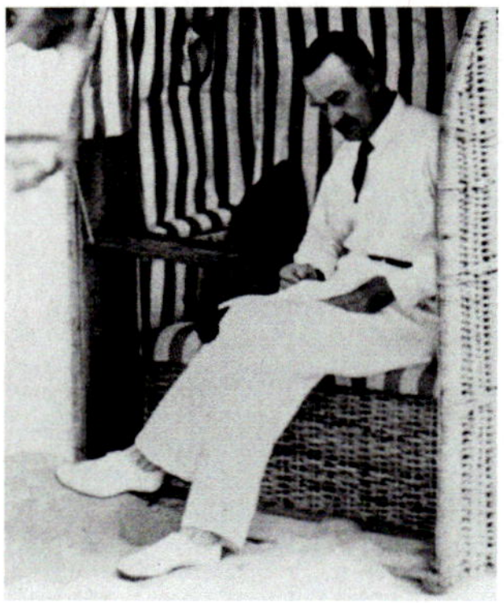

Während eines Erholungsurlaubes mit seiner Familie im Sommer 1929 in Rauschen, einem Badeort in Ostpreußen, beschloss Thomas Mann, die Vormittage im Strandkorb zur Niederschrift jener denkwürdigen Erlebnisse zu nutzen, die ihm und seiner Familie drei Jahre zuvor in einem Seebad des faschistischen Italien widerfahren waren. So entstand die Novelle „Mario und der Zauberer", die 1930 mit dem Untertitel „Ein tragisches Reiseerlebnis" gedruckt wurde und 1994 mit Klaus Maria Brandauer (Regisseur und Hauptdarsteller) verfilmt wurde.

Text 46

Inhaltsangabe der Novelle

Die Novelle „Mario und der Zauberer" beginnt mit einer ausführlichen Natur- und Milieuschilderung des italienischen Badeortes Torre di Venere und seines Strandlebens. Die zum Sommerurlaub anreisende Familie des Ich-Erzählers findet eine unangenehme Atmosphäre vor: „Ärger, Gereiztheit, Überspannung lagen von Anfang an in der Luft." Die Sonne zeigt ihre „Schreckensherrschaft", die unduldsame, auf die „Würde" und „die Idee der Nation" sich ständig berufende Mittelmäßigkeit des Strandpublikums macht ihnen das Leben schwer. Ein „naiver Missbrauch der Macht, der Ungerechtigkeit, der kriecherischen Korruption" führt zur Ausquartierung der Familie aus dem Grand Hotel und Umsiedlung in die Pension Eleonora. Auf die unschuldige Nacktheit der kleinen Tochter am Strand reagiert das Strandpublikum wie auf eine Verletzung der Ehre Italiens usw.

An diese Schilderung schließt sich der Auftritt des buckligen Zauberers und Hypnotiseurs Cipolla an, „in dessen Person sich das eigentümlich Bösartige der Stimmung auf verhängnishafte und übrigens menschlich sehr eindrucksvolle Weise zu verkörpern und bedrohlich zusammenzudrängen schien". Seine taschenspielerischen Fähigkeiten und seine „Demonstration der Willensentziehung und -aufnötigung" , seine hässliche und zugleich übersteigerte „Führer-" und „Verführerpersönlichkeit" ziehen Einheimische wie Gäste in den Bann. Erst die Tat des unglücklich verliebten Kellners Mario, der unter hypnotischem Zwang Cipolla mit seiner geliebten Silvestra verwechselt, den hässlichen Alten küsst und aus tiefster Demütigung erwachend den Hypnotiseur erschießt, durchbricht den Teufelskreis der Massenpsychose.

Aufgaben

1 Besorgen Sie sich Informationen über die politischen Umwälzungen, die sich in den Zwanzigerjahren des 20. Jahrhunderts in Italien und (Anfang der Dreißigerjahre) in Deutschland vollzogen.

2 Erkundigen Sie sich über den Autor Thomas Mann, der zu dieser Zeit 55 Jahre alt gewesen ist:
- Welche literarischen Werke hat er bis dahin geschrieben?
- Welche Ehrungen sind ihm zuteil geworden?
- Wie stand er zum aufkommenden Nationalsozialismus?

Eine Drehbuchsequenz für den Anfang des Films schreiben

So beginnt der Film: Anders als in der Novelle erscheinen hier zunächst in einem langen Vorspann die Namen der Mitwirkenden auf der dunklen Leinwand. Kein Bild ist zu sehen. Lediglich die Geräusche des quietschenden und ratternden Fahrens eines Kleinbahnzuges, der sich dem Bahnhof nähert, sind zu vernehmen.

Aus dem Drehbuch

Porteclemente, Bahnhof

Text 47

Außen, Tag

Subjektive aus einem Zugfenster, während der Zug jäh zum Stillstand kommt, ein Zischen und eine kleine Dampfwolke, das Fenster wird geöffnet, die Musik wird lauter: Impressionen vom kleinen, ländlichen Bahnhof – einige Hühner laufen herum; einige Kaninchen in einem kleinen Stall an der Seite; ein Blumengarten, in dem ein alter Hund schnaufend im Schatten liegt; eine Ziege an einem Pfahl angebunden; Lautsprecher an zwei Pfeilern, aus denen die Musik ertönt, eine italienische Fahne hängt bewegungslos in der windstillen Hitze; der kleine Bahnhofsvorsteher (mit blauer Mütze) und sein Gehilfe gehen zum Anfang des Zuges.

Subjektive von der anderen Seite der Schienen; ein Pfiff der Lokomotive, der Zug fährt aus dem Bahnhof und gibt den Blick frei auf die Familie FUHRMANN – BERNHARD und RACHEL mit ihren Kindern STEPHAN (12) und SOPHIE (8) – die zwischen einem Berg von Gepäckstücken auf dem Bahnsteig stehen; Fuhrmann dreht sich um und sieht …

… CIPOLLA in einem kleinen Garten auf der anderen Seite der Gleise; er wendet den Blick ab.

Der Bahnhofsvorsteher kommt herüber zur Familie Fuhrmann.

Aufgabe

1 ●●

Besprechen Sie diesen Filmbeginn. Hätten Sie einen anderen Einstieg gewählt? Beschreiben Sie ihn.

Aus dem Anfang der Novelle*

Thomas Mann

Text 48

„… es wimmelt von zeterndem, zankendem, jauchzendem Badevolk, dem eine wie toll herabbrennende Sonne die Haut von den Nacken schält; flachbodige, grell bemalte Boote, von Kindern bemannt, deren tönende Vornamen, ausgestoßen von Ausschau haltenden Müttern, in heiserer Besorgnis die Lüfte erfüllen, schaukeln auf der blitzenden Bläue, und über die Gliedmaßen der Lagernden tretend bieten die Verkäufer von Austern, Getränken, Blumen, Korallenschmuck und Cornetti al burra, auch sie mit der belegten offenen Stimme des Südens, ihre Ware an.

So sah es am Strande von Torre aus, als wir ankamen – …“

Aufgabe

1 ●●●

Fertigen Sie ein Drehbuch für eine Filmsequenz über diesen Text an: Beschreiben Sie in einer Szenendarstellung, wie Sie diese Szene aufbauen und ausschmücken wollen. Erstellen Sie ein entsprechendes Sequenzprotokoll. ➽ **Infokasten „Filme analysieren“ S. 221**

Eine Drehbuchsequenz fortsetzen

Text 49

Im Grand Hotel* (Aus der Novelle)

Thomas Mann

[…] Mit gewissen Verandaklienten, oder richtiger wohl nur mit der Hotelleitung, die vor ihnen liebedienerte, ergab sich sogleich einer dieser Konflikte, die einem Aufenthalt von Anfang an den Stempel des Unbehaglichen aufdrücken können. Römischer Hochadel befand sich darunter, ein Principe X. mit Familie, und da die Zimmer dieser Herrschaften in Nachbarschaft der unsrigen lagen, war die Fürstin, große Dame und leidenschaftliche Mutter zugleich, in Schrecken versetzt worden durch die Restspuren eines Keuchhustens, den unsere Kleinen kurz zuvor gemeinsam überstanden hatten, und von dem schwache Nachklänge zuweilen noch nachts den sonst unerschütterlichen Schlaf des Jüngsten unterbrachen. Das Wesen dieser Krankheit ist wenig geklärt, dem Aberglauben hier mancher Spielraum gelassen, und so haben wir es unserer eleganten Nachbarin nie verargt, daß sie der weitverbreiteten Meinung anhing, der Keuchhusten sei akustisch ansteckend, und einfach für ihre Kleinen das schlechte Beispiel fürchtete. Im weiblichen Vollgefühl ihres Ansehens wurde sie vorstellig bei der Direktion, und diese, in der Person des bekannten Gehrockmanagers, beeilte sich, uns mit vielem Bedauern zu bedeuten, unter diesen Verhältnissen sei unsere Umquartierung in den Nebenbau des Hotels eine unumgängliche Notwendigkeit. Wir hatten gut beteuern, die Kinderkrankheit befinde sich im Stadium letzten Abklingens, sie habe als überwunden zu gelten und stelle keinerlei Gefahr für die Umgebung mehr dar. Alles, was uns zugestanden wurde, war, daß der Fall vor das medizinische Forum gebracht und der Arzt des Hauses – nur dieser, nicht etwa ein von uns bestellter – zur Entscheidung berufen werden möge. Wir willigten in dieses Abkommen, überzeugt, so sei zugleich die Fürstin zu beruhigen und für uns die Unbequemlichkeit eines Umzuges zu vermeiden. Der Doktor kommt und erweist sich als ein loyaler und aufrechter Diener der Wissenschaft. Er untersucht den Kleinen, erklärt das Übel für abgelaufen und verneint jede Bedenklichkeit. Schon glauben wir uns berechtigt, den Zwischenfall für beigelegt zu halten: da erklärt der Manager, daß wir die Zimmer räumten und in der Dependance Wohnung nähmen, bleibe auch nach den Feststellungen des Arztes geboten. Dieser Byzantinismus empörte uns. Es ist unwahrscheinlich, daß die wortbrüchige Hartnäckigkeit, auf die wir stießen, diejenige der Fürstin war. Der servile Gastwirt hatte wohl nicht einmal gewagt, ihr von dem Votum des Doktors Mitteilung zu machen. Jedenfalls verständigten wir ihn dahin, wir zögen es vor, das Hotel überhaupt und sofort zu verlassen, – und packten.

442080

Im Grand Hotel

Aus dem Drehbuch

Text 50

Grand Hotel – Suite der Fuhrmanns Innen, Nacht

Rachel liegt mit schmerzverzerrtem Gesicht auf dem Bauch im Bett.

FUHRMANN (Off/On)
Du musst lernen, dich bei großer Hitze so zu verhalten, wie es die Helden der Antike getan haben.

Man sieht, dass Fuhrmann eine Gurke in Scheiben schneidet und die Stücke vorsichtig auf Rachels sonnenverbrannte Schultern legt. Aus dem Kinderzimmer hört man gelegentlich Stephan husten.

RACHEL Und das wäre?

FUHRMANN Suche ein schattiges Plätzchen im nächsten Café und beobachte den Sommer aus sicherer Entfernung. Besser?

RACHEL Mmmmm.

In diesem Moment ein lautes Klopfen. Rachel wendet den Kopf – sieht Fuhrmann fragend lächelnd an – hat er eine Überraschung bestellt?

Im Bademantel öffnet Fuhrmann die Tür; Pastore steht im Gang

FUHRMANN Ja?

PASTORE Entschuldigen Sie, Professore Fuhrmann, aber wenn Sie nichts gegen den Husten unternehmen können, müssen wir Sie leider in eines der Nebengebäude verlegen, wo nicht so viele andere Gäste gestört werden.

FUHRMANN Wissen Sie, wie spät es ist?

PASTORE Das tut mir leid, aber einige der Gäste sind besorgt wegen der Ansteckungsgefahr.

Rachel kommt in den Gang, um nachzusehen, was los ist.

Fuhrmann nickt nachdenklich.

FUHRMANN Sie befürchten Kontagiosität?

Pastore sieht Fuhrmann verblüfft an – er hat dieses Wort nie gehört.

PASTORE Ich … bin wirklich nicht in der Lage, das zu beurteilen.

FUHRMANN Nicht? Nun, dann holen Sie einen Arzt.

Kurze Pause.

Aufgabe 1 ●●●

Setzen Sie diese Drehbuchszene entsprechend dem Ausschnitt aus der Novelle fort. Schreiben Sie die Dialoge weiter. Sie dürfen die Handlung auch verändern und z. B. neue Personen einführen.

Einen Abschnitt der Novelle mit der Drehbuchsequenz vergleichen

Text 51

Aus dem Schluss der Novelle*

Thomas Mann

In einem Lokal gibt der Zauberkünstler und Hypnotiseur Cipolla eine Vorstellung. Gerade hat Cipolla Mario, den jungen Kellner, auf die Bühne geholt, um an ihm ein Experiment vorzuführen.

„Halt da!“ sagte er. „Das wäre. Du willst ausreißen, Ganymed, im besten Augenblick oder dicht vor dem besten? Hier geblieben, ich verspreche dir schöne Dinge. Ich verspreche dir, dich von der Grundlosigkeit deines Kummers zu überzeugen. Dieses Mädchen, das du kennst und das auch andere kennen, diese – wie heißt sie gleich? Warte! Ich lese den Namen in deinen Augen, er schwebt mir auf der Zunge, und auch du bist, sehe ich, im Begriffe, ihn auszusprechen …“ „Silvestra!“ rief der Giovanotto von unten. Der Cavaliere verzog keine Miene.

„Gibt es nicht vorlaute Leute?“ fragte er, ohne hinunterzublicken, vielmehr wie in ungestörter Zwiesprache mit Mario. „Gibt es nicht überaus vorlaute Hähne, die zur Zeit und Unzeit krähen? Da nimmt er uns den Namen von den Lippen, dir und mir, und glaubt wohl noch, der Eitle, ein besonderes Anrecht auf ihn zu besitzen. Lassen wir ihn! Die Silvestra aber, deine Silvestra, ja, sage einmal, das ist ein Mädchen, was?! Ein wahrer Schatz! Das Herz steht einem still, wenn man sie gehen, atmen, lachen sieht, so reizend ist sie. Und ihre runden Arme, wie sie wäscht und dabei den Kopf in den Nacken wirft und das Haar aus der Stirn schüttelt! Ein Engel des Paradieses!“

Mario starrte ihn mit vorgeschobenem Kopfe an. Er schien seine Lage und das Publikum vergessen zu haben. Die roten Flecken um seine Augen hatten sich vergrößert und wirkten wie aufgemalt. Ich habe das selten gesehen. Seine dicken Lippen standen getrennt.

„Und er macht dir Kummer, dieser Engel“, fuhr Cipolla fort, „oder vielmehr, du machst dir Kummer um ihn … Das ist ein Unterschied, mein Lieber, ein schwerwiegender Unterschied, glaube mir! In der Liebe gibt es Mißverständnisse, – man kann sagen, daß das Mißverständnis nirgends so sehr zu Hause ist wie hier. Du wirst meinen, was versteht der Cipolla von der Liebe, er mit seinem kleinen Leibesschaden? Irrtum, er versteht gar viel davon. […] Aber lassen wir den Cipolla, lassen wir ihn ganz aus dem Spiel, und denken wir nur an Silvestra, deine reizende Silvestra! Wie? Sie sollte irgendeinem krähenden Hahn vor dir den Vorzug geben, so daß er lachen kann und du weinen mußt? Den Vorzug vor dir, einem so gefühlvollen und sympathischen Burschen? Das ist wenig wahrscheinlich, das ist unmöglich, wir wissen es besser, der Cipolla und sie. Wenn ich mich an ihre Stelle versetze, siehst du, und die Wahl habe zwischen so einem geteerten Lümmel, so einem Salzfisch und Meeresobst – und einem Mario, einem Ritter der Serviette, der sich unter den Herrschaften bewegt, der den Fremden gewandt Erfrischungen reicht und mich liebt mit wahrem, heißem Gefühl, – meiner Treu, so ist die Entscheidung meinem Herzen nicht schwer gemacht, so weiß ich wohl, wem ich es schenken soll, wem ganz allein ich es längst schon errötend geschenkt habe. Es ist Zeit, daß er's sieht und begreift, mein Erwählter! Es ist Zeit, daß du mich siehst und erkennst, Mario, mein Liebster … Sage, wer bin ich?“

Es war greulich, wie der Betrüger sich lieblich machte, die schiefen Schultern kokett verdrehte, die Beutelaugen schmachten ließ und in süßlichem Lächeln seine splittri-

442082

gen Zähne zeigte. Ach, aber was war während seiner verblendenden Worte aus unserem Mario geworden? Es wird mir schwer, es zu sagen, wie es mir schwer wurde, es zu sehen, denn das war eine Preisgabe des Innigsten, die öffentliche Ausstellung verzagter und wahnhaft beseligter Leidenschaft. Er hielt die Hände vorm Munde gefaltet, seine Schultern hoben und senkten sich in gewaltsamen Atemzügen. Gewiss traute er vor Glück seinen Augen und Ohren nicht und vergaß eben nur das eine dabei, daß er ihnen wirklich nicht trauen durfte. „Silvestra!" hauchte er überwältigt, aus tiefster Brust.

„Küsse mich!" sagte der Bucklige. „Glaube, daß du es darfst! Ich liebe dich. Küsse mich hierher", und er wies mit der Spitze des Zeigefingers, Hand, Arm, und kleinen Finger wegspreizend, an seine Wange, nahe dem Mund. Und Mario neigte sich und küßte ihn.

Es war recht still im Saal geworden. Der Augenblick war grotesk, ungeheuerlich und spannend, – der Augenblick von Mario's Seligkeit. […]

Zugleich aber auch schon […] ließ der oben Geliebkoste unten, neben dem Stuhlbein, die Reitpeitsche pfeifen, und Mario, geweckt, fuhr auf und zurück. Er stand und starrte, hintübergebogenen Leibes, drückte die Hände an seine mißbrauchten Lippen, eine über der anderen, schlug sich dann mit den Knöcheln beider mehrmals gegen die Schläfen, machte kehrt und stürzte, während der Saal applaudierte und Cipolla, die Hände im Schoß gefaltet, mit den Schultern lachte, die Stufen hinunter. Unten, in voller Fahrt, warf er sich mit auseinandergerissenen Beinen herum, schleuderte den Arm empor, und zwei flach schmetternde Detonationen durchschlugen Beifall und Gelächter.

Alsbald trat Lautlosigkeit ein. […] Cipolla war mit einem Satz vom Stuhle aufgesprungen. Er stand da mit abwehrend seitwärtsgestreckten Armen, als wollte er rufen: ‚Halt! Still! Alles weg von mir! Was ist das?', sackte im nächsten Augenblick mit auf die Brust kugelndem Kopf auf den Sitz zurück und fiel im übernächsten seitlich davon herunter, zu Boden, wo er liegen blieb, reglos, ein durcheinandergeworfenes Bündel Kleider und schiefer Knochen. Der Tumult war grenzenlos. Damen verbargen in Zuckungen das Gesicht an der Brust ihrer Begleiter. Man rief nach einem Arzt, nach der Polizei. Man stürmte das Podium. Man warf sich im Gedränge auf Mario, um ihn zu entwaffnen. […]

Aus dem Schluss des Drehbuchs

Text 52

Der Auftritt Cipollas ist in vollem Gange. Mario steht mit fest geschlossenen Augen auf der Bühne. Wie in Trance schreitet Cipolla durch den Zuschauerraum, reicht Silvestra freundlich, aber bestimmt die Hand und führt sie auf die Bühne. Mario öffnet die Augen, scheint überrascht, verlegen.

CIPOLLA Ich möchte um absolute Ruhe bitten, denn mein nächstes Experiment verlangt höchste Konzentration. Die kleinste Ablenkung könnte die zarte Verbindung zwischen uns stören.

Er blickt einen Augenblick fest ins Publikum, wendet sich dann zu Mario und Silvestra um. Er spricht langsam, eindringlich, ruhig, er sieht Mario an, dann Silvestra.

CIPOLLA Hört gut zu, Mario und Silvestra. Einige Minuten lang werdet ihr nur meine Stimme hören, – werdet nur meinen Anweisungen folgen …

Eindrücke von den Zuschauern, die das Geschehen konzentriert verfolgen und versuchen, Cipollas Worte, die leise an Mario und Silvestra gerichtet sind, zu verstehen.

CIPOLLA (zu Mario) … du wirst mir gehorchen, weil du es willst, (zu Silvestra) weil ich euch an einen Ort führen werde, nach dem ihr euch schon lange sehnt.

Mario und Silvestra stehen bewegungslos auf der Bühne. Ein lautes, nervöses Lachen aus dem Publikum.

Cipolla führt seine Hand dicht an Marios Gesicht, winkt: Marios Gesicht nähert sich Silvestras. Cipolla unterbricht die Annäherung auf halber Strecke, macht das gleiche mit Silvestra.

Rachel und Fuhrmann sehen gespannt zu.

Silvestras Kopf bewegt sich auf Marios zu, Cipolla unterbricht die Annäherung.

CIPOLLA Ihr werdet mir gehorchen, weil meine Befehle und eure Wünsche identisch sind. Und nun, wenn ich es sage, werdet ihr euch küssen, (zu Silvestra) wie ihr es euch seit Langem wünscht …

Marios und Silvestras Gesichter nähern sich an, sind nur noch wenige Zentimeter auseinander, Silvestra öffnet die Lippen; Cipolla spricht derweil fortwährend mit dunkler, eindringlicher Stimme.

Die Zuschauer sehen gespannt auf die Bühne.

CIPOLLA (zu Mario) … wie ihr es euch seit Langem gewünscht habt, nur ihr wart zu schüchtern. (fast flüsternd) Küsst euch, küsst euch.

Mario öffnet die Lippen. Plötzlich wird sich Silvestra der Anwesenheit des Publikums bewusst – die Art, wie die Zuschauer das Geschehen auf der Bühne beobachten, hat etwas Voyeuristisches. Sie sieht Mario an, schüttelt den Kopf.

SILVESTRA (kaum hörbar) Nein …

Silvestra wendet sich unsicher ab, will die Bühne verlassen. Cipolla deutet plötzlich mit dem Finger auf sie, ruft:

CIPPOLLA Silvestra – Stopp!

Sie hält inne. Steht still, wie erstarrt, schaut um sich – fast hilfesuchend – … in die Richtung, in der Fuhrmann und die anderen sitzen; die Kinder sind nach wie vor fasziniert, nicht nervös, aber Fuhrmann und Rachel – die Augen auf das Geschehen geheftet – fühlen sich langsam sehr unbehaglich.

Mario, der immer noch bewegungslos an der gleichen Stelle steht, sieht mit Entsetzen im Blick, wie …

Cipolla schnell zu Silvestra humpelt.

CIPOLLA Nicht so schnell, schöne Silvestra, du möchtest doch nicht mitten im größten Spaß aufhören? Oder sollte ich besser sagen, dass der Spaß erst richtig anfängt?

Die Zuschauer sind absolut still. Cipolla spürt die Einzigartigkeit des Augenblicks, spürt, dass dies die größte Vorstellung seines Lebens werden könnte. Er tritt dicht an sie heran, senkt seine Stimme ein wenig.

CIPOLLA Vergiss die anderen, nur einer zählt in diesem Augenblick, er, der dich begehrt, der alles für dich täte. Mario, den es schmerzt, wenn du nicht in der Nähe bist, den deine Schönheit überwältigt, der dich aufrichtig und ehrlich liebt, nicht wie die anderen, dessen Liebe unwiderstehlich ist, den auch du lieben musst. Wir haben es nicht ausgesprochen, doch weißt du genau, dass ich mein Herz bereits vor langer Zeit dir gab …

Silvestra wendet sich Cipolla zu, hat das Publikum scheinbar vergessen.

CIPOLLA … und es ist an der Zeit, dass du mich erkennst, Silvestra, meine Liebe. Sag mir, wer ich bin.

SILVESTRA (fast flüsternd) Mario?

CIPOLLA Ja. Küss mich, Silvestra, vertraue mir. Ich werde dich ewig lieben. Ich brauche dich. Küss mich.

Silvestra scheint zu zögern, nimmt dann plötzlich seinen Kopf in die Hände und küsst ihn auf den Mund. Mario kann seinen Augen nicht trauen, krümmt sich vor Schmerz, stößt tief aus der Brust einen verzerrten Laut aus.

Viele der Zuschauer beginnen zu lachen, einige klatschen.

Der Lärm scheint den Bann zu brechen: Silvestra weicht langsam von Cipolla zurück; zunächst scheint sie ein wenig desorientiert, dann zunehmend geekelt, abgestoßen.

Mario sieht Cipolla an.

MARIO Warum …?

Cipolla breitet die Arme aus, um Nachsicht bittend? Entschuldigend?

Silvestra bleibt abrupt neben dem kleinen Tisch stehen, nimmt die Pistole, richtet sie auf Cipolla.

Rachel ergreift instinktiv den Arm ihres Mannes.

RACHEL Mein Gott …

SILVESTRA Monster!

Sie schießt wild um sich, verfehlt Cipolla. Marcello greift nach ihrem Arm, wieder löst sich ein Schuss …
… und trifft einen Scheinwerfer unter dem Zeltdach …
… die Glassplitter rieseln auf den Bereich im Zuschauerraum nieder, wo die Fuhrmanns sitzen. Rachel und Fuhrmann mit überraschtem, beinahe entsetztem Gesichtsausdruck.

Wieder löst sich ein Schuss, als Marcello Silvestra schließlich die Pistole aus der Hand winden kann.

Mit völlig fassungslosem Gesicht tritt Mario einen Schritt zurück, fällt auf den einzigen Stuhl auf der Bühne.

Wie aus einem Traum erwachend, sieht Silvestra Mario fragend an.

Unvermittelt erhebt sich tosender, begeisterter Beifall, die Zuschauer brechen in übermütiges Gelächter aus.

Cipollas Ausdruck ist schockiert und gleichsam triumphierend, als er den Blick von Silvestra abwendet und über die Menge schweifen lässt. Er lächelt, will sich verbeugen, sieht dann aber plötzlich zu Mario hinüber.

Sophie applaudiert gemeinsam mit den anderen Zuschauern, Stephan blickt unsicher zu Rachel und Fuhrmann, die immer noch herauszufinden versuchen, was eigentlich vorgeht.

STEPHAN Mutti ...?

Mario erhebt sich, es scheint, als wolle er etwas sagen, Blut rinnt aus seinem Mund, er fällt zu Boden. Christiana geht zu ihm, kniet nieder.

Marcello lässt Silvestra los; sie begreift nun, was vorgefallen ist, legt eine Hand auf den Mund.

Mario liegt am Boden, versucht den Kopf zu heben.

Subjektive Mario: fragmentarische Eindrücke – Chaos im Raum, unter den lachenden Gesichtern auch betroffene Mienen, vereinzelte konfuse Rufe, Silvestra, erstarrt, erschreckt; Cipollas Gesicht kommt kurz ins Bild; der Arzt, schwarze Tasche in der Hand, läuft auf ihn zu.

Auf der Bühne kniet der Arzt neben Mario, der auf dem Rücken ausgestreckt liegt, Augen geschlossen. Neben ihn: der Arztkoffer, einige Instrumente über den Boden verstreut.

Der Arzt nimmt sein Stethoskop ab, beugt sich über Mario, beginnt mit einer Herzmassage.

ARZT Nun komm schon, komm, komm ...

Aber Marios Augen bleiben geschlossen.

Aufgabe

1 Wie wird dieser Abschnitt der Novelle Thomas Manns im Drehbuch „verarbeitet"?
» Infokasten „Literaturverfilmungen untersuchen" S. 223

Vergleichen Sie die Einzelheiten:

- Silvestra tritt in der gesamten Novelle niemals in Erscheinung. Sie wird lediglich im Schlusskapitel durch Cipolla einige Male genannt. Suchen Sie Begründungen dafür, weshalb die Filmemacher das Mädchen Silvestra in dieser Szene direkt ins Bild treten lassen. Sind Sie damit einverstanden?
- Welche gravierende Änderung gegenüber der Novelle wurde am Schluss des Drehbuches vorgenommen? Lesen Sie „Die Meinung des Regisseurs" (S. 87) nach. Können Sie sich seinen Argumenten anschließen?
- Beobachten Sie die Rolle des Ich-Erzählers in der Novelle und im Film. Wann schaltet er sich ein? Wie ist seine Haltung?
- Vergleichen Sie die gesprochenen Texte beider Fassungen (Novelle und Drehbuch). Stellen Sie Änderungen und Ergänzungen heraus und begründen Sie sie.

442086

Die Meinung des Regisseurs und Hauptdarstellers kennen lernen

Norbert Beilharz im Gespräch mit Klaus Maria Brandauer, dem Regisseur und Hauptdarsteller des Films

Text 53

Norbert Beilharz: Herr Brandauer […] Sie sagen ja, Literatur, aus der man einen Film macht, die kann man nur respektlos behandeln. Einen sehr starken Einschnitt haben Sie vorgenommen am Schluss des Films. Es ist ja so, dass Thomas Mann den Cipolla ein Experiment anstellen lässt mit dem Kellner Mario, demzufolge Mario im Zauberer seine Geliebte sieht und den Verführer, diesen hässlichen, gedemütigten Menschen, küsst. Und ich glaube, Thomas Mann redet in dem Zusammenhang von diesen missbrauchten Lippen. Sie haben das anders gelöst, indem nicht Mario, aus Scham und Bestürzung, Cipolla erschießt, sondern Mario durch ein Versehen selbst erschossen wird.

Klaus Maria Brandauer: […] Wenn bei uns am Schluss der Geschichte Cipolla überlebt, dann ist es einzig und allein aus dem Grund, weil er wirklich weiterlebt. Wenn die Literaturwissenschaft meint und Thomas Mann selber sagt: „Das ist das Synonym für Faschismus“, dann kann er nicht gestorben sein, dann haben wir ihn! Aus diesem Grund wird der Cipolla bei uns nicht erschossen, sondern überlebt.

Wir haben aber eine Figur, den Mario […] und jeder, der die Novelle kennt, weiß, dass dieser Mario nur marginal in der Geschichte vorkommt. Nicht so bei uns. Wir haben das Unschuldige in diesem Menschen, das Thomas Mann beschreibt, sehr genau aufgezeigt, und da alle anderen sich mehr oder weniger schuldig machen am Zustand der Situation in diesem Sommer, […] haben wir den am wenigsten Belasteten, den eigentlich Unschuldigen, zu Tode kommen lassen. […]

Unsere Geschichte hat keinen Abschluss. Und wenn wir nur die politischen Strömungen anschauen, verblendet oder nicht, Jugend, die verführt ist, von wem auch immer: Momentan haben wir gar keinen Cipolla mehr, wir haben offensichtlich ein Nest von Cipollas, wenn wir beim Bild bleiben wollen, und dann wäre sein Tod nicht der richtige Weg.

Das ist ein wesentlicher Eingriff, keine Frage. Es gibt noch einige Eingriffe, wie zum Beispiel die Darstellung des Kellnerrennens, eines Balls, eines Feuerwerks, die Gestaltung einer Figur namens Graziano, die der Hoteldirektor in unserer Geschichte ist, der auch zu Tode kommt.

Das sind Eingriffe. Nur hätten wir sie nicht gemacht, wenn wir sie nicht aus der Geschichte, in der Verlängerung unseres Verständnisses aus Thomas Manns Novelle „Mario und der Zauberer“, herausgelesen hätten.

Aufgabe 1 ●●●

Besorgen Sie sich den Film in einer Leihstelle und sehen Sie sich ihn gemeinsam an.

- Welche Regiekonzeption (s. S. 223) verfolgt Klaus Maria Brandauer?
- Worin unterscheidet sich die Intention Thomas Manns von der Brandauers?
- Welche Eingriffe in die Novelle finden Sie gut, welche lehnen Sie ab? Begründen Sie dies.

➜ Infokasten „Literaturverfilmungen untersuchen“ S. 223

Lifestyle – mitmachen, weil andere es tun?

In Zeitschriften etc. findet man immer wieder so genannte „In“- und „Out“-Listen, die uns sagen wollen, mit welchem Verhalten, mit welchem Aussehen oder mit welchen Sprüchen man gerade im Trend der Zeit liegt. Wer nicht altmodisch sondern „trendy“ sein möchte, informiert sich über die jeweils neuen modischen Erscheinungen und macht mit. Von jedem Einzelnen, der dazugehören möchte, wird ein hohes Maß an Anpassung erwartet.

Aufgaben

Informieren Sie sich z. B. in Zeitschriften über die aktuellen „In“-Listen. Was ist zur Zeit angesagt, was nicht?

Verständigen Sie sich in Kleingruppen darüber, welche Trends Sie gut finden und von welchen Sie eher Abstand nehmen. Begründen Sie Ihre Meinung.

„Ein Freund, ein guter Freund ...“

Manche Menschen haben keine Freunde. Viele sind jedoch froh, dass sie unter ihren vielen Bekannten einen besten Freund oder eine beste Freundin haben. Sie genießen das enge Freundschaftsverhältnis zu einem Menschen. Was macht dieses Freundschaftsverhältnis so besonders?

Umfrage

1. Haben Sie einen besten Freund/eine beste Freundin? ☐ ja ☐ nein
2. Ist es für Sie wichtig, einen besten Freund/eine beste Freundin zu haben?

   ☐ ja, denn ________________

   ☐ nein, denn ________________
3. Welche Eigenschaften muss der beste Freund/die beste Freundin haben?

   ____
4. Wodurch wird jemand zum besten Freund/zur besten Freundin?

   ____
5. Worin unterscheiden sich die Beziehung zum besten Freund/zur besten Freundin zu anderen Bekanntschaften?

   ____
6. Gibt es Situationen, in denen diese Freundschaft erschüttert oder gar beendet werden könnte?

   ____

Aufgaben

Beantworten Sie diese Umfrage für sich persönlich.	1	●●●
Machen Sie selbst eine Umfrage im Bekanntenkreis, auf dem Schulhof oder an geeigneten Orten. ➜ **Infokasten „Umfragen durchführen und auswerten“ S. 219**	2	●●●
Werten Sie die Antworten aus: Was wird immer wieder genannt? Was fällt besonders auf?	3	●●●
Formulieren Sie ein Personenprofil der besten Freundin/des besten Freundes.	4	●●●
Sammeln Sie Redewendungen, die die beste Freundin/den besten Freund charakterisieren und erklären Sie, was die Redewendung genau sagen soll. Beispiel: „Mit ihr/ihm kann man Pferde stehlen!“	5	●●●

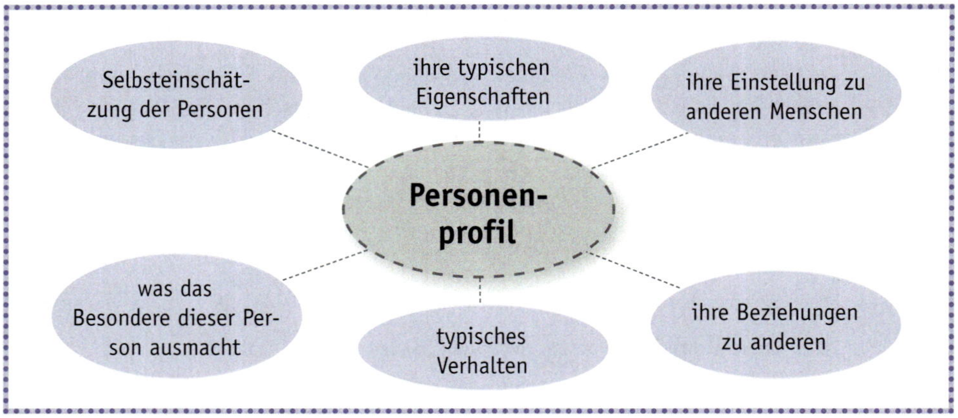

Alle Aspekte in dieser Grafik beziehen sich auf die inneren Werte, Einstellungen und Eigenschaften einer Person. Die Fragen zu Äußerlichkeiten, wie z. B. Aussehen oder Kleidung, gehören zur Technik der **Personenbeschreibung**. Die äußere Beschreibung einer Person verbunden mit einer Darstellung ihrer Charaktereigenschaften ergibt eine **Charakterisierung** einer Person.

Selbstbild – Fremdbild

Wie ein Mensch sich selbst wahrnimmt, muss nicht unbedingt in allen Einzelheiten damit übereinstimmen, wie andere ihn sehen und charakterisieren. Manche Menschen denken, sie würden auf andere unsympathisch oder abstoßend wirken. Würden sie diese Annahme in der Gruppe überprüfen, käme vielleicht ein ganz anderes Ergebnis heraus, z. B. dass man diesen Menschen als besonders schüchtern und zurückhaltend empfindet.

Das Selbstbild, also das Bild, das sich jemand von sich selbst macht, kann ein anderes sein als das Fremdbild, also das Bild, das andere von einem Menschen haben.

Über Kommunikation kann man das Selbst- und das Fremdbild in größere Übereinstimmung bringen und damit viele Unsicherheiten oder sogar Konflikte im zwischenmenschlichen Bereich vermeiden oder überwinden.

Aufgaben

1 Suchen Sie sich eine Partnerin/einen Partner, möglichst jemanden, mit dem Sie nicht oft in einer Gruppe zusammenarbeiten.
Schreiben Sie von sich vier gute Eigenschaften auf. Danach schreiben Sie vier gute Eigenschaften, die Sie an Ihrer Gesprächspartnerin/Ihrem Gesprächspartner kennen, auf.

2 Tauschen Sie sich über Ihr jeweiliges Selbst- und Fremdbild aus.

Sie können mit Hilfe des folgenden umfangreichen Tests Ihr Selbst- und Fremdbild überprüfen. Fragebögen, die die persönlichen Eigenschaften eines Menschen, mit dem man täglich zusammenarbeitet, zum Thema haben, sind ein sensibles Feld. Der angebotene Fragebogen sollte nicht dazu verwendet werden, Mitschülerinnen und Mitschüler zu verletzen oder vor den Kopf zu stoßen. Es geht eher darum, Missverständnisse und Kommunikationsstörungen im täglichen Umgang miteinander abzubauen.

Wichtig ist auch, dass derartige Tests und Fragebögen keine absoluten, unumstößlichen Wahrheiten herausfinden, sondern momentane Einschätzungen einzelner Personen über sich selbst oder über andere abfragen.

442090

Selbstbild/Fremdbild

Mein Symbol:

Fragebogen

Kategorie	Selbstbild					Fremdbild				
	++	+	0	–	––	++	+	0	–	––
freundlich										
zuverlässig										
kontaktfreudig										
selbstbewusst										
tolerant										
ausgeglichen										
kann zuhören										
kann sich gut zurücknehmen										
akzeptiert andere Meinungen										
fleißig										
belastbar										
organisierend										
gruppenfähig										
zielstrebig										
ehrgeizig										

Zurückerhalten am: ____________

Mein Fazit/meine Wertung: ____________

Aufgaben

Welche Übereinstimmungen zeigen sich? Wo unterscheiden sich Selbstbild und Fremdbild? **1**

Wie sind die Unterschiede zu erklären? **2**

Haben die Unterschiede in Fremd- und Selbstbild Auswirkungen auf das Verhalten? **3**

In der Schönheitsfalle

Schönheit boomt. Die Werbung zeigt Tag für Tag, was schön ist. Auf Plakaten oder in Werbespots sieht der Betrachter eine Welt ohne Makel. Um die inneren Werte eines Menschen, um die „Schönheit" von Beziehungen ging es auf den vorherigen Seiten. Die äußere Schönheit eines Menschen ist das Thema auf den folgenden Seiten. Aber was ist Schönheit und welchen Stellenwert geben wir ihr?

Aufgaben

1 Sammeln Sie in Zeitschriften weitere Werbeanzeigen, in denen es um Schönheit geht (z. B. zu Kosmetikprodukten, Diäten, Mode). Entwerfen Sie aus dem gesammelten Material eine Collage zur Frage: Was ist Schönheit in der Werbung?

2 Untersuchen Sie die Machart von Printwerbung genauer: Suchen Sie sich ein beworbenes Produkt aus und beschreiben Sie es möglichst genau:
➡ Infokasten „Werbetextanalyse" S. 215

a) Aus welchen Elementen besteht die Werbeanzeige?
b) Beschreiben Sie den Aufbau.
c) Welches Produkt wird beworben?
d) Welche Gestaltungsmittel werden eingesetzt?
e) Analysieren Sie genau, was Sie an der Werbung besonders anspricht.
f) Überprüfen Sie, was Ihnen mit dem Erwerb oder Gebrauch eines bestimmten Produktes versprochen wird.
g) Überprüfen Sie kritisch: Was davon kann das Produkt tatsächlich einlösen?
h) Warum werden bei vielen Produkten zusätzliche Wirkungen versprochen?

3 Nehmen Sie Fernsehwerbung auf, in der es um Schönheit geht. Welche Gemeinsamkeiten können Sie erkennen?

4 Stellen Sie anhand Ihrer bisherigen Untersuchungen (Aufgaben 1–3) in einer Liste zusammen, was in der Werbung als schön gilt.

5 Nehmen Sie dazu Stellung: Entspricht diese Vorstellung Ihrer eigenen Vorstellung von Schönheit? Welche Voraussetzungen benötigen Sie, um diesem Ideal entsprechen zu können?
➡ Infokasten „Eine Stellungnahme verfassen" S. 187

442092

Jil Sander – Neuanfang mit 60 Jahren

Text 54

„Die Chefin ist wieder da", überschrieb ein Magazin Jil Sanders spektakuläre Rückkehr. Als die Designerin Anfang Oktober in Mailand ihre erste Damenkollektion nach drei Jahren modischer Abstinenz präsentierte, schien sie das Zepter der Modewelt in der Hand zu halten. Selten wurde eine Modemacherin so bejubelt, war ein Triumph so komplett. Am Donnerstag wird die „Chefin" 60 Jahre alt, doch ihre Mode wirkt frischer denn je. […]

Disziplin, Understatement und eine präzise Vision der Bedürfnisse moderner Menschen prägen das Leben der Designerin. Ihr Werk kann ohne Übertreibung mit den Leistungen einiger Bauhauskünstler in der Architektur verglichen werden. Neben Giorgio Armani hat maßgeblich Jil Sander der Mode zu einer klaren Formensprache verholfen. Handwerkliche Perfektion und zeitlose Ästhetik verbinden sich bei ihr zu einem Ganzen. „Queen of the Less" heißt sie in der Modeszene. Ihre Philosophie, dass weniger mehr sei, wirkte zu Beginn ihrer Karriere revolutionär. […]

Heute ist die Jil Sander AG ein Imperium mit Damen- und Herrenmode, Taschen, Schuhen, Brillen und Kosmetik. Trotz einiger Rückschläge setzt Jil Sander mit beispielloser Energie und großem Erfolg ihre Idee einer tragbaren und doch sinnlichen Mode um. Der Gipfelpunkt ihrer Laufbahn schien mit der 1997 herausgebrachten und hymnisch aufgenommenen Herrenlinie erreicht. Ihr Denken war damals offenbar derart in der internationalen Modewelt verankert, dass der Verein Deutsche Sprache ihr den Titel „Sprachschuster des Jahres" für ihr haarsträubendes „Denglisch" verlieh. Sander hatte in einem Interview mitgeteilt: „Allerdings geht unser voice auch auf bestimmte Zielgruppen. Wer Ladyisches will, searcht nicht bei Jil Sander. Man muss Sinn haben für das effortless, das magic meines Stils."

Aufgaben

1 Formulieren Sie das Thema des Zeitungsartikels.

2 Beschreiben Sie die Bedeutung folgender Begriffe aus dem Text: Designerin, Damenkollektion, Abstinenz, Triumph, Disziplin, Understatement, Vision, Perfektion, Ästhetik.

3 Schlagen Sie in einem Fremdwörterlexikon die Begriffe nach. Waren Ihre Beschreibungen treffend?

4 Erklären Sie den Begriff „Denglisch".

5 Versuchen Sie, die Aussage des Satzes „Wer Ladyisches will …" (Z. 24f.) von Jil Sander zu beschreiben.

6 Sammeln Sie Gründe dafür, was den Verein für Deutsche Sprache an Jil Sanders Verwendung der Sprache (Z. 24ff.) stört.

Verein Deutsche Sprache

Text 55

Willkommen beim „Verein Deutsche Sprache". Wir haben uns am 14. November 1997 zu damals sieben Gleichgesinnten zusammengeschlossen und zählen heute über 25000 Mitglieder in über 100 Ländern.

Uns vereint die Begeisterung für die deutsche Sprache und der Überdruss an der Vermanschung des Deutschen mit dem Englischen zu Denglisch; uns geht das pseudokosmopolitische Imponiergehabe vieler Zeitgenossen, wie es sich insbesondere im hemmungslosen Gebrauch von überflüssigen Anglizismen äußert, gewaltig auf die Nerven.

Wenn Sie mitmachen wollen: Für nur 20 Euro im Jahr sind Sie dabei. Und bis zum 27. Lebensjahr ist die Mitgliedschaft sogar völlig kostenlos! Hier gehts zum Beitrittsformular.

Aufgaben

1 In welchen anderen Bereichen des alltäglichen Lebens spielt der Gebrauch von Anglizismen eine große Rolle und warum? Finden Sie Beispiele. ➡ **Infokasten „Anglizismen“ S. 225**

2 Text 55 ist der Begrüßungstext auf der Homepage des „Vereins Deutscher Sprache“. Was will der Verein bewirken? Diskutieren Sie über Sinn oder Unsinn eines solchen Vereins.

Text 56 **Denglisch in der Werbung**

Oliver Nell

Liebe Mitstudenten, liebe Werber.

Ich möchte in den nächsten Minuten ein Thema zur Sprache bringen, das wir auch in diesem Kreise, zumindest ansatzweise, diskutiert haben.

Ich möchte über ein Problem sprechen. Ein Problem von gesellschaftlichem Ausmaß. Es ist nicht plötzlich aufgetreten, nein, es handelt sich vielmehr um einen fortschreitenden Prozess. Einen Prozess, den wir wohl kaum noch aufhalten können, wenn wir nicht jetzt damit beginnen. Es geht um einen zentralen Stützpfeiler unserer kulturellen Identität: unsere Muttersprache. Das Problem ist die Verwässerung der deutschen Sprache mit englischen Worten, Begriffen und Floskeln. „Hi!“ – „Das ist aber cool“ – „Ach, sorry“ – „So what, shit happens“.

Die negativen Auswirkungen dieser Entwicklung sind bereits zu spüren: Schon jetzt existieren Sprachbarrieren, nicht nur die zwischen den Kulturen, sondern die zwischen den Generationen! Die Alten verstehen die Jungen nicht mehr, und die ganz Jungen – das belegen PISA und andere Studien – beherrschen zunehmend kein korrektes Deutsch mehr.

Wir müssen also umdenken!

Ihr fragt euch vielleicht: „Was kann *ich* schon bewirken, was kann *ich* schon tun, damit dieser Prozess aufgehalten, ja vielleicht sogar umgekehrt wird?“ Und „Wo liegen die Ursachen, die es zu bekämpfen gilt?“

Einige Beispiele: Ein Getränkeladen in Deutschland. Berlin-Mitte. Draußen ein Schild mit der Aufschrift *„Night Sale“*. Drinnen steht ein Produkt-Aufsteller, geprägt von meinem Studium in GWK weiß ich: Das nennt man *„Display“*. Am Kopf des Aufstellers ein Aufstecker, *„Crowner“* genannt. Darauf in großen Buchstaben: *„Get the Snack“*. Auf dem Produktaufsteller, so meine ich, sollte besser stehen: „Leckere Knabbereien“. Schließlich wurden die inliegenden Produkte in Deutschland hergestellt und sind auch für deutsche Münder bestimmt, sie sind lecker und man kann sie knabbern. Im gleichen Laden stelle ich schmerzhaft fest, dass meine so lieb gewonnenen Salzstangen auf einmal *„Saltletts Sticks“* heißen!

Ich frage euch: Warum geht die Kreativität der Namensfinder, der Werbetexter, der Werbeschaffenden immer nur in die „denglische“ Richtung? Die Werbeschaffenden sind diejenigen, die den Prozess der Verwässerung mit zu verantworten haben. Ja, sie forcieren ihn sogar. Mit deutschen Worten kann man alles viel treffender und genauer formulieren. Große Denker haben dies doch bewiesen, von Goethe bis Loriot.

Macht euch bewusst: **Wir** können etwas dagegen tun. **Wir** müssen umdenken!

Wir sind diejenigen, die in einiger Zeit in den Agenturen, Werbeabteilungen oder in der Medienbranche arbeiten werden. Unsere Wortwahl, unsere Botschaften erreichen künftig die breite Masse. Unsere Wortwahl wird sich in den Köpfen manifestieren. Unsere Wortwahl werden sich die Menschen zu eigen machen!

442094

Wir tragen also eine große Mitverantwortung für das, was künftig auf hunderten von Plakatwänden stehen wird oder was durch Werbefilme in das Ohr und in das Gedächtnis der Empfänger gerät.

Darum müssen **wir** umdenken!

Schon jetzt!

Wir bewegen uns in einem Umfeld, in dem täglich und ganz selbstverständlich mit Begriffen wie *„Teams"* oder *„Handouts"* umgegangen wird. Hier in der Uni muss das Umdenken beginnen! Sagt doch besser: „Arbeitsgruppen" und „Mitschriften". An den für manchen vielleicht noch befremdlichen Wortklang werden wir uns gewöhnen. Nur Mut!

Oder denkt an die Unternehmensberatung und die Kommunikation mit unseren Kunden: Da ist die Rede von *„Consumer Benefit"*, *„Direct Mail"* oder *„Point of Sale"*. Unser Kunde, vielleicht ein Autohändler oder Bäcker oder Handwerker, muss im stillen Kämmerlein erst einmal im Wörterbuch nachschlagen. Es ist besser, dem Kunden klar und verständlich die erdachten werblichen Maßnahmen darzustellen, ohne solche nur verwirrende englische Begriffe zu verwenden. Gerade das, so meine ich, ist Kundendienst!

Sagt also besser: „zusätzlicher Nutzen für den Konsumenten", sagt: „Postwurfsendung", sagt: „Verkaufsort". Da manche vielleicht „denglisch" mit fachlich höherer Kompetenz gleichsetzen und um einem eventuellen Zweifel an eurer Professionalität vorzubeugen, könnt ihr gar den englischen Begriff in Klammern dahintersetzen, es ist aber fast beschämend, dass wir schon englische Begriffe brauchen um ganz normales Deutsch – unsere Muttersprache – zu erklären.

Ihr werdet euch erinnern: Noch vor wenigen Tagen ging hier eine Unterschriftenliste des Vereins Deutsche Sprache herum mit dem Ziel, Deutsch als europäische Amtssprache anzuerkennen. Die meisten von euch haben sich auch brav eingetragen. Herzlichen Dank dafür, doch nun müsst Ihr der Tat auch Worte folgen lassen! – Deutsche Worte!

Es beginnt in **unseren** Köpfen, liebe Werber:

Achtet auf Eure Wortwahl!

Verwendet deutsche Begriffe!

Seid kreativ!

Seid mutig!

Es liegt an uns.

Wir können den Prozess aufhalten.

Täglich.

Vielen Dank für's Zuhören.

Aufgaben

1 Formulieren Sie thesenartig die Hauptaussagen der Rede.

2 Entwerfen Sie eine eigene Parallel-Rede als Schulsprecher/-in, der vor den Schülerinnen und Schülern seiner Schule spricht und zu einem anderen Sprachgebrauch auffordert.

3 Üben Sie in Kleingruppen die Rede ein. Geben Sie sich gegenseitig Tipps. Achten Sie dabei auf korrekte Aussprache und Intonation ebenso wie auf Körperhaltung und Gestik. Tragen Sie die Rede möglichst frei und wirkungsvoll vor. ➡ **Infokasten „Vorträge halten" S. 171**

Text 57 Aus der Traum für Düsseldorferin

Düsseldorf (RP). Ein Glamour-Leben in Weltmetropolen – so stellen sich viele den Beruf des Models vor. Die Realität sieht anders aus. Doch die letzten zwölf Kandidatinnen der Pro7-Show „Germany's Next Topmodel" werden das wohl nie erleben. Auch die 17-jährige Düsseldorferin ist bereits in der ersten Runde rausgeflogen.

Geweint hat sie. Das gibt Sarah Klingen zu – wenn auch ungern. „Aber wenigstens bin ich nicht so peinlich in Ohnmacht gefallen wie Luise." Die 17-jährige Düsseldorferin ist bei der Pro7-Show „Germany's Next Topmodel" bereits in Runde 1 rausgeflogen, hat es nicht wie Kandidatin Luise unter die letzten Zwölf geschafft.

Sarah ist nicht die Einzige, bei der gestern Abend im TV dicke, schwarze Mascara-Tränen Rillen in die Make-Up-Schichten zogen. Tränen um einen geplatzten Traum vom Leben als Model – als Party-Queen in Designerklamotten. „Solche Vorstellungen sind völliger Quatsch." Norbert Hansen ist Geschäftsführer der Modelagentur „No Toys" in Düsseldorf. Er räumt rigoros auf mit dem Image vom Model als umschwärmte Diva, die nur mit dem Finger schnippen muss und alle springen. „Modeln ist ein Beruf wie jeder andere auch, teils härter, stressiger und vor allem: absolut unglamourös."

Von der Pro7-Sendung hält Hansen deshalb gar nichts: „Das ist eine Unterhaltungsshow, die mit dem Image des Berufs und dem Begriff des Topmodels spielt", sagt er. Mit der Realität habe das rein gar nichts zu tun. Ein gutes Model lasse sich nicht aus dem Hut zaubern. So seien einige der Mädchen viel zu kurz gewachsen, um auf dem Markt überhaupt eine Chance zu haben. „Wer kleiner als 1,75 Meter ist, passt nicht mehr in die Kollektionen", erklärt Hansen.

Erstaunlich offen bestätigt das auch Armin Morbach, Jurymitglied bei „Germany's Next Topmodel", der die Auswahl mitbestimmt hat. Um ein professionelles Model zu werden, seien „die klassischen Kriterien wie Größe, mindestens 1,74 Meter, und Figur entscheidend". Drei der Kandidatinnen, die es in die zweite Runde brachten, sind kleiner. Auch Luise, die bei der Entscheidung zusammenbrach, ist nur 1,71 Meter groß.

Ähnliches gilt für das Alter: „Eine 20-jährige Anfängerin wird nicht gebucht", stellt Hansen klar. Auch Morbach meint: „Es ist prinzipiell schwierig, in einem Alter von über 18 Jahren mit dem Modeln zu beginnen. Über 20 fehlt einfach bereits die unverbrauchte Natürlichkeit." Damit haben fünf Kandidatinnen auf den Laufstegen dieser Welt keine Chance. Übrig bleiben: Andrea, Jennifer, Anne, Lena G., Charlotte und Yvonne. Nur diese sechs Mädchen würden in Deutschland überhaupt gebucht.

Auch Sarah Klingen sieht den Pro7-Wettbewerb kritisch: „Sonnenbankbräune, aufgeklebte Fingernägel, toupierte Haare – und manche waren einfach zu dick." Die 17-Jährige hat bereit als Laufsteg-Model bei der Düsseldorfer Modemesse CPD gearbeitet. Ein Mädchen wie Luise sei absolut ungeeignet für den Job. „Der fehlen die Nerven." Als Model müsse man forsch ins Blitzlichtgewitter treten, mit eiskaltem Blick, die Schritte im Kopf mitzählen, bei der Drehung cool bleiben. „Und das bei blendendem Scheinwerferlicht."

Selbstbewusstsein und Grips seien nötig, um das zu packen. So sieht es auch Hansen. Deshalb lasse sich ein Topmodel niemals in einer TV-Show entdecken: „Ob ein Mädchen den Stress aushält, wird erst nach einigen Aufträgen klar." Denn für ein Model steht statt Partys höchstens „Wetten, dass …?" auf dem Abendprogramm, wenn man am nächsten Morgen um Punkt neun Uhr für einen Tagesjob in Mailand antreten muss. „Sich allein in einer fremden Großstadt zurechtzufinden, ist verdammt schwer", sagt Hansen. „Vor allem, wenn man auf die Minute pünktlich sein muss." Ist das Model nur zehn Minuten zu spät dran, kommen immense Regressforderungen auf sie zu. Team und Fotografen sind meist nur stundenweise gebucht, jede Verzögerung kostet Geld.

Von den Metropolen sehen die Models bei einem Tagesjob höchstens ein paar Häuserreihen und die Flughafenbar. „Wenn sie länger in der Stadt bleiben, sind sie meist sehr einsam", erzählt Hansen. „Manche rufen weinend hier an, weil sie abends immer allein in ihrem New Yorker Appartement sitzen." So sei die Branche halt. Es klingt gar nicht nach einem Traumjob.

442096

Aufgaben

1 Machen Sie erste Übungen im Umgang mit Sachtexten.
Welche der unten angebotenen Beispiele treffen präzise das Thema des Artikels?
- Es geht um die Pro7-Show.
- Es geht um Tränen der im Wettbewerb ausgeschiedenen Sarah.
- Der Artikel handelt von geplatzten Träumen.
- Der Text handelt von Schönheit.
- In dem Text wird über den Traumjob des Fotomodells geschrieben.
- Es geht um das harte Leben von Topmodels.

2 Formulieren Sie selbst eine präzise Themenangabe.

3 Gliedern Sie den Text nach Sinnabschnitten.

4 Geben Sie den einzelnen Abschnitten Überschriften (Stichworte oder Teilsätze).

5 Nennen Sie die Absicht des Verfassers.

Über den Inhalt des Textes hinaus können Sie in Kleingruppen über das Thema „Schönheit" und „Modeln" diskutieren.

Aufgaben

1 Ist Fotomodell ein erstrebenswerter Beruf? Was daran schreckt Sie eher ab, was ist eher attraktiv?

2 Ist es sinnvoll oder gar notwendig, sich persönlich den Regeln der Modewelt zu unterwerfen?

China hat schöne Frauen en masse zu bieten – kein Wunder bei 1,3 Milliarden Menschen. Als besonders schön gilt in westlichen Augen das Model Lu Yan (rechts), doch für chinesische Ästheten entspricht viel eher die Schauspielerin Zhao Wei (links) dem eigenen Schönheitsideal. Beide Geschmäcker aber können sich auch verständigen: im Falle von Du Juan. Sie gilt als der kommende Superstar der weltweiten Werbe- und Filmwelt.

Aufgabe

1 Beschreiben Sie mit eigenen Formulierungen eine dieser chinesischen Schönheiten.
➽ Infokasten „Personen beschreiben" S. 174

Text 58 Was schön ist, ist relativ

Was als schön gilt, hat sich in den Jahrhunderten immer wieder verändert. Antike Schönheitsvorstellungen unterscheiden sich deutlich von den Vorstellungen des 17. Jahrhunderts oder den Vorstellungen, die wir heute von einem schönen Menschen haben.

Auch zwischen verschiedenen Kulturbereichen galten und gelten verschiedene Begriffe von Schönheit. Asien und Europa haben zwei radikal verschiedene Vorstellungen von Schönheit. Aber auch in Asien sind sie geprägt vom Wandel.

Im 5.–8. Jahrhundert wurden besonders üppige Frauen in China schön genannt, während in späteren Zeiten chinesische Frauen, die schwach, zerbrechlich und fast krank wirkten, dem herrschenden Schönheitsideal entsprachen.

Während der letzten Jahrzehnte versuchten asiatische Frauen, sich westlichen Definitionen von Schönheit anzunähern. In der Nachahmung des Westens haben chinesische Frauen bedenkenlos ihre Nasen erhöhen lassen, Brüste vergrößern und sogar Beine verlängern lassen. Inzwischen geht der Trend in die andere Richtung. Die vom Westen geprägten Standards von Schönheit werden nun von dem Konzept des „China Beauty" abgelöst. Zurzeit sind chinesische Schauspielerinnen und Models dabei, die westliche Vorstellungskraft zu besetzen.

China Beauty, so wird von der chinesischen Autorin Zhang Xiaomei, die Mitherausgeberin einer wichtigen Modezeitschrift ist, festgehalten, bedeutet, dass man „erkennt, dass das Wassermelonenkern-Gesicht (auch Enteneier-Gesicht genannt) die schönste Gesichtsform ist – oben breit also und unten spitz zulaufend. Hässlich dagegen sei die Birnenform (oben spitz, unten breit)." Weiter … werden „Kirschlippen und Pfirsichblumenaugen (lang, Außenwinkel leicht nach oben geschwungen, wässrig), Wespen- oder Trauerweidentaillen, mit denen man wie eine fliegende Schwalbe auf einer Handfläche tanzen kann, und eine weiße Haut (sie verkörpert Zurückhaltung und Eleganz), die bisweilen errötet (Erhabenheit und Erregung)."

Jeder Körperteil bekommt ein Kapitel gewidmet, sogar das Gesäß, das in der Tradition als Schamzone galt und daher selten erwähnt wurde.

Aufgaben

1 Nennen Sie das Thema des Textes.

2 Untersuchen Sie, mit welchen sprachlichen Mitteln die chinesische Schönheit im Einzelnen beschrieben wird. Wie wirken diese auf Sie?

Text 59 In der Schönheitsfalle

Nur 3 von 10 Frauen finden sich schön

Nur 32 % der deutschen Frauen finden sich schön, 68 % dagegen sind mit ihrem Aussehen unzufrieden und fühlen sich vom gängigen Schönheitsideal gestresst. Das am schärfsten kritisierte Körperteil ist der eigene Bauch: 63 % der Frauen mögen ihn gar nicht leiden.

Dies sind Ergebnisse einer repräsentativen Umfrage der Gesundheitszeitschrift „Healthy Living". Für die Forsa-Studie gaben Deutschlands Frauen (1 003 Befragte) Auskunft über ihr Selbstbild: 40 % mögen ihre Beine nicht und nur 25 % schätzen ihren Busen als „schön" ein.

Am besten kamen die Augen weg, immerhin 67 % der Frauen finden ihre eigenen „sehenswert“. Das Dilemma: Frauen, die ihren Körper zu selbstkritisch betrachten, riskieren damit nicht nur schlechte Laune. Denn sich in seiner Haut wohl zu fühlen, ist weit mehr als eitle Selbstgefälligkeit: Viele medizinische Tests beweisen, dass sich schön zu finden die beste Basis für körperliche und seelische Gesundheit ist.

Deshalb sollte keine Frau in der Selbstkritikfalle resignieren, so das Gesundheitsmagazin: Es gibt Kniffe, mit denen man bei sich und anderen die Wahrnehmung positiv beeinflussen kann. So raten Therapeuten zum Beispiel dazu, in einer stillen Stunde einen ausführlichen Brief an das am meisten problembehaftete Körperteil zu schreiben oder sich allein und ausgiebig im Spiegel anzuschauen.

Aufgaben

1 ●●
Bearbeiten Sie den Internetartikel mit Hilfe folgender Fragen:
- Was ist das genaue Thema des Textes?
- Worum geht es in den einzelnen Sinnabschnitten?
- Wie kommt der Autor zu seinen Aussagen?

2 ●●●
Greifen Sie den Tipp aus dem Artikel auf. Schreiben Sie einen Brief an eines Ihrer Körperteile, das von Ihnen als problematisch gesehen wird, und „versöhnen“ Sie sich mit ihm.

Wenn Sie diese ersten Fragen zum Text beantwortet haben, haben Sie bereits die ersten Schritte zu einer Analyse von Sachtexten unternommen.

Orientierung am Idealbild

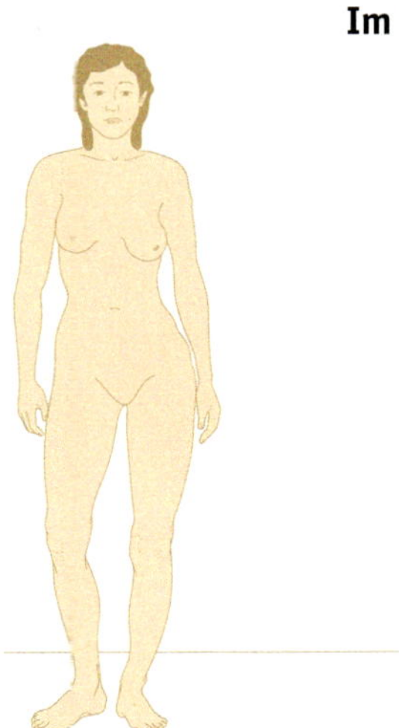

Im Dienste der Schönheit von A – Z

Bodylift
Brustoperation
Brustvergrößerung

Facelift
Faltenbehandlung
Fettabsaugung
Fußverkleinerung

Haarverpflanzung

Kiefer-/Gebisskorrekturen

Nasenkorrektur
Narbenkorrektur

Ohrenkorrektur …

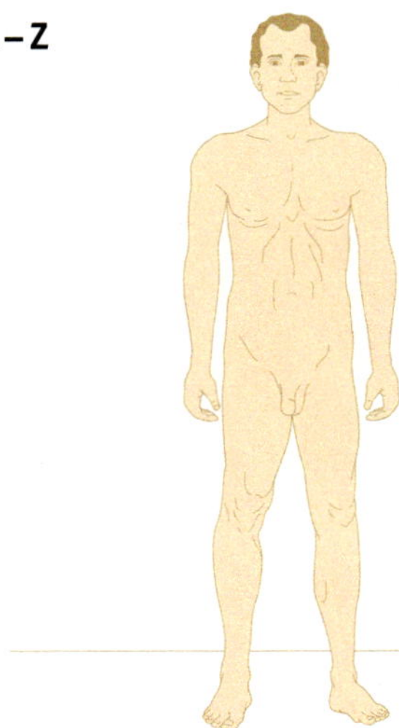

Aufgaben

1 ●
Erweitern Sie die Liste von A – Z: Was unternehmen Männer und Frauen, um sich den gängigen Schönheitsidealen anzunähern? Denken Sie dabei nicht nur an Operationen.

2 ●●
Diskutieren Sie in Kleingruppen: Ist es verständlich, dass sich Menschen zum Teil schmerzhaften Schönheitsprozeduren unterziehen? Begründen Sie Ihre Meinung. Sehen das die männlichen Kursteilnehmer anders als die weiblichen? ➜ Infokasten S. 181

Text 60 Das Supermodel Heidi Klum verteidigt ihre umstrittene Castingshow

Der Skandal begann mit der gerade 19 Jahre alten Irina aus Bonn. Die ist hübsch, süß und hat – das würden vermutlich mindestens 99 Prozent der männlichen und weiblichen Bevölkerung bestätigen – einen Traumkörper. Das fand allerdings die Jury der von Heidi Klum moderierten ProSieben-Show „Germany's Next Topmodel“ nicht: „Zu dick“, urteilten die Juroren angesichts des leicht gerundeten Hinterteils des Mädchens. Und das bei einer Person, die bei einer Größe von 1,76 Metern gerade 52 Kilo wiegt.

Die Proteste hagelten bald von allen Seiten auf die Macher der Sendung ein. Besonders zahlreiche Mediziner zeigten sich erbost und wiesen darauf hin, dass bei den Eckdaten von Irina bereits der Verdacht auf eine Magersucht bestehe. So jemanden könne man einfach nicht als „zu dick“ bezeichnen – Aussagen wie die der Jury seien sogar geeignet, verunsicherte Jugendliche regelrecht in die Magersucht zu treiben und zu einem völlig falschen Körpergefühl zu verleiten. Auch aus der Politik kamen empörte und verwunderte Stellungnahmen zu den Äußerungen. […]

Model Heidi Klum hat sich jetzt in der ARD-Show „Beckmann“ und im Nachrichtenmagazin „Spiegel“ zu Wort gemeldet und ihre Show verteidigt. Die Schöne aus Bergisch Gladbach betonte zudem, in der Modebranche werde eine „Scheinschönheit“ verkauft, die es in Wirklichkeit so gar nicht gebe: „Das ist wie ein Kunstwerk, wie Schauspiel.“ In diesem Job tendierten die Mädchen und jungen Frauen dazu, dünner als üblich zu sein. „So sieht kein Normaler auf der Straße aus.“ Die Regeln dazu gebe die Modewelt vor. Und an die müssen sich die Macher der Sendung offenbar halten, wenn die Gewinnerin eine Chance in der Branche haben soll.

Aufgaben

1 Bereiten Sie eine Sachtextanalyse vor:
- Nennen Sie das Thema und den Anlass für diesen Artikel.
- Geben Sie den Gedankengang des Textes mit eigenen Worten möglichst knapp wieder.
- Arbeiten Sie die im Text wiedergegebenen verschiedenen Positionen heraus. Welche Argumente haben die „Parteien“? Stellen Sie sie tabellarisch gegenüber.
- Beurteilen Sie die Argumentation: Ist sie verständlich, logisch, nachvollziehbar?

2 Nehmen Sie Stellung: Welche Position können Sie persönlich akzeptieren? Begründen Sie Ihre Meinung. ➡ Infokasten „Eine Stellungnahme verfassen“ S. 187

Text 61 Männer im Schlankheitswahn

Es gibt keinen unattraktiveren Anblick als einen Mann vor einem Salatteller. Männer, die wie Frauen essen und dazu noch matte Ausreden wie „Ich muss später noch zu einem Geschäftsessen“ benutzen, erfüllen unsereins mit stummem Ekel […]. Nützt alles nichts: Seit Atkins ist „Abnehmen“ Extremsport – inklusive des Rechts, mit den Erfolgen zu protzen – und hat mit Steaks zu tun, ist also nicht länger peinlicher Mädchenkram.

4420100

Seitdem sind alle Dämme gebrochen: Jungsblätter wie „Men's Health" titeln mit „Wampe weg – die 14 besten Abspeck-Tipps", auf den Laufstegen sieht man kalorienfreie Röhrenhosen und fettreduzierte Jacketts, tiefer gelegte Jeans, die sich an spitze Hüftknochen klammern, und messerscharfe Anzüge von Hedi Slimane und Thom Browne, in denen man wie ein sehr schicker Bestattungsunternehmer aus den frühen 60ern aussieht. Friedlich dahingeschieden sind dagegen die Bundfalte, der Doppelreiher, die Cargopants und alles, worin Kerle früher ihre Kilos verstauen konnten. […]

Wie begann das alles eigentlich? Mit den 42 Kilos minus von Karl Lagerfeld, der sich letztens auf H&M-Plakaten hinter seinem Model verstecken konnte? „Seitdem ich es mir erlauben kann, die kleinste Größe von Dior zu tragen", lässt er subtil in Interviews fallen, „hassen mich alle Männer. Wenn sie neben mir stehen, wollen sie mich am liebsten umbringen, weil sie sich schlaff und ungepflegt fühlen." Karl! Bei aller Liebe. Dann fügt das Biest noch an, dass er eigentlich ein „sehr netter, bodenständiger Mensch" sei, „aber ich sehe halt nicht so aus. Gott sei Dank." Mit einem hat er jedenfalls Recht: Wenn man in die Mode von Dior Homme, Raf Simons, Helmut Lang, Burberry Prorsum oder Miu Miu passen will, muss man einen BMI unter 20 haben, und das gilt vor allem für Models. „Solche Jungs fotografieren sich einfach besser", sagt Jan-Eric Luetjen von der Modelagentur Place. „Die haben so was Mittelalterliches, Biblisches, wenn die Wangenknochen herauskommen."

Schon schreien die ersten Ernährungswissenschaftler Alarm. Anorexie und Bulimie seien schon längst keine Frauenkrankheiten mehr, jeder sechste Neupatient sei männlich. Und längst ist es kein schamhaft verschwiegenes Geheimnis mehr, sondern die Krankheit du jour: Benjamin von Stuckrad-Barre etwa plauderte pünktlich zum Erscheinen seines neuen Buchs bei Beckmann über seine Anorexie und seine Bulimie (und seinen Alkoholismus und seine Kokssucht und seine Depressionen und so weiter). Und klar ist die böse Welt schuld an allem. „Meine Flucht in die Krankheit wurde befeuert durch ein Gefühl des dauernden und aus allen Richtungen kommenden Angefeindetwerdens. Ich wurde ja vom ersten Buch an verrissen, wie es nicht normal ist." Wir haben dich lieb, Benny, ehrlich, iss doch bitte ein Brötchen.

Auch Billy Bob Thornton bekannte sich unlängst zu seiner Anorexie. „Erst wollte ich nur abnehmen, dann wurde es zu einem kleinen mentalen Problem", das sich nahtlos in die lange Liste seiner anderen mentalen Probleme einreihte wie die panische Angst vor Antiquitäten und die Vorliebe für orangefarbene Lebensmittel. Der hohlwangige Ethan Hawke wiederum nannte seine Trennung von Uma Thurman mit ersterbender Stimme „die beste Diät, die ich je gemacht habe".

Überhaupt, Schauspieler. Während Frauen Schlagzeilen damit machen, dass sie für eine Rolle zulegen (Renée Zellweger für „Bridget Jones", Charlize Theron für „Monster"), schinden Männer Feuilletonzeilen als Hungerkünstler. Christian Bale hat für seine Rolle in „Der Maschinist" 30 Kilo abgenommen („Ohne diesen physischen Aspekt wäre mein Spiel nicht glaubwürdig gewesen"), Tom Hanks für „Verschollen" gut 20 Kilo („Nur indem ich von Milchkaffee auf Tee umgestiegen bin"), Tobey Maguire 14 Kilo für „Spider-Man", Ulrich Matthes acht Kilo für „Der neunte Tag". Und jedes Mal wird fast reflexhaft mit dem Oscar gewedelt.

Worin sich dünne Männer allerdings von dünnen Frauen unterscheiden: Ihr Gewicht treiben sie meist mit exzessivem Sport in den Keller. Typisch sind Anorexia athletica und Sportbulimie: Fressattacken, gefolgt von Workout-Sessions über mehrere Stunden. Das Phänomen macht sich besonders im Spitzensport breit, wo ein Kilo weniger oder mehr über Sieg oder Niederlage entscheiden kann: bei Langstreckenläufern, Skispringern, Ringern, Turnern und Jockeys. Erbrechen („flipping" in der Jockey-Sprache), Abführ- und Entwässerungsmittel und vierständige Saunagänge sind üblich bei Reitern; wie die Skispringer Sven Hannawald (1,84 Meter, 62 Kilo), Janne Ahonen (1,84 Meter, 67 Kilo) und Sigurd Pettersen (1,80 Meter, 56 Kilo) auf ihr Gewicht kommen, kann man nur vermuten. Ein Weltklassespringer hat einen Körperfettgehalt von vier bis fünf Prozent, abnehmen kann er nur noch durch Entwässern oder Abbau von Muskulatur.

Viele gehen für den Sport über Leichen – und sei es die eigene: 1997 starben drei amerikanische Ringer beim Versuch, sich in eine niedrigere Gewichtsklasse zu hungern: Sie hatten im Gummianzug bei großer Hitze trainiert. 2001 starb der deutsche Ruderer Bahne Rabe zwei Tage vor seinem 38. Geburtstag an Magersucht. Als er bei den Olympischen Spielen 1998 Gold im Achter holte, wog er noch fast 100 Kilo, bei seinem Tod 63 Kilo bei 2,03 Meter.

Fanatische Abnehmer, so sagen Psychologen, sind obsessive Perfektionisten, voll Angst vor Kontrollverlust. Kein Wunder also, dass man sie so oft im Hort der hochbezahlten Versagensängste findet: der Vorstandsetage. Kaum ein Topmanager, der nicht in Interviews die Wonnen der Askese, des Fastens und des Marathons predigt. Dass die Testosteronlevels bei solchen Exerzitien verlässlich gegen null sinken, scheint niemanden zu kümmern.

Immerhin hat einer von ganz oben gerade bewiesen, dass es Heilung gibt vom männlichen Schlankheitswahn: Kaum zu fassen, dass einem Joschka Fischer noch mal sympathisch werden könnte.

Aufgaben

1 Analysieren Sie den Text mit den üblichen Fragestellungen, die Sie schon an anderen Texten geübt haben. **➠ Infokasten „Sachtexte analysieren“ S. 213**

2 Beschreiben Sie die Einstellung des Verfassers zum Thema. An welchen Textstellen wird diese Einstellung besonders deutlich? Sammeln Sie Textstellen als Belege.

Über die Textanalyse hinaus ist eine persönliche Auseinandersetzung mit dem Thema des Textes wichtig. Dies kann über die Auseinandersetzung mit der Meinung des Verfassers eines Textes geschehen.

Dabei gibt es drei Grundformen:
- Übereinstimmung mit der Auffassung des Autors
- die teilweise Übereinstimmung mit der Meinung des Autors
- die Ablehnung der Position des Autors

Voraussetzung für eine qualifizierte Auseinandersetzung mit anderen Positionen ist auch, dass man über das Thema gut Bescheid weiß und alle möglichen Positionen und deren Argumente kennt.

Die geeignete Form für eine qualifizierte Auseinandersetzung mit der Position in einem Sachtext ist eine schriftliche Stellungnahme.

Aufgabe

1 Nehmen Sie Stellung: Welche Gefahren sehen Sie, wenn man sich zu sehr nach den Anforderungen der Modewelt und deren Schönheitsdefinitionen richtet? Lesen Sie dazu auch die Notiz über die Bestsellerautorin Joanne K. Rowling.
➠ Infokasten „Eine Stellungnahme verfassen“ S. 187

Joanne K. Rowling ist gegen Magermodels

Text 62

Mit einer wahren Schimpfkanonade hat Joanne K. Rowling, Schöpferin der „Harry-Potter-Romane“, ihrem Unmut über magere Models Luft gemacht. Die spindeldürren Mädels wirkten verwahrlost wie „hirnlose, von sich selbst besessene, ausgemergelte Klone“, wettert Rowling auf ihrer Website. Die einzige Aufgabe der dünnen Damen bestehe offenbar darin, „den Handel mit überteuerten Handtaschen und Hunden in Rattengröße zu fördern“. Sie habe Angst, ihre Töchter Mackenzie Jean (15 Monate) und Jessica (12 Jahre) könnten eines Tages vom Magertrend beeinflusst werden und Schaden nehmen. Sie sei kürzlich durch Bilder eines Models mit „hervorstehenden Rippen und stockdünnen Armen“ auf diese Gefahr aufmerksam geworden. „Dieses Mädchen braucht Hilfe, doch in der Welt, in der wir uns befinden, bildet man sie stattdessen auf der Titelseite eines Magazins ab.“ Rowling, die sich zudem darüber beklagte, dass Frauen viel zu oft über ihr Gewicht und ihre Figur sprächen, lobte die Sängerin Pink, die mit ihrem Titel „Stupid Girls“ über die „wandelnden Zahnstocher“ herziehe.

Stupid Girls

Pink

Text 63

Stupid girl, stupid girls, stupid girls
Baby if I act like that, that guy will call me back
What a paparazzi, girl, I don’t wanna be a stupid girl

Go to Fred Segal, you’ll find them there
Laughing loud so all the little people stare
Looking for a daddy to pay for the champagne
(Drop a name)
What happened to the dreams of a girl president
She is dancing in the video next to 50 Cent
They travel in packs of two or three
With their itsy bitsy doggies and their teeny-weeny tees
Where, oh where, have the smart people gone?
Oh where, oh where could they be?
Baby if I act like that, that guy will call me back
What a paparazzi, girl, I don’t wanna be a stupid girl
Baby if I act like that, flipping my blonde hair back
Push up my bra like that, I don’t wanna be a stupid girl
(Break it down now)
Disease’s growing, it’s epidemic
I’m scared that there ain’t a cure
The world believes it and I'm going crazy
I cannot take any more
I’m so glad that I’ll never fit in
That will never be me
Outcasts and girls with ambition
That’s what I wanna see
Disasters all around
Would despair
Their only concern
Will they fuck up my hair
Baby if I act like that, that guy will call me back
What a paparazzi, girl, I don’t wanna be a stupid girl
Baby if I act like that, flipping my blonde hair back
Push up my bra like that, I don’t wanna be a stupid girl
Oh my god you guys, I totally had more that 300 calories
That was so not sexy, no
Good one, can I borrow that?
I WILL BE SKINNY

Aufgaben

1. Versuchen Sie eine Übersetzung des Textes von Pink (Text 63) oder besorgen Sie sich die Übersetzung. Fassen Sie den Songtext mit eigenen Worten zusammen.
2. Was bewegt Joanne K. Rowling, sich zum Thema „Mager-Models" zu äußern (Text 62)?
3. Finden Sie es richtig, dass Menschen, die in der Öffentlichkeit stehen, wie die Sängerin oder die Jugendbuchautorin, Stellung beziehen? Diskutieren Sie.
4. Welche Strategien gibt es, dass man nicht in den Fängen der Schönheitsfalle landet?

Wie in vielen anderen Bereichen wird auch zum Thema „Gewicht" Statistik geführt.

Aufgaben

1. Recherchieren Sie aktuelle Zahlen:
   - Wie viele Menschen leiden an Übergewicht in Deutschland, in Europa bzw. weltweit?
   - Wie viele Menschen leiden an Untergewicht oder Magersucht in Deutschland, in Europa bzw. weltweit?
   - Welche Definitionen gibt es von Übergewicht/Untergewicht?
   - Wie äußert sich Magersucht?
2. Stellen Sie die Ergebnisse an einer Wandtafel in einer geeigneten Form dar. Wählen Sie jeweils eine geeignete Diagramm-Form aus. ➠ **Infokasten „Schaubilder" S. 218**

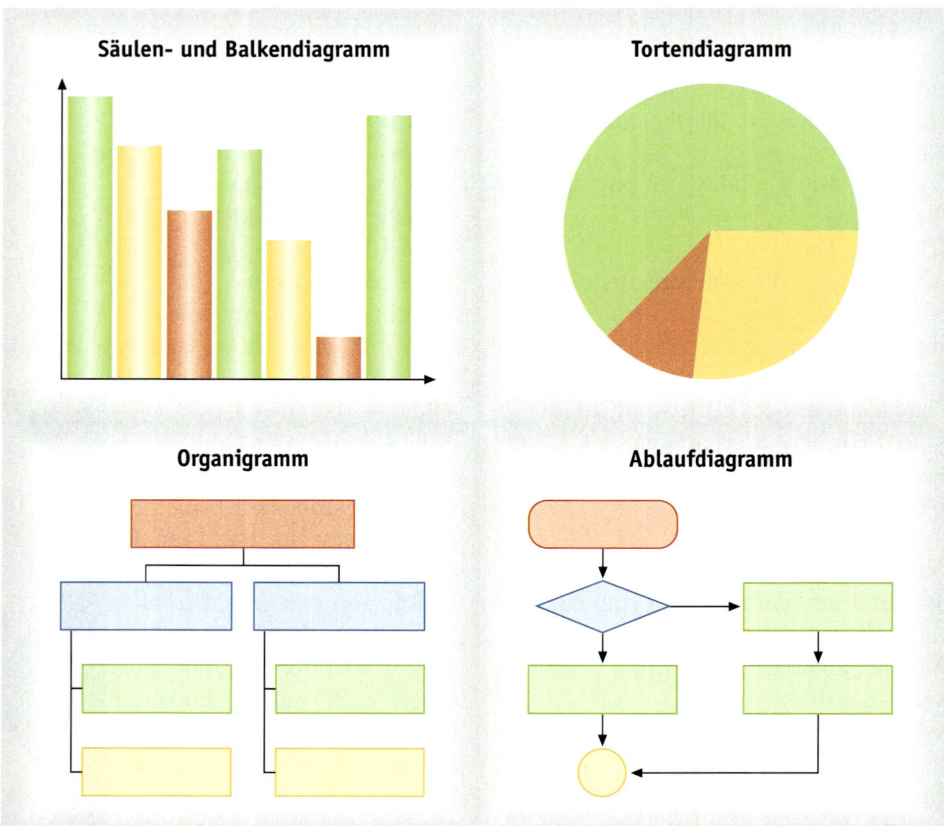

4420104

Rauchen – Versprechungen und Wirklichkeit

Meine letzte Zigarette

Ruth Händel

Text 64

Das ist bestimmt – uch uch – meine letzte Zigarette.
Ich geb mein Wort – uch uch – meine letzte Zigarette.
Ab morgen rauche ich nicht mehr;
worauf ich wette
und auch schwör.
Nur noch ein Zug – uch uch – aus der letzten Zigarette.
Das ist bestimmt – uch uch – meine letzte Zigarette.

Aufgaben

1 Besprechen Sie in Ihrer Klasse: Wie viele Nichtraucher gibt es? Aus welchem Grund rauchen die Nichtraucher nicht? Sind die Nichtraucher unter Rauchern Schwierigkeiten ausgesetzt? Werden sie als Nichtraucher akzeptiert? Wird auf die Nichtraucher Rücksicht genommen? Wie viele Raucher gibt es? Wie viele haben aufgehört zu rauchen? Welche Gründe gab es für das Aufhören? Gab es Schwierigkeiten oder Rückfälle bei der Entwöhnung? Was hat ihnen vor allem bei der Entwöhnung geholfen? Welche Tipps können sie denen geben, die vorhaben, das Rauchen aufzuhören?

Stellen Sie Ihre Ergebnisse in Form einer Wandzeitung dar.
➽ **Infokasten „Eine Präsentation vorbereiten und durchführen“ S. 179**

2 Sie können mit Hilfe dieser Fragen einen Umfragebogen entwickeln und zum Beispiel bei den Lehrerinnen und Lehrern Ihrer Schule eine Umfrage machen. ➽ **Infokasten S. 219**

Rauchfrei

Text 65

Nachgefragt bei Beate Galuska, die an der Kampagne „Rauchfrei 2006“ teilnimmt, unter der Schirmherrschaft von Bundesgesundheitsministerin Ulla Schmidt. Frau Galuska ist seit vier Wochen Nichtraucherin, sonst war sie dies nur tageweise. Wie hält sie durch? „Gut, ich wundere mich selbst. Nur die ersten Tage wraen hart. Ich bin vier Stunden eher als sonst ins Bett gegangen, damit ich das Suchtgefühl nicht so lange ertragen musste.“ Die Teilnehmer der Kampagne, die von der Weltgesundheitsorganisation unterstützt wird, müssen vom 1. Mai bis zum Weltnichtrauchertag am Mittwoch auf Zigaretten verzichten. In dieser Zeit werden sie vom Deutschen Krebsforschungszentrum per Mail mit Ratschlägen und Lob unterstützt. Wer durchhält oder einem Raucher beim Durchhalten hilft, kann 2500 Euro gewinnen. Die 47 Jahre alte Essenerin ist sicher: „Ohne die Kampagne hätte ich es nicht geschafft, aufzuhören.“ Bestärkt haben Frau Galuska auch die Söhne. Mit ihren dreizehn und vierzehn Jahren seien sie eigentlich in einem Alter, in dem viele das Rauchen erst anfangen. Doch die beiden stört die Sucht der Mutter: „Ständig haben sie über den Geruch gemeckert – und mir sogar die Zigaretten versteckt.“ Skeptisch seien die beiden gewesen, ob sie standhaft bleiben würde, immerhin hatte Frau Galuska bis zu zwei Packungen pro Tag geraucht. Kompensieren will die Rechnungsprüferin das Rauchen mit nichts: „Keine Kaugummis, keine Nikotinpflaster, nicht mehr essen als sonst. Und ich habe deswegen nicht mal schlechtere Laune.“ Wie bei vielen, die mit dem Rauchen aufhören wollen, kommt jetzt das Geld, das Frau Galuska sonst für Zigaretten ausgegeben hätte, in ein Sparschwein: „Mittlerweile sind schon 150 Euro drin. Wir sparen das Geld und kaufen uns dann etwas, was wir uns sonst nicht leisten würden.“ Wenn

Frau Galuska bis nächstes Jahr durchhält, reicht es vielleicht für den Kühlschrank mit Icecrusher, von dem die Söhne schwärmen. Ob es mit den 2 500 Euro klappt, ist noch fraglich. Denn die Gewinner werden schließlich erst am Dienstag von Sabine Bätzing, Drogenbeauftragte der Bundesregierung, bekannt gegeben. Aber darum geht es Frau Galuska gar nicht: „Nicht mehr zu rauchen, ist der eigentliche Gewinn.“

Aufgaben

1 Untersuchen Sie im Text:

- Welche negativen Auswirkungen hatte das Rauchen bei Frau Galuska?
- Kennen Sie weitere negative Wirkungen des Rauchens? Stellen Sie eine Liste zusammen.

Was hat Frau Galuska geholfen, „rauchfrei“ zu werden?

Die Bundeszentrale für gesundheitliche Aufklärung BzgA hat eine Kampagne für Jugendliche und junge Menschen gegen das Rauchen gestartet. Ihr Ziel ist es, Jugendlichen die Folgen des Zigarettenkonsums deutlich zu machen und sie zu ermutigen, das Rauchen aufzugeben.

Aufgaben

1 Betrachten Sie die Plakate der Kampagne gegen das Rauchen auf S. 107: Wie wirkt die Werbung auf Sie? Gefällt Ihnen, wie die Werbung gegen das Rauchen gemacht ist? Begründen Sie Ihre Meinung.

2 Untersuchen Sie die Machart: Was fällt am Bildteil auf? Was fällt an der Sprache auf? Stellen Sie die Aussagen in der Kampagne über das Rauchen in einer Liste zusammen. Verwenden Sie dafür möglichst eigene Formulierungen. **» Infokasten „Werbetextanalyse“ S. 215**

Die BzgA setzt sich zum Schutz der Jugendlichen dafür ein, dass an möglichst vielen Schulen ein generelles Rauchverbot durchgesetzt werden soll.

Aufgaben

1 Nehmen Sie schriftlich Stellung zu diesem Vorhaben.
» Infokasten „Eine Stellungnahme verfassen“ S. 187

2 Interviewen Sie Ihren Schulleiter zum Thema „Rauchfreie Schule“. Geben Ihrer Einschätzung nach Schülerinnen und Schüler das Rauchen aufgrund dieser Kampagne auf?

Wenn an Ihrer Schule noch geraucht werden darf: Welche Meinung haben Sie zu einem generellen Rauchverbot an Schulen?

3 Sammeln Sie Argumente: Welche Gründe gab es für einzelne Bundesländer, ein generelles Rauchverbot im Schulgesetz zu verankern?
» Infokasten „Überzeugend argumentieren“ S. 187

4 Entwerfen Sie eine 3-Minuten-Rede über die Vorteile einer rauchfreien Schule.
» Infokasten „Vorträge halten“ S. 171

Quelle: Mit freundlicher Genehmigung der Bundeszentrale für gesundheitliche Aufklärung im Rahmen der rauchfrei-Kampagne

Erfahrungen in der Berufswelt

Bewerbung – worauf kommt es an?

Ob für ein Praktikum, eine Weiterbildungsmaßnahme, eine Ausbildung oder eine Arbeitsstelle, immer kommt es darauf an, sich gut darzustellen, auf sich aufmerksam zu machen und sich durchzusetzen.

Hierzu gibt es viele Tipps. Zahlreiche Unternehmen und Einrichtungen führen Bewerbungstrainings durch. Bestimmt haben Sie schon einige Erfahrungen damit.

Erfolgsfaktoren für den Berufsstart I: Bewerbungsunterlagen

Heiko Christian

Text 66

Der Berufsstart und wie man ihn angeht. Die Ausbildung, das Studium ist abgeschlossen und es geht nun darum, nicht nur *einen*, sondern *den* Job zu finden. Das bedeutet, sich zum ersten Mal regelrecht „verkaufen“ zu müssen. Umso wichtiger ist es, mit den Bewerbungsunterlagen den richtigen Eindruck zu erzielen.

Bewerbungsunterlagen dienen dazu, das Unternehmen über mein Angebot zu informieren. Ich stelle mich vor, schildere mit dem Anschreiben meine Kenntnisse, Fähigkeiten und Fertigkeiten sowie meine Wünsche an den Job und das Unternehmen und erlaube dem Partner z. B. mit dem Lebenslauf, von meiner Vergangenheit auf die Zukunft im Unternehmen zu schließen. Der Lebenslauf stellt sozusagen das kurzgefasste Inhaltsverzeichnis meines Lebens dar. Die beigefügten Zeugnisse und Dokumente (das Wichtigste obenauf) dienen der näheren Erläuterung.

Damit meine Informationen, die Bewerbungsunterlagen, überzeugen können, muss ich sehr gut über die Bedürfnisse des Unternehmens informiert sein. Ganz so wie sich der PC-Verkäufer über die Bedürfnisse seines Kunden informiert, um ein geeignetes Gerät empfehlen zu können. Der erste Schritt heißt also immer: Infos sammeln, so viele wie möglich, zu allen für mich interessanten Arbeitgebern. Wo bekomme ich Infos? Internet, Geschäftsbericht, Abteilung Öffentlichkeitsarbeit oder Mitarbeiter des Unternehmens.

Nun formuliere ich mein **individuelles Anschreiben** nach dem 3-Abschnitte-Motto: Was kann ich, was will ich und welche besonderen „Bonbons“ habe ich anzubieten? In der Kürze liegt auch hier die Würze. Schön ist es, wenn man sich auf eine Anzeige beziehen und eine zuständige Person namentlich anschreiben kann.

So, nun **Lebenslauf und Dokumente** in eine Mappe packen, das individuelle Anschreiben obenauf, alles in die große Tüte, ausreichend frankieren und ab geht die Post. Daneben gibt es auch die Möglichkeit, eine E-Mail mit Lebenslauf zu versenden, falls angeboten.

Hier sollte ich allerdings sehen, dass dies nur ein halber Schritt ist: Die kompletten Bewerbungsunterlagen werden sowieso nachgefordert werden, wenn man an mir Interesse hat. Das Interesse kann man noch steigern, wenn man die Unterlagen „professioneller“ gestaltet. Das heißt: **Das Anschreiben sollte kurz, knackig, auf den Punkt zugeschnitten sein.** Der Lebenslauf ist tabellarisch, übersichtlich, als eigenes Dokument mit Datum und Unterschrift versehen und ebenfalls kurz. Daran befestigt ist ein vernünftiges, einigermaßen neues Passbild (schwarz-weiß oder farbig), das auf der Rückseite mit Namen und Anschrift versehen ist.

Berücksichtige: Jeder Auftrag muss erst akquiriert werden, bevor er zum Geschäft oder Vertrag wird. Das heißt, eine Bewerbung ist die Akquisition eines Jobs, eine Investition, sie kostet mich Zeit und Geld. Ein guter, **der** Job ist viel Akquisition, eine hohe Investition wert.

Text 67

Erfolgsfaktoren für den Berufsstart II: Locker bleiben, auch wenn es brennt

Heiko Christian

Die Einladung – Mit einem freundlichen Brief werde ich zum Vorstellungsgespräch eingeladen. Ansprechpartner, Ort, Datum, Zeitpunkt – alles ist angegeben. Ich bin richtig gestresst. Was nun? Auch hier gilt wieder: Gute Vorbereitung ist das A und O der Veranstaltung. Aber Vorbereitung des Vorstellungsgesprächs nicht nur bei mir. Auch im Unternehmen werden heftig Vorbereitungen für das Gespräch oder die geplanten Vorstellungsgespräche getroffen: Termine der Gesprächspartner müssen intern ausgehandelt werden, ein ungestörtes Gespräch muss möglich, die Räumlichkeiten müssen vernünftig sein, eventuelle Besichtigungen von Werk, Laboratorien oder Arbeitsplatz im Anschluss an das Gespräch müssen organisiert werden.

Die Vorbereitung – Was bereite ich vor? Meine Bewerbungsunterlagen waren exakt auf die Firma und ihren Bedarf zugeschnitten. So muss es auch mit der Vorbereitung des Vorstellungsgesprächs sein. Das erfordert die Sammlung von Informationen über das Unternehmen. Während des Gesprächs muss mit Fragen zum Unternehmen, seinem Produktspektrum, seiner Rechtsform, evtl. zu Umsatz, Ertrag, Personalstand und nicht zuletzt zum gewünschten Gehalt gerechnet werden. Diese Fragen dienen dazu, festzustellen, ob das Interesse des Bewerbers echt ist (Schließlich hat er Zeit und vielleicht auch Geld in die Beschaffung der Infos gesteckt) oder ob das Gespräch „nur so mitgenommen“ wird. Wo bekommt man diese Infos? Hier einige Tipps: Geschäftsbericht (er ist interessanter, als man denkt), Internet, Pressemeldungen (Wirtschaftsteil oder Anzeigenteil einer renommierten Zeitung), Mitarbeiter befragen, wenn möglich, Firmenbroschüren, Bewerbungsbücher mit Firmenbeschreibungen.

Die Reise – Eine weitere Vorbereitung betrifft die evtl. erforderliche Reise. Hier gilt: Ich mache die Fahrt zum Unternehmen nicht im Auto!!! Die Autobahnen und Straßen sind zeitlich unberechenbar geworden. Und Verspätungen durch Stau werden nicht mehr akzeptiert! Warum? Siehe oben: die Vorbereitungen des Unternehmens. Und Staus sind normal. Als benutze ich in diesem Fall das statistisch zuverlässigere System Bahn und plane dennoch Pufferzeiten ein. – Ich fahre allein, denn ein mitreisender Partner würde mich nur „nerven“ und das kann ich jetzt ganz und gar nicht gebrauchen. Ist die Stadt sehr attraktiv für einen Aufenthalt mit Partner, reise ich lieber ein andermal zu zweit dorthin. – Ich erkundige mich bei Mitarbeitern oder auch ganz einfach beim Sekretariat des Gesprächspartners, welche Kleidung als professionell empfunden wird, und reise entsprechend gekleidet.

Im Zweifel eher zu formell als zu sehr im Freizeit-Look. – Ich plane die Zeit so ein, dass ich je nach Größe und räumlicher Ausdehnung der Betriebsstätte (Info-Sammlung!) pünktlich beim Gesprächspartner bin – nicht beim Pförtner! Denn der Weg vom Pförtner zum Personalbeauftragten kann 15–20 Minuten dauern. – Auch plane ich einen nach hinten zeitlich offenen Besuch ein, denn es könnten ja noch Besichtigung, weitere Gesprächspartner usw. angeboten werden.

Das Gespräch – Nun werde ich also empfangen. Ich gehe davon aus, dass das Gespräch für beide Seiten ein gute Chance darstellt, um ein Problem zu lösen. Insofern herrscht Gleichheit der Interessen. Man wird mich nach meinem Befinden, der Anfahrt und einem Getränkewunsch befragen, um mich zu lockern. Dann geht es zur Sache. Der Gesprächspartner stellt sich vor und evtl. auch das Unternehmen und die zu besetzende Stelle. Dann stelle ich mich vor, indem ich meinen Lebenslauf schildere. Die Reihenfolge kann auch umgekehrt sein. Lebenslauf? Der liegt doch schriftlich vor! Nun, der Gesprächspartner will sehen, hören, spüren wie ich meine ureigenen Informationen präsentiere. Er wird mich in diesen Minuten genau beobachten und meinen Sprachstil, die Gestik und die Mimik registrieren. Darüber hinaus geht es ihm bei Nachfragen um Aufklärung von Lücken, Erläuterungen zu Unklarheiten und unplausiblen Aussagen und Daten. Im weiteren Gesprächsverlauf schildere ich, was ich dem Unternehmen zur Beseitigung seines Problems (das ja zum Bedarf eines neuen Mitarbeiters führte, Info-Sammlung!) bieten kann. Danach geht das Gespräch unmerklich in einen Dialog mit gegenseitigem Befragen und Erläutern über. Hier kann ich meine vorbereiteten Fragen „anbringen“, das macht sich gut. Durch meine gute Vorbereitung fühle ich mich sicher und werde zunehmend lockerer. Das spürt auch mein Partner. Und ich spüre, dass ich tatsächlich gleichwertiger Verhandlungspartner bin. Wir nähern uns an. Zum Schluss kündigt er mir an, dass ich in einigen Tagen eine Nachricht über die Entscheidung des Unternehmens telefonisch oder schriftlich erhalten werde. Ich habe ein gutes Gefühl und gehe überzeugt, es wird ein Einstellungsangebot sein.

4420110

Anschreiben

Text 68

Wenig sinnvoll ist es, ein dreiseitiges Anschreiben zu verfassen und darin den Lebenslauf zu wiederholen. Stattdessen sollten Sie sich auf markante Punkte konzentrieren und diese mit dem jeweiligem Positionsbezug deutlich machen. Setzen Sie dabei Prioritäten und wählen Sie eine sachorientierte Darstellung. Sofern Sie sich auf eine Anzeige bewerben, gehen Sie in jedem Fall auf die darin enthaltenen Informationen (Anforderungen) ein. So vermitteln Sie, dass Sie in der Tat an einer Tätigkeit in diesem Unternehmen interessiert sind und nicht einfach irgendeine Tätigkeit suchen.

Nutzen Sie eine präzise, klare Sprache. Beachten Sie dabei Reizwörter – positive wie negative. Vorteilhaft sind vor allem Tätigkeitswörter: Verben machen Anschreiben lebendig, Adjektive machen es ansprechend. Vermeiden Sie in jedem Fall Konjunktive und zögerliche Formen (z. B. „voraussichtlich"). Statt Negativ-Formulierungen sollten Sie stets Positiv-Formulierungen verwenden (z. B. „mit Stress kann ich gut umgehen" statt „Stress macht mir nichts aus").

Ausgehend von der Mind-Map-Methode sollte ein gutes Bewerbungsschreiben folgende Punkte beinhalten:

Ihr Anschreiben sollte demzufolge die Frage beantworten, was Sie von den anderen Bewerbern hervorhebt und besonders für die ausgeschriebene Stelle qualifiziert. Darüber hinaus sollte Ihr konkretes Angebot ebenso deutlich erkennbar sein wie die Antwort auf die Frage, wie Sie von dieser Ausschreibung erfahren haben.

Ein perfektes Bewerbungsschreiben macht den Leser neugierig. Im Idealfall löst es bei ihm den Impuls aus, den Absender zu einem persönlichen Kennenlernen einzuladen. Daher ist es unentbehrlich, dass Ihr Anschreiben genau das richtige Mittelmaß an Informationen enthält, es also weder überladen noch inhaltslos erscheint.

Die maßgeschneiderte Bewerbung

Text 69

Je nachdem, bei welchem Unternehmen man sich bewirbt, muss der Inhalt einer Bewerbung angepasst sein. Versuchen Sie sich in den Adressaten hineinzuversetzen, die Firma, bei der Sie sich bewerben. Geben Sie alle wichtigen Daten an (Für welchen Beruf bewerben Sie sich? – Woher haben Sie von dem Angebot erfahren? – Für welchen Ausbildungsbeginn bewerben Sie sich?). Wichtig ist auch, die Empfängerdaten möglichst genau anzugeben. Nennen Sie die zuständige Abteilung und den Namen der Person, die die Bewerbung bearbeitet. Sprechen Sie diese Person auch in der Anrede an (Sehr geehrte Frau XY, sehr geehrter Herr XY).

„Zeit ist Geld.", das gilt in jedem Unternehmen, fassen Sie sich also kurz (max. eine Seite).

Sie wollen von sich überzeugen, stellen Sie also Ihre Fähigkeiten und Kenntnisse positiv dar, ohne zu übertreiben. Legen Sie zur Bewerbung passende Zertifikate und Beurteilungen bei und erwähnen Sie die entsprechenden Tätigkeiten im Lebenslauf.

Lassen Sie Ihr Anschreiben korrekturlesen, Sie können dabei nur Pluspunkte gewinnen.

Durch die Gestaltung Ihrer Bewerbung zeigen Sie, wie Sie sich in Textverarbeitung auskennen, auch das kann ein Beurteilungskriterium sein.

Achten Sie bei dem Zusammenstellen einer Bewerbungsmappe unbedingt auf eventuelle Anforderungen des Betriebes. Manche möchten keine Klemmmappen, andere stellen im Internet eigene Formulare für den Lebenslauf bereit. Klarsichthüllen oder geheftete Unterlagen sind in den wenigsten Fällen erwünscht.

Die Form des Bewerbungsschreibens sollte immer den gültigen Gestaltungsregeln für Geschäftsbriefe – der DIN 5008 – entsprechen.

Die Bestandteile eines Geschäftsbriefes

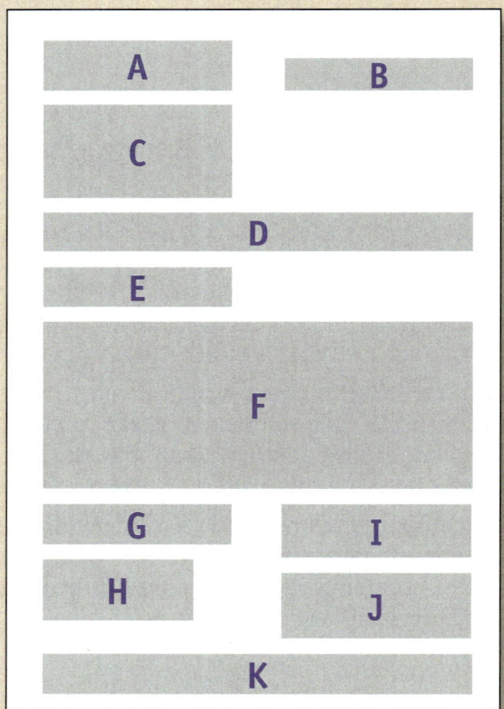

A Absenderangaben
B Datum
C Empfängerdaten
D Betreff
E Anrede
F Text
G Gruß
H Unterschrift
I Anlagevermerk
J Verteilervermerk
K Das Postskriptum

Aufgaben

1 Sammeln Sie in Gruppenarbeit auf Karten die wichtigsten Stichwörter aus den verschiedenen Texten und präsentieren Sie diese.

2 Vergleichen und ergänzen Sie die Tipps mit Ihren eigenen Erfahrungen.

3 Strukturieren Sie abschließend alle Informationen und gestalten Sie eine Wandzeitung zum Thema „Erfolgreich bewerben".

Das Medienhaus Südhessen ist ein dynamisches, innovatives und leistungsorientiertes Unternehmen. Mit den Dienstleistungen - Tageszeitungen - Informationsdienste - Zeitschriften - Rotationsdruck - Vertriebslogistik und alternative Briefzustellung fördern wir die regionale Wirtschaft und informieren die Öffentlichkeit.

Für den Ausbildungsbeginn 1. August 2007 suchen wir engagierte und motivierte

Auszubildende im Ausbildungsberuf Bürokaufmann/Bürokauffrau

Wir erwarten einen sehr guten Realschulabschluss oder kaufmännische Berufsfachschule, Interesse an Organisations- und Verwaltungstätigkeiten, Beherrschen des 10-Finger-Tastschreibens, gute mündliche und schriftliche Ausdrucksweise, Spaß am Kundenkontakt, Aufgeschlossenheit, Selbständigkeit und gute Umgangsformen.

Sind Sie interessiert? Dann senden Sie Ihre vollständigen Bewerbungsunterlagen an unser Personalwesen, Holzhofallee 25-31, 64295 Darmstadt. Für Erstinformationen steht Ihnen Frau Bergmann (s.bergmann@darmstaedter-echo.de) unter der Rufnummer 06151 / 387-523 gerne zur Verfügung.

MEDIENHAUS SÜDHESSEN Holzhofallee 25–31, 64295 Darmstadt

CATERPILLAR
Caterpillar Logistics Services, Inc.

Wir sind ein führender Anbieter integrierter Logistiklösungen und suchen für unser Logistik-Center am **Standort Groß-Gerau** ab 1. 9. 2006:

Auszubildende/r Kauffrau/-mann für Bürokommunikation

Ihre Aufgaben:
- Schwerpunkt der Ausbildung ist das Sekretariat, die kaufmännische Sachbearbeitung sowie die Personaladministration

Unsere Anforderungen:
- Abitur oder guter Realschulabschluss
- Sehr gute Deutschkenntnisse in Wort und Schrift
- Teamgeist und Zuverlässigkeit
- Erfahrung im Umgang mit MS Word und Excel
- Gute Englischkenntnisse sind von Vorteil

Auszubildende/r Fachlagerist/in

Ihre Aufgaben:
- Schwerpunkt der Ausbildung ist der gesamte Warenfluss im Lager sowie die entsprechende systemische und dokumentarische Bearbeitung der Daten
- Bei entsprechender Qualifikation ist eventuell eine Verlängerung der Ausbildungszeit von zwei auf drei Jahre mit dem Abschluss zur Fachkraft für Lagerlogistik möglich

Unsere Anforderungen:
- Realschulabschluss oder guter Hauptschulabschluss
- Sehr gute Deutschkenntnisse in Wort und Schrift
- Bereitschaft zum Schichtdienst
- Körperliche Belastbarkeit
- Teamgeist und Zuverlässigkeit
- Schnelle Auffassungsgabe und Einsatzbereitschaft

Interesse? Dann senden Sie bitte Ihre vollständigen Bewerbungsunterlagen an:

Caterpillar Logistics Services Germany GmbH
Hans-Böckler-Str. 9, 64521 Groß-Gerau
Ansprechpartner: Frau Jacke Tel. 06152/979110

Suchen Sie einen Beruf mit Menschen im Mittelpunkt?

Dann kommen Sie zu uns. Das KfH Kuratorium für Dialyse und Nierentransplantation e. V. ist eine bundesweit tätige gemeinnützige Körperschaft im Gesundheitswesen mit über 6.000 Mitarbeitern und rund 200 Betriebsstätten in ganz Deutschland. Hier werden ca. 16.000 chronisch nierenkranke Patienten mit der lebensnotwendigen Dialyse behandelt.

Starten Sie zum **01. August 2007 oder 01. September 2007** in Ihre berufliche Zukunft mit einer

Ausbildung zur/zum Medizinischen Fachangestellten (Arzthelfer/in)

in unserem **Nierenzentrum Bad König**.

In der 3-jährigen Ausbildung lernen Sie neben unserer nephrologisch/internistischen Praxis auch unseren Dialyse- und Verwaltungsbereich sowie die Begleitung unserer Patienten vor der Dialyse und nach erfolgreicher Transplantation kennen. Gemäß einem individuell festgelegten Ausbildungsplan durchlaufen Sie alle Ausbildungsstationen, die durch die Ärzte und die Verwaltungsleitung koordiniert werden.

Wir bieten Ihnen eine qualifizierte, zukunftssichere Ausbildung, eine attraktive Ausbildungsvergütung und weitere betriebliche Leistungen.

Ein guter Haupt- oder Realschulabschluss ist Voraussetzung.

Bewerbungen von Schwerbehinderten mit entsprechender Eignung sind uns willkommen.

Bitte senden Sie Ihre schriftlichen Bewerbungsunterlagen an das

KfH [illegible]nzentrum
He[illegible]
H[illegible]
6[illegible]

KfH Kuratorium für Dialyse und Nierentransplantation e.V.
Gemeinnützige Körperschaft

Ausbildungsplätze 2007 - Kein Sprung ins kalte Wasser!

Wasser ist der Ursprung allen Lebens - und Sie können an der Quelle sitzen.

Hessenwasser ist für die Bereitstellung von Trinkwasser für ein Versorgungsgebiet mit über 2 Millionen Einwohnern in Südhessen verantwortlich.
Sie suchen einen Ausbildungsplatz in einem modernen, sich weiterentwickelnden Unternehmen? Sie haben Freude an Leistung und Erfolg, interessieren sich für Wirtschaft und Technik und arbeiten gerne mit Menschen zusammen? Dann sind Sie bei uns richtig!
Wir bieten Ihnen zum 1. September 2007 eine fundierte und praxisnahe Ausbildung mit abwechslungsreichen Aufgaben nach folgendem Berufsbild:

Bürokauffrau/-mann
Ausbildungsdauer: 3 Jahre,
Ausbildungsort Groß-Gerau/Dornheim

Elektroniker/-in für Betriebstechnik
Ausbildungsdauer: 3,5 Jahre,
Ausbildungsort Eschollbrücken und Darmstadt

Fachkraft für Wasserversorgungstechnik
Ausbildungsdauer: 3 Jahre,
Ausbildungsort wechselnd

Voraussetzung ist Abitur oder ein guter Realschulabschluss mit anschließender Berufsfachschule oder Fachoberschule, gutes sprachliches Geschick und PC-Kenntnissen sowie einem Führerschein der Klasse B.
Senden Sie Ihre Bewerbungsunterlagen mit Lichtbild und den letzten drei Schulzeugnissen bis zum 22. September 2006 an Frau Janine Rauschkolb.

Hessenwasser GmbH & Co. KG
Janine Rauschkolb
Taunusstraße 100
64521 Groß-Gerau/Dornheim
Tel.: 069 25490-2307
Fax: 069 25490-2309
e-mail: bewerbung@hessenwasser.de
www.hessenwasser.de

hessenwasser

Wir suchen zum 1. September 2006 eine/n

Auszubildende(n) zur Servicefachkraft für Dialogmarketing

Ihre Ausbildungsschwerpunkte:
- Entgegennehmen von Kundenanfragen, die per Fax, Post, Telefon, Internet oder der allgemeinen Telefonzentrale eintreffen und Weiterleitung an die zuständigen Ansprechpartner
- Aufnahme und Weiterleitung von Mängeln und Störungsmeldungen
- Persönliche und telefonische Betreuung von Wohnungssuchenden
- Annahme und Weiterleitung von Beschwerden
- Weitere interessante Ausbildungsschwerpunkte

Unsere Anforderungen sind:
- Realschulabschluss
- Sehr gute Deutschkenntnisse
- Ausgeprägtes Kommunikationsvermögen und Teamfähigkeit

Wir bieten Ihnen:
- eine umfassende Ausbildung
- Gute Sozialleistungen
- Entwicklungsmöglichkeiten

Haben wir Ihr Interesse geweckt?
Dann übergeben Sie uns bitte Ihre Bewerbungsunterlagen bis zum 1. 8. 2006,
z. Hd. Herrn Tobias Thiele,
Tel. 061 51/28 15-246
Wir freuen uns auf Ihre Bewerbung.

bauverein AG darmstadt
Siemensstraße 20, 64289 Darmstadt
Postfach 110252, 64217 Darmstadt
Telefon (061 51) 28 15-0
Telefax (061 51) 28 15-244
E-Mail info@bauvereinag.de
Internet www.bauvereinag.de

Bewerbung als Auszubildende zur Verwaltungsfachangestellten

Ursula Metzger
Am Waldrand 13
64404 Bickenbach

EVANGELISCHE KIRCHE
IN HESSEN UND NASSAU

AUSBILDUNG 2007

Haben Sie Interesse an einer Ausbildung?

Die Kirchenverwaltung der Evangelischen Kirche in Hessen und Nassau besetzt **zum 1. August 2007** jeweils einen Ausbildungsplatz zur/zum

☞ **Verwaltungsfachangestellten/-in**
☞ **Fachangestellten/-in für Bürokommunikation**

Einstellungsvoraussetzungen:
- guter Realschulabschluss oder eine als gleichwertig anerkannte Schulausbildung
- keine bereits erfolgte Berufs- oder weitergehende Ausbildung
- Zugehörigkeit zur Evangelischen Kirche

Ferner beabsichtigen wir **zum 1. Oktober 2007** für die Ausbildung zum/zur **Diplom-Verwaltungswirt/in** (Beamtenlaufbahn des gehobenen Dienstes)

☞ **2 Inspektorenanwärter/innen**

einzustellen.

Einstellungsvoraussetzungen:
- Höchstalter am Einstellungstag in der Regel 35 Jahre
- Fachhochschulreife, Abitur bzw. eine als gleichwertig anerkannte Schulbildung
- Zugehörigkeit zur Evangelischen Kirche

Die Ausbildungsvergütung bzw. die Anwärterbezüge richten sich nach den kirchlichen Bestimmungen bzw. nach dem Beamtenbesoldungsgesetz.

Schwerbehinderte Bewerberinnen und Bewerber werden bei gleicher Eignung bevorzugt berücksichtigt.

Bewerbungen von Frauen sind besonders erwünscht.

Ihre Bewerbung mit Lichtbild, Lebenslauf,
Zeugnis senden Sie bitte bis

Ursula Metzger
Am Waldrand 13
64404 Bickenbach

Kirchenverwaltung
Referat Personal- und
Organisationsförderung
Frau Iris Karn
Paulusplatz 1
64285 Darmstadt

Ihr Zeichen:
Ihre Nachricht vom: 16.09.2006

Telefon: 06257 972835
Mobil: 0172 66638952
E-Mail: u.metzger@t-online.de

Datum: 19.09.2006

Bewerbung um einen Ausbildungsplatz zur Verwaltungsfachangestellten zum 01.08.2007

Sehr geehrte Frau Karn,

im Darmstädter Echo vom 16.09.2006 suchen Sie interessierte Auszubildende für das kommende Jahr. Sie erwarten einen guten Realschulabschluss, keine bereits erfolgte Berufsausbildung und Zugehörigkeit zur evangelischen Kirche.

Ich bewerbe mich bei Ihnen, weil ich diese Voraussetzungen mitbringe und besonders geeignet bin. Seit meiner Konfirmation engagiere ich mich in der Kinder- und Jugendarbeit der Gemeinde Bickenbach. Wie bereits am Telefon erwähnt, ist es ein Vorteil, dass ich schon den Führerschein besitze und 10-Finger-Tastschreiben beherrsche.

Gerne stelle ich mich persönlich bei Ihnen vor.

Mit freundlichen Grüßen

Ursula Metzger

Anlagen
Lichtbild
Lebenslauf
2 Zeugniskopien
Pfarramtliches Zeugnis

Lebenslauf

Persönliche Daten	
Name	Ursula Metzger
Geburtstag	01.05.1990
Eltern	Olaf Metzger, Buchhalter Gabriele Metzger, Erzieherin
Berufswunsch	Verwaltungsfachangestellte
Schulbildung	
Grundschule	1996-2000 Hans-Quick-Schule, Bickenbach
Gesamtschule	2000-2005 Melibokusschule, Alsbach
Berufsfachschule	seit 2005 Friedrich-List-Schule, Darmstadt
Schulabschluss	Juli 2007 Mittlerer Schulabschluss
Lieblingsfächer	Deutsch, Textverarbeitung
Interessen	
Ehrenamtliche	Mitarbeit im Kindergottesdienst, Jugendfreizeit
Hobbys	Lesen, Schwimmen, Musik hören

Bickenbach, 19.09.2006 *Ursula Metzger*

Aufgaben

1 Welche Anforderungen enthalten die Inserate für Auszubildende?

2 Schreiben Sie für eine der abgedruckten Anzeigen eine Bewerbung.
➠ Infokasten „Formalisierte Texte schreiben" S. 194

3 Sie sind an Erstinformationen für die ausgeschriebenen Stellen interessiert. Wie gehen Sie vor? Wie könnte ein Telefonat mit einer der ausbildenden Firmen verlaufen? Schreiben Sie einen möglichen Dialog. ➠ Infokasten „Telefongespräche führen" S. 183

4420114

Jugendliche über ihre Ausbildung

Anja Brandt, Auszubildende zur Zerspanungsmechanikerin, Fachrichtung Drehtechnik, berichtet von ihren Erfahrungen

Text 70

„Selbstständigkeit und Teamarbeit sind gefragt"

Für mich stand schon während meiner Realschulzeit fest: „Ich mache eine Ausbildung in einem technischen Beruf."

Über die Ausbildung kann ich nur Positives berichten. In jeder Abteilung, die ich während meiner Ausbildung kennen lernte (z. B. Werkzeugbau, Zentralwerkstatt, Fremdfirma), wurde ich gut aufgenommen und konnte viel von den Facharbeitern lernen. Dass ich als Frau einen technischen Beruf erlerne, war dabei vollkommen in Ordnung – meine Sorge, dass es dadurch schwieriger sein würde, stellte sich als unbegründet heraus.

Ich konnte jetzt schon fast drei Jahre Erfahrungen hier sammeln und kann sagen, dass mir immer mein eigener Weg zum optimalen Lernen gelassen wurde. Je nach Situation hat sich bei schwierigen Aufgaben jemand Zeit für mich genommen oder es wurde mir Zeit gelassen, das Problem zu analysieren und einen eigenen Lösungsweg zu finden.

Mir gefällt besonders gut, dass ich sehr genau arbeiten muss und dadurch viel Fingerspitzengefühl und Konzentrationsfähigkeit unter Beweis stellen kann.

Es wird allerdings nicht nur Wert auf Selbstständigkeit gelegt, sondern auch ganz besonders auf Teamfähigkeit in der Lehrwerkstatt. Um diese zu fördern und das Arbeiten in der Gruppe zu erleichtern, werden Seminare, wie z. B. das „Oktoberseminar", das „Einführungsseminar" und das „Umweltseminar" veranstaltet, bei denen wir Auszubildenden uns besser kennen lernen und gemeinsam Aufgaben lösen.

Ich bin froh, den Beruf der Zerspanungsmechanikerin, Fachrichtung Drehtechnik kennen gelernt zu haben und freue mich, meine Ausbildung bald abschließen zu können.

Aufgaben

1 Diskutieren Sie, warum die Auszubildende Anja Brandt nur Positives über ihre Ausbildung berichten kann. » Infokasten „Diskussionen durchführen" S. 181

2 Sie sind an der Ausbildung zum/zur Zerspanungsmechaniker/-in interessiert. Hilft Ihnen der Erfahrungsbericht weiter? Begründen Sie Ihre Entscheidung.

3 Verfassen Sie einen fiktiven Erfahrungsbericht eines Auszubildenden einer fachlichen Richtung Ihrer Wahl. Sammeln Sie vorher entsprechendes Informationsmaterial. » Infokasten S. 171

Ausbildungsberuf: Medizinischer Fachangestellter Bundesinstitut für Berufsbildung über den im Jahr 2006 neu eingeführten Beruf

Text 71

Was ist neu?

Das Gesundheitswesen befindet sich gegenwärtig in einem tief greifenden Wandlungsprozess. In den ärztlichen Praxen ist die Prävention zu einem wesentlichen Handlungsgebiet in der Medizin geworden. In dem Maße wie Vorsorge zum Behandlungskonzept wird, wird die Qualifizierung von Medizinischen Fachangestellten auf diesem Gebiet immer wichtiger, um mit entsprechend ausgebildetem Personal ein adäquates Leistungsspektrum in den Praxen anbieten zu können. Die dazu notwendigen Fertigkeiten und Kenntnisse, insbesondere zu Themen der Gesundheitsvorsorge, der Früherkennung von Krankheiten und der Gesundheitsförderung (u.a. gesunde Lebensweise) sind verstärkt in die neue Ausbildungsordnung aufgenommen worden. Die gewachsenen Anforderungen im Bereich der Hygiene und des Arbeitsschutzes sowie des Notfallmanagements spielen in der neuen Ausbildungsordnung ebenfalls eine wichtige Rolle.

Neben der Prävention berücksichtigt die Neuordnung auch eine personenorientierte, situationsgerechte Beratung und Betreuung von Patienten während und nach der Behandlung durch die Medizinische Fachangestellte. Dementsprechend erwerben Auszubildende Fertigkeiten und Kenntnisse zur Berücksichtigung von psychosozialen und somatischen Bedingungen des Patientenverhaltens, zu Methoden und Techniken der Kommunikation, zur Patientenmotivation, zum Arbeiten im Team, zur Lösung von Konfliktsituationen und zum eigenverantwortlichen Handeln.

Darüber hinaus haben durch die Modernisierung der Versorgungsstrukturen und die erheblich veränderten Rahmenbedingungen und Arbeitsinhalte im Bereich der Praxisorganisation und -verwaltung Qualifikationen zur Gestaltung von Kooperationsprozessen, zur systematischen Planung von Arbeitsabläufen, zur Sicherung von Qualitätsstandards, zur Förderung der Patientenzufriedenheit, zur Abrechnung und Dokumentation von Leistungen sowie zur Nutzung der Informations- und Kommunikationssysteme unter Beachtung von Datenschutz und Datensicherheit stark an Bedeutung gewonnen.

Arbeitsgebiet: Medizinische Fachangestellte sind in Hausarzt- und Facharztpraxen, Krankenhäusern sowie anderen medizinischen Versorgungseinrichtungen tätig. Sie werden auch in medizinischen Laboratorien, in betriebsärztlichen Abteilungen von Unternehmen und im öffentlichen Gesundheitsdienst eingesetzt. Darüber hinaus sind sie in Institutionen und Organisationen des Gesundheitswesens beschäftigt.

Berufliche Qualifikationen

Medizinische Fachangestellte

- assistieren bei Untersuchung, Behandlung und chirurgischen Eingriffen und helfen bei Notfällen,
- betreuen und beraten Patienten vor, während und nach der Behandlung,
- informieren Patienten über die Ziele und Möglichkeiten der Vor- und Nachsorge,
- führen Laborarbeiten durch,
- wenden Vorschriften und Richtlinien des Umweltschutzes an,
- organisieren Betriebsabläufe und überwachen Terminplanungen,
- führen Verwaltungsarbeiten durch,
- dokumentieren Behandlungsabläufe und erfassen erbrachte Leistungen für die Abrechnung,
- ermitteln Bedarf an Material, beschaffen und verwalten es,
- wenden Informations- und Kommunikationssysteme an,
- beachten die Regeln des Datenschutzes und der Datensicherheit,
- arbeiten team- und prozessorientiert.

Aufgaben

1 Erstellen Sie ein Anforderungsprofil für die Ausbildung zum medizinischen Fachangestellten. Orientieren Sie sich dabei am Text 71.

2 Stellen Sie einen Ausbildungsberuf Ihrer Wahl vor, indem Sie eine Beschreibung verfassen. Gehen Sie dabei auch auf die verschiedenen Tätigkeiten bzw. Arbeitsprozesse ein, die der Beruf mit sich bringt. ➜ **Infokasten „Vorgänge/Arbeitsprozesse beschreiben" S. 173**

4420116

Ein Berichtsheft führen

Was Sie schon aus Ihren Schulpraktika kennen, wird in der Ausbildung noch wichtiger. Es ist in den meisten Ausbildungsordnungen vorgeschrieben, dass Auszubildende ein Berichtsheft führen müssen. Darin werden in knapper Form ausgeführte Tätigkeiten, Unterweisungen und Unterrichtsinhalte der Berufsschule eingetragen. Es dient als Ausbildungsnachweis und muss vorliegen, damit sie zur Prüfung zugelassen werden. Für Sie selbst ist es ein Beweisstück, dass alle relevanten Ausbildungsinhalte erfüllt wurden. Nicht zuletzt eignet es sich hervorragend zur Prüfungsvorbereitung – vorausgesetzt Sie haben es ordentlich geführt.
Die Berichte können arbeitstäglich oder wochenweise geschrieben werden.

Mein Berichtsheft (vom 04. – 08.04. 06)

Marie-Luise Lemke

Text 72

Wie ich meinen ersten Termin vereinbarte, einen kleinen Teil der Buchführung lernte und endlich den Computer einrichtete

Nun, da bin ich wieder zurück aus dem ITW. Die Woche war sehr angenehm dort. Diesmal wurde die Klasse geteilt, so hatten wir eine Hälfte Englisch am Tag und die andere Hälfte Verhaltenstraining. In Verhaltenstraining haben wir unsere Hemmschwellen abgebaut und ein paar Regeln zu Höflichkeit, Respekt und Beschwerdemangement gelernt.

Jetzt war ich wieder im Büro von Frau Kressl. Am ersten Tag lag viel Post in meinem Eingang, die ich mit Herrn Rousta durchging. Doch dann ging es richtig los. Herr Rousta gab mir den Auftrag, die Kontoauszüge durchzusehen und aufzulisten, wer von den Abgeordneten seine Fotos von meiner Vertragsunterzeichnung schon bezahlt hatte, um dann denjenigen, die nicht bezahlt hatten, einen Brief zu schreiben. Die Kontoauszüge durchzusehen war noch ein Kinderspiel, doch die Briefe zu schreiben nicht mehr. Denn wie schreibt man einen Brief, der an eine Zahlung erinnern soll, ohne dass er sich wie eine Mahnung anhört? Dafür habe ich erst mal eine Weile gebraucht. Aber mit dem Ergebnis war Herr Rousta zufrieden. So lernte ich einen kleinen Aspekt der Buchführung kennen.

Den restlichen Tag verbrachte ich damit, den Bericht für die Homepage zu schreiben, Büromaterial für den Wahlkreis zu bestellen und einige Briefe zu schreiben. Am darauffolgenden Tag bat mich Herr Rousta, in Kooperation mit Herrn Engelke einen Fototermin für Frau Kressl zu vereinbaren. Was auch eine kleine Herausforderung war, denn ich musste abschätzen, wann Frau Kressl Zeit dazu hat und wann sie nicht zu sehr unter Termindruck gerät. Natürlich habe ich den Termin auch mit Frau Kressl abgesprochen und so haben wir einen geeigneten Tag und eine geeignete Uhrzeit gefunden.

Danach machte ich die Wahlkreispost, schrieb Briefe und arbeitete an meiner Homepage. Herr Rousta gab mir ein paar Tipps, wie ich meinen Büroablauf besser koordinieren kann, denn wenn ich einen Vorgang, also eine Anfrage, bearbeite, dann muss ich ihn weiterverfolgen, auch wenn ich ihn an einen Kollegen weitergeleitet habe. Und damit das besser klappt, überlege ich mir noch, was ich da am besten tun kann. Mittwoch rief dann Frau Lenz aus dem Büro von Herrn Rainer Arnold an, einer „meiner Abgeordneten", und bat mich, ihr ein Foto und einen kleinen Text von mir zu schicken, da sie das gerne auf Herrn Arnolds Homepage veröffentlichen will. Natürlich machte ich mich sofort daran.

Danach schickte ich eine paar Porträtfotos in den Wahlkreis, denn einige Bürger möchten ein Autogramm von Frau Kressl. Als ich damit fertig war, besprach ich mit Herrn Rousta meine Homepage und ihm fiel auf, dass ich viel über meine Kollegen schreibe, aber niemand konkret weiß, welche Aufgaben sie in den jeweiligen Büros haben. So beschlossen wir, meine Kollegen auch auf meine Homepage zu setzen. Also machte ich mich daran, zu jedem Mitarbeiter einen kleinen Text zu schreiben, und dann war der Tag auch schon fast um.

Am Donnerstag sollte ich beim Besucherdienst anrufen, um mitzuteilen, dass es einige Änderungen bezüglich einer Besuchergruppe gibt. Herr Rousta gab mir dann die Aufgabe, Herrn Fazlic anzurufen, um ihn zu fragen, ob er heute Zeit hat, mit mir den Computer einzurichten. So ging ich um 14:00 Uhr rüber in das Büro von Herrn Tauss. Herr Fazlic hatte noch etwas zu tun, sodass ich den Computer selbst ausgepackt und angeschlossen habe. Anschließend fingen wir an, das Betriebssystem zu installieren, was einige Zeit in Anspruch genommen hat, und Herr Fazlic erklärte mir nebenbei, was „partitionieren" ist. Danach installierten wir einige wichtige Programme, wie zum Beispiel einen Webbrowser. Ich konnte zwar dadurch nicht pünktlich Feierabend machen, aber so ist das nun mal im Berufsleben. Da wir noch einige Programme nicht installiert hatten, bin ich am nächsten Tag gleich in das Büro von Herrn Tauss, um die restlichen Programme zu installieren. Wir waren schnell fertig, und so konnte ich noch rüber zu Frau Kressl ins Büro, wo ich dann an meinen Bericht für die Homepage weitergearbeitet und an den Texten zu meinen Kolleginnen und Kollegen geschrieben habe. Als ich damit fertig war, haben Herr Rousta und ich das Wochenabschlussgespräch geführt, wonach ich Feierabend hatte.

So ist wieder eine Woche vergangen. Ich melde mich nächste Woche wieder aus dem Büro von Frau Kressl und dann berichte ich euch, wie ich lernte, einen Termin vorzubereiten und Besucher zu empfangen.

Aufgaben

1 Was fällt Ihnen auf und welche Verbesserungsvorschläge haben Sie für diesen Bericht?

2 Überarbeiten Sie den Bericht mit Hilfe der Methode der Schreibkonferenz und schreiben Sie ihn neu. ➽ **Infokasten „Texte überarbeiten" S. 196**

Formblätter aus einem Berichtsheft für Tagesbericht und Wochenbericht

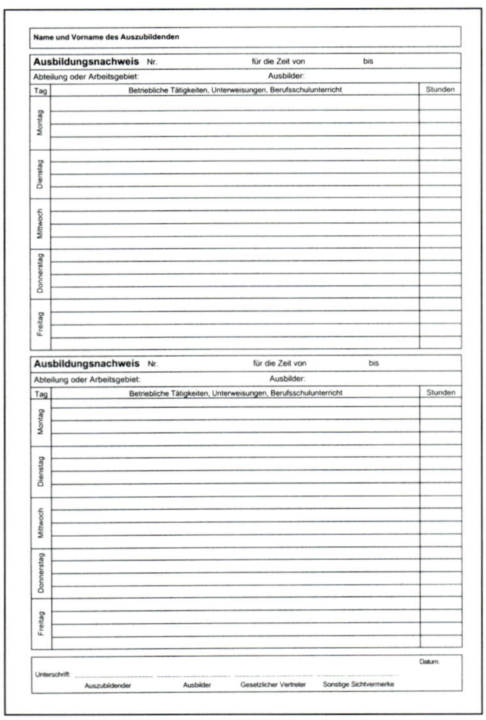

Name und Vorname des Auszubildenden

Ausbildungsnachweis Nr. für die Zeit von bis

Abteilung oder Arbeitsgebiet: Ausbilder:

Tag	Betriebliche Tätigkeiten, Unterweisungen, Berufsschulunterricht	Stunden
Montag		
Dienstag		
Mittwoch		
Donnerstag		
Freitag		

Ausbildungsnachweis Nr. für die Zeit von bis

Abteilung oder Arbeitsgebiet: Ausbilder:

Tag	Betriebliche Tätigkeiten, Unterweisungen, Berufsschulunterricht	Stunden
Montag		
Dienstag		
Mittwoch		
Donnerstag		
Freitag		

Unterschrift: Auszubildender – Ausbilder – Gesetzlicher Vertreter – Sonstige Sichtvermerke Datum:

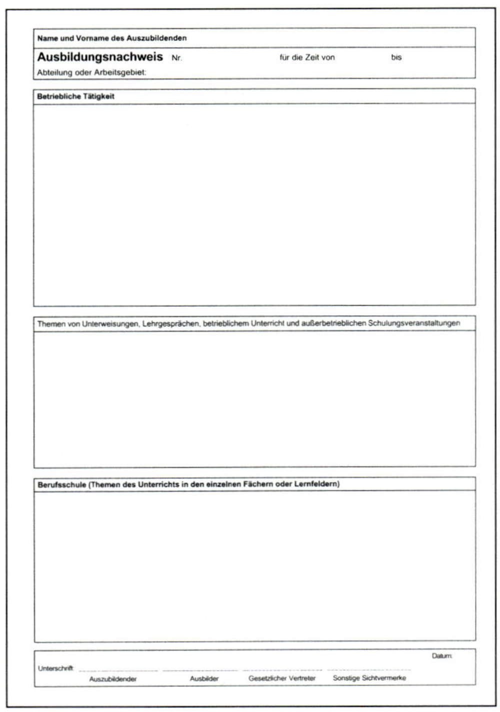

Name und Vorname des Auszubildenden

Ausbildungsnachweis Nr. für die Zeit von bis

Abteilung oder Arbeitsgebiet:

Betriebliche Tätigkeit

Themen von Unterweisungen, Lehrgesprächen, betrieblichem Unterricht und außerbetrieblichen Schulungsveranstaltungen

Berufsschule (Themen des Unterrichts in den einzelnen Fächern oder Lernfeldern)

Unterschrift: Auszubildender – Ausbilder – Gesetzlicher Vertreter – Sonstige Sichtvermerke Datum:

4420118

Was man so alles erleben kann

Soziales Engagement? Warum ich? Warum eigentlich nicht?

Text 73

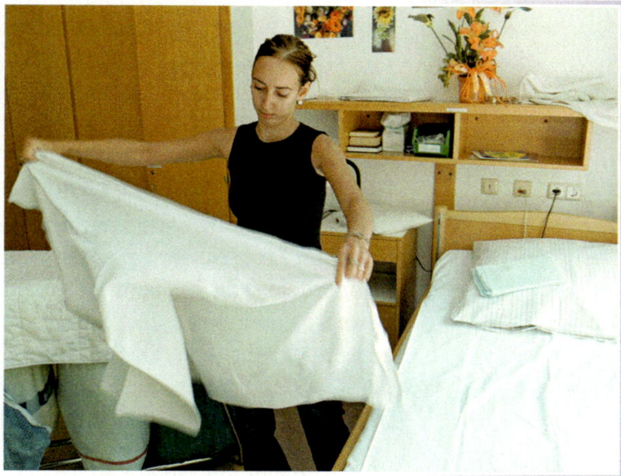

„Ich habe hier viel gelernt und gemerkt, dass die Altenpflege genau das ist, was ich machen will“, freut sich Ute Schmidt. Ein Jahr lang hat die 17-Jährige ein Freiwilliges Soziales Jahr (FSJ) im Hochwald-Altenzentrum St. Klara in Hermeskeil absolviert. Ein Jahr, das sich für sie wirklich gelohnt hat. Denn nun ist sie sich absolut sicher, wie sie ihre berufliche Zukunft planen wird. Zunächst möchte sie ihren Realschulabschluss nachholen und dann eine Ausbildung zur Altenpflegerin beginnen. Auch die 20-jährige Uta Wolffram aus Neustadt/Weinstraße, die 19-jährige Daniela Hand und die 17-jährige Kristina Erz, beide aus Morbach, haben das FSJ äußerst positiv erlebt und ziehen mit uns zusammen ihr Resümee über ihre Zeit in Einrichtungen der Marienhaus GmbH.

Erste Erfahrungen mit der Berufswelt

„2005 haben insgesamt 56 junge Menschen ein FSJ bei uns absolviert“, weiß Karin Michels, die sich vonseiten des Trägers um die jungen Menschen kümmert. Das FSJ fördere die soziale, persönliche und moralische Kompetenz der jungen Menschen und schärfe ihr Verantwortungsbewusstsein. Die meisten machen im FSJ erste Erfahrungen mit der Berufswelt; „Erfahrungen, die ihnen häufig helfen, im Anschluss einen Ausbildungsplatz zu finden“, so Karin Michels. Das kann auch Uta Wolffram bestätigen: „Bei mir hat das FSJ den Ausschlag geben, dass ich an der Uni-Klinik Heidelberg mit der Ausbildung zur Krankenschwester anfangen kann.“ Im letzten Jahr hatte sie von dort noch eine Absage bekommen. Diesmal sei sie mit einer ganz anderen Motivation in das Bewerbungsverfahren gegangen, hatte sie jetzt einerseits von der Pflege doch viel mehr Ahnung und war sich andererseits auch 100-prozentig sicher, dass sie Krankenschwester werden will.

„Job in der Krankenpflege war eh mein großer Traum“

Die Gründe, ein FSJ zu absolvieren, sind sehr unterschiedlich. Bei Uta Wolffram hatte es nicht mit dem Abi geklappt und noch ein Jahr Schule wollte sie nicht dranhängen. „Ein Job in der Krankenpflege war eh mein großer Traum und so war ich froh, kurzfristig die FSJ-Stelle in Neustadt zu bekommen“, berichtet sie. Ute Schmidt hatte ihren Ausbildungsvertrag zur Hotelfachfrau schon in der Tasche, als ihr kurzfristig abgesagt wurde. Da sie der pflegerische Bereich immer interessiert hat, nahm sie die Empfehlung der Arbeitsagentur, sich als FSJ-lerin im Hochwald-Altenzentrum St. Klara vorzustellen, an und wurde dort auch sofort genommen. Kristina Erz wollte eigentlich nur für vier Wochen ein Praktikum als Pflegerin im Morbacher Alten- und Pflegeheim St. Anna machen. „Das hat mir aber so gut gefallen, dass ich ein FSJ drangehängt habe“, so die 17-Jährige. Hier lernte sie auch Ute Schmidt kennen, die ihr FSJ in der Küche absolvierte.

Uta Wolffram war im ambulanten Pflegedienst des Krankenhauses Hetzelstift eingesetzt. Zwischen 06:30 Uhr und 13:00 Uhr hat sie gemeinsam mit einer Krankenschwester etwa zehn Kranke zu Hause besucht, sie gewaschen und Essen zubereitet. „Ich finde es super, dass mein Team mir so viel Vertrauen schenkte“, sagt sie mit Stolz, „und mich voll integriert hat.“ In ihre Arbeit habe sie sich schnell eingearbeitet und dabei immer mehr gemerkt, dass ihr die praktische Arbeit liegt.

Auf eigenen Beinen stehen

Auch wenn Daniela Hand noch keinen Ausbildungsplatz gefunden hat, weiß sie nach dem FSJ nun doch, dass sie einen Job im Hauswirtschaftsbereich suchen wird, „auch wenn der Beruf sehr anstrengend ist", wie sie zugibt. „Für viele Absolventen bedeutete das Jahr auch, dass sie zum ersten Mal in ihrem Leben auf eigenen Beinen stehen mussten", erklärt Karin Michels und denkt dabei an Ute Schmidt. Da ihr Heimatort weit entfernt von Hermeskeil liegt, bezog sie im Hermeskeiler Altenzentrum ein kleines Zimmer. „Neue Gegend, neue Arbeit, neue Leute, anfangs war ich damit ziemlich überfordert", gibt sie zu. Aber ihre Kolleginnen und Kollegen haben ihr geholfen, wo immer sie konnten.

Mit Grenzsituationen zurechtkommen

„Nach etwa sieben Wochen habe ich während der Schicht erstmals einen Toten gesehen", berichtet Uta Wolffram. „Wir haben den Toten gemeinsam gewaschen und angezogen", erinnert sie sich. Danach sei sie ein bisschen nachdenklicher gewesen, „der Tod hat mich bewegt", aber auch froh, weil sie jetzt wusste, dass sie mit solchen Grenzsituationen zurechtkommt. Das Thema Tod war auch eines der Themen bei den fünf jeweils fünftägigen Gruppentreffen der FSJ-ler in Waldbreitbach. „Jeder kann hier erzählen, wie es ihm im FSJ geht. Es wird diskutiert und gearbeitet", so Daniela Hand.

„Ich würde es auf jeden Fall wieder machen"

Zu den Aufgaben der FSJ-ler gehörte es auch, innerhalb des Jahres ein soziales Projekt auf die Beine zu stellen. Die einen organisierten ein Sommerfest für die gute Sache, die anderen studierten gemeinsam mit Kindergartenkindern ein Theaterstück ein. „Wir haben uns mit der Psychiatrie beschäftigt", erzählt Kristina Erz. Viele hätten massive Vorurteile gegenüber solchen Einrichtungen und deren Patienten, „daher haben wir uns einen eigenen Eindruck verschafft und in Waldbreitbach das St. Antonius besucht", ergänzt Daniela Hand. Gespräche mit Pflegenden, Therapeuten und Schwesternschülerinnen standen auf dem Programm und gaben Einblicke in die Klinik, die man sonst nicht so leicht bekommt. Besonders gut kamen die Besuche in der Tanz- und Musiktherapie bei den jungen Menschen an. Da konnten sie selber aktiv werden, sich unter therapeutischer Anleitung bewegen und musizieren. „Ich weiß jetzt, dass eine psychische Erkrankung jeden treffen kann", sagt Uta Wolffram und Ute Schmidt ergänzt, dass sie die Therapieangebote der Psychiatrie richtig interessant fände. Von ihrem FSJ sind die vier rundum begeistert. „Ich würde es auf jeden Fall wieder machen", spricht Uta Schmidt auch für ihre Kolleginnen. Denn sie haben in dem einen Jahr viel erlebt, viel erfahren und gelernt und die meisten haben durch das FSJ auch etwas gefunden: ihren Traumjob und eine Perspektive für die Zukunft!

Aufgaben

1. Welche Erfahrungen haben die Beteiligten mit dem Freiwilligen Sozialen Jahr gemacht?
2. Versetzen Sie sich in die Lage einer der Beteiligten und verfassen Sie einen kurzen Erfahrungsbericht über das absolvierte FSJ. → **Infokasten S. 171**
3. Erzählen Sie in der Klasse von eigenen Erlebnissen aus der Arbeitswelt.
4. Es gibt Stimmen, die für alle Jugendlichen ein „soziales Jahr" fordern. Sammeln Sie Pro- und Kontra-Argumente. → **Infokasten „Überzeugend argumentieren" S. 187**
5. Schreiben Sie eine Erörterung über das Thema: Sollte ein soziales Jahr für alle Jugendlichen zur Pflicht werden? (vgl. hierzu auch die S. 249 f.)

4420120

Ausbildungsplatzmangel – Mängel am Ausbildungsplatz?

DGB beklagt Mängel bei Ausbildung

Text 74

Der DGB hat in einem Schwarzbuch „gravierende Missstände“ bei der betrieblichen Ausbildung beschrieben. Mit Sorge werde gesehen, dass sich viele Jugendliche aus Angst um ihre Lehrstelle alles gefallen ließen.

Ausbildungsfernes Arbeiten, ausbleibende Lohnzahlungen, ausufernde Überstunden, ja sogar Mobbing und sexuelle Belästigung – das sind Missstände, über die sich Auszubildende beim Deutschen Gewerkschaftsbund (DGB) beklagt haben. 77 „gravierende“ Fälle hat der DGB in einem „Schwarzbuch Ausbildung“ aufgelistet. Darin berichten Auszubildende unter anderem über unzumutbare Arbeitsbedingungen und ausbildungsfremde Tätigkeiten.

So musste ein Auszubildender zum Gas- und Wasserinstallateur im dritten Lehrjahr mehr als einen Monat lang die neue Werkstatthalle alleine anstreichen, wie DGB-Vorstandsmitglied Ingrid Sehrbrock berichtete. Eine Auszubildende musste mit dem Hund ihres Chefs Gassi gehen und Schulbücher seines Sohnes einschlagen.

„Es ist erschütternd“

Andere Auszubildende müssten ständig putzen und lernten so kaum etwas. Dadurch schnitten sie im Vergleich mit Mitschülern schlechter ab und müssten fürchten, ihre Prüfung nicht zu bestehen. Ein Fahrzeuglackierer habe berichtet, dass er mit Krebs erregenden Stoffen hantieren müsse. „Es ist erschütternd, mit welchen Fällen wir konfrontiert werden“, sagte Sehrbrock. Sie sehe mit Sorge, dass sich viele Jugendliche offenbar aus Angst um ihre Lehrstelle alles gefallen ließen.

Angesichts solcher Missstände wundere es nicht, dass die Abbrecherquote relativ hoch sei, sagte Sehrbrock weiter. Im Jahr 2003 hätten rund 133 000 Auszubildende ihre Lehre vorzeitig beendet. Das seien 22 % aller Ausbildungsverträge. Die Missstände betrafen laut DGB vor allem den

Einzelhandel, den Mediensektor, das Hotel- und Gaststättengewerbe sowie freie Berufe wie etwa Arztpraxen und Rechtsanwaltskanzleien.

Bessere Kontrolle gefordert

Gesammelt wurden die Fälle von rund 2 000 Jugendlichen seit Sommer 2003 im Rahmen einer Online-Beratungsaktion. Sehrbrock kündigte an, dem Deutschen Industrie- und Handelskammertag (DIHK) einen „Qualitätspakt anzubieten, damit diese Mängel abgestellt werden“. Sie forderte die Kammern zu stärkerer Kontrolle der Betriebe auf: Es müsse stärker als bisher auf die Qualität der betrieblichen Bildung geachtet werden.

Außerdem müsse die Vergabe öffentlicher Aufträge künftig an das Vergabekriterium der Ausbildungsqualität geknüpft werden. Billiganbieter mit schlechten Bedingungen für Jugendliche dürften nicht mehr den Vorzug gegenüber Anbietern erhalten, die gute Ausbildung anbieten. Abgesehen von der persönlichen Betroffenheit dürfe sich ein Land wie Deutschland eine schlechte Ausbildung schon aus Wettbewerbsgründen nicht leisten, so die Meinung des DGB-Vorstandsmitglieds.

Aufgaben

1. Suchen Sie alle Konjunktive heraus. Welche Funktion haben sie?
2. Der DGB sammelt Beschwerden von Auszubildenden und berichtet davon im „Schwarzbuch“. Formulieren Sie die Sätze so um, wie die Beschwerdeführer sie formuliert haben.
3. Welche Absichten verfolgt der DGB mit seinen Ausführungen?
4. Diskutieren Sie über die derzeitige Lage auf dem Ausbildungsmarkt anhand von aktuellen Presseberichten und überlegen Sie gemeinsam Strategien bei der Ausbildungsplatzsuche.

Aufgaben

1 Analysieren Sie in Partnerarbeit das Schaubild „Arbeit und Stress" und formulieren Sie einen kleinen Text, der die wesentlichen Inhalte des Schaubildes wiedergibt.
Infokasten „Schaubilder auswerten" S. 218

2 Beschreiben Sie, wie Sie sich – ausgehend von Ihren Berufswünschen – Ihren idealen Arbeitsplatz vorstellen.

Text 75

Stress mit dem Chef – dem Ausbildungsabbruch vorbeugen

Jeder vierte Ausbildungsvertrag wird vorzeitig gelöst

München/Bremen – Laut einer Befragung des Bundesinstituts für Berufsbildung (BIBB) in Bonn geht die Initiative dazu in mehr als der Hälfte aller Fälle von den Auszubildenden aus.

Für 60 % dieser Jugendlichen waren Konflikte mit Ausbilder oder Chef ausschlaggebend. Was Stefanie Döbl vom Ausbildungs-Zukunftsbüro azuro in München den Chefs attestiert, klingt wenig schmeichelhaft: „Wir beobachten erhebliche und grobe Pflichtverletzungen, was die Vermittlung der Inhalte angeht", sagt die Sozialpädagogin. Statt in den Fertigkeiten ihres zukünftigen Berufes angeleitet zu werden, müssten Jugendliche manchmal stundenlang putzen oder Überstunden ohne Ausgleich leisten.

Ganz anders stellt sich für Stephanie Hülck die Situation dar. Konfliktstoff liefert ihrer Erfahrung nach eher der Azubi: „Häufiger Grund ist mangelndes Engagement", so die Ausbildungsleiterin für kaufmännische Berufe bei der IHK Nord Westfalen in Münster. Dies zeige sich etwa in Form von Fehlzeiten in der Berufsschule oder häufigem Zuspätkommen. Bestehen zwischen Lehrherr und Lehrling zudem Kommunikationsschwierigkeiten, verhärten sich die Fronten schnell.

„Zwischen Anspruch und Wirklichkeit existiert eine Verständigungslücke – auf beiden Seiten", stellt Eva Quante-Brandt, Leiterin des Projekts „Bleib dran" an der Universität Bremen, fest. Um Störungen des Ausbildungsverhältnisses zu verhindern, sei mehr Transparenz hinsichtlich der Erwartungen aller notwendig: Was wünscht sich der Betrieb? Was möchte der Jugendliche? „Jugendliche und Ausbilder thematisieren Konflikte zu spät oder überhaupt nicht", bemängelt die Privatdozentin. „Irgendwann geht dann der Deckel hoch."

„Treten Konflikte auf, sollte in jedem Fall ein klärendes Gespräch stattfinden", rät Eva Peters von der Arbeitsagentur Frankfurt/Main. Um sich Rückenstärkung zu holen, können sich Azubis an einen Ausbildungsberater der Kammern oder einen Berufsberater wenden. Es helfe auch oft, fehlende Inhalte höflich, aber bestimmt einzufordern, sagt Peters. Wenn auch dies nichts nützt, bleibe nur der Weg zur Kammer. Der Arbeitgeber müsse die Ausbildungsordnung einhalten. „Sonst kann ihm die Ausbildungsberechtigung entzogen werden."

Kommt es tatsächlich zum Ausbildungsabbruch, neigten Jugendliche dazu, das Kind mit dem Bade auszuschütten, bedauert Peters. „Sie wählen ein völlig anderes Berufsziel, selbst wenn sie für die ursprünglich angestrebte Ausbildung gut geeignet sind." Ein Abbruch sei immer ein Angriff auf das Selbstbewusstsein der Jugendlichen, so Peters. „Zwei Reaktionen sind typisch: Die einen wollen dem neuen Arbeitgeber zeigen, was wirklich in ihnen steckt." Andere trauten sich nach einer demütigenden Erfahrung nichts mehr zu.

„Wer seinen Ausbildungsvertrag lösen möchte, sollte sich grundsätzlich vorher bewerben und für eine Perspektive sorgen", rät Stefanie Döbl. Auch wenn der Vertrag gelöst wird, sollte der Azubi versuchen, den Konflikt zu klären, rät Peters. Denn möglicherweise erkundigt sich der neue Arbeitgeber bei seinem Kollegen: „Bekommt er dann nur eine Negativ-Tirade zu hören, wird er kaum gewillt sein, dem Bewerber eine Chance zu geben."

Aufgaben

1 Fassen Sie den Text über „Stress mit dem Chef" zusammen.

2 Arbeitgeber haben ebenfalls Vorstellungen, wie ihre Mitarbeiter/Auszubildenden/Praktikanten sein sollen. Erstellen Sie eine Tabelle, in der Sie Erwartungen von Arbeitgebern und Arbeitnehmern gegenüberstellen. Nehmen Sie die Texte zum Thema „Bewerbung" als Anregung.

3 Formulieren Sie gemeinschaftlich Tipps zur Bewältigung von Stress am Ausbildungsplatz.

Überzeugend Gespräche führen

In Ihrem Leben haben Sie sicher schon viele Gespräche führen müssen. Wie ist es Ihnen dabei ergangen? Haben Sie feststellen können, wie sinnvoll Gesprächsregeln sein können? Miteinander sprechen und zuhören verlangt, sich zurücknehmen zu können und sich mit den eigenen Beiträgen auf das zu beziehen, was gesagt worden ist. Geregeltes Nacheinander, Einhalten einer Redezeit und Klarheit der eigenen Ziele helfen bei allen Gesprächen.

Auch im Arbeitsleben müssen viele Gespräche geführt werden, das fängt schon beim Bewerbungs- oder Vorstellungsgespräch an. Darüber hinaus muss man telefonieren oder auch Kundengespräche führen.

Bei allen offiziellen Gesprächen sollte man vier Grundregeln beachten:

1. sich präzise und verständlich ausdrücken (einfach, strukturiert),
2. sich als Person gut darstellen (glaubwürdig und transparent),
3. sich gegenüber anderen richtig zu verhalten (klar und wertschätzend),
4. eigene Ziele verdeutlichen (interessiert und selbstbewusst).

A Das Vorstellungsgespräch – man möchte Sie kennen lernen

Eine gute Bewerbungsmappe war vielleicht die Eintrittskarte in das Büro des Betriebes, im Vorstellungsgespräch werden Sie „unter die Lupe genommen".

Es gibt mehrere Arten von Vorstellungsgesprächen, z. B.

- Einzelgespräche
- Mehrfachgespräche mit verschiedenen Partnern
- Stressinterviews

Ziel ist bei jedem Vorstellungsgespräch, dass die Gesprächspartner etwas herausfinden wollen, und dazu sind ihnen viele Mittel recht. Ihnen gegenüber sitzen im Vorstellungsgespräch Stellvertreter des Betriebes. Sie stehen in der Pflicht, im Vorstellungsgespräch den besten Ausbildungsbewerber, die geeignetste Praktikantin oder die gute Mitarbeiterin für eine Stelle zu ermitteln:

- Kann der/die Bewerber/-in zuhören?
- Kann der/die Bewerber/-in auch bei Belastung spontan reagieren?
- Versteht er/sie, was man von ihm will?
- Ist er/sie sympathisch und angenehm im Umgang?
- Ist er/sie zögerlich oder schnell auf dem Punkt?
- Passt der/die Bewerber/-in in das Unternehmen?
- Wie gut kennt der/die Bewerber/-in sich in der Branche aus?

Betrachten Sie folgende Situation:
Roland hat noch einmal durchgeatmet, ist in das Büro des Betriebsleiters geführt worden und man hört folgende Gesprächsteile von ihm:

Text 76 Vorstellungsgespräch

Roland: Ja, guten Tag, ich bin Roland Peters. Ich bin auf Ihre Anzeige in den Dattelner Nachrichten hier und bin an der ausgeschriebenen Stelle als Schreiner sehr interessiert.

...

Roland: Okay. Ich bin im 3. Ausbildungsjahr und lerne in einer kleinen Firma. Speziell stellen wir Kleiderschränke her.

...

Roland: Ja, auch Computer gesteuerte Anlagen haben wir, den Namen des Programms kenne ich allerdings nicht so genau.

...

Roland: Ja, in meiner Freizeit spiele ich noch Fußball in der Kreisklasse A. Ich bin Verteidiger.

...

Roland: Ja, von Ihrer Firma habe ich schon gehört, aber was Sie genau herstellen, weiß ich noch nicht.

...

Roland: Jetzt habe ich nicht so genau zugehört. Aber auf ein gutes Betriebsklima lege ich schon sehr viel Wert.

...

Roland: Okay, vielen Dank, dann warte ich auf Ihre Rückmeldung.

Aufgaben

1 Welche Fragen hat Roland beantworten müssen?

2 Welche Antworten fallen Ihnen auf? Begründen Sie Ihre Auswahl.

3 Stellen Sie eine Liste von mindestens 10 Fragen zusammen, die bei einem Bewerbungsgespräch zu erwarten sind.

Text 77 Im Hutladen

Karl Valentin

Verkäuferin Guten Tag. Sie wünschen?
Valentin Einen Hut.
Verkäuferin Was soll das für ein Hut sein?
Valentin Einer zum Aufsetzen.
Verkäuferin Ja, anziehen können Sie niemals einen Hut, den muss man immer aufsetzen.
Valentin Nein, immer nicht – in der Kirche zum Beispiel kann ich den Hut nicht aufsetzen.
Verkäuferin In der Kirche nicht – aber Sie gehen doch nicht immer in die Kirche.
Valentin Nein. Nur da und hie.
Verkäuferin Sie meinen nur hie und da!
Valentin Ja. Ich will einen Hut zum Auf- und Absetzen.
Verkäuferin Jeden Hut können Sie auf- und absetzen!
Valentin Nein, einen grauen. [...]

4420124

Aufgaben

Warum misslingt das Verkaufsgespräch (Text 77)?	1	•••
Formulieren Sie die Inhalte um, damit ein erfolgreiches Gespräch entsteht.	2	•••

Einige Hinweise für ein erfolgreiches Kundengespräch

Annähernd jedes Kundengespräch verläuft in mehreren Phasen:

Kontaktphase (Gesprächseröffnung):
Ansprache, freundliche Begrüßung, Kundenwunsch erfragen = Der Kunde soll sich positiv angenommen fühlen.

Analysephase (Informationsphase):
Bedarf erfassen, persönliche Daten und Zusammenhänge ermitteln, Motive/Ziele erfragen = Der Berater soll Kenntnis darüber erlangen, welche Bedürfnisse der Kunde hat und wie groß die handlungsspielräume des Partners sind.

Angebotsphase (Argumentationsphase):
Informationsmaterial einsetzen, Angebot bedarfsgerecht unterbreiten, persönlichen Nutzen für den Kunden aufzeigen = Der Kunde soll durch die Nutzendarstellung des Beraters überzeugt werden.

Abschlussphase:
gezielte Abschlussfrage stellen, der Kunde muss die Entscheidung treffen und positiv bestätigen, eventuell neue Terminvereinbarung treffen, Verabschiedung

Zehn Tipps zum Kundengespräch:

- Für eine angenehme Atmosphäre sorgen (freundliche Begrüßung, Zeitnot vermeiden)
- Den Gesprächspartner zum Sprechen bringen (einzelne Worte oder ganze Aussage fragend wiederholen)
- Die Einwände und Bedenken des Gesprächspartners ernstnehmen (z. B.: *Gut, sprechen wir über Ihre Bedenken!*)
- Positive Stichwörter des Gegenübers aufgreifen (auch wenn der Partner zu 90 % Negatives anspricht, auf die 10 % eingehen, die positiv sind)
- Die Argumente des Gesprächspartners würdigen (*Ja – das ist sehr interessant – das hört man oft.*)
- Zeit gewinnen bei unangenehmen Fragen und Einwänden (*Habe ich Sie richtig verstanden? Weshalb sind Sie dieser Auffassung? Welche Nachteile?*)
- Das Hauptproblem geschickt verpacken (Vorteile – Nachteile – Vorteile)
- Unangenehme Fragen und Antworten umformulieren (*Damit fragen Sie eigentlich danach … Wenn Sie meinen, dass …*)
- Die eigenen Argumente verstärken (*Die Meinung der Fachleute, der Mehrheit …* Demonstrationsunterlage!)
- Sich nicht durch unsachliche Einwände von der Hauptsache ablenken lassen (Vorsicht, wenn Stil, Zeitpunkt oder Ort der Aussage kritisiert werden)

– Ein Kunde	– bestellen	– verspätete	– Reiseunterlagen
– Eine Kollegin	– benötigen	– neue	– Zimmer
– Ein Gast	– erkundigen	– freie	– Betriebssoftware
– Eine Kundin	– erfordern	– dringend	– Reparaturbeschreibung
– Ein Gegenüber	– informieren	– komplizierte	– Terminvereinbarung
– Ein Kollege	– bestätigen	– notwendige	– Arbeitsschritte
– Ein Klassenkamerad	– erfragen	– schwierige	– Wegbeschreibung
–Eine Bekannte	– ermitteln	– teure	– Kleidung

Aufgabe

Nutzen Sie die oben stehende Matrix und entwerfen Sie mit einem/r Partner/in ein Kundengespräch. ➻ **Infokasten „Kundengespräche führen“ S. 184**	1	•••

Von Elfen, Helden und Aliens

Sicher entsprechen die Darstellungen gängigen Vorstellungen von Elfen, Helden und Aliens. Welche Figur können Sie welcher bekannten Erzählung zuordnen?

Erkennnen Sie die folgende Sagengestalt? Ein Kaiser, von mächtiger Gestalt und kräftigem Wuchs, sein Gesicht umrahmt von rotem Bart, in dem Dorn verborgen sein soll, der demjenigen, der ihn schlagen will, die Hand durchbohrt.

Aufgaben

- Fertigen Sie eine Beschreibung eines bekannten Aliens an (z. B. Alf oder ET oder ...).
- Beschreiben Sie Ihre Traumelfe.
- Wen würden Sie als Held(en) der Jetztzeit bezeichnen?

Das Märchen

Welches Märchen verbirgt sich?

Text 78

1. Kleinwüchsige, stolpernde Leichenträger erwecken Scheintote zum Leben:

____

2. Sexy Mägdelein behindert die Rheinschifffahrt:

____

3. Beherztes Quartett verjagt Räuber:

____

4. Operativer Eingriff von Jägershand rettet Menschenleben:

____

5. Kreide fressender Bösewicht täuscht Nachwuchs:

____

6. Tierquälender Wurf an eine Wand führt zur Ehe:

____

7. Entlarvter Beinahe-Kidnapper zerreißt sich selbst:

____

8. Listenreicher Fachmann täuscht riesigen Bösewicht:

____

9. Eingebildeter Schnellläufer wird durch Zusammenarbeit getäuscht:

____

10. Hilfreiche Vögel ermöglichen ersehnten Ballbesuch:

____

11. Außerordentliche Haarpracht ermöglicht Liebesbesuch:

____

12. Passionierter Raucher langer Pfeifen entgeht knapp dem Tod:

____

13. Dürres Holzstückchen täuscht hungriges altes Weib:

____

Lösung:

1. Schneewittchen; 2. Loreley; 3. Bremer Stadtmusikanten; 4. Rotkäppchen; 5. Der Wolf und die sieben Geißlein; 6. Froschkönig; 7. Rumpelstilzchen; 8. Das tapfere Schneiderlein; 9. Hase und Igel; 10. Aschenputtel; 11. Rapunzel; 12. Max und Moritz; 13. Hänsel und Gretel

Text 79 Der Wolf und die sieben Geißlein

Jakob und Wilhelm Grimm

Es war einmal eine alte Geiß, die hatte sieben junge Geißlein und hatte sie alle lieb, wie eben eine Mutter ihre Kinder lieb hat. Eines Tages wollte sie in den Wald gehen und Futter holen; da rief sie alle sieben Geißlein herbei und sprach: „Liebe Kinder, ich will hinaus in den Wald, seid auf eurer Hut vor dem Wolf. Wenn er hereinkommt, so frisst er euch alle mit Haut und Haaren. Der Bösewicht verstellt sich oft, aber an seiner rauen Stimme und an seinen schwarzen Füßen werdet ihr ihn gleich erkennen."

Die Geißlein sagten: „Liebe Mutter, wir wollen uns schon in Acht nehmen, ihr könnt ohne Sorgen fortgehen." Da meckerte die Alte und machte sich getrost auf den Weg.

Es dauerte nicht lange, da klopfte jemand an die Haustür und rief: „Macht auf, ihr lieben Kinder, eure Mutter ist da und hat jedem von euch etwas mitgebracht."

Aber die Geißlein hörten an der rauen Stimme, dass es der Wolf war. „Wir machen nicht auf", riefen sie, „ du bist unsere Mutter nicht, die hat eine liebliche und feine Stimme, aber deine ist rau. Du bist der Wolf!"

Da ging der Wolf fort zu einem Krämer und kaufte sich ein großes Stück Kreide; die aß er und machte damit seine Stimme fein. Dann kam er zurück, klopfte an die Haustür und rief: „Macht auf, ihr lieben Kinder, eure Mutter ist da und hat jedem von euch etwas mitgebracht."

Aber der Wolf hatte seine schwarze Pfote in das Fenster gelegt, das sahen die Kinder und riefen: „Wir machen nicht auf, unsere Mutter hat keinen schwarzen Fuß wie du. Du bist der Wolf."

Da lief der Wolf zu einem Bäcker und sprach: „Ich habe mich an den Fuß gestoßen, streich mir Teig darüber." Und als ihm der Bäcker die Pfote bestrichen hatte, so lief er zum Müller und sprach: „Streue mir weißes Mehl auf meine Pfote." Der Müller dachte: Der Wolf will einen betrügen, und er weigerte sich. Aber der Wolf sprach: „Wenn du es nicht tust, so fresse ich dich!" Da fürchtete sich der Müller und machte ihm die Pfote weiß. Ja, das sind die Menschen.

Nun ging der Bösewicht zum dritten Mal zu der Haustüre, klopfte an und sprach: „Macht mir auf, Kinder, euer liebes Mütterchen ist heimgekommen und hat jedem von euch etwas aus dem Walde mitgebracht."

Die Geißlein riefen: „Zeig uns erst deine Pfote, damit wir wissen, dass du unser liebes Mütterchen bist!"

Da legte er die Pfote ins Fenster und als sie sahen, dass sie weiß war, so glaubten sie, es wäre alles wahr, was er sagte, und machten die Türe auf.

Wer aber hereinkam, das war der Wolf. Sie erschraken und wollten sich verstecken. Das eine sprang unter den Tisch, das zweite ins Bett, das dritte in den Ofen, das vierte in die Küche, das fünfte in den Schrank, das sechste unter die Waschschüssel, das siebente in den Kasten der Wanduhr. Aber der Wolf fand sie alle und machte nicht langes Federlesen: Eins nach dem anderen schluckte er in seinen Rachen. Nur das Jüngste in dem Uhrkasten, das fand er nicht. Als der Wolf seine Lust gebüßt hatte, trollte er sich fort, legt sich draußen auf der grünen Wiese unter einen Baum und fing an zu schlafen.

Nicht lange danach kam die alte Geiß aus dem Walde wieder heim. Ach, was musste sie da erblicken! Die Haustür stand sperrweit offen: Tisch, Stühle und Bänke waren umgeworfen, die Waschschüssel lag in Scherben, Decke und Kissen waren aus dem Bett gezogen. Sie suchte ihre Kinder, aber nirgends waren sie zu finden. Sie rief sie nacheinander beim Namen, aber niemand antwortete. Endlich, als sie an das Jüngste kam, da rief eine

4420128

feine Stimme: „Liebe Mutter, ich stecke im Uhrkasten.“ Sie holte es heraus und es erzählte ihr, dass der Wolf gekommen wäre und die anderen alle gefressen hätte. Da könnt ihr denken, wie sie über ihre armen Kinder geweint hat.

Endlich ging sie in ihrem Jammer hinaus, und das jüngste Geißlein lief mit. Als sie auf die Wiese kam, so lag da der Wolf an dem Baum und schnarchte, dass die Äste zitterten. Sie betrachtete ihn von allen Seiten und sah, dass in seinem angefüllten Bauch sich etwas regte und zappelte. Ach Gott, dachte sie, sollten meine armen Kinder, die er zum Abendbrot hinuntergewürgt hat, noch am Leben sein? Da musste das Geißlein nach Hause laufen und Schere, Nadel und Zwirn holen. Dann schnitt sie dem Ungetüm den Wanst auf, und kaum hatte sie einen Schnitt getan, so streckte schon ein Geißlein den Kopf heraus, und als sie weiter schnitt, so sprangen nacheinander alle sechse heraus und waren noch alle am Leben und hatten nicht einmal Schaden erlitten, denn das Ungetüm hatte sie in der Gier ganz hinuntergeschluckt. Das war eine Freude! Da herzten sie ihre liebe Mutter und hüpften wie ein Schneider, der Hochzeit hält. Die Alte aber sagte: „Jetzt geht und sucht Wackersteine, damit wollen wir dem gottlosen Tier den Bauch füllen, solange es noch im Schlafe liegt.“

Da schleppten die sieben Geißerchen in aller Eile die Steine herbei und steckten sie ihm in den Bauch, so viel sie hineinbringen konnten. Dann nähte ihn die Alte in aller Geschwindigkeit wieder zu, dass er nichts merkte und sich nicht einmal regte.

Als der Wolf endlich ausgeschlafen hatte, machte er sich auf die Beine, und weil ihm die Steine im Magen so großen Durst erregten, so wollte er zu einem Brunnen gehen und trinken. Als er aber anfing zu gehen und sich hin und her zu bewegen, stießen die Steine in seinem Bauch aneinander und rappelten. Da rief er:

„Was rumpelt und pumpelt
In meinem Bauch herum?
Ich meinte, es wären sechs Geißlein,
So sinds eher lauter Wackerstein’.“

Und als er an den Brunnen kam und sich über das Wasser bückte und trinken wollte, da zogen ihn die schweren Steine hinein und er musste jämmerlich ersaufen. Als die sieben Geißlein das sahen, da kamen sie herbeigelaufen, riefen laut: „Der Wolf ist tot! Der Wolf ist tot!“, und tanzten mit ihrer Mutter vor Freude um den Brunnen herum.

Aufgaben

1 ●● Lesen Sie das Märchen noch einmal gezielt durch und finden Sie die wichtigsten Merkmale der Textsorte „Märchen“ heraus. Listen Sie diese auf.

2 ●● Stellen Sie in einer Tabelle folgende Inhalte zusammen:
a) positives Verhalten
b) negatives Verhalten
c) Aufheben von Naturgesetzen
d) Bezüge zu realem menschlichem Verhalten

3 ●●● Welche Warnung soll mit dem Märchen ausgedrückt werden?

Das Volksmärchen – eine für Kinder ansprechend gestaltete Erzählung? Text 80

Kleine Kinder (etwa ab vier Jahren) fühlen sich bei den Volksmärchen bestens aufgehoben, denn die Weltauffassung des Märchens entspricht der des Kindes. Die Form des Märchens bietet dem Kind **Bilder** an, nach denen es seine Tagträume ausbilden und seinem Leben eine bessere Orientierung geben kann. Das Märchen konfrontiert das Kind mit grundlegenden menschlichen Problemen (Geschwisterliebe, Selbstfindung usw.). Es behandelt sie in einfacher und direkter Weise und vereinfacht alle Situationen. In dieser Form sind sie auch für das Kind verständlich. Eine komplizierte Handlung würde das Kind nur verwirren.

Die einzelnen Aufgaben und Prüfungen der Zentralfiguren finden im Märchen nacheinander statt und führen zu einem Handlungsverlauf, bei dem am Ende die Gerechtigkeit siegt und das Böse dem Guten unterliegt.

Bestimmte Handlungen wiederholen sich in vielen Märchen. Besonders beliebt ist in diesem Zusammenhang die Dreizahl (drei Aufgaben, drei Brüder, dreimal kommt der Wolf zu den Geißlein usw.). Für das Kind ist die **Dreizahl** die beliebteste Form der Wiederholung. Während der mündlichen Erzähltradition der Märchen hatte die Dreizahl aber auch noch einen anderen Sinn. Sie war für die Erzähler eine Gedächtnisstütze und trug dazu bei, dass sie sich den Text besser merken konnten.

Das kleine Kind weiß noch nicht zwischen Diesseits und Jenseits, zwischen real und nicht real zu unterscheiden: Die Menschen des Märchens verkehren mit Zwergen, Hexen, Feen und sprechenden Tieren. Das Märchen hat einen **„Einweltcharakter“**, der der Sicht des Kindes entspricht.

Die Märchenfiguren sind klar gezeichnet. Sie werden häufig nur genannt und nicht detailliert beschrieben. Einzelheiten über die Figuren werden nur erzählt, wenn sie sehr wichtig sind. Es werden nicht Charaktere beschrieben, sondern **Typen.** Um auf die einfachste Weise Eigenschaften einer Person hervorzuheben, treten die Figuren im Märchen als Extreme auf. Das Märchen vermittelt auf diese Art und Weise Bilder, die klar und unmissverständlich sind. Die **Herausbildung von Gegensätzen** beherrscht den kindlichen Geist und hat auch im Märchen Vorrang. Eine Person ist entweder gut oder böse, aber nichts dazwischen. Die gegensätzliche Darstellung der Figuren erleichtert es dem Kind, die Unterschiede zu erfassen, was nicht so wäre, wenn die Figuren lebensechter und wie wirkliche Menschen wären. Die Typisierung hilft dem Kind, Figuren zu verstehen, die bei einer detaillierteren Beschreibung noch nicht erfahrbar wären. Die Märchenfiguren sind aufgrund ihrer Gegensätzlichkeit folglich leichter zu verstehen.

Von großer pädagogischer **Bedeutung** ist die **Flächenhaftigkeit** des Märchens. Im Volksmärchen sind Zeit und Ort der Geschichte nicht genau bekannt. Die Märchen nennen keine Städte oder genauen Orte. Ebenso bedeutungslos ist der Zeitablauf. Dornröschen ist zum Beispiel, nachdem sie hundert Jahre geschlafen hat, noch genauso jung und schön wie zuvor. Die Märchengestalten haben ebenfalls keine Gefühle. Es gibt kein Mitleid, keinen Hass. Die Gefühle der Figuren werden in Handlungen umgesetzt. Die so entstehende Flächenhaftigkeit bietet dem Kind die Möglichkeit, sich in seinen Gedanken und in seiner Fantasie die Orte, Personen und Zeit des Märchens auszumalen.

Ein weiteres Stichwort, um Märchen zu charakterisieren, ist der Begriff **„Achtergewicht“.** Hierunter versteht man die Verlagerung der wichtigsten Ereignisse an das Ende des Textes, eben nach achtern. Hierdurch wird erreicht, dass der Spannungsbogen sich aufbaut und zu einer Art Höhepunkt hin verläuft. Die Kinder können sich somit auf ein spannendes Ende freuen und auch die Hauptaspekte besser im Gedächtnis behalten.

Jedes Märchen lebt von den Bildern, die es verwendet, denn die Märchen enthalten Botschaften in einer Bildersprache. Das Kind reagiert auf die **bildhafte Sprache** zwischen dem vierten und siebten Lebensjahr besonders empfindlich. Es begreift in dieser Zeit die ganze Welt über Bilder und Symbole. Für Kinder ist in diesem Alter die Aussage von Bildern befriedigender als eine Mitteilung, die über Begriffe erfolgt. Die Bilder regen zugleich die Fantasie der Kinder an, denn die bildhafte Sprache der Märchen entspricht der Empfindsamkeit der Vorschulkinder für Bilder und Symbole. Die Sprache im Märchen ist einfach und deutlich, fordert die Kinder dennoch geistig heraus. Die Wiederholungen sowie Zauberformeln und Sprüche in Reimen sind Gedächtnisstütze für den Erzähler und prägen sich auch beim Kind schnell ein. Wiederholungen kommen ebenso

4420130

dem kindlichen Bedürfnis, sich an schon Bekanntem zu erfreuen, entgegen. Gleichzeitig regen sie das Kind zum Mitsprechen und Nachspielen an. Es lernt, „spielerisch" mit der Sprache umzugehen, und erweitert zugleich seinen Wortschatz.

Die **Eingangsformeln** (z. B. „Es war einmal …") entführen das Kind in ein „Märchenland". Sie machen deutlich, dass die konkrete Welt und somit die Wirklichkeit verlassen wird. Die Geschichten werden folglich in „Märchenzeit" verlegt. Die **Schlussformeln** (z. B. „Und wenn sie nicht gestorben sind, dann …") signalisieren dem Kind das Ende des Märchens und holen es aus der „Märchenwelt" wieder zurück.

Aufgaben

1. Stellen Sie die im Text erwähnten Merkmale eines Märchens in einer Mind-Map zusammen. **➠ Infokasten „Informationen sammeln und auswerten" S. 178**
2. Stellen Sie fünf Fragen zusammen, mit denen Sie Merkmale von Märchen erfragen.
3. Wenden Sie die gefundenen Fragen auf ein Beispielmärchen aus diesem Kapitel an.
4. Arbeiten Sie die Informationen zur „Textanalyse" durch und schreiben Sie eine Märchenanalyse des ausgewählten Märchens unter Berücksichtigung der dort aufgeschriebenen und hier speziell genannten Hinweise. **➠ Infokasten „Der Literaturaufsatz" S. 204**

Die Geschichte vom Alten und dem Eisbären

Heinz Barüske

Text 81

Es war einmal ein alter Mann, der drei Söhne hatte. Sie befanden sich alle an einer Eiskante, um zu fischen. Dort ließ er zwei Söhne zurück und begab sich mit dem Jüngsten auf den Heimweg. Dieser jüngste Sohn war aber noch ein Kind. Als sich Vater und Sohn nun auf dem Heimweg befanden, wurden sie unterwegs von einem fürchterlichen Eisbär angefallen. Sie fuhren auf einem Schlitten und der kleine Sohn verließ den Vater, weil dieser es so haben wollte; denn er hielt sein Leben für geringer als das seines Sohnes. Der Bär fiel den Vater auch an, und der kleine Sohn musste alles aus der Ferne ansehen und hörte seinen Vater die Worte sprechen: „Du fällst mich an, um mich zu fressen. Dann friss mich aber auch ganz auf!"

– Da fraß der Bär ihn so, dass auch nicht ein einziger Knochen übrig blieb. Als das die beiden anderen Söhne von ihrem kleinen Bruder erfahren hatten, gingen sie los, um den Bär zu töten. Sie fanden ihn auch und erlegten ihn. Und er hatte sich so vollgefressen, dass er gar nicht gehen konnte. Das ist die Geschichte vom Alten und dem Eisbär.

Über den Autor:
Heinz Barüske, 1915 in Kolberg an der Ostsee geboren, studierte die nordischen Sprachen und Literaturen sowie Eskimologie in Greifswald und Kopenhagen. Zahlreiche Reisen führten ihn in alle nordischen Länder. Er veröffentlichte Artikel und Aufsätze über Kultur und Literatur des Nordens. Von vielen nordischen Ländern und Organisationen erhielt Heinz Barüske Ehrungen und Auszeichnungen.

Über das Buch:
Die eigenständige Kultur der Eskimo, die in Sibirien und Alaska, Kanada und Grönland leben, lässt sich bis in vorgeschichtliche Zeiten zurückverfolgen. In ihren Märchen spiegeln sich die für uns so fremdartigen kultischen Sitten und Gebräuche und das Primitiv-Ursprüngliche einer rätselhaften Welt wider. Sie zeigen aber auch den Alltag dieses Volkes, der von Jagd und vom Fischfang und deren Gefahren bestimmt wird. Sie erzählen davon, dass die Frau nur eine untergeordnete Rolle spielt und von Dämonen und Geistern, von Wind und Schnee, von Zauberern und Riesen und den Tieren.

Aufgaben

1 Entwickeln Sie eine Tabelle, in der alle wichtigen Informationen des Märchens und der Anmerkungen Raum nehmen können.

2 Tragen Sie das Märchen mündlich einmal mit Hilfe des Ablesens und einmal auswendig vor. Achten Sie dabei vor allem auf eine möglichst ausdrucksvolle Vortragsweise. Was verändert sich?

3 Schreiben Sie eine verkürzte Märchenanalyse, in der Sie hauptsächlich die Inhalte des Märchens mit der Gegend, aus der es stammt, verknüpfen.

Text 82 Die Waldfee und der Werbefachmann

Robert Gernhardt

Es war einmal ein Werbemann, der hatte seiner Agentur viele Jahre lang nach besten Kräften gedient. Da begab es sich, dass die Agentur den riesigen Etat für ein neues Produkt an Land zog. Dieses Produkt aber hieß „Meyers Pampe" und das war eine Pampe, die einen echten Produktvorteil besaß, da sie alle anderen Pampen an Klebrigkeit, Sämigkeit und Pampigkeit weit übertraf. Und weil das so war, sollte sie auch mit einem Slogan beworben werden, wie er eingängiger und treffender noch nicht erdacht worden war. Diese Aufgabe fiel nun unserem Werbemann zu, doch wie er sich auch anstrengte, alles, was ihm einfiel, war der Spruch „Meyers Pampe ist die beste". Diesen Vorschlag hatte er auch beim Kreativdirektor eingereicht, doch wie er des Abends Überstunden machte, da hörte er, wie der Kreativdirektor dem Agenturchef auf dem Flur sagte: „So geht das nicht weiter mit unserem Werbemann. Er ist alt und zahnlos geworden. Das Beste ist, wenn wir ihn so bald wie möglich schlachten."

Da krampfte sich das Herz des Werbemannes zusammen und er dachte bei sich: „Bevor es so weit kommt, da will ich lieber in die Fremde ziehen." Und noch in derselben Nacht schnürte er sein Bündel und wanderte zur Stadt hinaus. Bald gelangte er in einen tiefen Wald, wo er sich ermattet ins Gras sinken ließ. „Ach", dachte er glücklich, „wie schön ist es doch hier im Wald. Hier will ich mein Leben beschließen. Was brauche ich denn? Wasser gibt es hier im Überfluss, Pilzchen und Würzelchen ebenfalls. Und Ruhe! Wenn ich dagegen an die Hetze in der Agentur denke!" Und unter solchen Gedanken schlief er ein.

Am folgenden Morgen tat er sich zunächst am Quell gütlich, dann verspeiste er einige Wildkirschen, die ihm köstlich mundeten, und schließlich streckte er sich auf der Wiese aus und ließ sich die Sonne recht ordentlich auf den Pelz brennen. Als er so eine Weile gelegen hatte, da sah er einen Hasen über die Wiese hoppeln und unwillkürlich ging ihm das folgende Verslein durch den Kopf: „Selbst der braune Meister Lampe greift erfreut nach Meyers Pampe." Das aber ärgerte ihn und so verscheuchte er jeglichen Gedanken an Meyers Pampe aus dem Kopf und konzentrierte sich auf ein allerliebstes Meisenpaar, das auf dem Ast einer Buche turtelte. Doch auch bei diesem Anblick ging es ihm nicht besser. „Die Meise ruft es vom Geäste: Meyers Pampe ist die beste!", reimte er wider Willen. Das ärgerte ihn noch mehr und laut rief er aus: „Ach Scheiße, was geht mich den jetzt noch diese Pampe an!" Doch schon im selben Moment schoss ihm wieder ein Verslein durch den Kopf: „Ach Scheiße, ruft der Werbemann, nichts reicht an Meyers Pampe ran!" – und so ging es ihm mit jedem Ding, das er betrachtete und bedachte, bis es ihn nicht länger hielt. „Was habe ich hier im Wald verloren?", dachte er bei sich. „Ein kreatives Element wie ich gehört nun mal in eine Agentur!" Und er begann so schnell wie möglich in die Stadt zurückzuwandern.

Da geschah es, dass ihm am Waldesrand eine Fee begegnete.

„Guten Tag, lieber Werbemann", sagte die Fee. „Ich weiß, dass du ein unschuldiges Gemüt hast, und deshalb sollst du jetzt drei Wünsche frei ha..."

4420132

Doch der Werbemann war so in Gedanken versunken, dass er gar nicht auf das hörte, was die Fee sagte, ja, er unterbrach sie sogar und rief ihr zu: „Du tust mir in der Seele weh, weil ich dich ohne Meyers Pampe seh!“ Und mit diesen Worten ließ er die verdutzte Fee stehen und eilte in die Agentur zurück, wo er dem Kreativdirektor sogleich stolz seine neuen Slogans unterbreitete.

Die Vorschläge stießen auf eine derartige Ablehnung seitens der Geschäftsleitung, dass der Werbemann noch am selben Nachmittag geschlachtet wurde.

Die Fee aber nahm sich seine Worte so sehr zu Herzen, dass sie fortan nur noch Meyers Pampe benutzte. Und da sie der erste Versuch sehr zufrieden stellte, benutzt sie sie wohl noch heute.

Aufgaben

1 Dieses moderne Märchen ist in typischer Märchensprache geschrieben. Stellen Sie eine Liste dazu zusammen, welche Ausdrücke Ihnen auffallen. Welche Worte sind Ihnen unverständlich? Klären Sie die Bedeutung. Elemente des modernen Lebens sind mit typischen Märchensymbolen verbunden. Was bewirkt dies bei Ihnen?

2 Finden Sie die Textteile, die in wörtlicher Rede gehalten sind. Woran sind diese zu erkennen? Formen Sie diese in indirekte Rede um.

3 Lesen Sie das Märchen laut und betont vor. Erläutern Sie darauffolgend, warum es sich um die Literaturgattung Märchen handelt.

Das kleine Mädchen und der Wolf

James Thurber

Text 83

Eines Nachmittags saß ein großer Wolf in einem finsteren Wald und wartete, dass ein kleines Mädchen mit einem Korb voller Lebensmittel für seine Großmutter des Weges käme. Endlich kam auch ein kleines Mädchen des Weges, und es trug einen Korb voller Lebensmittel.

„Bringst du den Korb zu deiner Großmutter?“, fragte der Wolf. Das kleine Mädchen sagte ja, und nun erkundigte sich der Wolf, wo die Großmutter wohnte. Das kleine Mädchen gab ihm Auskunft und er verschwand in den Wald.

Als das kleine Mädchen das Haus ihrer Großmutter betrat, sah sie, dass jemand im Bett lag, der ein Nachthemd und eine Nachthaube trug. Sie war noch keine drei Schritte auf das Bett zugegangen, da merkte sie, dass es nicht ihre Großmutter war, sondern der Wolf, denn selbst in einer Nachthaube sieht ein Wolf einer Großmutter nicht ähnlicher als der Metro-Goldwyn-Löwe dem Präsidenten der Vereinigten Staaten. Also nahm das kleine Mädchen eine Browning aus ihrem Korb und schoss den Wolf tot.

Aufgaben

1 Besorgen Sie sich das Originalmärchen und vergleichen Sie diese moderne Version damit.

2 Es gibt eine Version des Originalmärchens, in der es in „juristische Sprache“ umgeschrieben worden ist. Beschaffen Sie sie sich und stellen Sie die Unterschiede zusammen.

3 Welche Version gefällt Ihnen besser? Begründen Sie Ihre Meinung.

4 Formulieren Sie zu dem Märchen von James Thurber eine mögliche Lehre.

5 Verfassen Sie ein Parallelmärchen, z. B. mit dem Titel „Die Geschichte vom bösen Hänsel, seiner bösen Schwester und der Hexe“. ➽ **Infokasten „Geschichten erzählen“ S. 191**

Sagen und Legenden

Aufgabe

1 „Gesucht wird ...!“ Welche Sagenfiguren verbergen sich hinter den Bildern? Sammeln Sie Hintergrundinformationen zu den oben dargestellten Sagenfiguren und gestalten Sie Steckbriefe. Sie können auch andere bekannte Sagenfiguren steckbrieflich suchen lassen.

4420134

Die Nibelungensage

Text 84

Nachdem Siegfried aus Xanten einen Drachen getötet und den Schatz der Nibelungen erobert hat, kommt er an den Königshof von Worms.

Dort will er Kriemhild heiraten, die Schwester König Gunthers. Der König stimmt unter der Bedingung zu, dass Siegfried im Gegenzug ihm hilft, Brunhild – Königin von Island – zur Frau zu gewinnen.

Brunhild hat übermenschliche Kräfte und nimmt nur den zum Mann, der sie in drei Wettkämpfen besiegt. Mithilfe der unsichtbar machenden Tarnkappe kann Siegfried Brunhild besiegen. – Brunhild erkennt Gunther als ihren Gatten an und zieht mit ihm nach Worms.

Den Vollzug der Ehe verweigert sie ihm allerdings, wieder muss Siegfried (der Kriemhild geheiratet hat) helfen. In der Tarnkappe ringt er Brunhild im Ehebett nieder, sodass Gunther sie entjungfern kann. Dabei nimmt Siegfried heimlich ihren Ring und ihren Gürtel mit und schenkt sie Kriemhild.

Einige Zeit später: Gunther lädt Siegfried und Kriemhild, die mittlerweile in Xanten leben, nach Worms ein. Beim Fest zu Ehren der Gäste geraten die Königinnen in Streit – Brunhild, der Siegfried bei der Brautwerbung auf Island als Vasall Gunthers vorgestellt worden war, besteht auf Unterordnung Siegfrieds unter Gunther.

Kriemhild kontert: Ihr Mann Siegfried habe als Erster mit Brunhild geschlafen. Als Beweis dafür präsentiert sie Ring und Gürtel. Brunhild versinkt in Scham, Trauer und Hass.

Hagen von Tronje, Gunthers mächtiger Vasall, will seine Herrin rächen. Er entlockt Kriemhild das Geheimnis der verwundbaren Stelle Siegfrieds, die beim Bad im Blut des Drachens durch ein Lindenblatt frei geblieben war. Beim Jagdausflug in den Odenwald stößt Hagen Siegfried seinen Speer zwischen die Schulterblätter.

Kriemhild ahnt, wer ihren Mann getötet hat, und bleibt trauernd in Worms. Mit dem Nibelungenschatz, den Siegfried ihr geschenkt hatte, zieht sie fremde Helden nach Worms, um ihre Macht zu stärken – Hagen erkennt die Gefahr, nimmt ihr den Schatz weg und versenkt ihn im Rhein.

13 Jahre später: Kriemhild heiratet den Hunnenkönig Etzel und bringt ihn dazu, ihre Brüder Gunther, Gernot und Giselher nach Ungarn einzuladen. Hagen warnt vor der Rachsucht Kriemhilds – aber die Brüder ziehen mit großem Gefolge ins Hunnenland.

Es gelingt Kriemhild, einen Kampf zwischen Nibelungen und Hunnen zu entfesseln. Zuletzt sind nur noch Gunther und Hagen am Leben. Kriemhild verlangt von Hagen den Schatz. Doch er gibt das Versteck nicht preis, solange einer seiner Herren noch lebt. Kriemhild lässt Gunther den Kopf abschlagen. – Hagen triumphiert: Nur er kennt jetzt das Versteck und er wird es niemals verraten!

Kriemhild enthauptet den Gefesselten und wird ihrerseits vom alten Waffenmeister Hildebrand erschlagen.

Aufgabe 1 ••

Dies ist eine straffe Zusammenfassung der Nibelungensage. Erinnern Sie sich an Einzelheiten:

- Von wem erhält Siegfried die Tarnkappe?
- Welche drei Wettkämpfe gegen Brunhild von Island muss Gunther/Siegfried bestehen?
- Wodurch wird Siegfried (bis auf welche Stelle?) unverwundbar?
- In welcher deutschen Stadt finden jährlich die Nibelungenfestspiele statt?

Text 85 Das Wesen von Sagen und Legenden

Sagen und Legenden gehören zu den volkstümlichen Erzählformen. Meist handelt es sich um ehemals mündlich überlieferte Schilderungen und Darstellungen von in damaligen Zeiten nicht verstehbaren, unwahrscheinlichen Begebenheiten, Erscheinungen und Erlebnissen. Sie wurden als „alte Wahrheiten" oder eben nur als „Wahrheiten" weitergegeben. Ältere Sagen berichten oft über die Geschehnisse von Krieg bzw. höfischen und allgemein schwer verständlichen Vorkommnissen, die von fahrenden Erzählern am Hofe von Königen und Fürsten oder auch auf Märkten wiedergegeben wurden. Aber auch Begegnungen von Menschen mit übernatürlichen Wesen oder der Sieg über beängstigende Vorkommnisse sind hier in ausmalender Form erzählt. Natürlich durften Liebesgeschichten, Liäsons oder gesellschaftliche Entwicklungen nicht fehlen. Der Schwerpunkt von sagenhaften Geschichten ist meist das Unerhörte, das Außergewöhnliche, etwas Rätselhaftes oder der Bruch eines Tabus. Durch die Erzählung wird das nicht Erklärbare in die Erlebniswelt der Menschen hineingezogen und wird weniger beängstigend. Tod und Teufel, Ungeheuer und Dämonen werden von Helden oder anderen furchtlosen Menschen besiegt (manchmal auch an der Nase herumgeführt) und die Welt wird damit weniger beunruhigend. Die Gebrüder Jakob und Wilhelm Grimm, die auch als Sprachforscher und Märchensammler Hervorragendes geleistet haben, haben im frühen 19. Jahrhundert in einer zweibändigen Ausgabe „Deutsche Sagen" viele historische Volkserzählungen gesammelt. Teilweise haben sie sich auf literarische Vorlagen gestützt, aber auch viele mündliche Erzählungen zusammengetragen. Bei ihnen taucht zum ersten Mal der Begriff „Sage" auf und unterscheidet sich damit von dem in den Weitererzählungen als wahr erachteten Wissensgut. Viele von diesen historischen Volkssagen sind heute noch sehr bekannt: die Nibelungensage, der Rattenfänger von Hameln, der Schimmelreiter, Rübezahl oder der fliegende Holländer. Einige von Ihnen kennen diese sagenhaften Geschichten als mündliche Schilderungen aus der Kindheit, wenn sie Ihnen von Eltern oder Großeltern erzählt worden sind. Vermehrt werden sie aber über Lesebücher, Bild- und Tonträger weitergegeben.

Erzählt wird aber auch heutzutage noch. Wie bei den modernen Sagen, die in diesem Buch wiedergegeben werden, handelt es sich meist um zunächst mündlich weitergegebene Darstellungen. Es scheint zu gelten: „I heard it from a friend of a friend and it's absolutely true!" Erzählforscher sprechen von „Wandersagen" oder von „hässlichen Geschichten (nasty legends)" oder „zeitgenössischen Sagen (contemporary legends)". Von vielen Texten dieser neuen Sagentypen weiß man, dass sie als wahre Geschichten durch Presse und Rundfunk gegangen sind. Über die Massenmedien und die modernen Übertragungswege springen sie von Stadt zu Stadt, von Land zu Land, ja sogar über Kontinente hinweg und erhalten lokaltypische Anpassungen. Es zeigt sich, dass sie wie früher inhaltlich und strukturell Ähnlichkeiten aufweisen. Ängste und Gefährdungen im Straßenverkehrs, Anonymität in Großstadt, unbekannte Flugobjekte, Einsamkeit und Reiseerlebnisse in unbekannte Länder sind Themen dieser Wandersagen. Heutzutage lauert das Unbegreifliche, Bedrohliche und Unbekannte nicht mehr in der magischen Welt von Teufeln und Dämonen, sondern in der bestehenden Umwelt, die Ängste erzeugt. Außerdem scheint das Unterhaltsame eine große Rolle zu spielen.

Aufgabe

1 Stellen Sie aus dem Text Merkmale von Sagen und Legenden in Form einer Mind-Map zusammen. » Infokasten „Informationen sammeln und auswerten" S. 178

4420136

Das geheime Gewölbe

Text 86

Noch heute glaubt man, dass unter dem Straßburger Münster ein gewaltiges Gewölbe liege, das einen geheimnisvollen See verbirgt. Auf diesem See kann man in einem Boot durch unterirdische Gänge und Kanäle bis zu dem Ort hin- und herfahren, wo der im Jahr 1576 errichtete Fischbrunnen steht.

Nachts, wenn es ganz still ist, haben schon viele Bürger ganz deutlich das Geplätscher und das Fluten des Wassers gehört, und die Ruderschläge, die den Nachen auf dem düsteren See vorwärtstreiben. Dumpf und hohl dröhnt es unter der Erde, und alle, die es hören, erfüllt es unwiderruflich mit Grauen.

Dem Münster gegenüber, unter dem Haus neben der Apotheke „Zum Hirschen", soll ehemals ein Eingang zu dem Gewölbe gewesen sein. Es war ein finsteres, unheimliches, mit einer starken Tür verschlossenes Loch.

Viele hatten versucht, durch die Öffnung hinunterzugelangen in das Gewölbe und auf den See hinab. Keinem wollte es je gelingen. Jedes Mal, sobald man die Tür geöffnet hatte, wehten furchtbare Windstöße herauf aus der kalten Tiefe, und mit Sturm und Qualm verlöschten die Lichter der Wagemutigen, die hinabwollten.

Ebenso vergeblich waren die Bemühungen, mit langen Stangen in den schwarzen Schlund hineinzustoßen, um zu ergründen, wohin die Höhle sich windet. Umsonst war alles Forschen. Jähes Grausen überfiel unvermittelt auch die Beherztesten, und sie mussten sich mit zerrütteten Nerven zurückziehen. Wenn drüben im Fluss das Wasser ansteigt, erheben sich die Fluten auch unten in dem unerforschten See.

Schlangen, Kröten, Molche und anderes Ungeziefer, seltsame Wesen mit roten Augen, krochen dann keuchend und glitschig durch das Loch heraus aus dem unterirdischen Schacht. Schrecken erfasste alle, die in der Nähe waren, und um weiterem Unheil vorzubeugen, wurde fortan die Öffnung samt der Tür vermauert und verkalkt.

Kein einziger Mensch, auch der kühnste und fantasiebegabteste, wäre imstande, sich das unheimliche Treiben unten im Gewölbe vorstellen zu können, geschweige denn, seinen Anblick zu ertragen.

Und noch jetzt, wenn man nach Mitternacht am Münster vorbeigeht, soll man oft, dumpf und weit, weit entfernt, aber doch noch ganz deutlich vernehmbar, aus der Tiefe herauf das Fluten und Anschlagen der Wellen und das Schaukeln und Wiegen der Boote, die über den See gleiten, hören; und manchmal sogar das Fletschen und Keuchen der Wesen, die dort unten herumkriechen.

Die Haare sträuben sich einem dann über so viel Unfassbares, und man eilt durch die Nacht, weg von dieser Stelle, der warmen, sicheren Wohnung zu.

Aufgaben

1. Inwiefern handelt es sich bei diesem Text um eine Sage?
2. Welche typischen Übertreibungen werden bis in die heutige Zeit übertragen?
3. Welche Wirkung auf den Fremdenverkehr haben solch geartete Erzählungen?

Text 87 Das Bahkauv

Seit 1967 hat Aachen (von vielen Besuchern auch die Stadt der Brunnen genannt) sein „bahkauv", ein gusseisernes Denkmal, wieder! Wie viele Denkmäler war das Vorgängermodell im Krieg zum Einschmelzen verurteilt gewesen. Nun kann man sich beim Weg durch die Altstadt wieder an dem eindrucksvollen, Wasser spritzenden Sagentier erfreuen. Was war denn nun das „bahkauv"?

Zu jener Zeit hauste – wie die Sage es wissen will – in vielen rheinischen Gewässern das „Bachkalb". So auch in Aachen. Da den Aachenern aber die Buchstabenfolge „chk" nicht gefiel, machten Sie daraus „das bahkauv". Einst tötete Pippin, der Vater Karls des Großen, ein Ungetüm, das ihn beim Baden in den warmen Quellen Aachens immer wieder störte, mit dem Schwert. Seitdem wohnte dessen Geist in den Waschstellen der Stadt und die Quellen in Aachen stanken von da an nach Schwefel. Den Waschweibern tat der Geist nichts, man hörte ihn nur im Untergrund heulen und mit Ketten rasseln. Nachts jedoch, wenn die „Spätheimkehrer" auf ihrem recht schwankenden Weg nach Hause waren, sprang es ihnen auf den Rücken und ließ sich durch die Stadt tragen. Erst kurz vor der Haustür sprang es mit viel Lärm herunter und machte das wartende Eheweib auf den Heimkehrer aufmerksam. Dabei hatte es die Eigentümlichkeit, sich besonders schwer zu machen, wenn sein Opfer betete und bettelte. Fluchten und schimpften die Armen jedoch, hatte es ein Einsehen und war durchaus friedfertiger.

Aufgaben

1 Was gefällt Ihnen an der Sage? Wo sind regionale Bezüge wichtig, die Besonderheiten der Region erklären?

2 Finden Sie **aus Ihrer Region** durch Recherche zwei Sagen, die sich „vor undenklichen Zeiten" ereignet haben.

Text 88 Punker von Rohrbach

Ludwig III., Pfalzgraf bei Rhein, zubenannt der Bärtige, hatte unter seinem riesigen Volk einen gewissen Punker von Rohrbach, bei Heidelberg gebürtig, welcher im Geruch eines Zauberers stand, weil er die Armbrust mit solcher Meisterschaft führte, dass er auch das kleinste und fernste Ziel niemals verfehlte. Dem Pfalzgrafen selbst kam der Mann unheimlich vor, er fürchtete sich fast vor demselben, so treffliche Dienste er ihm auch leistete, so im Feld wie auf der Jagd. Um ihn nun in die Falle und zum Geständnis seiner Zauberkünste zu bringen, befahl ihm der Pfalzgraf eines Tages, seinen eigenen Knaben zum Ziele zu nehmen und ihm einen Pfennig vom Barett zu schießen, ohne dieses oder den Knaben zu verletzen. Erfüll' er diese Bedingung nicht, so sei er des Todes. Lange weigerte sich Punker, weil der Teufel ihm möglicherweise die sonst so sichere Hand fehl lenken könne und er alsdann diesem verfallen sei. Alles Bitten und Beschwören scheiterte an des Pfalzgrafen hartem Sinn. Der Knabe mit dem Barett auf dem Kopfe und dem Pfennig drauf musste sich an das Ziel stellen. Nachdem der unglückliche Vater einen Bolzen auf die Armbrust gelegt hatte, nahm er einen zweiten, steckte ihn in sein Koller und schoss dann glücklich den Pfennig herab, ohne das Barett auch nur zu streifen. Auf die Frage des Pfalzgrafen, zu welchem Zwecke er einen zweiten Pfeil in sein Koller gesteckt habe, gab ihm Punker zur Antwort: „Wenn ich, von dem Teufel ob solcher Versuchung misslenkt, meinen Knaben erschossen hätte, dann, Herr, würde ich Euch selbst mit diesem zweiten Pfeil durchbohrt und also meinen Sohn gerächt haben, weil ich doch selbst dem Tode geweiht worden wäre."

4420138

Aufgaben

Der Begriff „Punker" hat heute eine andere Bedeutung. Recherchieren Sie die damalige Bedeutung im Internet und schreiben Sie beide auf. Was sagt Ihnen der Begriff „Homonyme"? **1**

Friedrich Schiller hat 1804 ein Drama mit einer ähnlichen Szene geschrieben. Wie heißt es? Recherchieren Sie, worum es dort geht. **2**

Nachbars Kaninchen

Rolf Wilhelm Brednich

Text 89

Zwei junge Leute aus Ehlen bekommen im Winter 1988 Besuch von einem befreundeten Paar. Die Gäste bringen einen großen, netten Hund mit. Im Laufe des Abends steigt die Stimmung. Die vier spielen Karten und trinken einige Gläser Wein. Den Hund haben sie nach draußen geschickt. Nach einigen Stunden taucht der Vierbeiner völlig verdreckt wieder auf. In der Schnauze hat er ein totes Kaninchen. Das Paar aus Ehlen erkennt sofort, dass es sich um ein Kaninchen ihres Nachbars handelt. Nach dem ersten Schreck beschließen die vier, die schon recht angeheitert sind, den Hund und das Kaninchen erst einmal gründlich zu waschen. Das Kaninchen wird sogar noch trocken geföhnt. Dann schleichen die jungen Leute mit dem toten Kaninchen auf das Grundstück des Nachbars und legen das Tier in den Stall zurück.

Am nächsten Tag trifft das Ehlener Paar auch gleich den Nachbarn, der den beiden aufgeregt berichtet, bei ihm habe sich etwas Seltsames zugetragen. Vor drei Tagen habe er ein Kaninchen, das ihm eingegangen sei, auf seinem Grundstück begraben und heute Morgen habe das Tier doch wirklich völlig sauber, aber tot wieder in seinem Stall gelegen.

Aufgaben

Geben Sie den Inhalt dieser sagenhaften Geschichte wieder. **1**
➽ Infokasten „Eine Inhaltsangabe anfertigen" S. 203

Verfassen Sie einen Dialog, der sich an die Geschichte anschließen könnte. Entwerfen Sie einen „sagenhaften" Hintergrund. **2**

Der Fund am Straßenrand

Rolf Wilhelm Brednich

Text 90

Variante A

Eine Frau fuhr abends mit dem Auto von Göttingen in Richtung Northeim. Unter dem am Straßenrand aufgetürmten Sperrmüll sah sie ein Gerät, das sie für ein defektes elektrisches Heizgerät ansah. Da sie es noch für brauchbar hielt und ihr Mann, der technisch sehr geschickt ist, es eventuell hätte reparieren können, hielt sie an und lud es in ihr Auto. Nach zwei Kilometern Fahrt wurde sie von einem Polizeiauto angehalten und die Polizisten forderten die Herausgabe des eben eingeladenen Radargerätes. Die Frau war sehr erstaunt und auch dankbar, dass die Polizisten von einer Anzeige absahen.

Die Aufzeichnerin dieser Geschichte hatte diese Geschichte von einer Studentin im Sommer 1985 in Göttingen gehört und sie für wahr gehalten, bis sie sie vier Wochen später von einem Polizisten aus Westfalen ebenfalls erzählt bekam. Er hatte diese moderne Sage auf seiner Polizeistation schon mehrfach gehört.

Variante B

Eine junge Frau arbeitet in Wien, wohnt aber etwas außerhalb in einer kleinen Ortschaft. Sie fährt dort jeden Tag zur Arbeit. Einmal ist sie gegen 17 Uhr auf dem Weg nach Hause. Es ist Winter und schon leicht dämmerig. Da entdeckt die Frau am Straßenrand einen Mikrowellenherd. Zunächst fährt sie vorbei. Dann aber überlegt sie es sich anders, dreht um und kehrt an die Stelle zurück, wo sie das Gerät erblickt hatte. Sie steigt aus, untersucht das Gerät etwas genauer und beschließt, es mitzunehmen. Selbst wenn etwas kaputt sein sollte, so lohnt sich vielleicht eine Reparatur. Zu Hause angekommen, ruft sie ihren Freund an, er solle mal vorbeikommen und ihren Fund begutachten. Plötzlich klingelt es an der Haustür. Die Frau öffnet und steht zwei ärgerlich aussehenden Polizisten gegenüber. Die Beamten fordern sie auf, umgehend das Radarüberwachungsgerät, das sie verbotenerweise vom Straßenrand entfernt habe, herauszugeben.

Erzählt wurde die Geschichte im April 1988 auf einer Autofahrt durch Wien. Die Erzählerin gab an, die Story wenige Wochen vorher von einer Arbeitskollegin erfahren zu haben.

Für die Beliebtheit dieser sagenhaften Geschichte in der Bundesrepublik spricht die Tatsache, dass Max Schautzer am 13. Februar 1989 in seiner Fernsehserie „Pleiten, Pech und Pannen" eine Version dieser modernen Sage als „vergnügliches Missgeschick" präsentierte.

Aufgaben

1 Professor Brednich hat die beiden Versionen der Geschichte (Text 90) auf S. 141 in unterschiedlichen Sprechhaltungen belassen. Finden Sie die Unterschiede heraus und machen Sie deutlich, was dadurch bewirkt wird.

2 Lesen Sie die beiden Darstellungen laut vor und berücksichtigen Sie die Erzählhaltungen.

3 Der Titel des Buches lautet: „Die Spinne in der Yucca-Palme". Vielleicht haben Sie diese sagenhafte Geschichte schon einmal gehört. Erzählen Sie sie, als ob Sie sie einem guten Freund erzählen würden. Falls Sie sie nicht gehört haben, erfinden Sie eine „gute Story" dazu. ➠ Infokasten „Geschichten erzählen" S. 191

Text 91

Übler Scherz mit Betonfußbällen: Zwei Personen festgenommen

Der Fall der mit Beton gefüllten und im Berliner Stadtgebiet ausgelegten Fußbälle ist nach Informationen der Nachrichtenagentur ddp offenbar aufgeklärt. Bei einer Durchsuchung in der Strelitzer Straße in Berlin-Mitte fand der polizeiliche Staatsschutz beim Landeskriminalamt (LKA) am Mittwochmittag umfangreiches Beweismaterial, unter anderem mehrere neue sowie bereits präparierte und fertige Bälle, dazu verschiedene Ketten und Sprühflaschen. Zwei 26 und 29 Jahre alte Österreicher wurden festgenommen. Sie gehören möglicherweise zu einer Künstlergruppe. Gegen die beiden wird wegen fahrlässiger und gefährlicher Körperverletzung sowie gefährlichen Eingriffs in den Straßenverkehr ermittelt.
Seit Ende Juni waren in vier Berliner Bezirken mehrere mit Beton gefüllte, etwa zehn Kilo schwere Fußbälle ausgelegt worden. Die Bälle waren mit Gliederketten an Laternen, Bäumen oder Geländern befestigt. Zumeist war in ihrer unmittelbaren Nähe mit rosafarbener Farbe der auffordernde Slogan „Can u kick it?" („Kannst du ihn treten?") aufgesprüht worden. Beim Treten gegen die Betonfußbälle hatten sich zwei 21 und 23 Jahre alte Männer leicht am Fuß verletzt. Wegen des WM-Bezugs ermittelt der polizeiliche Staatsschutz beim Landeskriminalamt (LKA).

Aufgaben

1 Worin besteht der Unterschied zwischen einem Meldungs- und einem Erzähltext?

2 Formen Sie den Zeitungsbericht in eine sagenhafte Erzählung um.
➠ Infokasten „Texte in eine Erzählung umwandeln" S. 192

Science-Fiction

An der Südküste Kaliforniens verschwindet ein Schiff. Herden junger Wale verenden aus unerklärlichen Gründen am Strand. Kurze Zeit verschieben sich die Magnetlinien des Erdfeldes. Eine junge Fotojournalistin will der Sache auf den Grund gehen und findet beim Tauchen mit ihren Freunden den Schlüssel zu einer globalen Katastrophe: Auf dem Meeresgrund entdecken sie ein havariertes außerirdisches Raumschiff mit einer verheerenden Fracht an Bord …

So beginnt der Roman „Die Wiege der Zukunft", von Arthur C. Clarke, der auch den Bestseller „2001 – Odysee im Weltraum" geschrieben hat.

HARLIE – ein denkendes Wesen, das dem Denken von Wissenschaftlern und Technikern entsprang.
HARLIE – ein neuartiger Computer, der selbstständig denkt und einen eigenen Willen entfaltet, ein ICH.
HARLIE – eine Persönlichkeit, die weiß, was Macht bedeutet und durchaus den Willen zur Macht hat.
HARLIE – eine Maschine, die eine Gottmaschine entwirft, um sich zu behaupten und zu vollenden.
HARLIE – greift in die Auseinandersetzung von Wissenschaftlern und Ingenieuren ein, dem Zugriff der Menschen längst entzogen.

David Gerrold, Ich bin Harlie, eine Geschichte, die die zukünftige Fähigkeit von Computern beschreibt.

Guy Montag ist Angehöriger des Staatlichen Ordnungsdienstes. Seine Aufgabe ist es, alle versteckten Bücher und Schriften aufzustöbern und zu verbrennen. Denn Bücher sind eine große Gefahr für einen Staat, der danach trachtet, seinen Einfluss in die letzten Winkel des privaten Tuns, Fühlens und Denkens seiner Bürger auszudehnen.
Feuerwehrmann Guy Montag hat bisher seinen Dienst versehen, ohne sich Gedanken zu machen, bis …

Ray Bradbury, Fahrenheit 451 – Die Temperatur, bei der Bücherpapier Feuer fängt. Ein utopischer Roman über eine Gesellschaft der Zukunft.

Aufgaben

1. Welches der oben dargestellten Bücher würden Sie gerne weiterlesen? Begründen Sie Ihre Entscheidung.

2. Kennen Sie einen Zukunftsroman, den Sie empfehlen und vorstellen könnten?

Text 92 Der Posten

Fredric Brown

Er war durchnässt und voller Kot, er hatte Hunger, ihm war kalt und er war fünfzigtausend Lichtjahre weit weg von zu Hause.

Eine sonderbare blaue Sonne gab hier Licht, die Schwerkraft, das Zweifache dessen, woran er gewohnt war, machte jede Bewegung zur Qual. Aber seit Zehntausenden von Jahren hatte sich an dieser Seite des Krieges nichts geändert. Die Knaben von der Luftwaffe mit ihren schnittigen Raumschiffen und ihren Superwaffen, die hatten es prima. Wenn es hart auf hart ging, natürlich, da war es immer noch der Landser, die Infanterie, die den Boden erobern und halten musste, jeden beschissenen Fußbreit Boden … Wie diesen verdammten Planeten von einem anderen Stern, von dem er noch nie etwas gehört hatte, bis sie ihn hier absetzten. Und jetzt war es auf einmal heiliger Boden, weil die Fremden auch da waren. Die einzige andere intelligente Rasse im Milchstraßensystem … grausame, fürchterliche und abstoßende Monster.

Es hatte nahe dem Zentrum der Milchstraße Feindberührung mit ihnen gegeben, nachdem mehr als tausend Planeten langsam und mühevoll erobert worden waren, und es war Krieg auf den ersten Blick. Sie schossen, ohne überhaupt Verhandlungen oder einen Friedensschluss zu versuchen.

Jetzt musste es ausgekämpft werden, Planet um bitteren Planet.

Er war durchnässt und voll von Kot, er hatte Hunger, ihm war kalt, und der Tag war rau von einem schrillen Wind, der ihm in den Augen wehtat. Aber die Fremden versuchten einzudringen, und jeder Posten war lebenswichtig.

Er blieb wachsam und hatte sein Gewehr bereit. Fünfzigtausend Lichtjahre weg von zu Hause kämpfte er auf einer fremdartigen Welt und fragte sich, ob er jemals ein Wiedersehen mit der Heimat erleben würde.

Und dann sah er einen von ihnen auf sich zukriechen. Er zielte und feuerte. Der Fremde gab diesen sonderbaren, fürchterlichen Laut von sich, den sie alle ausstoßen, und lag dann bewegungslos dar.

Er schauderte bei dem Laut und beim Anblick des Fremden, der dort lag. Man hätte sich eigentlich nach einiger Zeit an sie gewöhnen müssen, aber ihm war es niemals möglich gewesen, an diese abstoßenden Geschöpfe mit nur zwei Armen und zwei Beinen, mit dieser totenbleichen Haut und ganz ohne Schuppen.

Aufgaben

1 Mit welchen Gefühlen hält der Posten auf dem abgelegenen Planeten Wache? Bis zu welcher Zeile könnte sich dies alles auch in einer anderen als einer Science-Fiction-Geschichte abspielen?

2 Als was identifizieren Sie das Geschöpf, das der Posten tötet? Geben Sie eine genaue Beschreibung des Postens, damit er wiedererkannt werden kann.
➠ Infokasten „Personen beschreiben" S. 174

3 Beschreiben Sie einen alternativen Umgang mit Fremden.

4 Weisen Sie mit Hilfe des nachfolgenden Textes (Text 93) typische Aspekte einer Science-Fiction-Geschichte in dem Text „Der Posten" nach.

4420142

Zur Attraktivität von Science-Fiction-Literatur

Text 93

Die Gattung „Science-Fiction" spielt in der Literatur sowohl als Roman wie auch als Kurzgeschichte eine nicht zu übersehende Rolle. Geht man in Buchhandlungen, nehmen die entsprechenden Bücher große Teile des Angebotes ein. Hinzu kommt, dass viele Filme sich diesem Genre verschrieben haben. Aus unterschiedlichen Perspektiven nähern sie sich dem Thema, Zukünftiges vorzudenken und in Spielhandlungen darzustellen. Epen wie „Starwars", Filme wie „Die Matrix" oder „True-Man-Story" oder Fernsehserien wie „Startreck" oder „Stargate" halten viele Menschen in ihrem Bann. Alle diese filmischen Darstellungen gehen auf bekannte Literaturvorlagen zurück. Die Wurzeln der heutigen SF-Literatur finden sich in gesellschaftlichen und technischen Überlegungen. Immer wieder sind es Utopien, die von den Autoren vorgedacht werden, wie z. B. Jules Verne (1828 bis 1905) schon im 19. Jahrhundert einen Flug zum Mond vorhersah oder Herbert G. Wells, der in seinem Roman „The Time Maschine" (1895) Begegnungen mit Außerirdischen beschrieb (übrigens sehr rassistisch mit umfangreichen Vorurteilen gegenüber dem/den „Bösen aus dem All"). Hintergrund ist die europäische Industrialisierung und die Begeisterung für das technisch Machbare und das Denkbare bzw. Wünschenswerte. Im 20. Jahrhundert schrieben Aldous Huxley („Schöne neue Welt"), George Orwell („1984") oder Stanislaw Lem („Die Kyberniaden") politisch-gesellschaftliche Science-Fiction-Literatur, in der sie politische Entwicklungen wie Diktaturen, außerirdische Gesellschaftsformen und interstellare Wirtschaftsverbindungen darstellten. Die SF-Literatur seit Mitte der 50er-Jahre des 20. Jahrhunderts hat vor allem eine Grundrichtung: Die allen anderen Spezies überlegene Menschheit erobert den Weltraum. Neben einem stillschweigenden Bekenntnis zu einer demokratisch strukturierten Gesellschaft wird fast immer von einem kapitalistischen Wirtschaftssystem ausgegangen. Interstellare Handelsgesellschaften werden gegründet oder eben bekämpft, wenn sie den Menschen schaden. Imperatoren oder Kaiser, die diktatorische Macht haben, müssen (fast immer erfolgreich) verhindert werden. Wenn die Fähigkeit der nun interstellar handelnden Menschen nicht ausreicht, dürfen Supergehirne, Riesencomputer, PSI-Mutanten oder dienstbare Außerirdische helfen. Mit der fortschreitenden Technikentwicklung steigen auch die Fähigkeiten der Raumfahrer. Visionäre Endgedanken über die Existenz der Erde unterstützen die realen Raumfahrprojekte und die in SF-Literatur beschriebenen Wege der Menschen ins All („Kampfstern Galaktika").

In den 70er-Jahren des 20. Jahrhunderts taucht jedoch auch eine Menge sozialkritischer Sciencefiction auf, die sich mit zukünftigen Gesellschaften auf unserem Planeten beschäftigt. Auch die Infragestellung des omnipotenten Menschen findet sich wieder.

Insgesamt stellen Sciencefictiontexte mögliche Weltsichten vor, zeigen Handlungsmöglichkeiten in der Zukunft auf oder entwickeln technische Entwicklungsperspektiven. Dadurch erhält der Leser bzw. die Leserin die Möglichkeit, Erkenntnisprozesse mitzumachen, den Horizont zu erweitern und in eine konstruktive Auseinandersetzung mit den erlebten Fortschritten zu treten.

Aufgaben

1 Was macht Science-Fiction-Romane für den Leser so attraktiv?

Tobacco Road

Peter Vietor und Martin Beronek

Text 94

I Als er die Diskothek zum ersten Mal betrat, trug er einen gelben Pullover, braune Cordhosen und hochhackige Lederstiefel. Die Leute starrten. Auf der Vorder- und Rückseite seines Pullovers war eine dicke, schwarze Dreizehn abgebildet. Sein Haar war lang und lockig; er sah aus wie Prinz Arne aus den Eisenherz-Comics. Wie die meisten, die keinen

Sitzplatz abbekommen hatten, stellte er sich in die Nähe der Tanzfläche, bestellte und trank zwei Flaschen Bier und ging gegen Mitternacht, ohne ein einziges Mal getanzt zu haben.

II Am nächsten Sonnabend erschien er wieder. Alles war wie beim ersten Mal. Er nahm seinen Stehplatz ein, trank Bier, sah die Mädchen an, ging auch einmal umher, sprach mit dem bärtigen Kellner, als er ein Bier bestellte, und tanzte nicht. Er trug einen gelben Pullover mit einer dicken, schwarzen Zwölf. Der Discjockey spielte „Little By Little" von den Stones. „Maggie May" von Rod Steward und „One, Two, Three, Four – we don't want your fuckin' war" von Joe McDonald. Es war warm, angenehm laut, und die Lichtorgel verblitzte rotes und grünes Licht.

III Am folgenden Wochenende trug er eine Elf, am darauffolgenden eine Zehn, dann eine Neun, dann eine Acht. Es war der einzige wesentliche Unterschied zu den vorhergehenden Abenden. Mittlerweile war er einigen Stammgästen aufgefallen, die sich fragten, ob die Sache nun so weitergehen würde, was sie wohl zu bedeuten habe. Manche unterhielten sich darüber, was nach der Eins oder der Null kommen würde. Allgemein hielten sie die Sache für einen Gag zwischen gut und mäßig und amüsierten sich ein bisschen darüber.

IV Als er die Sieben trug, sprach er zum ersten Mal ein Mädchen an. Es war eine kleine Blondine mit einem Gesicht wie France Gall, während aus den Lautsprechern „Mama Loo" von den Les-Humphries-Singers ertönte. Er sagte so etwas wie „Wollen wir mal tanzen?", aber im Lärm der Musik waren seine Worte sowieso nicht zu verstehen. Das Mädchen schüttelte den Kopf. Er sah in eine andere Richtung, trank noch ein Bier, dann ging er – eine Stunde früher als üblich. Im Ausschankraum krachte an diesem Abend ein Regal mit über hundert Gläsern zusammen und bei der Stereoanlage fielen nach dreiundzwanzig Uhr zwei Lautsprecherboxen aus.

V Die nächsten beiden Sonnabende erschien er nicht. Drei Wochen nach seinem letzten Besuch kam er wieder. Er trug diesmal eine Vier und sah verändert aus. Seine Haare waren strähnig und wirkten fettig und ungepflegt. Er hatte tiefe Ränder unter den Augen. Seine Augen selbst glänzten fiebrig. Er rührte sich den ganzen Abend lang nicht aus seiner Ecke, obwohl seine Blicke die Tanzenden verfolgten und die Mädchen musterten, die an den Tischen saßen oder vorüberschlenderten. Die Stereoanlage setzte zweimal für eine halbe Stunde aus, einmal bei „Pinball Wizard" von den Who's, ein anderes Mal bei „I'm a man" von Spencer Davis. Nach seinem Fortgang brach ein Feuer aus, das aber schnell unter Kontrolle gebracht werden konnte und keinen nennenswerten Schaden anrichtete.

VI Der Abend, an dem er die Drei trug, brachte der Diskothek kein Unglück. Es passierte nichts Außergewöhnliches. Über dem Pullover lauschte ein ausgeflippt wirkendes Gesicht der Musik, die ausnahmslos düster exstatisch dröhnte: „All Along The Watchtower" und „Hey Joe" von Jimi Hendrix, Stücke von Alice Cooper, King Crimson und den Stones. Aber in dieser Nacht brannte am anderen Ende der Stadt ein ganzes Wohnviertel ab, bei dem einige hundert Menschen den Tod fanden. Überall im Lande stürzten zur gleichen Zeit alle Brücken zusammen. Ein mystisches Schlagzeilenrätsel in den Massenmedien brachte Gott, den Teufel und die Kommunisten ins Gespräch.

VII Die Zwei brachte den millionenfachen Tod über die Erde. Die afrikanischen Länder wurden von Heuschreckenschwärmen heimgesucht, wie man sie noch nie zuvor gesehen hatte, die ganze Landstriche kahl fraßen und Städte entvölkerten, indem sie sich auf die Menschen stürzten und sie bis auf die Skelette abnagten. In Asien gab es riesige Überschwemmungen, bei denen sich die Fluten das vietnamesische Volk holten, soweit es nicht schon vorher von seinen amerikanischen Peinigern in die Gräber geschickt worden war. In Europa, Australien und Amerika brachen Pest, Typhus, Ruhr und Cholera in neuen und rätselhaften Erscheinungsformen aus. Die Diskothek wurde nach all diesen Schreckensmeldungen zwei Tage später geschlossen.

VIII Der Himmel regnete Feuer. Die Erde brach auf. Vulkane und Meer nahmen sich, was Mensch war und seinen Händen entstammte; was ihnen entging, erreichten urwelt-

4420144

liche Ungeheuer, Blitze, Schwefelregen, Säurebäche und Atompilze. Der Mond schickte sich an, auf die Erde zu fallen. Die Temperatur stieg auf 45 Grad Celsius im Schatten. Dort, wo einst die Diskothek gestanden hatte, stand ein sterbender alter Mann mit einem gelben Pullover, der eine dicke schwarze Eins trug, und starrte ins Leere. In der Hand hielt er eine Plastiktüte, eine solche, wie man sie in jedem Kaufhaus erhielt, und aus diesem Beutel nahm er einen weiteren Pullover, einen, der eine Null trug. Mühsam streifte er sich den Pullover mit der Eins über die Schultern und griff nach dem anderen.

„Bitte nicht", sagte eine Stimme. Der Mann sah auf. Über den glühenden Ruinen der Gebäude näherte sich ein Engel, hell und blond, doch ohne Flügel, in einem weißen Minikleid, unbeirrt über das Chaos schreitend.

IX „Komm", sagte der Engel, und der Mann, mit nacktem Oberkörper, den Pullover mit der Null immer noch unschlüssig in der Hand haltend, fühlte sich plötzlich einige Meter über den Erdboden gehoben, sah die Erde sich in einen aufziehenden Nebel hüllen, sah alles verschwinden außer dem Mädchen neben sich, sah Licht und sah Nacht, sah schließlich ein Land unter sich, wie er es so grün und frühlingserfüllt nie zuvor gesehen hatte, flog mit dem Mädchen darüber hin, sah nur fröhliche und gesunde Menschen, sah, dass Menschen und Umwelt und Arbeit eine Einheit geworden waren, sah, dass nicht betrogen und getötet wurde und niemand grausam war gegen sich oder andere. Jeder lebte nach seinen Bedürfnissen und trug nach seinen Fähigkeiten zum Glück der anderen bei. Es herrschte die totale Kommunikation, und weil jeder seine Mitmenschen verstand, liebte er sie. „Das ist meine Welt", sagte der Engel. „Die Welt deiner Zukunft. Millionen haben für sie gekämpft und sind für diesen Traum verfolgt, gefangen, gefoltert, geköpft, erschossen oder gehenkt worden. Es liegt an dir, ob diese Welt jemals Wirklichkeit wird in deinem Universum. – Ich bringe dich zurück. Mehr kann und darf ich nicht tun. Die Entscheidung liegt bei dir."

Und der alte Mann stand wieder vor den Trümmern der Diskothek, mit braunen Cordjeans bekleidet, den Pullover mit der Null in der Hand. Das Mädchen war fort. Nichts regte sich, die Welt schien den Atem anzuhalten, die Luft war dick und heiß. Der Mann starrte in diese dicke, heiße Luft und zerknüllte den Pullover. Er seufzte. Nach einer Ewigkeit und vielleicht noch fünf Minuten mehr nahm er den Pullover auf und warf ihn fort, weit fort, so weit er nur konnte. Und alles wurde hell und durchsichtig. Alles löste sich in weißen Rauch auf.

X Als er die Diskothek zum ersten Mal betrat, trug er einen gelben Pullover, braune Cordhosen und hochhackige Lederstiefel. Die Leute starrten. Auf der Vorder- und Rückseite seines Pullovers war der Kopf von Jimi Hendrix abgebildet. Sein Haar war lang und lockig; er sah aus wie Prinz Arne aus den Eisenherz-Comics. „Wollen wir mal tanzen?" fragte ihn ein Mädchen, das mit seinen blonden Haaren und seinem weißen Minikleid wie ein Engel aus einem Weihnachtsmärchen aussah. Er lächelte, nickte und ging mit ihr zur Tanzfläche hinüber. Der Diskjockey spielte „Tobacco Road" von Eric Burdon and war und fragte sich neidisch, wie dieser Typ dort, der wie Prinz Arne aus den Eisenherz-Comics aussah, ein solches Mädchen verdient hatte.

Aufgaben

1 Der Text „Tobacco Road" erzählt von einem jungen Mann, der nach dem Tod seiner Mutter nur mit seinem trinkenden Vater „... in the middle of tobacco road ..." aufwächst. Er erzählt von der dreckigen Straße, die er hasst. Stellen Sie Einflüsse zusammen, die die Wut des jungen Mannes immer weiter gesteigert haben könnten.

2 Wie z. B. in dem Film „12 Uhr Mittags" ist die ablaufende Zeit ein Strukturmerkmal der Geschichte, ein so genanntes „Countdown-Prinzip". Zeigen Sie dies in der Geschichte auf und erläutern Sie, inwiefern es parallel dazu ein gegenteiliges Prinzip gibt.

3 Welche Vielfalt von verschiedenen Menschentypen finden Sie in Ihrer „Lieblingsdisco"? Wie gehen Sie mit diesen um?

Text 95 Schöne neue Welt

Aldous Huxley

Päppler blieb im Entkorkungszimmer zurück, als der BUND[1] und die Studenten mit dem nächstgelegenen Aufzug ins vierte Stockwerk fuhren.

KLEINKINDERBEWAHRANSTALT; NEO-PAWLOWSCHE NORMUNGSSÄLE[2]; verkündete ein Schild.

Der Direktor öffnete eine Tür. Sie betraten einen großen, kahlen, sehr hellen und sonnigen Raum; die ganze Südwand bestand aus einem einzigen Fenster. Ein halbes Dutzend Pflegerinnen, vorschriftsmäßig in Anzüge aus weißem Viskoseleinen gekleidet, das Haar unter weißen Hauben verborgen, war soeben dabei, Schalen voller Rosen in langer Reihe auf den Boden zu stellen. Große Schalen, die dicht gefüllt waren. Tausende von Blütenblättern, prall und seidenglatt wie die Pausbäckchen unzähliger Englein, aber nicht lauter rosig arischer, sondern auch mattgelb mongolischer und mexikanischer; Bäckchen, vom vielen Blasen der himmlischen Posaunen apoplektisch[3] purpurn angelaufen; Bäckchen, totenblass wie Friedhofsmarmor. Die Pflegerinnen standen stramm, als der BUND eintrat.

„Stellen Sie die Bücher auf!“, befahl er kurz. Schweigend gehorchten sie. Zwischen die Rosenschalen wurden Bücher gestellt, eine Reihe Kinderbücher, jedes einladend aufgeschlagen auf einer Seite mit dem bunten Bild eines Vierbeiners, Fisches oder Vogels. „Nun bringen Sie die Kinder!“

Die Pflegerinnen eilten hinaus und kehrten nach ein paar Minuten zurück; jede schob so etwas wie eine stummen Diener vor sich her, dessen vier drahtvergitterte Fächer mit acht Monate alten Kindern beladen waren, alle einander genau gleich (eine Bokanowskygruppe[4] offenbar) und alle, da sie der Delta-Kaste angehörten, in Khaki gekleidet.

„Setzen Sie sie auf den Boden!“ Die Kinder wurden abgeladen. „Nun wenden Sie sie so, dass sie die Blumen und Bücher sehen können!“ Kaum war das geschehen, verstummten die Kinder und begannen auf die Sträuße mit ihren seidig schimmernden Farben, auf die so fröhlich auf den weißen Buchseiten leuchtenden Figuren loszukrabbeln. Die Sonne, einen Augenblick lang verdunkelt, kam hinter einer Wolke hervor. Die Rosen flammten auf, wie von je erwachter Leidenschaft erblüht; neue, tiefere Bedeutsamkeit schien die bunten Bilder zu erfüllen. Aus den Reihen der krabbelnden Kinder ertönten kleine, aufgeregte Schreie, freudiges Lallen und Zwitschern.

Der Direktor rieb sich die Hände. „Großartig!“, sagte er. „Fast wie auf Bestellung!“ Die flinksten Babys waren schon am Ziel. Unsicher streckten sich Händchen aus, berührten, ergriffen und entblätterten die vom Sonnenlicht verklärten Rosen, zerknitterten die Bilderbuchseiten. Der Direktor wartete, bis alle vergnügt beschäftigt waren. „Und nun passen Sie auf!“, sagte er und gab mit erhobener Hand ein Zeichen. Die Oberpflegerin, die am anderen Ende des Saales vor einem Schaltbrett stand, drückte einen kleinen Hebel herunter. Ein heftiger Knall, gellendes und immer gellenderes Sirenengeheul. Rasendes Schrillen von Alarmglocken. Die Kinder fuhren zusammen. Sie begannen zu schreien, die Gesichtchen von Entsetzen verzerrt. „Und jetzt“, brüllte der Direktor, denn der Lärm war ohrenbetäubend, „werden wir ihnen die Lektion mit einem kleinen elektrischen Schlag einbläuen.“ Er winkte abermals, die Oberpflegerin drückte einen zweiten Hebel. Das Schreien der Kinder hörte sich plötzlich anders an. Verzweiflung, fast Wahnsinn klang aus diesen durchdringenden Schreikrämpfen. Die kleinen Körper zuckten und erstarrten, ihre Arme und Beine bewegten sich ruckartig, wie von unsichtbaren Drähten gezogen.

---

1 Gemeint ist hier der Brut- und Normdirektor der Brut- und Normzentrale in Berlin-Dahlem; in dem Roman wird in der Zentrale der („Menschen-“)Nachwuchs gezüchtet und je nach Bestimmung als Alphas (hochwertige Menschen) bis hin zu Epsilons (für niedere Arbeiten vorgesehene Personen) unterschiedlich erzogen und genormt.

2 Anspielung auf den Wissenschaftler I. P. Pawlow (1849–1936), der ein Reiz-Reaktionsschema erforschte. Er verband jede Fütterung eines Hundes mit einem Klingelton. Nach einer Trainingszeit reagierte der Hund auch ohne Futter nur auf den Klingelton mit der Absonderung von Speichel. In der Lerntheorie wird dies als operante Konditionierung bezeichnet.

3 apoplektisch = „in höchster Erregung“

4 Bokanowsky-Verfahren = die ursprünglich utopische Idee, man könne durch bestimmte wissenschaftliche Verfahren aus einer befruchteten Zelle beliebig viele identische Menschen züchten (Bokanowsky-Gruppe). Heute ist dies durch den Fortschritt der Gentechnologie weniger utopisch geworden; für medizinische und agrartechnologische Zwecke können bereits Zellen von Bakterien und Pflanzen „geklont“, d. h. bei identischem Erbmaterial vervielfältigt werden.

4420146

„Wir können diesen Teil des Fußbodens unter Strom setzen“, brüllte der Direktor erklärend. „Aber jetzt genug!“ bedeutete er der Pflegerin. Die Detonationen hörten auf, die Klingeln verstummten, das Sirenegeheul erstarb nach und nach. Die zuckenden Kinderleiber lösten sich aus ihrem Krampf, das irre Stöhnen und Schreien ebbte zu einem gewöhnlichen Angstgeplärre ab.

„Geben Sie Ihnen noch einmal die Blumen und Bücher!“ Die Pflegerinnen gehorchten, aber beim bloßen Anblick der Rosen, der bunten Bilder mit den Miezekatzen, Hotte-hüh-Pferdchen und Bäh-Lämmern wichen die Kinder schaudernd zurück; ihr Geplärr schwoll sogleich wieder zu Entsetzensgeschrei an.

„Beachten Sie das, meine Herren“, sagte der Direktor triumphierend, „beachten Sie das genau!“ Bücher und unerträglicher Lärm, Blumen und elektrische Schläge – schon der kindliche Verstand verband diese Begriffe miteinander, und nach zweihundert Lektionen dieser oder ähnlicher Art waren sie unlösbar miteinander verknüpft. Was der Mensch zusammenfügt, das kann die Natur nicht trennen. „So wachsen sie mit einem, wie die Psychologen zu sagen pflegten, „instinktiven“ Hass gegen Bücher und Blumen auf. Wir normen ihnen unausrottbare Reflexe an. Ihr ganzes Leben lang sind sie gegen Druckerschwärze und Wiesengrün gefeit.“ Der Direktor wandte sich an die Pflegerinnen. „Schaffen Sie sie hinaus!“

Noch immer plärrend, wurden die Khakikinder wieder auf die stummen Diener verladen und hinausgefahren; sie ließen den Geruch von saurer Milch und eine höchst willkommene Stille. Ein Student hob den Finger: Er sähe ja ein, dass es nicht gehe, Angehörige der niederen Kasten ihre der Allgemeinheit gehörende Zeit mit Büchern vergeuden zu lassen, ganz abgesehen von der Gefahr, dass sie etwas lesen könnten, das unerwünschterweise einen ihrer angenormten Reflexe beeinflussen könnte, und doch – nein, er verstehe das mit den Blumen nicht. Warum mache man sich die Mühe, die Psyche der Deltas darauf zu normen, dass sie keine Freude an Blumen hatten?

Geduldig erklärte es der BUND. Kinder beim Anblick einer Rose in Schreikrämpfe zu versetzen, entsprang einer höchst ökonomischen Voraussicht. Vor gar nicht langer Zeit, etwa hundert Jahre war es her, hatte man Gammas, Deltas, sogar Epsilons die Liebe zu Blumen und überhaupt Freude an der Natur angenormt. Sie sollten das Bedürfnis haben, bei jeder sich bietenden Gelegenheit ins Grüne zu pilgern, und dadurch gezwungen werden, Verkehrsmittel zu benutzen. „Und benutzten sie sie?“ fragte der Student. „Jawohl, ausgiebig“, erwiderte der BUND. „Aber sonst nichts.“

Primeln und Landschaft, dozierte er, hätten einen großen Nachteil: Sie seien gratis. Die Liebe zur Natur halte keine Fabrik in Gang. Man hatte daher beschlossen, die Liebe zur Natur abzuschaffen, wenigstens bei den niedrigen Kasten, nicht aber den Hang, die Verkehrsmittel zu benutzen. Denn es war natürlich unerlässlich, dass sie auch weiterhin ins Grüne fuhren, selbst wenn es ihnen zum Hals herauswuchs. Das Problem lag darin, einen triftigen wirtschaftlichen Grund für die Benutzung der Verkehrsmittel zu finden statt bloßes Wohlgefallen an Primeln und Landschaft. Man fand ihn denn auch.

„Wir normen den Massen den Hass gegen landschaftliche Schönheiten an“, schloss der Direktor, „doch zugleich auch die Liebe zum Freiluftsport. Dabei achten wir darauf, dass jeder Sport den Gebrauch komplizierter Geräte nötig macht. Sie benutzen also nicht nur die Verkehrsmittel, sondern auch die Fabrikerzeugnisse. Und darum diese elektrischen Schläge.“ „Ich verstehe“, sagte der Student und schwieg, von Bewunderung übermannt.

Aufgaben

1. Erläutern Sie, wie die Kinder auf ihre spätere Bestimmung hin erzogen werden. Kann man dabei eigentlich von Erziehung sprechen?

2. Führen Sie Argumente für und gegen diese Festlegungen von Kindern innerhalb einer Gesellschaft auf. Ist dies eine Zukunft? ➡ **Infokasten „Überzeugend argumentieren“ S. 187**

3. Wählen Sie einen der Science-Fiction-Texte aus und verfassen Sie dazu eine Textanalyse. ➡ **Infokasten „Der Literaturaufsatz“ S. 204**

Freie Zeit: Arbeitszeit – Leerlauf

Zeitmanagement

Viele Arbeitnehmer/-innen hört man klagen, dass sie vor lauter Arbeit überhaupt keine freie Zeit mehr haben. Auch Schüler/-innen, vor allem der oberen Klassenstufen, oder Auszubildende leiden unter diesem Problem. Sie können ihre Freizeitinteressen und die schulischen bzw. beruflichen Anforderungen nicht mehr in Einklang bringen.

Aufgaben

1 Tauschen Sie sich gegenseitig über Ihre persönliche Situation aus und notieren Sie Ihre Einschätzung:

- Welches zeitliche Verhältnis besteht zwischen Freizeit und Arbeitszeit?
- Leiden Ihre Freizeitaktivitäten unter den hohen Anforderungen in der Schule oder ist es umgekehrt, dass vor lauter Freizeitaktivitäten die Leistungen in der Schule rapide sinken?

2 Erstellen Sie jetzt einen möglichst exakten Wochenplan. Tragen Sie darin ein, wann Sie arbeiten (lernen) und wann sie regelmäßige Freizeitaktivitäten betreiben. Die Zeiten, in denen Sie nicht schlafen, aber auch nichts anderes tun, sind vermutlich Zeiten des Leerlaufs.

Verwenden Sie jeweils verschiedene Farben für die verschiedenen Phasen (Schlafen, Freizeit, Lernen, Leerlauf).

Stundenplan von ____________________

	1	2	3	4	5	6	7	8	9	10	11	12	13	14	15	16	17	18	19	20	21	22	23	24
Mo																								
Di																								
Mi																								
Do																								
Fr																								
Sa																								
So																								

3 Werten Sie Ihren Wochenplan aus: Welche Phasen dominieren? Welche Phasen sind seltener vertreten? Rechnen Sie die Phasen in Wochenstunden um.

4 Sind Sie von Ihrem Ergebnis überrascht oder stimmt es mit Ihrer Einschätzung (s. Aufgabe 1) überein? Gibt es etwas, was Sie gerne ändern würden?

Auf Dauer ist es schädlich für den Körper oder auch für das psychische Gleichgewicht, wenn man die Phasen der Muße und die Phasen der Arbeit nicht in eine sinnvolle Balance bringt. Wer sich zu viel Freizeit nimmt, wird das bald an seinen schulischen Leistungen bzw. den beruflichen Möglichkeiten merken. Auch der Geldbeutel könnte leicht überstrapaziert werden. Wer auf Dauer zu viel arbeitet, wird dies mit der Zeit am schleichenden Verlust seiner Freunde und Bekannten spüren oder auch an seiner Gesundheit („Workaholic"). Auch wenn der Schlaf permanent wegen anderer Anforderungen zu kurz kommt, führt dies auf längere Sicht zu Gereiztheit, Aufmerksamkeitsstörungen, körperlichen Beschwerden, wie z. B. Kopfschmerzen, Magenreizungen usw.

Deshalb ist es wichtig, eine durchdachte Zeiteinteilung zu planen. Arbeiten, die man zwingend erledigen muss, können dann möglichst effektiv getan werden. Eine Hilfe kann ein gutes Zeitmanagement sein.

Test

Besitzen Sie einen Terminkalender?	ja	nein
Tragen Sie darin wichtige Schultermine regelmäßig ein?	ja	nein
Tragen Sie darin auch nichtschulische Termine ein?	ja	nein
Schauen Sie täglich, z. B. am Vorabend, in Ihren Terminkalender hinein?	ja	nein
Beginnen Sie frühzeitig mit anstehenden Aufgaben (z. B. Klassenarbeit, Hausaufgaben)?	ja	nein

Aufgabe

1 Beantworten Sie die Fragen aus dem Test.

Auswertung: Dort, wo Sie „nein" angekreuzt haben, sollten Sie etwas verändern, damit bald ein „ja" angekreuzt werden kann.

Um sich einen Überblick über dringende Aufgaben einer Woche oder eines Tages oder gar eines Monats zu verschaffen, kann man sich eine Planungstabelle anlegen. Aufgaben, die Sie erledigt haben, streichen Sie durch.

Es ist notwendig, im Vorhinein zu erkennen, welche Aufgaben von hoher Dringlichkeit sind und welche Arbeiten noch Zeitaufschub dulden. Dadurch können Sie eine Reihenfolge der Aufgaben, die zu erledigen sind, festlegen.

Sinnvoll ist auch, den vermuteten Zeitaufwand dafür festzuhalten und einzuplanen. Denn in vielen Fällen werden bei einem hohen Zeitaufwand 80 % der zur Verfügung gestellten Zeit mit Dingen verschwendet, die nicht zum Ziel führen oder überhaupt nicht dringlich sind. Nur 20 % der Zeit werden für die konzentrierte Aufgabenbearbeitung verwendet.

4420150

Zeitmanagement ermöglicht:
- die richtigen Dinge zu tun,
- die Dinge richtig zu tun,
- Ergebnisse in einem optimalen Zeitverhältnis zu liefern.

Planungstabelle: Zeitraum (Tag/Woche/Monat)

Aufgaben	Kannziel	vermuteter Beginn der Vorbereitung	Zeitaufwand	Termin/ fertig zu stellen am	Mussziel

Wenn Sie diese Planungshilfe ausprobieren, können Sie
- trainieren, die wichtigen von den unwichtigen Aufgaben zu unterscheiden,
- trainieren, die Dringlichkeit von Terminen im Blick zu haben,
- trainieren, realistische Vorstellungen vom Zeitaufwand Ihrer Aufgaben zu entwickeln,
- trainieren, effektiver mit Ihrer Zeit umzugehen,
- erleben, dass Sie vielleicht mehr Zeit für Ihre Freizeit gewinnen.

Freizeitverhalten Jugendlicher

Bericht zur Lage der Jugend

Text 96

Individuelles Freizeitverhalten dominiert. Freizeit hat in den letzten Jahren einen entscheidenden Bedeutungswandel erfahren. In der […] Freizeit-, Konsum- und Erlebnisgesellschaft sehen Menschen nicht mehr nur die Arbeit als den zentralen Ort der Identitätsbildung und Selbstverwirklichung, sondern traditionelle Arbeitstugenden und neue Freizeitwerte ergänzen einander. Man arbeitet, um sich die materiellen Voraussetzungen dafür zu schaffen, in der Freizeit einen entsprechenden Erlebniswert lukrieren zu können. Arbeit und Freizeit stehen somit gleichberechtigt nebeneinander und werden wechselseitig benutzt, um einen sinnvollen Beitrag zur persönlichen Selbstkonstruktion und zur Erreichung der subjektiven Lebensziele zu leisten. […]

Diese Angebote entsprechen am ehesten der von der Freizeit geforderten Erlebnisdimension, bieten aber auch die Möglichkeit, sich an die neuen Sinnsysteme unserer Gesellschaft anzuschließen, und erreichen damit einen identitäts- und sinnstiftenden Status. […]

Die frei verfügbare Zeit ist für Jugendliche (vor allem für Schüler/-innen) rückläufig, der Leistungsdruck, vor allem durch die Schule verursacht, wächst. Schüler haben an

Wochentagen rund 4,1 Stunden pro Tag freie Zeit zur Verfügung, Berufstätige und Studenten 4,9 Stunden. Individuell orientierte Aktivitäten (Musik hören, Fernsehen, Video) führen die Hitliste der beliebtesten Freizeitaktivitäten an, danach folgen Sozialkontakte (Ausgehen, Freunde). Die Bedeutung verschiedener Medien (Audio, Video, PC) ist enorm. Jugendliche nutzen das Medienangebot als „aktive, kritische und selektive" Konsumenten. Jugendliche verfügen über beachtliche Finanzmittel. Im Durchschnitt hat jede(r) zwischen 14 und 24 Jahren im Monat 247 Euro zur freien Verfügung. Die Bedeutung der Jugendkulturen wächst, damit nimmt auch die „Freizeitindustrie" einen immer stärkeren Stellenwert bei der Freizeitgestaltung ein.

Aufgaben

1 Schreiben Sie die zentralen Aussagen des Textes heraus.

2 Stellen Sie das Zahlenmaterial, das der Text enthält, in einer Grafik dar.
➻ Infokasten „Schaubilder" S. 218

Nebenjobs: Viele Schüler/-innen oder Auszubildende gehen neben ihrer Schul-/Ausbildungszeit noch einem Nebenjob nach.

Aufgaben

1 Machen Sie eine Umfrage in Ihrer Klasse, wer einen Nebenjob hat und wie viel Zeit dafür verwendet werden muss.

2 Diskutieren Sie: Was spricht dafür und was dagegen, dass Jugendliche als „Freizeitbeschäftigung" einem regelmäßigen Nebenjob nachgehen?
➻ Infokasten „Diskussionen durchführen" S. 181

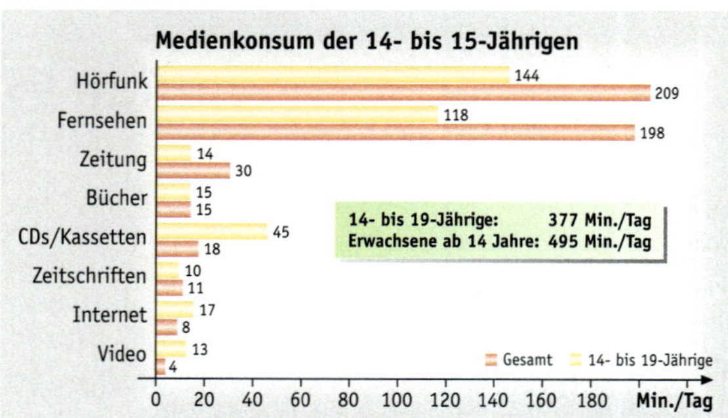

Grafik 1: Mediennutzung in Deutschland 2000: 14- bis 19-Jährige

Fernsehen

Viele Menschen verbringen täglich einen großen Teil ihrer freien Zeit vor dem Fernseher. Es gibt interessante Untersuchungen, die Auskunft geben, wie dieses Medium von Jugendlichen genutzt wird.

Nach wie vor sind Fernsehen und Hörfunk die am meisten genutzten Jugendmedien. Unterhaltungsshows, Spielfilme und Daily Soaps sehen die Jugendlichen am liebsten – Nachrichten kaum.

Medienkonsum der 14- bis 19-Jährigen

377 Minuten, also mehr als 6 Stunden, verbringt ein 14- bis 19-jähriger Jugendlicher täglich mit Medien (s. Grafik 1). Der Löwenanteil entfällt auf die „alten" Massenmedien Fernsehen und Hörfunk. Nur ein relativ geringer Teil, nämlich im Durchschnitt 17 Minuten täglich, kommt der Beschäftigung mit dem Internet zugute. Auch die Nutzung audiovisueller Speichermedien, wie CDs hören oder Videofilme ansehen, nimmt mit 46 Minuten täglich bzw. 13 Minuten täglich – gemessen an der Dominanz von Fernsehen und Hörfunk – nur einen relativ kleinen Teil des Medienbudgets in Anspruch.

4420152

Anteil der Internetnutzer nach Altersgruppen (in %)

	1997	1998	1999	2000
Gesamt	6,5	10,4	17,7	28,6
14- bis 19-Jährige	6,3	15,6	30,0	48,5
20- bis 29-Jährige	13,2	20,7	33,0	54,6
30- bis 39-Jährige	12,4	18,9	24,5	41,1
40- bis 49-Jährige	7,7	11,1	19,6	32,2
50- bis 59-Jährige	3,0	4,4	15,1	22,1
60-Jährige und älter	0,2	0,8	1,9	4,4

Quelle: ARD/ZDF-Online-Studie 2000

Marktanteil nach Programmsparten, 1. Halbjahr 2000 (in %)

Programmsparte	10- bis 15-Jähige	Zuschauer ab 3 Jahre
Zeichentrickserie	14,4	4,2
Serie	7,7	5,4
Spielfilm	6,1	4,9
Fernsehfilm	4,7	6,1
Unterhaltungsshow	3,5	5,3
Talkshow	3,2	4,8
Wetterinformationen	2,2	5,3
Musiksendungen	1,8	1,5
Reportagen/Dokumentationen/Magazine	1,6	2,6
Nachrichten	1,4	3,9

Von Reportagen bis zu Nachrichten

Text 97

Reportagen, Dokumentationen und Magazine mit mehr oder minder informativem Charakter finden nur selten das Interesse der Jugendlichen. Das relativ geringe Interesse Jugendlicher an (tagesaktuellen) Informationssendungen bestätigt eine Vielzahl von Studien, die zu dem Thema Jugend und Medien durchgeführt wurde. So konnte beispielsweise die vom Bayerischen Rundfunk und vom Internationalen Zentralinstitut für das Jugend- und Bildungsfernsehen 1997 durchgeführte Untersuchung nachweisen, dass sich Jugendliche von den klassischen Nachrichten- und Magazinformen nicht angesprochen fühlen. Sie sind häufig zu sach-, weniger personenorientiert, zu abstrakt statt konkret und personalisiert und oft eher unter einem gesamtgesellschaftlichen als unter einem alltagsbezogen-individualistischen Blickwinkel aufbereitet. Gerade diese formal-inhaltlichen Kriterien bedingen, dass Informationssendungen vielen Jugendlichen als „langweilig“ und an ihren Interessen vorbei produziert erscheinen. Personalisierung und Nachvollziehbarkeit scheinen auch ein Schlüssel zum Erfolg von Magazinen wie „Explosiv – Das Magazin“ (RTL) zu sein, die diese Elemente in ihren Beiträgen gezielt einsetzen. Nicht umsonst zählt „Explosiv“ seit Jahren zu den beliebtesten Informationssendungen der bundesdeutschen Jugendlichen.

Zudem werden Nachrichten häufig im Rahmen des bereits eingeschalteten Programms „mitgenommen". So konnten sich die „RTL2-News", die täglich um 20:00 Uhr ausgestrahlt werden, während der ersten „Big Brother"-Staffel (Beginn: 20:15 Uhr) zu einer der bei Jugendlichen erfolgreichsten Nachrichtensendungen entwickeln.

Aufgaben

1 Fassen Sie die Text- und Bildinformationen zum Thema Fernsehen in kurzen Thesen zusammen.

2 Überlegen Sie sich, wie die Informationsaufbereitung (Emotionalisierung, Personalisierung) der Nachrichten bei Privatsendern wie RTL auf die Qualität einer Nachricht auswirkt. Was macht sie mit dem Zuschauer ?

Text 98 Manipulation – Vorgegaukelte Realität

Woher beziehen wir unser Bild von der Welt? Woher „wissen" wir, was los ist, was *in* ist und was *out?* Woher, was politisch korrekt ist und was nicht? Woher, dass es Usama gibt? Und wie kommt es, dass unsere Kids plötzlich Denglisch oder Engleutsch sprechen? Und wo nehmen sie her, was derzeit „voll fett krass" ist?

Im Fernsehen wird uns ein Bild vorgegaukelt, wie die Welt sei, was die Menschen angeblich denken, glauben und meinen. Was öffentliche Meinung ist, wird uns von den Medien glaubhaft gemacht. Wir nehmen sekündlich Informationen auf und im Nachhinein können wir unmöglich nachvollziehen, woher wir diese Information bekommen haben und in welcher Form. Warum kauften Millionen Menschen z. B. eine gelbe Aktie, bei der für denkende Menschen von vornherein feststand, dass sie bald nichts mehr wert sein würde?

Die Rede ist von der alltäglichen Beeinflussung der Meinung vieler Konsumenten, Leser, Zuschauer durch bestimmte Medien. Eher sensationsorientierte TV-Sendungen oder „billige" unseriöse Zeitungen (Boulevardmedien) sind verantwortlich dafür, dass eher unkritische Menschen ein Bild von der Welt bekommen, das der Realität höchstens ansatzweise ähnelt.

Arten von Manipulation

- Manipulation durch Unternehmen einschließlich der Werbung, Berichterstattung über politische Kampagnen im Sinne unternehmerischer Interessen
- politische Manipulation, einschließlich der Manipulation für oder gegen eine bestimmte politische Partei oder einen Kandidaten
- Skandalisierung, die etwas Außergewöhnliches gegenüber dem Normalen aufbauscht. Dazu zählt die Praxis, oft aus kommerziellen Gründen besondere Nachrichten überzubetonen, zu verzerren oder zu fabrizieren.
- Desinformation, die gezielt falsche, einseitige oder verzerrte Informationen streut
- Agitation und Propaganda, z. B. Angstmachen vor einem Gegner
- Die journalistische Lüge, die gut ausgewählt schon deshalb geglaubt wird, weil sie oft als Schlagzeile gedruckt ist. Eventuelle Widerrufe werden so platziert, dass sie kaum Beachtung finden.

Themen

- emotional ansprechende Themen; intime Einblicke in private Erlebnisse von Persönlichkeiten
- Verbrechen, Unfälle und Naturkatastrophen

4420154

Besonders häufig werden folgende Gefühle angesprochen:

- Sensationsgier („Kannibale von Rotenburg")
- Neid und Missgunst durch Berichte über (vermeintlich) raffgierige Menschen und Sozialhilfe-Missbrauch („Florida-Rolf")
- voyeuristische Gefühle durch Einblicke in das Privatleben von Privatpersonen und Prominenten und deren Lebenskrisen
- Lust/Sexualität durch Pin-up-Bilder und Berichte über Sex „in allen Bereichen und Lebenslagen"
- Angst und Wut werden durch riesige Schlagzeilen / reißerische Vorankündigungen erzeugt, die Verbrechen als Bedrohung für jeden darstellen („Wer ist sein nächstes Opfer?")
- Ohnmachtsgefühle „des kleinen Mannes" („Wer stoppt die Gier der Politiker?"), der sich gleichzeitig beschützt fühlen soll durch das Aufgreifen des Themas durch seine Boulevardzeitung
- Mitleid durch das Darstellen von Verbrechen an hilflosen Opfern oder Berichte über schwere Schicksalsschläge

Zugespitzt kann das Konzept vieler Magazine, aber auch mancher Zeitungen als „Unterhaltung um (fast) jeden Preis" bezeichnet werden. Viele der Artikel und Berichte werden in sehr knapper Form präsentiert, grammatikalisch anspruchslos sowie inhaltlich verknappt und stark vereinfacht dargestellt, oft im Stile eines Werbetextes. Ein auffordernder Charakter der Sprache sowie viele Fragen (z. B.: „Sollen wir uns die ständige Selbstbedienung der Politiker wirklich weiter gefallen lassen?") vermitteln den Lesern einen Eindruck des Mitspracherechts und ein Wir-Gefühl. Inhalte werden erzählend (narrativ) aufgearbeitet. In den Printmedien sorgen die großen, bunten Bilder, die „eingerahmt" werden von meist kurzen, undifferenzierten Texten, für eine emotionale Reaktion.

Aufgaben

1 ●● Sammeln Sie aktuelle Beispiele für die verschiedenen Manipulationsarten bzw. Themen, die die oben beschriebenen Gefühle erzeugen. Stellen Sie Ihre Ergebnisse in Form einer Wandzeitung dar.

2 ●● Versuchen Sie, eine Definition für den Begriff der Manipulation zu formulieren.

3 ●● Was kann man tun, um nicht dieser gezielten Manipulation zu erliegen? Sammeln Sie Strategien.

4 ●● Schlagen Sie die Begriffe „Subjektivität" bzw. „subjektiv" und „Objektivität" bzw. „objektiv" in einem Lexikon nach und stellen Sie deren Bedeutung in Bezug auf die Sprache dar.

Internet

Neben Fernsehen und Hörfunk rangiert das Internet als äußerst beliebte Freizeitbeschäftigung vieler Jugendlicher auf den oberen Rängen. Auch dieses moderne Medium bietet nicht nur Unterhaltung und Spaß. Neben dem Interesse an Informationen sind viele Jugendliche an Computerspielen interessiert.

Jugend im Internet

Text 99

Junge Leute in Europa verbringen im Durchschnitt 18 Prozent der Woche im Internet. Das ist das Ergebnis der von MSN in Auftrag gegebenen Feldstudie „Europas Jugend online". Die Studie bietet Markenherstellern und Werbetreibenden Einblicke in das

Kommunikationsverhalten junger Europäer und enthält Informationen darüber, für welche Art von Werbung sie empfänglich sind. [...]

Zentrales Ergebnis der Studie: Junge Leute kommunizieren bereits in 30 % aller Fälle lieber online als über herkömmliche Wege. Online-Tools wie E-Mail oder Instant Messenger sind die populärsten Methoden, um mit Freunden, Kollegen und der Familie im alltäglichen Leben in Kontakt zu bleiben. Werbung sticht der jugendlichen Zielgruppe besonders bei E-Mail-Diensten ins Auge: Ein Drittel aller Teilnehmer registrierte die Werbung auf E-Mail-Webseiten.

E-Mail und Instant Messenger sind besonders zu Beginn der Woche im Einsatz. Die täglichen Spitzennutzungszeiten liegen in der Mittagszeit und am Ende des Arbeitstages. So fanden über 50 % der Unterhaltungen über den Instant Messenger zwischen zwölf und ein Uhr mittags sowie zwischen 17 und 18 Uhr statt.

Text 100 Spielsucht: Vom Joystick in die Klinik

Alix Rijckaert

Spielsucht: Vom Joystick in die Klinik

Gesundheit – In Amsterdam werden Menschen behandelt, die nicht vom Computer loskommen

AMSTERDAM. „In der Schule war ich der Dicke, den niemand leiden konnte. Also bin ich nach Hause gegangen und habe mich vor den Computer gesetzt, um zu spielen“, erzählt Tim (21) aus Utrecht, der mit neun Jahren seinen ersten Rechner hatte. Zum Schluss verbrachte er 20 Stunden am Tag mit Spielen: Kriegsspiele, zum Teil auch Nazi-Spiele. „Leute zu erschießen, auf ihren Kopf zu zielen, im Panzer über Häuser zu rollen – das war meine Realität. Wenn ich einen Joystick sehe, kribbelt es mich noch immer in den Fingern“, sagt er.

Einen Monat Therapie in einer Amsterdamer Spezialklinik für Suchtkranke hat er jetzt schon hinter sich. Als er noch am Computer spielte, ging Tim nie vor vier Uhr morgens ins Bett. Kokain, Haschisch und Ecstasy halfen ihm, diesen Rhythmus durchzuhalten. „Morgens bin ich aufgestanden, dann hab ich mir die Drogen besorgt, und ab elf Uhr habe ich vor dem Rechner gesessen.“ Da blieb er dann bis zum frühen Morgen.

Er habe nicht einmal die Fensterläden aufgemacht, erzählt Tim. Sein Zimmer sei ein Schlachtfeld gewesen, überall lagen leere Pizzakartons und leere Flaschen. „Ich bin nicht mal mehr aufgestanden, um auf die Toilette zu gehen. Ich habe einfach in eine große Flasche gepinkelt, ohne mit dem Spielen aufzuhören.“ Seine Eltern waren wie gelähmt vom Verhalten ihres Sohnes. Und mit seinen 139 Kilo Gewicht war Tim auch niemand, dem man so einfach die Leviten lesen konnte. Die Eltern machten sogar die Hausaufgaben für ihn.

Aber dann hatten sie irgendwann genug: Sie stellten ihn vor die Wahl, in die Klinik zu gehen oder auf der Straße zu landen. Ihr Sohn entschied sich für die Therapie und wurde der erste Patient mit Videospielsucht in der Spezialklinik Smith and Jones. „Tim fragte: ‚Kann ich meinen Gameboy behalten?‘“, erinnert sich der US-Spezialist Keith Bakker, der die Klinik gründete. Dort wurden bislang Alkoholkranke, Kokainabhängige, Patienten mit Bulimie oder Glücksspielsüchtige behandelt; jetzt hat sich die Klinik auch Videospielsüchtigen geöffnet. Der Großteil von ihnen kommt aus dem Ausland und zahlt viel Geld für eine Gruppentherapie intensiver Betreuung. Wie viel das genau kostet, darüber schweigt sich die Klinikleitung aus. Dafür bekommen die Patienten ein volles Programm: eine halbe Stunde Meditation am Morgen, ein Fitnessprogramm und vor allem lange Sitzungen in Gesprächsgruppen und Vorträge am Abend, die sie nicht schwänzen dürfen. Jeden Tag sprechen sie zudem mit einem persönlichen Berater oder einem Psychologen über den Entzug.

„Vor eineinhalb Jahren ging es plötzlich los, da kamen Leute mit Symptomen von Computerspiel-Abhängigkeit. Das war völlig neu“, erinnert sich Keith Bakker. „Der Jüngste war gerade mal sechs Jahre alt.“ Die Patienten sind Menschen, welche die Kontrolle über sich selbst verloren haben, wie Steven Noel-Hill meint. Er ist Tims Betreuer und war früher selbst abhängig vom Glücksspiel. „Das sind Kinder, die sich in ihrer Haut nicht wohl fühlen. Sobald sie aber vor ihrem Bildschirm sitzen, fühlen sie sich wie Gott.“ Das Schwierige an der Therapie Computerspielsüchtiger sei, dass sie nachher meist trotzdem wieder einen Computer benutzen müssten und dem Gerät nicht völlig aus dem Weg gehen könnten.

Aufgaben

1 Sammeln Sie Argumente für und wider die Nutzung von E-Mails. Welche Vor- und Nachteile birgt diese Kommunikationsmöglichkeit?
➼ **Infokasten „Überzeugend argumentieren" S. 187**

2 Tauschen Sie sich in Kleingruppen aus:
- Wie viel Zeit verbringen Sie täglich/wöchentlich vor dem Computer?
- Wozu nützen Sie den PC (Internetrecherche, E-Mail-Kommunikation, Ebay, Spiele, ...)?

3 Wie können Sie selbst Vorsorge treffen, dass Ihr Medienkonsum nicht zur Sucht wird?

Das Handy

Auch das Handy ist als Freizeitbegleiter bei Jugendlichen nicht mehr wegzudenken. Der nachfolgende Aufsatz eines 16-jährigen Schülers hat das Thema: „Ist der Besitz eines Handys für Jugendliche sinnvoll? Welche Gefahren könnten sich ergeben?" Die Rechtschreibfehler sind noch nicht korrigiert.

Schüleraufsatz

Text 101

Das Handy erlebte in den letzten Jahren eine riesige Verkaufsexplosion. Handys sind hochmodern und mit allen möglichen Sonderfunktionen und Raffinessen ausgestattet.

Fast alle Jugendlichen möchten ein Handy besitzen und das löst bei Eltern oft heftige Diskussionen aus. Denn ob das Handy für Jugendliche überhaupt notwendig ist, ist eine Frage, die Eltern beschäftigt. Und dies soll im Folgenden geklärt werden.

Da die neu entwickelten Handys klein und handlich sind, können diese teuren Geräte leicht verloren gehen. Viele Eltern fragen sich, ob es nicht zu früh ist, Jugendlichen solche Wertgegenstände mit zu geben. Gehen Jugendliche wirklich sorgfältig genug damit um? Die kleinen hochmodernen Mobiltelefone sind außerdem neben Bargeld ganz oben auf der Liste vieler Taschendiebe. Zudem wird ein handy, das irgendwo vergessen worden oder liegen geblieben ist, fast nie seinen rechtmäßigen Besitzer wieder sehen.

Handys bergen auch bei benutzen viele Gefahren in sich. Es werden nämlich im Internet, das jedes moderne Handy mit eingebaut hat, viele verlockende Bilder oder Videos zum downloaden über das Handy angeboten. Wer diese Funktion benutzt, verursacht Mehrkosten, die er oder seine Eltern vielleicht nicht unbedingt eingeplant haben. Ein sehr wichtiges Argument gegen den besitz eines Handys im Jugendalter ist, dass die noch geschäftsunerfahrenen Jugendlichen, angelockt durch ein billiges Vertragshandy, mit enormen Kosten durch grundgebühr oder teure telefonkosten konfrontiert sind. Jugendliche laufen Gefahr, dass sie am Ende jedes monats ihre rechnung nicht bezahlen können.

Man muss schon sagen, dass die Gründe gegen ein Handy teilweise wirklich gewichtig sind und einleuchtend klingen. Jedoch sollte man sich auch die Argumente, die für den Besitz eines Handys bei Jugendlichen sprechen, anschauen.

Mit den hochmodernen Geräten ist fast alles möglich. Ein begehrtes Ziel bei Jugendlichen ist der Download von Bildern und Musik, die durch das Schicken einer SMS auf dem Handy ankommen. Die neuen Fotokameras oder MP3-Player machen das Handy zu einem technischen Wunderwerk, mit dem man als Jugendlicher cool erscheinen kann. Die Hauptkommunikation von Jugendlichen besteht heutzutage im Versenden von SMS oder MMS. Damit kann man mit seinen Freunden zu jeder Zeit in Verbindung bleiben, Nachrichten oder kleine Aufmerksamkeiten mitteilen.

Nicht unerwähnt sollte bleiben, dass das Handy neben den Spaß- und Freizeitfunktionen auch noch die Bedeutung hat, dass man jederzeit und überall erreicht werden kann und auch andere erreichen kann. Man ist nicht mehr auf einen Festnetzanschluss angewiesen, wenn man einen wichtigen Anruf erwartet oder tätigen muss. Das ist beosnders wichtig in Notsituationen, wenn man z. B. die Polizei, Feuerwehr oder den Krankenwagen braucht. ...

Aufgaben

1. Korrigieren Sie den Aufsatz auf Rechtschreibung. Achten Sie besonders auf die Substantivierung von Adjektiven und Verben.
2. Erstellen Sie eine Liste der Pro- und der Kontra-Argumente, die der Schüleraufsatz enthält. Notieren Sie pro Argument ein Stichwort oder einen Halbsatz. ➡ Infokasten S. 187
3. Ergänzen Sie die Liste der Argumente.

Text 102 Razzia in Schule: Pornovideos auf Schülerhandys

Razzia in Schule

Pornovideos auf Schülerhandys

Selbst hartgesottene Polizisten waren entsetzt: Was sich bei einer Razzia in einer bayerischen Schule an Bildern und Videos auf beschlagnahmten Handys fand, fällt unter das Strafgesetzbuch. Einige Besitzer waren 14 Jahre alt.

Immenstadt – Insgesamt hatte die Polizei bei der Razzia an einer Hauptschule in Bayern 200 Handys beschlagnahmt – auf 15 fand sie Porno- und Gewaltvideos, Nazi-Propaganda und Sodomiesequenzen. Die Besitzer der Mobiltelefone stammen aus den siebten bis zehnten Jahrgangsstufen, bestätigte die Polizei in Immenstadt.

Ein Sprecher sagte, selbst altgediente Beamte seien schokkiert über das gewesen, was auf den Handys an Inhalten gespeichert war. Die Schüler der betreffenden Geräte sind zwischen 14 und 18 Jahre alt. Ihnen stehen nun Strafverfahren wegen des Besitzes und der Verbreitung verbotener pornografischer und Gewalt verherrlichender Inhalte bevor.

Nachdem die Mutter eines Schülers von den Sex- und Gewaltvideos berichtet hatte, hatte der Schulleiter die Polizei eingeschaltet. Man habe mit der Aktion andere Schüler in den unteren Klassen schützen wollen, sagte er. Die Schüler hätten die Videos in der Pause und in der Umgebung der Schule ausgetauscht. Ein Sprecher des Kultusministeriums begrüßte die Razzia. Der Vorfall sei allerdings zwar erschreckend, jeoch ein Einzelfall.

Text 103 Ein Fall für Kommissar Seitz: Der Film zur Tat

Wolfgang Seitz

Erschreckend: Was wir auf dem Handy eines Schülers fanden

Auf meinem Tisch liegt gerade ein Fall, der mir schwer zu schaffen macht. So unappetitlich ist er, dass ich am liebsten gar nicht darüber schreiben möchte. Aber ich fürchte, es handelt sich hier um ein Phänomen, das kein Einzelfall ist, denn gerade hörte ich, dass auch in Goslar ein Junge von Mitschülern misshandelt wurde – und die Täter haben das Ganze gefilmt.

Der Fall auf meinem Tisch: Vier Jungen einer katholischen Hauptschule, 16 Jahre alt, haben schon seit Monaten einen Mitschüler gegängelt, verprügelt, verhöhnt. Sie haben sich ihn als Schwachen ausgesucht, einfach so, ohne erkennbaren Grund. Sie haben ihn damit aufgezogen, dass sein Vater, bereits verstorben, körperlich behindert war, er hatte ein künstliches Bein. „Sohn eines Krüppels" haben sie ihn genannt. Und als wäre das nicht schon grausam genug, haben sich diese Jungs abends auf den Friedhof geschlichen, haben das Grab des Vaters aufgesucht, und einer der Jungs hat – wie soll man das nennen? – auf dem Grab seine Notdurft verrichtet, und die anderen haben die Tat mit dem Handy gefilmt. Der Film, der das Opfer demütigen sollte, wurde in der Klasse herumgezeigt, einer der Schüler hatte den Mut, das Ganze der Lehrerin zu sagen.

Als meine Kollegen in der Schule eintrafen, weinte diese Lehrerin noch immer. Die Jungs haben wir gleich aus dem Klassenzimmer heraus mit zur Vernehmung genommen, was sicher auch eine Demonstration sein sollte: Was hier passiert ist, wollten wir sagen, ist kein Jungenstreich, keine Albernheit, sondern eine schwerwiegende Straftat. Als wir danach das Handy untersuchten, fanden wir dort außer Pornografischem auch eine Prügelszene.

Ich will ehrlich sein: Wir haben früher als Schüler auch andere gehänselt, oftmals die, die am wehrlosesten waren. Kinder können gemein sein, sicher. Aber wir stellten ein Bein, zielten mit dem Ball auf andere. Und selbst das gab schon Ärger. Heute gibt es keine Grenzen mehr, viele sind moralisch wirklich verwahrlost. Vor einigen Jahren blickten wir nach Amerika und fragten uns: Was ist bloß los mit den Kindern der Mittelschicht? Wie sind sie zu so viel Gewalt fähig? Heute passiert dasselbe in Deutschland. Die Täter auf dem Friedhof

4420158

haben keinen Migrationshintergrund, besuchten eine ordentliche Schule, wohnten keinesfalls in einer unterprivilegierten Gegend.

Woher kommt sie dann, diese Gewalt? Ich vermute mal, eine große Rolle spielt es, dass die Jungs keine Ausbildungsplätze mehr finden, geschweige denn danach übernommen werden. Manche denken: Egal, wie ich mich anstrenge, ich kriege ja eh keinen Job. Und das Schlimme: Zum Teil stimmt das sogar. Außerdem kommen die meisten jungen Täter, mit denen ich zu tun habe, aus Familien, die man eigentlich nicht mehr so nennen dürfte. Seit Jahren schon müssen Lehrer als Ersatzerzieher herhalten. Und inzwischen sind wir Polizisten der Ersatz für den Ersatz.

In diesem Fall gab es in der Klasse rasch eine Front gegen die vier Täter. Die Mitschüler haben wohl sehr schnell begriffen, dass hier etwas sehr Grausames passiert ist. Wer will, kann das als Hoffnung betrachten. Mir fällt das schwer, gebe ich zu.

Nach diesen Vorfällen reagierten Lehrer/-innen verschiedener Schulen. Eine Schule in Baden-Württemberg beschloss für alle Schüler/-innen auf dem Schulgelände ein Handyverbot. Mit folgendem Schreiben wurden die Eltern über diese pädagogische Entscheidung informiert:

Brief der Schulleitung

Text 104

Liebe Eltern,

wie Sie wissen, spielt das Handy als „Kultgegenstand" eine große Rolle bei vielen Kindern und Jugendlichen, und wir beobachten, dass schon ein großer Prozentsatz von unseren Schülern mit modernen Multimedia-Handys ausgestattet ist. Wir beobachten auch, dass die Zusatzfunktionen wie Musik abspielen, Fotos und Videos aufnehmen die klassischen Kommunikationsfunktionen in den Hintergrund gedrängt haben und in der Schule mit entsprechenden Handys einerseits viel fotografiert, gefilmt und aufgenommen wird, andererseits ständig den Mitschülern auch von außerhalb mitgebrachtes Material gezeigt – und oft damit angegeben wird. Wie Sie jüngsten Presseberichten vielleicht entnehmen konnten, tauchten an verschiedenen Schulen pornografische und Gewalt verherrlichende Filme übelster Ausprägung auf, die auch Schüler aus unteren Klassen zu Gesicht bekamen und damit schwersten psychischen Belastungen ausgesetzt wurden. Es stellte sich heraus, dass sowohl bei Schülern als auch bei manchen Eltern wenig Unrechtsbewusstsein vorhanden war und die Vorgänge als Kavaliersdelikte angesehen wurden.

Wir möchten daher klarstellen, dass diese Probleme an unserer Schule sehr ernst genommen werden und dass der Schutz der Schüler vor diesem Material oberste Priorität hat. Jeder Schüler, der mit unerlaubten und andere gefährdenden Bildern, Filmen oder Tondateien auf dem Handy oder anderen Geräten erwischt wird, hat mit Schulstrafen und gegebenenfalls mit einer Anzeige zu rechnen.

Auch um die ablenkende Funktion und den „Wettlauf um die besten und teuersten Geräte" abzumildern, hat sich das Kollegium dazu entschlossen, die Benutzung von Handys auf dem Schulgelände zu untersagen, die Geräte bleiben also ausgeschaltet in der Tasche. Sobald ein Handy von einem Lehrer gesehen wird, wird es sofort abgenommen, im Wiederholungsfall können Strafen ausgesprochen werden. Es ist selbstverständlich weiterhin möglich – allerdings mit Einverständnis eines Lehrers – nach Hause zu telefonieren oder eine SMS zu empfangen oder zu schreiben.

Wir hoffen, Sie haben Verständnis für diese Maßnahme.

Es grüßen
die Schulleitung und das Kollegium

Aufgaben

1 Nehmen Sie Stellung zu dieser Maßnahme. ➠ Infokasten S. 187

2 Die Verbreiter dieser Videos auf dem Schulgelände wurden von der Schulleitung für fünf Tage von der Schule ausgeschlossen. Formulieren Sie die möglichen Begründungen für diese Maßnahme. Informieren Sie sich nötigenfalls über die Folge bei Kindern und Jugendlichen, wenn sie mit derartigem Material auf dem Handy konfrontiert werden.

Text 105 Schülerstellungnahme in der Schülerzeitung

Skandal – Handyverbot an unserer Schule

Jetzt sind wir mal wieder soweit: Sobald die Lehrer mit einem kleinen Randproblem nicht fertig werden, hagelt es Verbote.

Weil einige Schüler auf dem Schulhof dabei ertappt wurden, verbotene Bilder auf dem Handy anzuschauen, wird die ganze Schule mit einem generellen Handyverbot bestraft.

Wir Schüler fragen uns nach dem Sinn dieser Maßnahme. Welche Ziele verfolgt diese Verbotspädagogik?

Soviel wir wissen, sind Kollektivstrafen auch an Schulen verboten.

Warum wird die gesamte Schülerschaft mit einem unsinnigen Verbot traktiert, weil **ein Fall** aufgetreten ist, in dem Minderjährige etwas problematische Bilder auf ihrem Handy angeschaut haben.

Wir sagen: Sie waren nur zur falschen Zeit am falschen Ort, nämlich auf dem Schulhof dieser Schule.

Keiner hätte etwas dagegen haben können, wenn genau diese Schüler ihr Bildmaterial ein paar Meter weiter außerhalb des Schulgeländes angeschaut hätten.

Und so kommt es nun, dass wir alle, Schülerinnen und Schüler einer beruflichen Schule, zwar auf das Leben, vor allem auf das Berufs- und Geschäftsleben, vorbereitet werden sollen, aber das Handy, **das** Kommunikationsmittel, welches in der Geschäftswelt nicht mehr wegzudenken ist, wurde aus dem Lehrplan ersatzlos gestrichen.

Den Lehrern dieser Schule ist es offensichtlich gleichgültig, ob wir den Umgang mit dem Handy in jungen Jahren erlernen oder einüben können.

Den Lehrern dieser Schule ist es offensichtlich gleichgültig, wie wir Freunde oder Eltern verständigen können, wenn wir den Bus verpasst haben oder Hilfe benötigen, weil das Auto nicht mehr anspringt und wir hier festsitzen.

Ihnen ist es offensichtlich auch nicht wichtig, wie wir unkompliziert mit Freunden in Kontakt bleiben können, wenn wir durch die langen Schultage hier an der Schule festgenagelt sind.

Deshalb fordern wir: Zurücknahme des Handyverbots an unserer Schule!

Aufgaben

1 Beschreiben Sie die Position der Autorin.

2 Listen Sie die Argumente stichwortartig auf.

3 Beurteilen Sie die Stellungnahme. Gehen die Argumente auf das Problem ein? Ist die Stellungnahme ausgewogen oder unausgewogen, formuliert sie überzeugend?

4 Schlüpfen Sie in die Rolle der Schulleitung und nehmen Sie in Form eines Leserbriefs für die Schülerzeitung Stellung zu dem Artikel.
➠ Infokasten „Journalistische Textsorten unterscheiden" S. 216

4420160

Freizeitaktivitäten Jugendlicher

Neben der Beschäftigung mit den modernen Medien betreiben Jugendliche in ihrer Freizeit die verschiedensten Hobbys.

Weiß, weiblich und nicht einmal besonders cool

Christine Keck **Text 106**

Andrea Böge passt nicht so recht in die Schublade des Hip-Hop, aber das ist der 25-jährigen Tänzerin egal

Es geht auch ohne Goldketten und erotische Posen. Andrea Böge ist dem Hip-Hop verfallen und zeigt anderen, wie man sich unter der Baseballmütze bewegt.

Im Zerlegen ihres Körpers ist Andrea Böge eine Meisterin. Wenn die 25-Jährige ihren Brustkorb kreisen lässt, scheinen die Gesetzmäßigkeiten der Anatomie überwunden. Dann beginnt man zu glauben, dass der Mensch aus einzelnen Bauelementen zusammengesetzt ist, die sich getrennt voneinander bewegen lassen. Isolieren nennt das die Hip-Hop-Lehrerin und macht vor, was nur schwer nachzumachen ist. Sie lässt die Schultergelenke tanzen, kippt die Hüfte mit so viel Leichtigkeit vor und zurück, als habe sie nie etwas anderes gemacht. Als habe sie schon in der Wiege den richtigen Schwung ausprobiert und nur darauf gewartet, endlich die Baseballmütze aufzuziehen und zu hämmernden Hip-Hop-Klängen loszulegen.

Doch so war es nicht: Bis zu ihrem Abitur zählten die verhinderten Treffer. Sie musste als Torfrau im Handball abwehren, was ihr entgegenkam. Und das in einem erfolgreichen Jugendteam: der süddeutschen Auswahlmannschaft für das Bundeskader. Eine Sportart, für die ihr aber die Leidenschaft fehlte. Weil ihre Freundinnen in Schwäbisch Gmünd Bälle jagten, hat sie es auch gemacht. Leistungstraining an drei Tagen nach dem Unterricht und das ganze Wochenende lang, – ein Mammutprogramm für die Schülerin. „Ich bin zu zierlich gebaut, das Ganze war zu aggressiv", erklärt Andrea Böge ihren Abschied von der Handballkarriere und erzählt fast im selben Atemzug vom Neuanfang, von jenem Tag, als sie mit 19 Jahren ihr zweites Talent entdeckt hat: bei einer Modenschau. Sie trat in einer silbernen Astronautenkreation ins Rampenlicht, ruckelte wie ein Roboter über den Laufsteg, improvisierte kurze Choreografien zu wechselnden Entwürfen und wusste: Das ist mein Ding. Ich will Tänzerin werden.

Statt im Silberlook steckt Andrea Böge an diesem Donnerstagabend in einer Jogginghose, mit der man auch Sackhüpfen könnte, in lila Turnschuhen, entworfen von der Rapperin Missy Elliott, und einem grauen Trägershirt. Es ist Hip-Hop-Stunde in der New York City Dance School im Stuttgarter Norden. „Ihr müsst den Raum füllen mit den Waves", ruft sie einem Dutzend Jungs und zwei Mädchen zu und schiebt ihre Arme wie imaginäre Schlangen durch die Luft. Einer steigt nach oben, der andere taucht nach unten ab.

Eine Herausforderung für die Motorik der Kids mit ihren Wollmützen und Hängejeans. Die verknoten beinahe die schlaksigen Gliedmaßen, bleiben mitten im Auf und Ab hängen. Da ist ja Stricken leichter. Die Trainerin probiert es im Zeitlupentempo, steht da wie eine chinesische Schattenboxerin bei der Morgengymnastik. Ihre Schüler beginnen zu verstehen, sie lassen die Schlangenarme erst langsam gleiten, dann immer schneller.

„Die ist übel nett", sagt ein Zwölfjähriger über seine Trainerin. „Nur sieht sie gar nicht aus wie jemand aus der Hip-Hop-Szene", wirft ein anderer ein. Weiß, weiblich, ganz ohne Klunkerschmuck und alles andere als aufgebrezelt. Mit bis in die Haarspitzen gestylten US-Megastars wie Beyoncé oder Lil' Kim kann Andrea Böge nicht mithalten, will sie auch nicht. „Ich bin nicht die Coole, die ständig am Posen ist", stellt sie klar und stöhnt darüber, wie schwer es ihr manchmal fällt, sich als tanzende Frau zu behaupten. Urban Hip-Hop sei eine absolute Männerdomäne, die Mädels müssten Doppeltes leisten, um wahrgenommen zu werden .

Es ist der Biss, auf den es ankommt, sagt die 25-Jährige, der feste Entschluss, nicht aufzugeben. Genau das fehle vielen Teenagern, die kehrten auf dem halben Weg um. Andrea Böge ist eine, die erreicht, was sie will. Erst macht sie eine Lehre zur Bankkauffrau – „ich musste mein gesellschaftliches Soll erfüllen", dann geht sie nach London, wo sie ein Stipendium in einer Tanzschule erhält. Endlich gehört der Tag dem Tanz. Schweißtreibende Knochenarbeit, Intensivtraining bei den Könnern, Hip-Hop, Ballett, Jazz. Wadenkrämpfe wecken sie nachts auf, der Körper rebelliert, will Pausen. Um die Miete zahlen zu können, muss sie jobben: im Klamottenladen, im Restaurant.

Es ist ein Leben auf der Überholspur. Wofür andere von klein an kämpfen, das erreicht Böge im Schnelldurchlauf, sie macht einen Workshop nach dem anderen, reist von New York nach Paris und trifft auf die richtigen Choreografen. Sie schließt sich dem Japaner Takao Baba an und der Company Dance Unity, bei der Mitglieder der Flying Steps mitwirken. Sie tritt bei den No Angels im Background auf. Die Zeiten des Kellnerns sind vorbei. An drei Tagen unterrichtet Böge in Stuttgart und Böblingen, der Rest bleibt für Engagements und Projekte.

Es klopft an der Glastür. Die nächste Gruppe steht schon im Flur. „Ihr habt noch 60 Sekunden“, schreit eine drängelnde Lehrerin. Andrea Böge lässt sich nicht aus der Ruhe bringen, ihre Kids sowieso nicht. Noch einmal wird gemeinsam die eben gelernte Choreografie geprobt, fast alle bewegen sich im Takt der Hip-Hop-Klänge. Bis Andrea Böge „Freestyle“ brüllt und zum Schluss der Stunde alles erlaubt ist. Da stehen ihre Schüler ein paar Sekunden Kopf, wirbeln um die eigene Achse oder stemmen ihren Körper in waghalsige Schräglagen.

„Da ist das eine oder andere Talent dabei“, sagt Andrea Böge nach dem Training. Sie hat die Baseballmütze abgesetzt, die Horde Jugendlicher abgeschüttelt. Und dann sagt sie noch etwas, das aufhorchen lässt: „Ich hätte eigentlich Ballerina werden müssen.“ Sie erzählt von ihrer Passion für fließende Bewegungen und ihrer Großmutter in Paris, die schon auf den Spitzenschuhen stand. Aber dafür sei sie mit Mitte zwanzig wirklich zu spät dran.

Text 107 Schrauben gehört zum Handwerk

Claudia Müller

„Bone Fackers“ veranstalten Workshop

Vor der neuen Rennsaison haben die Boller Mountainbiker „Bone Fackers“ ihre Sportgeräte bei einem „Schrauber-Workshop“ auf Vordermann gebracht. Bevor es in den Kategorien Downhill, Freeride und Dirt auf die Strecken geht, werden Bremsen überprüft, Reifen geflickt und neue Federgabeln montiert.

Auf der Mountainbike-Strecke am Boller Schulgelände liegt immer noch eine Schneeschicht. Ungeduldig scharren die „Bone Fackers“ mit ihren Rädern – und der Winter will kein Ende nehmen. An der so genannten Dirtstrecke wartet jede Menge Arbeit auf die Vereinsmitglieder. Im vergangenen Jahr wurde mit dem Umbau der Strecke begonnen. Sobald der Schnee weg und ein Lieferant für Erde gefunden sei, könne die neue Strecke fertig gestellt und in Betrieb genommen werden, sagt Steffen Weißbeck, stellvertretender Vorsitzender des Vereins.

Um die Zeit bis zum ersten Training nicht zu vertrödeln, wurden jetzt die Bikes auf Vordermann gebracht. 17 aktive Mountainbiker haben sich zum „Schrauber-Workshop“ im Kornbergweg zusammengefunden. Unter fachkundiger Anleitung von Lukas Fendt wurden Federgabeln montiert, Bremsscheiben angeschraubt, die Hydraulik der Bremsanlagen entlüftet, klassisches Reifenflicken geübt, Gangschaltungen und Tretlager überprüft. „Man muss an seinem Rad arbeiten können, beim Fahren geht immer etwas kaputt“, erklärt Johannes Weiß, selbst Lizenzfahrer in der Juniorenklasse.

Es sind die extremen Varianten des Mountainbikens, denen sich die „Bone Fackers“ verschrieben haben: Downhill, bei dem eine abgesteckte Strecke so schnell wie möglich hinuntergerast wird. Freeride, bei dem stilvolle, weite und hohe Sprünge im Vordergrund stehen. Dirt, bei dem auf erdigem Untergrund hohe, weite und ästhetische Sprünge gezeigt werden sollen. „Das sind immer noch Randsportarten, wir bemühen uns um die Veröffentlichung von Rennergebnissen, denn mit Johannes Weiß haben wir einen Fahrer im Verein, der bundesweit erfolgreich an Meisterschaften mit internationalem Charakter teilnimmt“, erklärt der stellvertretende Vereinsvorsitzende.

Knochenbrecher unter sich

„In diesem Jahr feiern wir fünfjähriges Bestehen“, erzählt Steffen Weißbeck. Der noch junge Verein ist bekannt im Ort, auch wenn bei einer Umfrage hinter dem Narren „Bone Fackers“, frei übersetzt Knochenbrecher oder -zerrüttler, eine Rockgruppe oder ein Bonus-System des Boller Einzelhandels vermutet wurde, so Steffen Weißbeck lachend. Der Verein ist präsent bei Festen im Ort und bietet ein Sicherheitstraining beim Schülerferienprogramm. Als Veranstalter der Bolly-Meisterschaft mit Rutscheautos haben sich die „Bone Fackers“ kreisweit einen Namen gemacht.

Auch die sportlichen Erfolge der „Bone Fackers“ können sich sehen lassen. Marcel Antl erreichte bei seinem ersten „4X Rennen“ auf Anhieb den siebten Platz, David Siewert stand in der Klasse Schüler/Hobby schon dreimal auf dem Treppchen.

Beim Schrauber-Workshop motivieren Johannes Weiß und Steffen Weißbeck die Vereinsmitglieder für die kommende Rennsaison. Ein Bonus-System für Rennteilnahme und regelmäßiges Training verspricht den jungen Sportlern zwischen acht und 33 Jahren attraktive Preise. Außerdem planen die 40 Vereinsmitglieder, einen Film zu drehen und ihr fünfjähriges Bestehen zu feiern. Im Mittelpunkt steht das Mountainbiken. „Die Räder sind jetzt ausgemottet, der Staub ist runter, jetzt wird an der Grundkondition gearbeitet“, sagen Weißbeck und Weiß – und hoffen auf Tauwetter.

Die beiden Beispiele präsentieren Ihnen Hobbys von Jugendlichen. Welches Hobby betreiben Sie? Sind Sie Mitglied in einem Verein?

Aufgaben

1. Wie werden die Hobbys in den Zeitungsartikeln präsentiert? Spricht Sie die Darstellung an? Hätten Sie aufgrund dieser Präsentation Lust, es selbst einmal auszuprobieren?

2. Diskutieren Sie: Welche Vor- und Nachteile ergeben sich aus der Mitgliedschaft in einem Verein? ➽ **Infokasten „Diskussionen durchführen" S. 181**

3. Bereiten Sie eine Präsentation von Ihrer Freizeitbeschäftigung, von Ihrem Hobby, von Ihrem Verein vor. Sammeln Sie zunächst Kriterien: Worauf kommt es bei einer Präsentation an? ➽ **Infokasten „Eine Präsentation vorbereiten und durchführen" S. 179**

4. Werten Sie die durchgeführten Präsentationen mit Hilfe des Kriterienkatalogs aus. ➽ **Infokasten „Eine Präsentation auswerten" S. 180**

Freizeitmöglichkeiten vor Ort

Eine Stadt präsentiert sich: Wenn Sie eine Zeitung aufschlagen, begegnen Ihnen die verschiedensten Texte mit verschiedensten Funktionen. Nachrichten oder Meldungen informieren kurz in sachlicher Sprache über einen Sachverhalt oder aktuelle Ereignisse, für die öffentliches Interesse besteht. Ziel ist die neutrale, nicht wertende (objektive) Informationsdarbietung.

Eine etwas umfangreichere Nachricht ist der Bericht über ein Ereignis. Auch hier geht es um möglichst objektive Informationsvermittlung. Der Bericht ist sozusagen die Langform der Meldung unter den Nachrichten.

Nachrichten stehen in der Vergangenheitsform und haben einen festgelegten Aufbau: **das umgekehrte Pyramidenprinzip.** Wer nicht die ganze Nachricht lesen will, kann sich über das Wesentliche der Nachricht informieren, wenn er die Überschrift und den ersten Absatz liest.

Dem Informationskern folgen wichtige Zusatzinformationen und interessante Details, weniger wichtigere Einzelheiten bilden den Schluss

Nachrichten beantworten die W-Fragen:

- Was ist geschehen?
- Wer war daran beteiligt?
- Wann ist es geschehen?
- Wo ist es geschehen?
- Wie ist es geschehen?
- Warum ist es geschehen?

Kommentare sowie **Kritiken oder Rezensionen** sind meinungsäußernde Textsorten. Sie enthalten also subjektive Elemente.

Kommentare befassen sich mit aktuellen Ereignissen aus Politik, Wirtschaft und Gesellschaft. Kommentatoren setzen sich qualifiziert und sachlich mit einem aktuellen Thema auseinander und äußern dabei ihre persönliche Meinung. Oft ist der Kommentar in der Ich-Form geschrieben.

Kritiken und Rezensionen befinden sich überwiegend im Kulturteil einer Zeitung. Sie informieren über bestimmte kulturelle Ereignisse und bewerten sie.

Interviews kommen oft zu aktuellen Themen oder zu Wissensfragen in Zeitungen vor. Experten in einem bestimmten Thema oder besondere Persönlichkeiten aus dem öffentlichen Leben werden nach ihrer Meinung oder Einschätzung gefragt. Bei Interviews wechselt direkte Frage mit direkter wörtlicher Rede als Antwort des Interviewten. Die subjektive, also ganz persönliche

Meinung des Interviewten wird dargeboten.

Eine besondere Text-Großform ist die **Reportage**. „Wenn ein Reporter dabei war und man das spürt", so die Beschreibung einer Schülerin auf die Frage, wie sie die Reportage beschreiben würde. Damit sind ihre Elemente genannt: Sie ist ein tatsachenbetonter, aber persönlich gefärbter Erlebnisbericht.

Die reine Information kann über dargebotenes Wissen, über statistisches Material, über Zahlen oder über eingeblendete Interviewteile erfolgen. Faktenwissen und Information wechseln mit erlebnisbetonten Passagen, bei denen die Atmosphäre eines Ereignisses, eines Raumes, Detailbeobachtungen und Gefühle dem Leser/der Leserin so dargeboten werden, dass er/sie sich in das Geschehen hineingenommen fühlt. Dabei müssen sich die sprachlichen Ausdrucksformen an das Erlebte anpassen. Eine Reportage über ein Autorennen in Monte Carlo unterscheidet sich sprachlich wesentlich von der Reportage in einem buddhistischen Kloster.

(Vgl. auch ➽ **Infokasten „Journalistische Textsorten unterscheiden" S. 212**)

Text 108 Der König ist tot, es lebe der König

Helmut Pusch

Das Stück mit der Musik von Konstantin Wecker und Chris Franke entstand in Rekordzeit

Das Festspielhaus Neuschwanstein hat ihn wieder, seinen Kini. Nach lediglich sieben Monaten Vorbereitung wurde dort gestern das Musical „Ludwig^2" uraufgeführt. Eine in Rekordzeit auf die Beine gestellte Produktion, die nicht über die gesamte Distanz überzeugt.

FÜSSEN – Das Leben des Bayernkönigs Ludwig II. als Musical, das zudem noch an einem Originalschauplatz spielt, am Forggensee, im Angesicht des Märchenschlosses Neuschwanstein? Eine verlockende Idee, die vor fünf Jahren bereits einmal realisiert wurde, mit einer gefeierten Produktion in einem kreditfinanzierten Theater, und die in der Pleite endete. Vor gut einem Jahr haben Investoren das Festspielhaus gekauft und ein neues Musical in Auftrag gegeben: „Ludwig^2".

Die neuen Festspielhausbesitzer setzen auf große Namen. Mit Konstantin Wecker haben sie einen Komponisten gewonnen, der auch schon für den ersten Ludwig in Neuschwanstein im Gespräch war. Und mit den TV-Komponisten Chris Franke und Arrangeur Nic Raine wurde genügend Routine ins Boot geholt, um die kurze Produktionszeit von sieben Monaten auch einhalten zu können. Aber auch bei Regie und Ausstattung setzte Produzent Gerd Fischer auf die Erfahrung aus Erfolgsinszenierungen. Ausstatter Michael Curry zeichnete schon für den Hamburger „König der Löwen" verantwortlich, Choreografin und Regisseurin Sylvia Hase kommt von den Disney-Studios.

Die besten Voraussetzungen, um das so gar nicht märchenhafte Leben des Märchenkönigs in Szene zu setzen – sollte man meinen. Über weite Strecken gelingt das durchaus. Die Rahmenhandlung ist der letzte Spaziergang, den der entmündigte Ludwig (Jan Ammann) mit seinem Psychiater Bernhard von Gudden (Norbert Lamla) am Starnberger See unternimmt und an dessen Ende der mysteriöse Tod der beiden steht. Ludwig erinnert sich an sein Leben. Und gleich zu Beginn überzeugt das Musical mit viel Poesie, etwa einer Schattenspiel-Szene zu „Maikäfer flieg".

Allerdings hält diese Stimmung nicht lange an. Von nun an wirds drastischer,

Vom Wahnsinn gezeichnet: Otto (André Eisermann, links) und König Ludwig (Jan Ammann) in „Ludwig^2" *Foto: dpa*

handfester, plakativer. Aber weil die meisten Szenen sich nicht zwischen Persiflage und ernsthafter Dramatik entscheiden können, landet manches in seichtesten Gefilden. Dramaturgisch kropfunnötig ist da etwa die Szene, in der sich Ludwig über sein Telefon freut und das Ensemble dazu talentfrei schuhplattelt. Den Gag, dass sich auch ein König am Telefon mit Nachnamen meldet – „Hier Wittelsbach" –, hätte man auch woanders unterbringen können.

Aber es gibt auch Ergreifendes: Etwa wenn Ludwig, der stimmlich und darstellerisch rundum überzeugende Jan Amman, seinen psychisch kranken Bruder Otto besucht, den André Eisermann („Kaspar Hauser") mit einer großen, aber passenden Portion Theatralik verkörpert. Oder wenn der Schattenmann (Bruno Grassini), kurz bevor er seinen Mordauftrag an Ludwig und Gudden erfüllt, dem Publikum den Spiegel vorhält. Das hat Klasse.

Und die findet man auch in der Ausstattung: Etwa wenn die Soldaten, die von Ludwig in den Krieg geschickt wurden, von vier Meter hohen Skelett-Ungetümen – der „König der Löwen" lässt grüßen – bedroht werden.

Und die Musik? Die hat ihre großen Momente vor allem dann, wenn Nic Raine Konstantin Weckers Melodien sparsam instrumentiert umsetzt, was selten genug geschieht. Meist agiert Raine mit großer Geste und landet damit mitten im Klischee – und das stammt großteils auch noch vom Band: Das Orchester kommt im Festspielhaus aus der Konserve und wird im Orchestergraben lediglich von zehn Musikern unterstützt.

Wie das Ganze klingt? Den Soundtrack veröffentlicht BMG Ariola am Montag auf CD.

Mick Jagger bringt Fans außer Atem

Markus Heffner und Christine Keck

Text 109

Die Rolling Stones spielen vor 45 000 Menschen im Daimlerstadion – mancher Zuschauer ist den Rockern schon seit 30 Jahren treu

Stuttgart – 45 000 Zuschauer haben am Donnerstagabend im nicht ganz ausverkauften Daimlerstadion die Rolling Stones gefeiert. Das Konzert der Altrocker hat mit etwas Verspätung ein paar Minuten vor 21 Uhr begonnen – mit dem Klassiker Jumpin Jack Flash.

Silberne Zungen baumeln an den Ohrläppchen von Rolf Blumenröder, der direkt vor der Megabühne im Gedränge steht. „Das sind geniale Dilettanten", schreit der Maschinenschlosser aus Essen und kann es kaum fassen, wie fit die Rocker geblieben sind. Seit mehr als 30 Jahren reist er den Stones hinterher, im Schlepptau „des besten Frontmannes auf der ganzen Welt". Nach einer guten Stunde Konzert fängt Blumenröder bereits an zu schwächeln, während das Konditionswunder Mick Jagger erst so richtig in Schwung kommt. Der Mann macht schon beim Zuschauen atemlos, fast manisch rennt er in der ständig wechselnden Garderobe von einer Seite der 63 Meter breiten Bühne zur anderen. Die meisten Fans dagegen stehen lieber still und singen dafür umso kraftvoller mit.

„Es muss vor allem laut sein, aber man darf auch daneben liegen, ganz wie die da oben", brüllt eine junge Frau und leert einen Becher Mineralwasser. Lea Numberger (27) und Christina Bullinger (28) wollten immer schon einmal zu einem Rolling-Stones-Konzert. Wie gut also, dass der Freund von Christina als Securitykraft im Daimlerstadion arbeitet und für die beiden Freundinnen aus Tübingen Freikarten für das Konzert in Stuttgart besorgen konnte. „Hut ab, dass die Jungs noch immer auf der Bühne stehen", findet Lea Numberger, die an der Universität Tübingen arbeitet. Platten haben die beiden im Gegensatz zu ihren Eltern zwar keine im Schrank stehen, ein, zwei Songs können sie aber dennoch mitsingen – „zumindest den Refrain", sagt Christina Bullinger.

Da ist der Citymanager Hans H. Pfeifer schon von ganz anderem Kaliber. Die meisten Nummern habe er immer noch drauf, sagt Pfeifer, der gestern mit seiner Ehefrau Karin zu den Stones gekommen ist. „Wer weiß, wie lange man die noch live erleben kann. In Stuttgart bestimmt nicht mehr“, meint er. Dabei kommen die Altrocker aus London erst auf Nummer zwei bei Stuttgarts Citymanager und seiner Frau: Ganz oben rangieren bei ihnen die Beatles.

Bei Moritz (11), Leon (9) und Emil (7) steht dort zwar immer noch der Papa, Mick Jagger und Co. haben sich die drei Nachwuchsrocker gestern dennoch nicht entgehen lassen. Ausgerüstet mit jeder Menge Ohropax haben sie von der Haupttribüne aus erst das Treiben der Vorgruppe Simple Minds verfolgt, nun beobachten sie die Show der Stones auf der gigantischen Bühne. Die Protagonisten des Abends sind allerdings von den roten Klappsesseln aus zur Enttäuschung der drei nur als Zwerge erkennbar. Zu hören sind sie dagegen umso besser. Gut also, dass die Mama vorgesorgt hat.

Extra aus Kapstadt in Südafrika angereist ist Jutta Schlee. Die gebürtige Stuttgarterin hat ein ausgebleichtes Poster der Stones in der Tasche. Das hat sie sich bei einem Konzert der Rocker im Jahr 1970 auf dem Killesberg signieren lassen. Doch eine Unterschrift fehlt – die des Schlagzeugers Charlie Watts. „Ich muss unbedingt an ihn herankommen“, sagt Jutta Schlee. Sie hat eine Freundin aus Namibia als Unterstützerin mitgebracht. Beide sind bekennende Fans. „Wer schwärmt nicht von Mick Jagger“, sagt die 59-Jährige, „auch wenn er ein ziemliches Handtuch ist.“

Die Frau, die Zungen von Mick Jagger verkauft, heißt Nina Prothmann. Die Devotionalien-Händlerin war bei jedem deutschen Konzert der „A Bigger Bang“-Tournee dabei. Sie steht unterm Zeltdach eines Kiosks mitten im Stadion. „Beim ersten Auftritt bin ich Fan geworden“, sagt Prothmann, die sonst auf den Musiker Jack Johnson steht. Obwohl sie quasi zum Tourgepäck gehört, hat sie die Stars noch nie persönlich getroffen. Man komme an die Band einfach nicht ran.

Von der Schwabenmetropole ist Nina Prothmann absolut begeistert. „Es ist einfach bombastisch hier in Stuttgart, die Show ist der Hammer und das Feuerwerk der Wahnsinn.“ Während auf der Bühne silberne Fontänen aufsteigen und es im ganzen Stadion donnert, reicht die Verkäuferin den Fans T-Shirts, Mützen und Schlüsselanhänger. Ein Stückchen Rockgeschichte zum Mitnehmen.

Vom Wehmut des Mick Jagger ist auch Isabella Clancy berührt. „Ich habe euch seit 1999 nicht gesehen“, hatte der Altrocker gleich zu Beginn des Konzertes dem Publikum zugerufen. Und Isabella Clancy befürchtet, dass es die letzte Konzerttournee der Stones sein könnte. „Ich finde es echt gut, dass sie noch leben“, sagt die gebürtige Engländerin, die in Remseck lebt. Schließlich hätten die Rockstars so ziemlich alles konsumiert, was es an Drogen gibt.

Geschadet hat es der Band um Mick Jagger aber offenbar kaum, wie die Stones gestern unter dem Stuttgarter Nachthimmel wieder einmal demonstrieren: Bis sie die allerletzte Zugabe („Satisfaction“) abfeuern, zeigt die Uhr im Daimlerstadion eine Stunde vor Mitternacht.

Aufgaben

1 Lesen Sie die Texte und bestimmen Sie die Textsorte. Begründen Sie Ihre Zuordnung.
➽ **Infokasten „Journalistische Textsorten unterscheiden“ S. 216**

2 Suchen Sie in verschiedenen Zeitungsausgaben im Lokalteil Beispiele für die einzelnen Textsorten. Erläutern Sie, woran Sie die Textsorte erkannt haben.

3 Legen Sie eine Tabelle an, in der Sie eine Unterteilung in eher faktenorientierte und eher meinungsorientierte Zeitungstextsorten vornehmen.

4420166

Projekt: Das Freizeitangebot an Ihrem Wohn- oder Schulort:

Die hier vorgeschlagenen Projektideen können alternativ durchgeführt werden.

Der erste Vorschlag legt den Schwerpunkt eher auf eine faktenorientierte Präsentation des Freizeit- und Kulturangebots des Wohnortes.

Der zweite Vorschlag regt eher zur kreativen Schreibproduktion an.

I. INFORMATION – RECHERCHE

- Welche Freizeitmöglichkeiten (Sport, Kultur, Natur, Wellness, ...) gibt es?
- Wie sieht das kulturelle Angebot aus (Kino, Bibliothek, Konzerte, Theater, Vorträge, ...)?
- Welche Vereine und andere Freizeitorganisationen gibt es?
- Wie ist die Präsentation in der Öffentlichkeit?
- Wie wird die Freizeit- und Kulturlandschaft vermarktet?

Die Lokalpresse ist dafür eine nützliche Informationsquelle. Besorgen Sie sich dafür aber auch Informations- und Werbematerial aus der Stadtverwaltung, u. U. vom Fremdenverkehrsamt, von den Vereinen, z. B. auch über die stadteigene Homepage.

II. TEXTE ENTWERFEN

Entwerfen Sie für einen Verein, für ein kulturelles Ereignis, für die Stadt usw. einen Werbeflyer (vgl. Sprache der Werbung).

- Schreiben Sie einen Bericht über ein kulturelles oder sportliches Ereignis.
- Kündigen Sie in einer Meldung einen Star (Sport, Musik, Film, Kunst) an.
- Verfassen Sie eine Reportage zu einem geeigneten Thema.

Manchmal gibt es die Möglichkeit, Kontakt mit der Zeitung vor Ort aufzunehmen. Schülertexte können, wenn sie gut geschrieben sind und thematisch passen, in der Zeitung veröffentlicht werden (Zeitung in der Schule).

Infopool

Sprechen, Zuhören, Schreiben

Infopool

Lesen – mit Texten und Medien umgehen

Sprache und Sprachgebrauch untersuchen

Sprechen, Zuhören, Schreiben

Sprechen

Vgl. auch S. 19, 95

Referate/Vorträge halten

Für einen erfolgreichen freien Vortrag ist eine gründliche **Vorbereitung** wichtig, damit man den „roten Faden" nicht verliert. Das Notieren von Stichwörtern auf Karteikarten oder die Vorbereitung eines Redemanuskripts gibt einem Sicherheit, ebenso wie das Vertrautmachen mit den Räumlichkeiten im Vorfeld des Vortrags.

Tipps zur Durchführung:

- langsam und deutlich sprechen (Füllwörter wie „äh" und „öh" – vermeiden)
- kurze, klare Sätze formulieren
- Stimme angemessen modulieren: lauter und leiser, langsamer und schneller sprechen
- kleine Pausen zwischen den einzelnen Gedanken machen
- Sinneinheiten während der Rede kurz zusammenfassen
- Blickkontakt zu den Zuhörern herstellen; nicht die Lehrkraft, sondern alle Zuhörer ansprechen
- im Vortrag flexibel bleiben: stocken, „hängenbleiben", Versprecher sind nicht schlimm, wenn man sich dadurch nicht völlig aus dem Konzept bringen lässt. Auch Störungen von außen mit Fassung oder gar Humor tragen
- auf Körpersprache achten (aufrecht stehen, Atmung gleichmäßig fließen lassen, Blick zu den Zuhörer/-innen, freundliche Ausstrahlung, engagiertes Auftreten)

Aufgabe 1 ••

Halten Sie einen Kurzvortrag, z. B. zu einem der nachfolgenden Themen, in Ihrem Kurs.

- Sinn eines sozialen Jahres für Jungen und Mädchen
- Der Vorteil von Zentralprüfungen
- Der Nachteil von Zentralprüfungen

Berichten

Vgl. auch S. 115, 120

Mündlich und schriftlich berichten

Anlässe für Berichte gibt es viele. Der Bericht ist von der Erzählung über Erlebtes zu unterscheiden. Wenn man etwas Besonderes beobachtet oder gelernt hat, wenn andere Informationen über ein Ereignis benötigen, wird davon berichtet. Das kann in mündlicher oder schriftlicher Form geschehen.

Ein Bericht über einen Konzertbesuch für Fans fällt dabei in Bezug auf die Genauigkeit anders aus als der Bericht über den Unfallhergang für eine Versicherung oder der Bericht von Zeugen über den Tathergang einer Schlägerei für die Polizei.

Sprache des Berichts

- sachlich, informativ, nüchtern
- knappe Formulierungen
- klare Darstellung von Fakten und Tatsachen in geordneter Reihenfolge

Sprache der Erzählung

- spannend, unterhaltend, emotionale Äußerungen möglich
- ausschmückende Formulierungen, ausladende Darstellung
- den Leser in seinen Bann ziehend
- Gefühle und Wertungen möglich
- Reihenfolge nicht vorgegeben

Zeitungsberichte

Da es Zeitungen wichtig ist, ihre Leser zu informieren, befinden sich zahlreiche Berichte in Zeitungen.

Inhalt: Das Wichtigste eines Geschehens wird am Anfang als einleitende Vorinformation genannt.

Der Aufbau entspricht der Abfolge des berichteten Geschehens.

Absicht: Information

Sprache/Stil: sachlich, ohne Wertungen; keine persönliche Meinung des Berichterstatters; genaue detailgetreue Beschreibung des Geschehens bzw. der Tatsachen; u. U. genaue Zeit- und Ortsangaben und Angaben über Personen; Aussagen anderer in indirekter Rede

Zeitform: Präteritum

Aufgabe

1 Verfassen Sie einen Bericht über ein Ereignis an Ihrer Schule, z. B. eine Sportveranstaltung.

Einen Praktikumsbericht verfassen

Ziel eines Praktikumsberichtes ist es, in knapper Ausführung das Wesentliche Ihrer Praktikumstätigkeit aufzuzeigen. Mögliche Inhalte:

Betrieb

- Name, Standort, Betriebsgröße, Branche, Rechtsform
- geschichtlicher Überblick, Entwicklung des Unternehmens
- im Betrieb vertretene Berufsgruppen
- Was produziert, verkauft, leistet der Betrieb?
- Organisation (Abteilungen, Zusammenarbeit, Arbeitsabläufe)
- Zulieferer und Kunden

Praktikumsplatz

- Beschreibung des Arbeitsplatzes
- Mitarbeiter, von denen Sie betreut wurden
- verrichtete Tätigkeiten und Hilfsmittel (PC, E-Mail, Fax, Kopierer, Werkzeuge, Geräte)
- Beschreibung eines typischen Arbeitstages (Beginn, zeitliche Dauer von Arbeiten, Pausen, Ende)

Persönliche Reflexion

- angewandte Kenntnisse, Lernerfolge
- Unterscheidung vom Arbeitsalltag der Schule

Betriebsklima

- Beurteilung des Praktikumsplatzes
- Verbesserungsvorschläge für die Organisation des Praktikums

Aufgabe

1 Finden Sie im Internet Praktikumsberichte. Entscheiden Sie, welche Teile Sie für sich übernehmen könnten.

Beschreiben

Vorgänge/Arbeitsprozesse beschreiben

Vgl. auch S. 116, 260

Vorgangsbeschreibungen beschreiben den immer gleichen Ablauf und werden deshalb – im Gegensatz zum Bericht – im Präsens (Gegenwart) geschrieben.

In der Einleitung geben Sie kurz an, welchen Vorgang Sie beschreiben werden. Das kann der Reifenwechsel an einem Fahrzeug, das Brennen einer CD-ROM, eine kreative Tätigkeit genauso sein wie ein Vorgang in der Natur und noch vieles mehr.

Viele Elemente der Vorgangsbeschreibung finden sich in Arbeitsanweisungen und Verfahrensbeschreibungen wieder, die im Berufsleben genau angeben, wie bestimmte Tätigkeiten zu verrichten sind und welche Hilfsmittel und Werkzeuge man dafür verwendet.

Den Hauptteil verfassen Sie in der logischen Reihenfolge des Zeitablaufs. Sie verwenden möglichst treffende Adjektive und passende Fachbegriffe.

Als Schluss eignet sich eine kurze Zusammenfassung oder ein Hinweis auf die Zukunft, z. B. die Verwendung des erreichten Ergebnisses.

Arbeitsprozesse beschreiben

Hierbei handelt es sich um eine besondere Form der Vorgangsbeschreibung. Wichtig ist eine genaue, gut verständliche Ausdrucksweise. Tätigkeiten, Werkzeuge und Hilfsmittel sollten mit Begriffen aus der jeweiligen Fachsprache bezeichnet werden.

Bei der Gliederung ist besonders auf die zeitliche/logische Reihenfolge zu achten.

Aufgaben

Verfassen Sie eine Bedienungsanleitung für ein Gerät aus Ihrem Haushalt. **1**

Erstellen Sie eine Vorgangsbeschreibung zu einer Tätigkeit aus einem Beruf Ihrer Wahl. **2**

Bilder beschreiben

Vgl. auch S. 51

Sehen Sie sich das Bild (Foto, Zeichnung, Gemälde, Collage, ...) genau an, bevor Sie mit der Beschreibung beginnen.

In der **Einleitung** nennen Sie die Art des Bildes, den Namen des Künstlers und den Bildtitel, wenn bekannt.

Im **Hauptteil** beschreiben Sie die Einzelheiten des Bildes in ihrer Beziehung zueinander und in einer schlüssigen Reihenfolge. Sinnvollerweise behandeln Sie zuerst das Wichtigste und gehen dann auf das weniger Wichtige ein. Kleinigkeiten, die für den Gesamteindruck ohne Bedeutung sind, können Sie vernachlässigen.

Bei der Nennung der Einzelteile des Bildes **(Bilddetails)** ist es notwendig, ihre Lage im Bild anzugeben (oberer, unterer, rechter, linker Bildrand; obere, untere, rechte, linke Bildhälfte; Vordergrund, Mitte, Hintergrund). Wichtig ist auch, aus welcher Perspektive das Bild dargestellt ist (Vogel-, Frosch-, Normalperspektive).

Die Sprache ist sachlich feststellend, ohne persönliche Empfindungen. Beim künstlerisch wertvollen Bild kommt es auch darauf an, Formen, Farben, Linien unter Berücksichtigung der Lichtverhältnisse zu erfassen. Deshalb wird bei einem solchen Bild die Sprache auch Eindrücke, Stimmungen, Wertungen enthalten. Die Bildbeschreibung wird im Präsens geschrieben.

Zum Schluss können Sie Vermutungen über die Absicht des Künstlers äußern oder darstellen, wie das Bild auf Sie wirkt.

Aufbau einer Bildbeschreibung

Thema	Dieses Bild ... Wahrscheinlich wollte der Maler ...
Hintergrund	Gebäude, Natur, Personen, Farben Stimmung: Was drückt sie aus?
Vordergrund	Was ist zu sehen? Was wird hier dargestellt? (Bei Personendarstellung) Was geht wohl in den Menschen vor?
Beschreibung von Details	Aussehen, Körperhaltung, Gedanken, Gefühle Bezug zum Thema
Schluss	Was denken Sie darüber?

Aufgabe

1 Blättern Sie in Zeitschriften, Bildbänden o. Ä. und suchen Sie ein Foto oder Bild aus, zu dem Sie eine Bildbeschreibung verfassen möchten.

Vgl. auch S. 52, 97, 126, 142

Personen beschreiben

Eine Personenbeschreibung informiert den Leser/die Leserin objektiv (sachlich) über das Aussehen einer Person. Die verwendeten Adjektive (Eigenschaftswörter) und Substantive (Nomen, Hauptwörter) sollen die äußeren Merkmale möglichst treffend wiedergeben. Auch bei der Personenbeschreibung ist die Zeitform das Präsens.

Eine mögliche Gliederung

Vorarbeit
Betrachten Sie die Person genau!

Aufbau

- allgemeine Angaben zur Person (Alter, Geschlecht)
- Gestalt (Größe, Figur, Haltung)
- Kopf (Frisur bzw. Haarfarbe, Kopfform, Hautfarbe, Augen, Nase, Mund, Ohren, ...)
- Kleidung (elegant, sportlich, gepflegt, schmutzig, ...)
- Art der Bewegung (sportlich, schleppend, leichtfüßig, ...)
- besondere Merkmale (Brille, Tattoo, Körperschmuck, ...)

Aufgabe

1 Verfassen Sie eine Personenbeschreibung einer Comic-Figur Ihrer Wahl, z. B. von Superman, Batman, Donald Duck oder Mickey Mouse.

Charakterisierung/Literarische Figuren beschreiben

Vgl. auch S. 47, 69, 73

Bei der **Charakterisierung** wird der Charakter (das Denken, Fühlen und Handeln) einer Person beschrieben. Dazu müssen Schlüsse aus verschiedenen Beobachtungen gezogen werden.

Eine mögliche Gliederung

- äußeres Erscheinungsbild
- Umgangsformen
- Gewohnheiten
- Werte
- Auftreten
- Verhalten
- Willenseinstellungen
- Begabung

Literarische Figuren beschreiben

Zu einer Beschreibung bzw. Charakterisierung einer Figur in einem literarischen Text trägt die Analyse folgender Textpassagen bei:

- Angaben zu Aussehen und besonderen Merkmalen
- Textstellen, die die Person direkt charakterisieren
- Textstellen, die die Person indirekt charakterisieren
- Handlungen, die den Charakter der Person verdeutlichen oder hervorheben
- Überlegungen, Meinungen, Reflexionen der Person, die über innere Vorgänge und Wertvorstellungen Auskunft geben

Methode

- Sammeln der entsprechenden Textstellen (mit Seitenangabe und Zeilenangabe)
- Exzerpieren des Inhalts der Textstellen
- Analysieren und Interpretieren der Textpassagen in Bezug auf Charaktereigenschaften
- Gliedern der Ergebnisse für eine fortlaufende, logisch aufgebaute Charakterisierung

Ziel/Form der Charakterisierung

Die Charakterisierung beschreibt ein äußeres und inneres Gesamtbild einer Person in einem literarischen Text.

Auf die Beschreibung folgt die Interpretation des Beschriebenen. (Was bedeutet es, wenn die Person diese oder jene Handlung vollbringt, so oder so redet, ...?)

Besonders aufschlussreich ist es, wenn Personen ihre Einstellungen, Wertungen oder Eigenschaften im Verlauf der Handlung ändern, sie vielleicht weiterentwickeln oder wenn sie widersprüchlich sind.

All diese Beobachtungen am Text sind Gegenstand von Charakterisierungen.

Der Aufbau folgt im Allgemeinen vom Äußeren zum Inneren, von anfänglichen Verhaltensmustern zu denen am Ende des Textes.

Aufgabe

1

Fertigen Sie eine Charakterisierung einer der nachfolgend genannten Figuren an: ET – ein Außerirdischer, André in „Andorra“ (Text 24, 25) ...

Sich informieren und präsentieren

Vgl. auch S. 15, 21, 27, 29, 32, 36, 77, 235

Informationsquellen nutzen

Im Verlaufe der gesamten Arbeit an einem Thema kommt es darauf an, möglichst viele Informationsquellen zu finden und für seine Arbeit auszuwerten.

Es empfiehlt sich aus praktischen Gründen, **von Anfang an eine Liste anzulegen** als vorläufiges Literaturverzeichnis, in der man vor allem auch den Fundort, am besten mit Quelle vermerkt. Hilfreich ist es auch, jedem Buch, das man wahrscheinlich benutzen wird, eine charakteristische Abkürzung zu geben, um bei den eigenen Notizen die Herkunft festhalten zu können.

Praktische Hinweise

Bücher

- in der eigenen oder elterlichen Bücherei
- bei Freunden und Bekannten
- in der Schul-, Studienbücherei
- bei den Lehrern
- in der Pfarrbücherei
- in der Stadtbücherei
- in Buchhandlungen

Von der Art her unterscheidet man:

- allgemeine Lexika
- Fachlexika
- Handbücher
- Monografien
- Sammelbände
- Zeitschriften
- Quellensammlungen
- Bildbände
- Zeitungsausschnitte
- Fernsehdokumentationen (Videos)

Internet

Zum einen kann man dort über so genannte Suchmaschinen versuchen, Materialien zu seinem Thema zu finden. In der Praxis ist das gerade bei Referaten und Facharbeiten meistens ein Problem: Denn wenn man etwa „Beethoven" sucht, wird einem da durchaus auch ein Film über einen Hund gleichen Namens o. Ä. geboten. Je mehr Material es im Internet gibt, desto schwieriger wird es, geeignete Sachen zu finden. Glücklicher scheint man zu sein, wenn man plötzlich auf einer Homepage landet, auf der fertige Referate oder Facharbeiten angeboten werden. Hier muss man allerdings sehr aufpassen(!): Kein Mensch hat diese Texte auf ihre Qualität geprüft, gefährlich wäre es auch, sie einfach zu übernehmen, denn das merkt jeder Lehrer sofort. Besser ist es da, sich gezielt Materialien zusammenstellen zu lassen – dann erspart man sich wenigstens die frustrierende Sucherei. Diese Zusammenstellung mit entsprechenden Tipps kann vom Lehrer durchgeführt werden – in der Praxis wird das aber nicht immer funktionieren – oder aber man möchte noch mehr. Da hilft zum Beispiel ein Schulservice – www.learnline.de oder www.gutenberg.de – er stellt für eine geringe Gebühr entsprechende Materialien zusammen und hilft auch bei der Optimierung der Facharbeit. Zu finden ist dieser Dienst im Internet unter: www.school-scout.de.

Sich einen ersten Überblick verschaffen

Ganz gleich, wie man an sein Material gekommen ist: Man kann mit seiner eigentlichen Arbeit erst anfangen, wenn man selbst einen gewissen Überblick hat. Diesen erwirbt man nun am besten dadurch, dass man eine(!) knappe, leicht lesbare und möglichst das ganze Thema umfassende Darstellung durcharbeitet. Häufig empfiehlt es sich auch, mit den entsprechenden Artikeln größerer Lexika zu beginnen.

Eine vorläufige Gliederung erstellen

Nach der Lektüre dieser Basisinformation sollte man die eigentliche Arbeit damit beginnen, dass man eine vorläufige Gliederung erstellt und zu ihr entsprechende Karteileitblätter anlegt, um weitere Informationen gezielt zuordnen zu können. Dies könnte beispielsweise folgendermaßen aussehen:

Thema: Der Irakkrieg und seine weltpolitische Bedeutung
1. Einleitung: Hinführung zum Thema/Begründung 2. Die Situation vor Ausbruch des Krieges 3. Der Angriff 4. Internationale Reaktion 5. Der weitere Verlauf des Krieges 6. Die weltpolitischen Folgen 7. Situation heute 8. Zusammenfassung/Schluss

Im Zeitalter des PC kann man natürlich auch gleich mit der Textverarbeitung loslegen – das hat den Vorteil, dass man ständig ergänzen und abändern kann. Wichtig ist hier aber vor allem eine gute Datensicherung – denn Zettel kann man unter Umständen noch aus dem Papierkorb fischen, beim PC gibt es da größere Gefahren. Also: Wer ein Referat oder eine Facharbeit mit dem PC schreibt, sollte immer den aktuellen Stand auf einem Speichermedium sichern.

Noch ein kleiner Tipp: Egal, mit welchem Textverarbeitungsprogramm man arbeitet, es lohnt sich, sich mit der so genannten Formatfunktion → Gliederungen zu beschäftigen – die hilft, bei längeren Texten den Überblick zu behalten. Wer hier Näheres wissen will, kann sich per E-Mail wenden an: info@school-scout.de

Informationsquellen zu vorläufiger Gliederung auswerten (exzerpieren)

In der nächsten Phase kommt es darauf an, die verschiedenen Informationsquellen gezielt anzuzapfen, anstatt sie unnötigerweise ganz zu lesen, um so nach und nach genügend Stoff für die einzelnen Kapitel zu bekommen. In Stichworten sollte man wesentliche Daten und Fakten, aber auch etwa Zitate mit der Abkürzung des Buches auf dem entsprechenden Karteiblatt (oder im PC) festhalten. Dies lässt sich ständig erweitern, bis man schließlich das Rohmaterial für die einzelnen Kapitel komplett hat.

Überarbeiten des Textes

Ist der Text verfasst, hat man sich natürlich eine kleine Belohnung verdient. Aber dann geht es noch einmal darum, die Fehlerteufel, die sich eingeschlichen haben, zu bearbeiten. Sie werden merken, dass man mit einem Tag Abstand schon mehr Fehler findet, als wenn man sofort den Text erneut liest. Dabei nutzt man zunächst das angebotene Rechtschreibprogramm. Aber Vorsicht: Erstens sollte man auf die aktuelle Version achten (zurzeit ist dies der Stand vom 1. August 2006) und dann schauen, ob nicht Verschreibungen vorliegen, die das Programm nicht erkennt. (z. B.: „Er gab die CD zum brennen." Hier wird „brennen" eigentlich großgeschrieben und da es beide Formen (das Brennen/brennen) gibt, zeigt dies der Computer nicht an.).

Als einen weiteren Aspekt achte man beim Überarbeiten auf den Satzbau, der vielleicht geglättet werden muss. Auch hier gibt es Computerhilfen, meist sind Ungereimtheiten, die der Computer gefunden hat, grün unterschlängelt. Doch auch hier: erst prüfen, bevor man das Veränderungsangebot annimmt.

Aufgabe 1

Recherchieren Sie wahlweise zu einem der folgenden Themen:

- Geschichte der Olympischen Spiele seit 1952
- Das Sternbild des Orion
- Das beliebteste Bauwerk der Deutschen: der Kölner Dom

Vgl. auch S. 25, 27, 131, 136, 242

Informationen sammeln und auswerten

Bei der Stoff- oder Themensammlung kann die Ideenfindung nicht nur von Fremdquellen, sondern auch vom eigenen Ich, d. h. von eigenen Gedanken, Empfindungen, vom eigenen Vorwissen ausgehen. Möglichkeiten zur Sammlung und Strukturierung bieten z. B. das **Automatische Schreiben** oder die **Mind-Map**.

Themenorientiertes freies (automatisches) Schreiben

Um herauszufinden, welche Aspekte mich an einem Thema besonders interessieren, kann nach der Methode des themenorientierten automatischen Schreibens verfahren werden. Dabei steht ein Thema, zu dem gearbeitet werden soll, bereits fest (z. B. Brainstorming oder Clustern, s. S. 193 f.).

Das Thema wird als Überschrift gewählt. Im Anschluss daran wird in kurzer Zeit (ca. 3 – 5 Minuten) alles aufgeschrieben, was einem zu der Überschrift einfällt. Sobald man den Eindruck hat, das Thema zu verlassen, wird der Gedanke abgebrochen. Man beginnt eine neue Zeile und setzt den Schreibprozess mit Blick auf das Thema (die Überschrift) fort. Der so gewonnene Text dient als Ausgangsmaterial für die weitere Arbeit, bei der zentrale Aspekte und Unterthemen herausgefiltert werden.

Eine Mind-Map anfertigen: In wenigen Schritten zu einer gelungenen Mind-Map

1. Schritt: Das Zentrum bestimmen

Sie beginnen eine Mind-Map am besten immer, indem Sie Ihr zentrales Thema bzw. Ihren zentralen Begriff deutlich in die Mitte eines leeren Blatt Papiers schreiben. Sie können, wenn es hilfreich ist, hier auch eine Grafik oder ein Bild platzieren.

2. Schritt: Teilbegriffe und Schlüsselwörter sammeln

Als Nächstes sammeln Sie so viele Gedanken, Teilbegriffe oder Wörter, wie Ihnen zu einem Thema einfallen. Bei den ersten Mind-Maps hilft es, zunächst eine ungeordnete Liste zu verfassen und sodann die Hauptäste und die davon ausgehenden Zweige zu entwerfen.

3. Schritt: Oberbegriffe finden und die weiteren Gedanken einsortieren

Von den eingezeichneten Ästen können wiederum Linien ausgehen, auf denen die einzelnen Hauptgedanken weiter untergliedert werden. Von diesen weiterführenden Linien können wieder andere ausgehen usw. T. Buzan spricht von „ausstrahlen“. Hier gilt es, Ordnung in Ihre Gedanken zu bringen. Finden Sie Oberbegriffe und sortieren Sie Ihre Teilergebnisse diesen Oberbegriffen zu.

4. Schritt: Mind-Maps überarbeiten

Zum Schluss feilen Sie noch ein wenig an Ihrer Mind-Map, damit sie anderen anschaulich wird und Sie es selbst auch nach einiger Zeit noch verstehen können.

Aufgabe

1 Arbeiten Sie mit Hilfe der oben genannten Methoden, z. B. zu einem der folgenden Themen: *Selbstverwirklichung, Zukunftspläne …*

4420178

Vgl. auch
S. 105, 163

Eine Präsentation vorbereiten und durchführen

Arbeitsschritte zur Erstellung einer Präsentation

1. Schritt: Themenfindung/Themeneingrenzung

- Das Thema auf Teilaspekte befragen
- Das Thema eingrenzen – Wo liegt der „Kern“ des Themas?

2. Schritt: Informationsbeschaffung

- Sammeln der Informationen (s. S. 176 ff.); dabei unbedingt notieren, aus welchen Quellen die jeweiligen Informationen stammen; so kann man später problemlos nochmals nachschauen und exakte Quellenangaben machen
- Gewichtung und Auswertung der Informationen; dies ist ein wesentlicher Teil der Arbeit mit folgenden möglichen Fragestellungen: Welche Informationen und Zusammenhänge sind wichtig für mein Thema. Was bildet den Schwerpunkt meiner Präsentation? Was führt eher weg vom Thema oder verwirrt? Sind die Informationen aktuell, stimmen die Informationen verschiedener Quellen überein?

3. Schritt: Gliederung

- Fragestellung: Was will ich meinen Zuhörern mitteilen und erklären? Wie muss ich die Informationen ordnen (Zusammenhang, logische Nachvollziehbarkeit, Bündelung der Informationen, die zusammengehören)? Das Erstellen einer Mind-Map kann in dieser Phase sehr hilfreich sein;
- Zielfestlegung: Will ich überzeugen oder eher sachlich informieren? (evtl. unterscheiden sich meine Ziele in den verschiedenen Teilen) Mit Wertungen verlasse ich die sachlich-informative Ebene.
- Eine erste Gliederung: Sachverhalte in logisch-stringente Reihenfolge bringen.

Dabei schon an einen „pfiffigen“ Einstieg denken (eine Karikatur, eine provokative These, ein überraschendes Zitat, ein Bild usw.). Ziel: Das Interesse der Zuhörer wecken und ins Thema führen. Eventuell kann man den Einstiegsgedanken am Ende der Präsentation nochmals aufgreifen.

- Kritische Würdigung der ersten Gliederung: Ist der Aufbau logisch? Entspricht er der Logik des Themas? Ist er verständlich und sinnvoll für meine Zuhörer/-innen? Ist alles Wesentliche enthalten? Dabei auf den Stoffumfang achten; Reduzieren der ausgewählten Inhalte auf das Wesentliche.

4. Schritt: Präsentation ausarbeiten

- Präsentationsweise: Zunächst wörtlich ausarbeiten für die Übung zu Hause, dann mit Stichworten auf Karteikarten immer freier vom Text werden und schließlich möglichst frei vor dem Publikum vortragen
- Hilfsmittel und Medien organisieren: Gibt es Beamer, Laptop, Tageslichtprojektor, Tafel, Projektionsflächen, Stellwände (welcher Art?), CD-Player, DVD-Player, ...? (später: Kann ich ggf. die benötigten Dinge bekommen bzw. mitbringen? Andernfalls muss ich meinen Medieneinsatz entsprechend anpassen.)
- Angemessene Darstellung/Medien auswählen: Mit welchem Mittel (Medium) kann ich den Inhalt besonders anschaulich und verständlich darstellen? Die Medien werden nach dem Inhalt (und den räumlichen Gegebenheiten, s.o.) ausgesucht, nicht umgekehrt! *Bsp: Eine komplexe Struktur kann ich mit einem Baumdiagramm oder einer Grafik darstellen, einen Prozess mit PowerPoint oder einem Flussdiagramm, Personen (oder andere Lebewesen) mit Bildern darstellen, Meinungen mittels Interview.*

Schaubilder, Grafiken und Plakate sollen als Blickfang wirken und dem Zuhörer das Verständnis erleichtern.

Vorsicht: Zu viel Medienaufwand wirkt eher verwirrend. Wer einen gigantischen Medienaufwand betreibt, inhaltlich aber über Banales nicht hinauskommt oder wer über sein Thema nicht gut Bescheid weiß, macht einen sehr schlechten Eindruck.

- Medien wie Folien, Plakate usw. sollten formalen und ästhetischen Anforderungen genügen:
  - Rechtschreibung, Grammatik und Zeichensetzung
  - Lesbarkeit (Farbe, Schriftgröße, Schrift)
  - saubere, ordentliche Darstellung
  - Aufteilung der Information auf dem Medium (Übersichtlichkeit)
- Auflistung der vollständige Quellenangaben und Literaturhinweise

5. Schritt: Schlussredaktion

Vortrag rechtzeitig proben: Zuhörer einladen und Tipps zur Verbesserung annehmen. Ich muss mich in „meinem Stoff zu Hause fühlen". Nur so genügt ein kurzer Blick auf die Karteikarte mit den Stichworten. Tipps zum Vortrag s. S. 171.

Präsentieren – die häufigsten Fehler

- Folien sind zu klein beschriftet: Die Zuhörer werden unruhig, weil sie nichts lesen können.
- Folien werden zu schnell gewechselt: Das Publikum wird unruhig, weil es mit dem Lesen nicht mitkommt und beim Zuhören gestört wird.
- Sie stehen mit dem Rücken zum Publikum und schauen auf Ihre Folien. Sie stehen im Bild. – Stellen Sie sich seitlich von der Präsentationsfläche auf!
- Sie zeigen mit dem Finger auf die Folie am Overheadprojektor, jedes Zittern wird x-fach vergrößert gezeigt. – Legen Sie einen spitzen Stift ruhig auf die Folie.
- Sie zeigen an der Wand auf das Projizierte: Ihr Arm ist nicht lang genug, das Hemd rutscht aus der Hose, sie verrenken sich ständig, weil sie gleichzeitig auf die Wand und zum Publikum schauen wollen.
- Die Geräteeinstellungen stimmen nicht: Die Belichtung des Overheadprojektors ist zu schwach, der Beamer ist unscharf eingestellt – Testen Sie unbedingt alle Geräte vorher.
- Folien auf dem Overhead wölben sich und werden an den Rändern unscharf – Verwenden Sie Folienhalter.

Vgl. auch S. 163

Eine Präsentation auswerten

Die Auswertung der Präsentation folgt von zwei Seiten. Zunächst einmal durch den Vortragenden selbst, der sich im Sinne einer **Selbstevaluation** folgende Fragen ehrlich beantworten sollte:

Was ist gut gelungen bzw. hilfreich für meine nächste Präsentation? Was will ich beibehalten bzw. ausbauen?

Wo hatte ich Schwierigkeiten? Worauf muss ich bei der nächsten Präsentation achten?

Darüber hinaus kann man auch die Zuhörer/-innen um Rückmeldungen zu Ihrem Vortrag bitten **(Fremdevaluation)** und dies zum Anlass für gezielte Verbesserungen nehmen.

4420180

Folgende Tabelle kann zur Auswertung verteilt werden:

Inhalt	Gewichtung ++	+	0	– –	–	Bemerkung
Inhalt ▸ inhaltliche Qualität ▸ gedankliche Gliederung ▸ strukturierter Aufbau ▸ Klarheit des Gedankengangs ▸ angemessene Auswahl ▸ Verständlichkeit ▸ Wissensumfang						
Vortrag ▸ freier Vortrag ▸ Verständlichkeit ▸ Aussprache/Intonation ▸ Redestil ▸ Sprachrichtigkeit ▸ Zeitmanagement						
Gestaltung ▸ Aufbau und Übersichtlichkeit ▸ Hörerführung: Blickkontakt, Körpersprache, Tempo ▸ Medieneinsatz						

Mit anderen sprechen

Vgl. auch S. 12, 99, 152, 163

Diskussionen durchführen – Gesprächsregeln einhalten

Immer dann, wenn verschiedene Ansichten zu einem Thema im Raum stehen, kommen Diskussionen auf (z. B. Rauchverbot in der Öffentlichkeit pro und kontra/Tempo 100 auf Deutschlands Autobahnen pro und kontra/Handyverbot in der Schule).

Diskussionen können verschiedene Ziele haben, z. B., dass verschiedene Meinungen ausgetauscht werden oder dass man seinen Gesprächspartner von seinem Standpunkt überzeugen möchte. Es kann bei einer Diskussion auch darum gehen, seine eigenen Interessen zu formulieren oder durchzusetzen. Manchmal kommt man über Diskussionen zu Kompromissen, mit denen alle Beteiligten leben können.

In den Medien werden häufig völlig unkontrollierte Streitereien vorgeführt und als Diskussion bezeichnet. Derjenige Diskussionsteilnehmer, der auffällig dreist, laut und unkontrolliert die anderen mit seinen Beiträgen belästigt, womöglich anderen ins Wort fällt oder diese gar beleidigt, wird als besonders erfolgreich und überzeugend dargestellt. Hier bieten die Medien oft geschmacklose Beispiele und können als Vorbilder nicht akzeptiert werden.

Damit Diskussionen im Klassenzimmer gelingen können, sollte man einige Regeln und Hinweise beachten. Sie betreffen das Verhalten der Diskussionsteilnehmer gegenüber dem Redner, das Verhalten des Redners gegenüber den anderen Diskussionsteilnehmern und die Aufgaben des Moderators.

Diskussionen gelingen, wenn
- man sich für einen Diskussionsbeitrag erkennbar per Handzeichen meldet
- man erst dann redet, wenn der Diskussionsleiter das Wort erteilt hat
- immer nur einer redet
- alle sich beteiligen und nicht die Diskussion einigen Wenigen überlassen wird

- der Redner ausreden darf, also nicht unterbrochen wird
- die Zuhörer/-innen aktiv zuhören
- die Zuhörer/-innen fair und tolerant bleiben, also nicht geringschätzig oder beleidigend werden
- die Zuhörer/-innen die Meinung des Andersdenkenden respektieren

Diskussionen gelingen, wenn
- der Redner sich kurz fasst mit seinem Beitrag
- er sich auf die Beiträge der Vorredner bezieht und auf diese eingeht
- er nach einer akzeptablen Redezeit das Wort weitergibt (keine Dauerredner)
- er beim Thema bleibt
- er höflich, fair und sachlich mit seinen Diskussionspartnern umgeht
- er kompetent und engagiert zur Sache redet

Diskussionen gelingen, wenn der Diskussionsleiter/Moderator
- in das Thema einführt
- die Dauer der Diskussion angemessen festlegt und u. U. das Ziel formuliert
- die zur Debatte stehenden Positionen kurz einführt
- dabei absolut neutral bleibt
- das Wort mit Hilfe einer Rednerliste (Reihenfolge der Meldungen) gerecht zuteilt
- Regelüberschreitungen sofort Einhalt gebietet
- nach einer gewissen Zeit den Stand der Diskussion zusammenfasst und zu weiteren Gedanken überleitet
- durch geschickte neue Fragestellungen bei einem Diskussionsstillstand weiterhilft
- Aspekte, die noch nicht genügend betrachtet wurden, in die Diskussion einbringt

Voraussetzung für den geregelten Ablauf mit einem guten Diskussionsergebnis ist, dass alle Teilnehmer sich auf das Thema der Diskussion vorbereiten. Das Thema muss analysiert werden (Worum geht es genau?). Informationen dazu können schon vorher über Zeitungen, Fachbücher, Internet usw. beschafft und ausgewertet werden.

Auf Kärtchen können Argumente für den eigenen Standpunkt als Gedächtnisstütze gesammelt werden. Bekannte oder vermutete Gegenargumente können schon im Vorfeld bedacht werden.

Damit man konzentriert an der Diskussion teilnehmen kann, kann man sich während der Diskussion Notizen (Stichworte) über Redebeiträge anfertigen, auf die man später eingehen möchte.

Aufgabe

1 Situation: Der Ausbildungsleiter im Betrieb verbietet das Tragen von sichtbaren Tätowierungen bzw. Piercings.

Bereiten Sie eine Diskussionsrunde vor: Bestimmen Sie einen Diskussionsleiter bzw. eine Diskussionsleiterin, eine Befürwortergruppe, eine Gegenergruppe sowie eine Beobachtergruppe. Führen Sie die Diskussion unter Berücksichtigung der oben genannten Regeln durch. Die Beobachtergruppe entscheidet im Anschluss, welche Gruppe überzeugender war und warum.

4420182

Telefongespräche führen

Vgl. auch S. 114

Bei Telefonaten, die Sie selbst führen wollen, notieren Sie sich vorher alles Wichtige: Telefonnummer, Ansprechpartner, Thema, Fragen.

Melden Sie sich freundlich mit Ihrem Namen und teilen Sie kurz und präzise Ihr Anliegen mit. Sprechen Sie deutlich und in angemessenem Tempo und mäßiger Lautstärke. Vermeiden Sie Störungen durch Nebengeräusche.

Wiederholen Sie wichtige Daten und Namen. Schwierige Namen buchstabieren Sie am besten.

Nach Abschluss schreiben Sie das Wesentliche, v. a. Vereinbarungen, auf. Dafür eignet sich der Vordruck einer Telefonnotiz.

Begrüßung: Wenn man angerufen wird

Wird man geschäftlich angerufen, so will der Anrufer zunächst wissen, ob man bei der richtigen Firma gelandet ist. Man nennt daher als Erstes den Namen seiner Firma, dann stellt man sich persönlich vor und wendet sich dem Anrufer zu.

Beispiel: Firma – Name – Begrüßung

Müller GmbH, Anne Schneider, Guten Tag! Oder *Was kann ich für Sie tun?*

Begrüßung: Wenn man anruft

Wenn man anruft, hat man den Vorteil, dass man bereits einen ersten Eindruck vom Gegenüber hat.

Beispiel: Müller GmbH, Anne Schneider, Guten Tag!
Erwiderung: Guten Tag, Frau Schneider!

Da ich sie in der Begrüßung beim Namen genannt habe, sollte ich jetzt meinen Namen nennen, dann folgt die Vorstellung des Unternehmens.

Beispiel: Guten Tag, Frau Schneider, (mein Name ist) Erich Meier von der Hundertpro AG

Hier sind mehrere Varianten möglich: Die Formulierung „mein Name ist" kann auch weggelassen werden; darüber hinaus sind auch Umstellungen möglich, z. B.:
Hundertpro AG, Erich Meier. Guten Tag, Frau Schneider!
Erich Meier, Hundertpro AG. Guten Tag, Frau Schneider!

Der Brückenschlag zu einem guten Gespräch

Die Begrüßung schafft eine angenehme Atmosphäre und somit eine Basis für ein gutes Gespräch. Im Anschluss an die Begrüßung geht es darum, Interesse für das eigene Anliegen zu erzeugen.

Beispiel: Ein Verkäufer möchte einen Besuchstermin
Guten Tag, Frau Schneider, (mein Name ist) Erich Meier von der Hundertpro AG. Die Hundertpro AG ist Marktführer, wenn es darum geht, Arbeitsabläufe zu optimieren. Sind Sie für diesen Bereich zuständig?

Aufgabe

1

Spielen Sie folgende Situationen in einem Rollenspiel durch:

- Ein Anrufer/eine Anruferin erkundigt sich bei einer Firma, ob eine Betriebsbesichtigung für die Schulklasse möglich ist.
- Eine Schule teilt der zuständigen Ordnungsbehörde mit, dass Schulfremde auf dem Schulhof Müll abgeladen haben.
- Sie erkundigen sich bei einer Firma nach einem Praktikumsplatz.

Vgl. auch S. 125

Kundengespräche führen

Begrüßung

Mit der Begrüßung prägen Sie die Atmosphäre des Verkaufsgesprächs. Eine freundliche Begrüßung zeigt dem Kunden, dass er willkommen ist. Auch wenn Sie sich in einem anderen Kundengespräch befinden, sollten Sie den neuen Kunden begrüßen.

Kundenbedarf erfragen

Nach der Begrüßung möchten Sie erfahren, was der Kunde will. Ein: „Was kann ich für Sie tun" ist eine offene Frage und gibt damit dem Kunden Gelegenheit, Ihnen zu sagen, was er möchte. Das in der Praxis beliebte „Kann ich Ihnen helfen?" kann schnell mit einem „Nein danke" abgekanzelt werden. Vor allem zu Beginn des Gesprächs sollten Sie häufig offene Fragen stellen, auch wenn Sie den Bedarf des Kunden genau zu kennen glauben. Klären Sie diesen Punkt noch einmal ab.

Aktiv zuhören

Fragen allein gestalten natürlich noch kein Gespräch. Deshalb ist es wichtig, dass Sie aktiv zuhören. Machen Sie sich gegebenenfalls Notizen, haken Sie nach. Ihr Kunde merkt so, dass Sie tatsächlich an seinem Anliegen interessiert sind.

Mit dem Nutzen argumentieren

Halten Sie keine langen Fachvorträge, das interessiert den Kunden meistens nicht. Stellen Sie den Nutzen Ihrer Leistung oder Ihres Produktes heraus.

Den Preis überzeugend einbringen

Hier ist die Argumentation wichtig, lassen Sie sie aber nicht zur Verteidigungsrede werden. Greifen Sie die genannten Kundenwünsche auf und bringen Sie diese ein. Zählt für den Kunden z. B. der Prestigewert, überzeugen Sie ihn, dass er dieses Produkt haben muss, wenn er im Trend liegen will.

Erfolgreiche Abschlusstechniken

Es gibt verschiedene Techniken, ein Verkaufsgespräch zu einem positiven Abschluss zu bringen. Dabei ist wichtig, wie stark Ihr Kunde sich schon zu einem Kauf entschlossen hat. Eine Taktik ist die Alternativ-Technik. Hier hat Ihr Kunde im Prinzip, aber noch nicht ausdrücklich zugestimmt. Fragen Sie ihn dann nicht, ob er kaufen will, sondern was er wann in welcher Form wünscht, z. B. „Wünschen Sie die Lieferung in dunkler oder in heller Farbe?"

Was nach dem Abschluss wichtig ist

Um die Kundenbindung zu halten, kontaktieren Sie Ihren Kunden einige Wochen nach dem Kauf und fragen Sie ihn nach seiner Zufriedenheit. Bieten Sie bei Mängeln sofort Hilfe an. Kontaktieren Sie ihn dann regelmäßig, laden Sie ihn zu Veranstaltungen ein.

Aufgabe

1 Spielen Sie folgende Situationen in einem Rollenspiel durch:

- Ihre SIM-Karte ist defekt. Sprechen Sie mit einem Kundenberater über den Einsatz.
- Sie müssen sich bald vorstellen. Ein Verkäufer berät Sie wegen einer passenden Kleidung.
- Sie vertreten eine Sportartikelfirma auf der Messe und überzeugen eine Messebesucherin, ein Theraband zu erwerben.

Werten Sie die Rollenspiele im Anschluss aus.

4420184

Verstehend zuhören

Vgl. auch S. 24

Eine Mitschrift führen

Auch wenn heutzutage moderne Medien vielerorts an die Stelle herkömmlicher Hilfsmittel getreten sind, kann auch der modernste Handhold oder ein Notebook die Arbeit mit Stift und Papier nicht gänzlich ersetzen.

Wer im Unterricht, in einem Seminar oder wo auch immer mitschreiben will, wird sicher kein wörtliches Redeprotokoll erstellen können, wie es z. B. in Bundestagsdebatten durchgeführt wird. Und in aller Regel sind dazu auch nur diejenigen in der Lage, die noch das Handwerk der Stenografie beherrschen. Für die Abfassung einer Mitschrift gibt es keine festgelegte Form, doch sollte man sich von bestimmten erprobten Arbeitstechniken beim Mitschreiben leiten lassen:

Regel 1: Mitschreiben heißt zuhören

Wer nicht zuhören kann, kann auch nicht mitschreiben! So einfach ist das. Dieses Zuhören ist aber nicht passiv, sondern ein echtes Hinhören, denn nur wer dem, was er mit seinen Ohren aufnimmt, auch gedanklich folgt, kann sinnvoll mitschreiben. Hören Sie auf den Vortragenden. Hebt er die Stimme? Wiederholt er einen wichtigen Satz?

Regel 2: Mitschreiben heißt auswählen

Es macht keinen Sinn, möglichst viel und wörtlich mitschreiben zu wollen. Denn wer so mitschreibt, ist schnell überfordert. Außerdem soll eine Mitschrift etwas Gesagtes ja auch nicht bis in das Kleinste wiedergeben, sondern das Wichtigste. Wer mitschreibt, muss aber – und das ist die eigentliche Kunst – Sinnvolles von weniger Sinnvollem, Wichtiges von weniger Wichtigem oder gar Unwichtigem unterscheiden.

Regel 3: Mitschreiben heißt den Überblick bewahren

Um eine sinnvolle Auswahl der Informationen vornehmen zu können, die sich für die Mitschrift eignen, sollte man erst dann Gesagtes schriftlich fixieren, wenn ein Sinnabschnitt beendet oder aber der Sprecher zu einem u. U. weniger wichtigen Aspekt seiner Mitteilungen übergeht. Es ist also besser, einem Gedanken zu Ende zu folgen, statt ihn unterwegs ständig aufsammeln zu wollen. Gehen Sie großzügig mit Papier um. Beschriften Sie das Papier nur einseitig.

Regel 4: Hören Sie genau hin und denken Sie aktiv mit.

Um Wichtiges von Unwichtigem zu unterscheiden, behalten Sie das Thema im Auge und achten Sie auf Signale, die vom Sprecher selbst gegeben werden (z. B. wertende Hinweise, überleitende Zusammenfassungen, Hervorhebungen u. Ä.).

Regel 5: Schreiben Sie erst dann mit, wenn ein Sinnabschnitt beendet ist.

Notieren Sie wirklich nur das Wesentliche. Benutzen Sie sinnvolle Abkürzungen, die auch später noch verständlich sind. Namen und unbekannte Fachbegriffe sollten Sie nicht abkürzen. Wenn für Sie bestimmte Zitatbelege oder Literaturhinweise, die gegeben werden, besonders wichtig sind, notieren Sie diese besonders sorgfältig.

Notieren Sie ihre Stichworte so, dass Zusammenhänge und Beziehungen der einzelnen Informationen erkennbar werden. Nutzen Sie dazu Pfeile, Textmarker o. Ä.

Aufgabe

1 ••

Thema: Schuluniform; Interview mit Renate Boese, Stellvertretende Landesvorsitzende der GEW in NRW (www.wdr5.de/sendungen/morgenecho/720974.phtml)

Hören Sie sich das Soundfile über die oben genannte Internetadresse an und bemühen Sie sich, die Hauptinhalte mitzuschreiben.

Vgl. auch S. 27

Ein Protokoll verfassen

Protokolle lassen sich in verschiedene Protokolltypen unterteilen:

- **das Wortprotokoll**
jede Wortmeldung wird dokumentiert, kleine stilistische Korrekturen sind zugelassen
- **das Verlaufsprotokoll**
der gesamte Verlauf einer Verhandlung oder einer Besprechung wird (nicht wörtlich) wiedergegeben, wobei der Ablauf oder der Prozess im Mittelpunkt steht
- **das Ergebnisprotokoll**
das Protokoll beschränkt sich auf alle Ergebnisse, Beschlüsse und Entscheidungen
- **das Gedächtnisprotokoll**
nach einem Vorfall oder einem Gespräch oder einer Unterrichtsstunde schreibt man aus dem Gedächtnis die beobachteten Ereignisse oder Ergebnisse auf

Je früher das Protokoll nach einer Sitzung abgefasst wird, desto besser wird es üblicherweise. Als Erstes sollten alle noch eventuell vorhandenen Unklarheiten geklärt werden. Dann wird Schritt für Schritt die eigene Mitschrift durchgegangen: Was war wesentlich? Was unwesentlich? Welche Teile gehören wörtlich ins Protokoll? Protokolle werden in einer Protokollsprache verfasst. Hier die wichtigsten Punkte:

- Kurze und prägnante Sätze erleichtern die Lesbarkeit.
- Zu viele Substantive machen einen Text schwer lesbar; Verben wirken dynamischer.
- Die direkte Rede wird verwendet, um Beschlüsse und Anträge detailliert wiederzugeben; die indirekte Rede wird dagegen für Meinungen und Behauptungen verwendet.
- Adjektive sollten nur äußerst sparsam eingesetzt werden; sie werten, und genau dies sollte ein Protokoll nicht machen.
- Abkürzungen sollten so wenig wie möglich benutzt werden.
- Fremdwörter sind ebenfalls so wenig wie möglich zu verwenden.

Zehn goldene Regeln für ein erfolgreiches Protokoll

Ein gutes Protokoll sollte:

- neutral, objektiv und sachlich sein
- die Tatsachen wiedergeben, nicht auf Gefühlen und Meinungen beruhen
- nach der Tagesordnung und nach dem Verlauf gegliedert und aufgebaut sein
- auf das Wesentliche beschränkt sein
- in Länge und Ausgestaltung dem Zweck angepasst sein
- gerade für Nichtanwesende problemlos verständlich sein
- in gut verständlichem, klarem Deutsch abgefasst sein
- ohne überflüssige Floskeln und Stilblüten auskommen
- von der Gestaltung leserfreundlich verfasst sein
- in der Gegenwart (Verlaufsprotokoll) oder in der Vergangenheit (Ergebnisprotokoll) und meist in der indirekten Rede niedergeschrieben sein

Aufgabe

1 Bestimmen Sie wechselseitig einen Mitschüler, eine Mitschülerin, der bzw. die die Deutschstunde protokolliert. Führen Sie eine Mappe, in der die Protokolle der jeweiligen Unterrichtsstunden aufbewahrt werden.

Argumentieren

Vgl. auch S. 106, 120, 147, 157

Überzeugend argumentieren

Um überzeugend argumentieren zu können, muss man sich zunächst über den Sachverhalt klar werden. Was weiß ich schon? Woher kann ich mir weitere Informationen beschaffen?

Aufbau und Funktion der eigenen Argumentation

Ausgangspunkt	These und/oder Argumentation einer Textvorlage	
Eigene Reaktion	Zustimmung	Ablehnung
Darstellung der eigenen Meinung	These: Wiedergabe der vorgegebenen Aussage	Gegenüberstellen der eigenen These
Begründung	eigene Argumente/Beweise	eigene Argumente/Beweise
Veranschaulichung	Beispiel	Beispiel
Fortsetzen der Argumentation	weiteres Argument/Beispiel	weiteres Argument/Beispiel
Fazit	Zusammenfassung, Schlussfolgerung bzw. abschließende Bewertung der Textvorlage	

Die Zeitform ist das Präsens, die Sprache sollte sachlich und klar sein. Darüber hinaus sollten die Argumente bzw. Beispiele auf die Zielperson abgestimmt sein, denn sie muss überzeugt werden.

Aufgabe 1

Sammeln Sie mindestens drei Argumente und drei Beispiele zu einem der folgenden Themen:
- Wehrdienst oder Zivildienst
- Abblendlicht auch bei Tage
- Alkoholverbot auf Klassenfahrten

Vgl. auch S. 77, 92, 100, 102, 106, 160

Eine Stellungnahme verfassen

Eine Stellungnahme besteht aus der eigenen Meinung zu einem Thema, einer Behauptung, einem Standpunkt, die durch eine oder mehrere Begründungen dem Hörer oder Leser einsichtig gemacht wird.

In der Stellungnahme setzt man sich mit anderen Positionen kritisch auseinander, indem man diesen begründet zustimmt oder sie mit Argumenten ablehnt.

In vielen Situationen werden Sie dazu aufgefordert, mündlich oder schriftlich Ihre eigene Meinung
- zu einer Äußerung,
- zum Verhalten einer Person,
- zu einem Thema
- zur Einstellung eines anderen,
- zu Handlungsweisen von anderen,

zu sagen. Es geht darum, was Sie persönlich dazu denken. Um Ihre persönliche Einstellung verständlich zu machen, sollten Sie Ihre Meinung mit Argumenten begründen.

Beispiele:
- Ich bin der Meinung, dass ..., weil ... Meine Einstellung ist ..., da ...
- Ich finde, ..., denn ..., ... Ich kann ... zustimmen/nicht zustimmen, da ...
- Ich kritisiere ..., denn ...; ich finde ... überzeugend/nicht überzeugend, weil ...

Die Begründung „Weil ich es sage" ist für andere nicht unbedingt logisch und deswegen kein Argument.

Aufbau einer Stellungnahme
- *These*: den eigenen Standpunkt darlegen
- *Begründung*: Argumente für die eigene These anführen
- *Beispiel*: Beispiel zur Veranschaulichung aufzeigen
- *Schlussfolgerung* (ggf. mit Aufforderung verknüpfen)

Aufgabe

1 Verfassen Sie auf der Basis der vorher gesammelten Argumente und Beispiele eine schriftliche Stellungnahme zu einem der auf S. 187 formulierten Themen.

Vgl. auch S. 59, 246

Die textgebundene Erörterung

Im Unterschied zu einer Problemerörterung muss bei einer textgebundenen Erörterung die Argumentation eines Autors in die Erörterung des eigenen Textes mit einbezogen werden. Dies hat den Vorteil, dass man sich anhand des Textes in die vorgegebene Thematik vertiefen kann.

Das bedeutet, man muss zuerst die Gedanken der Textvorlage so gut wie möglich wiedergeben (insbesondere die Position des Autors). Anschließend werden die Thesen und Argumente des Autors untersucht und bewertet und die persönliche Stellungnahme abgeleitet.

Aufbau:

A Einleitung:
- Einführung in die Thematik
- Nennung von Autor, Titel, Textsorte, Erscheinungsjahr, Quelle, Anlass
- *bei argumentativ-wertenden Texten*: Nennung der Position des Autors
- *bei darstellend-informierenden Texten*: Benennung des Textthemas

B Inhaltsangabe

bei argumentativ-wertenden Texten:
- Hauptthesen des Textes
- Argumente, mit denen der Autor seine Position unterstützt
- ggf. fremde Thesen und Argumente, die der Autor in seine Argumentation einbezieht

bei darstellend-informierenden Texten:
- im Text genannte Positionen und deren Argumente darstellen; dabei – falls dies im Text deutlich wird – bekannte Vertreter der Positionen nennen

4420188

C Kritische Auseinandersetzung mit dem Text

(HAUPTTEIL DES AUFSATZES)

Thesen und Argumente des Textes untersuchen und beurteilen

- Argumente unterstützen: Was würde ich zu diesen Aussagen besonders herausstellen, konkretisieren und vertiefen? (z. B. durch Erläuterungen, weitere Beispiele)
- Argumente widerlegen: Lässt sich eine Gegenthese aufstellen bzw. ein Gegenargument anführen?
- Eigene Ergänzungen: Welche Argumente müssen über den Text hinaus beachtet werden?
- Kritik der Argumentation: Sind Mängel an der Art der Argumentation festzustellen? Z. B.: Unklares oder unverständliches Argument, Behauptung ohne Begründung, Gedankensprung, falsche Beispiele ...
- Vertritt der Autor/die Autorin die Interessen einer bestimmten gesellschaftlichen Gruppe?

D Schluss:

Fazit: Eigene Position begründet darstellen, Bezugnahme auf das Argument, dass mich am meisten überzeugt.

Aufgabe

1 ●●●

Nehmen Sie den Text „Schuluniform allein genügt nicht" (Text 9) zum Anlass und verfassen Sie eine textgebundene Erörterung.

Szenisch spielen

Vgl. auch S. 37

Texte szenisch lesen

Setzen Sie sich in einem Kreis zusammen und lesen Sie reihum den Text der Szene, sodass jeder einen Satz bzw. eine Satzgruppe (auch Szenenbemerkungen) liest. Stellen Sie nur so viele Stühle auf, wie Figuren in der Szene vorkommen, und formieren Sie diese so, dass die Beziehung der Figuren zueinander deutlich wird. Wählen Sie einen Stuhl und lesen Sie den Text der Figur, der dieser Stuhl gehört. Ein Stuhl steht abseits, von dort werden die Szenenbemerkungen gesprochen.

Aufgabe

1 ●●

Erproben Sie das szenische Lesen am Text „Tobacco Road" (Text 94) auf S. 143.

Vgl. auch S. 39

Texte szenisch gestalten

Viele Filme und Theaterstücke (szenische Darstellungen) sind auf der Grundlage von vorher bereits vorhandenen Texten, zum Beispiel Erzählungen, Romanen oder Tatsachenberichten, entstanden. Es gibt Texte, aus denen sich sehr leicht eine szenische Darstellung formen lässt, es gibt aber auch Texte, bei denen das recht schwer ist. Grundsätzlich kann man sagen, dass ein Text eher leicht szenisch darstellbar ist, wenn er viel Handlung und viele Gefühle enthält, und dass er eher schwer szenisch umzusetzen ist, wenn er hauptsächlich Gedanken enthält. Das liegt daran, dass Handlungen und Gefühle etwas sehr Anschauliches sind, man kann sie einem Zuschauer zeigen, ohne etwas zu sagen, allein mit Handlungen und Körpersprache. Gedanken dagegen sind etwas Abstraktes, um sie auszudrücken, benötigen wir die Sprache.

Sprechen ist sehr wichtig bei der szenischen Darstellung in Theater und Film, und deshalb besteht auch ein großer Teil der Ausbildung von Schauspielern aus Sprechtraining. Aber wenn man einen Text auf verschiedene Rollen verteilt, so wird daraus allein noch kein Theaterstück oder Drehbuch.

1. Um aus einem Text eine Szene zu machen, sollte man sich zunächst auf die Suche machen nach Stellen, die sich durch interessante Handlungen und Gesten ohne Worte darstellen lassen. Wie dies dann in der Darstellung gespielt werden soll, steht später im Drehbuch oder Theaterstück als **Regieanweisung.**
2. Vor allem bei längeren Texten wird es erforderlich werden, das Geschehen beziehungsweise **den Inhalt auf wenige, für den Gesamtzusammenhang wesentliche Vorgänge zu konzentrieren.** Oft kann im Theater oder im Film mit einer knappen Bewegung oder Geste anschaulich gezeigt werden, was im Ausgangstext wortreich beschrieben wird.
3. Nun wird festgelegt, welche Personen in dem Stück vorkommen und was sie sagen sollen. Auch hier, bei der Festlegung der **Rollen** und der **Rollentexte,** wird man meist nicht umhinkommen, **den Text zu kürzen oder auch abzuändern.**
4. Bei der **Besetzung der Rollen** sollte man darauf achten, dass der Charakter der darzustellenden Person dem oder der Schauspieler(in) liegt.
5. Ist dies alles geschehen, wird es Zeit, sich um ein passendes **Bühnenbild** und um die **Kostüme der Schauspieler** zu kümmern. Oft genügen hier einfachste Mittel, die das Gemeinte nur andeuten.
6. Sehr wichtig beim Spielen ist es, dass nicht einfach nur ein Text in verteilten Rollen vorgetragen wird. Pausen sind sehr wichtig, in denen etwas passieren muss. Zur Steigerung der Spannung können auch bewusst Pausen eingesetzt werden, in denen nichts passiert. **Körperhaltung, Gesten, Gesichtsausdruck, Bewegungen und Handlungen** ersetzen Dinge, die im Text beschrieben werden, und sie unterstreichen das, was die Schauspieler im Stück sagen.
7. Wenn die Schauspieler sprechen, sollten sie **klar und deutlich artikulieren, in ausreichender Lautstärke und möglichst in Richtung zum Publikum sprechen.**

Aufgabe

1 Gestalten Sie den Text „Die Waldfee und der Werbefachmann" (Text 82) auf S. 132 szenisch.

4420190

Erzählen

Vgl. auch S. 14, 133, 140

Geschichten erzählen

Eine Erzählung ist meistens nach einem bestimmten Schema aufgebaut. Dieses Schema lässt sich in drei Abschnitte einteilen: Erzählanfang – Hauptteil – Erzählende. Diese drei Abschnitte unterliegen einem Spannungsbogen und erfüllen jeweils bestimmte Aufgaben.

Erzählanfang
- führt den Leser in die Geschichte ein
- gibt wesentliche Informationen zu Ort (Wo?), Zeit (Wann?), Personen (Wer?) und Handlung (Was?)
- baut Spannung auf

Hauptteil
- Steigerung der Spannung
- Figuren treten in den Vordergrund
- unvorhersehbarer, für die Hauptpersonen überraschender Vorfall = Höhepunkt

Erzählende
- Abschluss der Erzählung
- glückliches oder trauriges Ende
- Spannung wird bis zum Schluss gehalten und erst am Ende gelöst

Eigene Geschichten erzählen

Vorarbeit
- Erzählplan aufstellen (s. auch einen Schreibplan und eine Stoffsammlung erstellen, S. 192)
- Stichwortzettel erstellen
- Ablauf der Erzählung planen
- festlegen, in welcher Perspektive erzählt wird (Ich-Erzähler oder Er-/Sie-Erzähler)

Aufbau
- Gliederung in einzelne Erzählschritte (Erzählanfang, Hauptteil, Erzählende)
- Steigerung der Spannung
- äußere Handlung und innere Handlung (Gedanken und Gefühle der Figuren)

Zeitform
- Präteritum (Vergangenheit), seltener Präsens (Gegenwart)

Sprache
- treffende Adjektive und Verben
- Vergleiche
- verkürzte Sätze
- Ausrufe
- wörtliche Rede
- Fragen
- spannender, lebendiger Erzählstil
- Ausdruck der Gefühle und Gedanken
- unterschiedliches Erzähltempo: gedehnt (verzögert) oder gerafft (beschleunigt)

Vgl. auch S. 140

Texte in eine Erzählung umwandeln

Um das schriftliche Erzählen zu üben, kann man sich der unterschiedlichsten Vorlagen bedienen, die in eine Erzählung umgeformt werden können, z. B.:

- Bilder
- Bildgeschichten
- Zeitungsberichte
- Gedichte

Wenn man nach einer Vorlage erzählt, sollte man sich genau an ihr orientieren. Das Erzählgeschehen stellt sich aber anders dar, je nachdem, aus welchem Blickwinkel erzählt wird: entweder aus dem einer handelnden Person oder aus dem eines Zuschauenden. Den Blickwinkel nennt man Erzählperspektive. Die einmal eingenommene Blickrichtung muss durchgehend eingehalten werden. Erzählt man eine Geschichte aus einer anderen Perspektive, muss man sich in die Person hineinversetzen, aus deren Blickwinkel das Geschehen erzählt werden soll.

Aufgabe

1 Nutzen Sie ein Bild aus diesem Buch für die Gestaltung einer eigenen Erzählung.

2 Wechseln Sie die Erzählperspektive: Erzählen Sie Text 57 aus einer anderen als der dargestellten Perspektive.

Texte planen und schreiben

Vgl. auch S. 242, 251, 261

Einen Schreibplan und eine Stoffsammlung erstellen

Es geht darum, einen Schreibprozess eigenverantwortlich zu gestalten.

Schritt 1: Texte planen

- Das Thema untersuchen und die Kernbegriffe unterstreichen/herausschreiben
- Stoffsammlung erstellen, z. B. eine Liste, ein Brainstorming oder das Clustering

Brainstorming ist der Klassiker unter den Kreativitätsmethoden. Durch spontane Ideenäußerung ohne ablehnende Kritik wird mit dieser Methode eine große Anzahl an Ideen zu einer gegebenen Problem- oder Themenstellung entwickelt und gesammelt. Beim Brainstorming in der Gruppe können sich die Teilnehmer durch ihre Beiträge gegenseitig zu neuen Ideenkombinationen anregen, wodurch deutlich mehr Ergebnisse produziert werden, als wenn jeder für sich alleine arbeitet.

Regeln für das Brainstorming

- Jede Idee, gleichgültig wie verrückt oder realistisch, ist willkommen!!!
- Es kommt mehr auf die Menge der Vorschläge an als auf die Qualität – alles wird aufgeschrieben.
- Jede/r darf Ideen der anderen aufgreifen und für eigene Ansätze weiterverwenden.
- Killerphrasen, Kritik und Selbstkritik an den vorgebrachten Ideen sind streng verboten – alles ist richtig.

Hat jemand mehr als eine Idee, muss er warten, bis er wieder dran ist. Kennt er/sie mehrere Gedanken, sollte er/sie sie sich notieren, um sie in der Zwischenzeit nicht zu vergessen.

4420192

Grundregeln des Clusterings

Sie beginnen immer mit einem Kern, den Sie in die Mitte einer leeren Seite schreiben und mit einem Kreis umgeben. Dann lassen Sie sich einfach treiben. Folgen Sie dem Strom der Gedankenverbindungen, die bei Ihnen auftauchen. Schreiben Sie Ihre Einfälle rasch auf, jeden in einen eigenen Kreis, und lassen Sie die Kreise vom Mittelkreis aus ungehindert in alle Richtungen ausstrahlen, wie es sich gerade ergibt. Wenn Sie spüren, dass etwas mit einem anderen Begriff oder einer vorherigen Idee verbunden ist, verbinden Sie jedes neue Wort oder jede neue Wendung durch einen Strich oder Pfeil mit dem vorigen Kreis. Wenn Ihnen etwas ganz Neues oder Andersartiges einfällt, verbinden Sie es direkt mit dem Kern und gehen von dort nach außen, bis diese aufeinanderfolgenden Assoziationen erschöpft sind. So beginnen mehrere Ideenketten beim Kern und Zusammenhänge werden deutlich.

Bauen Sie Ihr Cluster weiter aus, indem Sie Einfälle, die zusammengehören, durch Striche oder Pfeile verbinden, und überlegen Sie nicht lange, welcher Strang wohin strebt. Lassen Sie jede Assoziation ihren eigenen Platz finden. So entstehen viele Clusterfelder, die eine erste Struktur ergeben.

- Vorgehensweise aus der Aufgabenstellung ableiten
- Fragen und Arbeitshypothesen formulieren
- Thesen formulieren
- gemäß den Aufgaben und der Zeitvorgabe einen **Schreibplan** erstellen, sich für die angemessene Textsorte entscheiden und Arbeitspläne/Konzepte entwerfen, Arbeitsschritte festlegen (z. B. in einem Flussdiagramm): Informationen sammeln, ordnen. Aber auch(!) einen Zeitplan zurechtlegen!
- Informationsquellen gezielt nutzen: z. B. Bibliotheken, Nachschlagewerke, Zeitungen, Internet
- schriftlich mit Hilfe der neuen Medien kommunizieren: z. B. E-Mails, Chatroom

Text schreiben

- Gliederungen anfertigen: z. B. numerische Gliederung
- einen Textentwurf entsprechend der Planung fertigen
- zentrale Schreibformen: z. B. erzählen, berichten, beschreiben, argumentieren, erörtern, interpretieren, kommentieren, kreativ schreiben/gestalten
- sprachliche Mittel gezielt einsetzen: z. B. Vergleiche, Bilder, Wiederholung, verständlich, sprachlich variabel und stilistisch angemessen schreiben
- Zitate in den eigenen Text integrieren
- Texte formal gestalten/überarbeiten: z. B. Blattaufteilung, Absätze, Schriftbild

Text überarbeiten

- Aufbau, Inhalt, Formulierungen und Stil eigener Texte hinsichtlich Schreibaufgabe, Schreibsituation und Schreibanlass überprüfen
- Strategien zur Überprüfung der sprachlichen Richtigkeit und Rechtschreibung anwenden
- Einhaltung orthografischer und grammatischer Normen kontrollieren: z. B. durch Klangprobe, Weglassprobe, Umstellprobe, Ersatzprobe; normative/beschreibende Wörterbücher nutzen

Aufgabe 1

Sammeln Sie nach einer der oben genannten Methoden Material, z. B. zum Thema:

- Pflicht für Winterbereifung
- Mehrwertsteuererhöhung auf 19 %

Verfassen Sie im Anschluss einen kleinen Text zum Thema.

Vgl. auch S. 114

Formalisierte Texte schreiben

- Briefe
- Bewerbung
- Lebenslauf

Bei einem privaten Brief sind der Fantasie keine Grenzen gesetzt. Beliebt ist, was gefällt. Kaum jemand käme auf den Gedanken, in einem Liebesbrief die Rechtschreibfehler zu zählen.

Anders sieht es schon aus beim so genannten **„halbprivaten" Brief**. Darunter versteht man den Brief einer Privatperson an eine Firma oder eine Behörde, z. B. als Antwort auf einen Geschäftsbrief oder bei einer Reklamation, einem Antrag oder bei einer Bewerbung.

Firmen und Behörden erhalten täglich viele Briefe und müssen diese gezielt an die Bearbeiter weiterleiten. Deshalb ist für Geschäftsbriefe eine „Bezugszeichenzeile" (8,5 mm unter dem Anschriftenfeld) üblich. Darin werden zu vorgegebenen „Leitwörtern" kurze Informationen mitgeteilt. („Ihr Zeichen", „Unser Zeichen", „Telefon, Name" und „Datum"). Es ist somit auf den ersten Blick festzustellen, worauf sich das Schreiben bezieht und an wen es zur Bearbeitung weitergereicht werden muss.

In moderneren Vorlagen wird für diese „Kommunikationsangaben" ein „Informationsblock" – rechts neben dem Anschriftenfeld (125,7 mm vom linken Rand entfernt) – verwendet. Durch diese Anordnung können mehrere Zeilen genutzt werden und z. B. auch die Telefaxnummer, E-Mail-Adresse, Homepage und Mobiltelefonnummer ergänzt werden.

Der „Betreffvermerk" beginnt zwei Leerzeilen nach der Bezugszeichenzeile oder dem Informationsblock. Er gibt stichwortartig den Briefinhalt wieder, sagt aus, was das Schreiben betrifft und kann fett geschrieben werden.

„Sehr geehrte Damen und Herren" wählt man als Anrede nur, wenn man die Person nicht namentlich kennt, an die das Schreiben gerichtet ist. Besser ist es immer mit „Sehr geehrte Frau ..." oder „Sehr geehrter Herr ..." zu beginnen.

Der Brief sollte in sinnvolle und dem Anlass entsprechende Abschnitte gegliedert werden:

- Schilderung der Situation
- Erläuterung der Folgen/Nachteile
- Verdeutlichung durch Beispiele
- Formulierung von Forderungen/Wünschen
- Vorschläge darlegen
- Hoffnung ausdrücken, dass das Anliegen erfüllt wird

Als Grußformel am Briefende, eine Zeile vom Brieftext abgesetzt, ist „Mit freundlichen Grüßen" am gebräuchlichsten.

Fügt man weitere Blätter bei, teilt man dies durch das Wort „Anlage" oder „Anlagen" am Ende des Blattes mit. Man kann diesen Vermerk durch Fettschrift hervorheben und die Anlagen auch einzeln darunter schreiben.
Genauere Vorschriften hierzu finden Sie in der DIN 676 und DIN 5008.

Ein **Bewerbungsanschreiben** wird nach diesen Vorgaben erstellt. Dahinter kommt der Lebenslauf und die Anlagen. Heute ist es üblich, ein individuelles Deckblatt zu erstellen, das als erste Seite in die Bewerbungsmappe kommt. Das Bewerbungsschreiben heftet man nicht ein, sondern legt es lose obenauf.

4420194

Elemente des Bewerbungsanschreibens

Vorarbeit

- Bin ich für die angebotene Stelle geeignet? Was wird von mir verlangt? Was muss ich beherrschen?
- Informationen sammeln über den Betrieb, bei dem ich mich bewerben möchte; an wen ist die Bewerbung zu richten?

Aufbau des Schreibens

- Briefkopf, Betreff, Anrede
- Anlass für die Bewerbung
- Beschreiben der besonderen Eignung für die Stelle
- Eingehen auf die genannten Anforderungen
- Mitteilen des möglichen Arbeitsbeginns
- Bitte um Vorstellungsgespräch
- Grußformel, Unterschrift, Anlagen

Der **Lebenslauf** wird üblicherweise tabellarisch geschrieben. Er enthält wichtige Angaben über den Lebens- und Bildungsweg. Die Auswahl der Angaben ist stark abhängig von dem Zweck, für den der Lebenslauf geschrieben wird. Eine Gliederung nach persönlichen Daten, Schulbildung sowie Interessen ist für den Lebenslauf vor Beginn einer Berufsausbildung geeignet.

Später kommt als Gliederungspunkt noch die Berufsausbildung und Berufsausübung dazu. Im Gegensatz zur europäischen Form, bei der die letzte Tätigkeit am Schluss des Lebenslaufes aufgeführt wird, beginnt man bei der amerikanischen Form mit der Gegenwart und reiht ältere Informationen hinten an.

Elemente des Lebenslaufs

Vorarbeit

- Zusammenstellung aller notwendiger Dokumente (Zeugnisse, Bestätigung für Fortbildungskurse oder Seminare, ggf. Dokumentation ehrenamtlicher Tätigkeiten)
- aktuelles Bild

Aufbau

- Angaben zur Person (Name, Geburtsdatum und -ort, Anschrift, Familienstand)
- ggf. Angaben zu den Eltern und Geschwistern, Staatsangehörigkeit, Konfession
- schulische Daten in der richtigen zeitlichen Abfolge und Abschlüsse
- berufliche Daten
- besondere Kenntnisse und Interessen
- Hobbys
- Datum, Unterschrift

Aufgaben

1

Nehmen Sie einen der folgenden Schreibanlässe und entwerfen Sie einen entsprechenden Brief mit allen notwendigen Komponenten:

- Sie wollen das Abonnement einer Zeitschrift kündigen.
- Sie laden die Auszubildenden Ihres Betriebes zu einer Besprechung ein.
- Sie antworten auf eine Wohnungsanzeige, in der eine 1-Zimmer-Wohnung angeboten wird.
- Sie bewerben sich auf eine Stellenanzeige.
- Sie antworten auf eine Zahlungserinnerung für eine Rechnung, die Sie bereits gezahlt haben.

Vgl. auch S. 45

Private Briefe und Tagebuch schreiben

Im Gegensatz zu Geschäftsbriefen bleibt es den Verfassern **privater Briefe** vorbehalten, diese in eigener Weise zu gestalten. Einen strengen formellen Aufbau gibt es nicht, jedoch ist es empfehlenswert, einige Aspekte zu beachten:

- direkte Ansprache des Briefempfängers, ggf. Bedanken für den letzten Brief
- Schilderung der eigenen Gedanken und Erlebnisse
- Interesse für den Briefempfänger zeigen, Gemeinsamkeiten erwähnen
- Wünsche äußern
- persönlicher und natürlicher Ausdruck

Das Schreiben von **Tagebüchern** ist eine Form des autobiografischen Schreibens. Es werden Ereignisse, Gedanken und Emotionen aneinandergereiht, die nur kurze Zeit zurückliegen. Tagebücher können aus unterschiedlichen Gründen geschrieben werden:

- Auseinandersetzung mit der eigenen psychischen Befindlichkeit, Klarwerden seiner Situation (persönlicher Standpunkt, häufig Krisensituation); Tagebücher dieser Art sind zumeist nicht für die Öffentlichkeit bestimmt und dienen der Selbstreflexion bzw. Auseinandersetzung mit sich selbst; die äußere Gestaltung ist unwichtig
- Dokumentation persönlicher Ereignisse und Erfahrungen; Tagebücher dieser Art haben oft neben dem Erinnerungswert die Funktion, andere an bestimmten Erlebnissen teilhaben zu lassen (z. B. Reisetagebuch); die äußere Gestaltung ist hier von Bedeutung
- Dokumentation von Geschehnissen unterschiedlicher Wichtigkeit, ohne dass der Tagebuchschreiber seine Gefühle einbringt; Tagebücher dieser Art dienen häufig als Materialfundus für weitere Arbeiten (Arbeitsjournal)

Aufgaben

1 Nehmen Sie Text „Dschonghi und der Computer" (Text 37) zum Anlass, die darin geschilderten Ereignisse in Form eines privaten Briefes des Protagonisten an seine Freundin/seinen Freund darzulegen.

2 Dokumentieren Sie Ihre nächste Klassenfahrt – oder auch eine private Reise – in Form eines Reisetagebuchs, das für die Öffentlichkeit bestimmt ist.

Vgl. auch S. 118

Texte überarbeiten

Kein Text ist nach dem Schreiben schon perfekt. Deshalb sollten eigene Erzähltexte immer überarbeitet werden. Es gibt dabei unterschiedliche Möglichkeiten. Zunächst kann man seinen Text anhand einer **Checkliste** selbst überprüfen:

Inhaltliche Gestaltung

- logische, nachvollziehbare Handlung
- einleuchtende Personengestaltung
- passende Überschrift(en)

Sprachliche Gestaltung

- Einsatz von sprachlichen Mitteln, um die Geschichte anschaulich und spannend zu machen

Formale Gestaltung

- Aufbau
- Absätze
- Überprüfung von Grammatik und Rechtschreibung

4420196

Sinnvoll kann es aber auch sein, die Texte gemeinsam in einer **Schreibkonferenz** zu überarbeiten. Dazu werden Kleingruppen gebildet, die die vorliegenden Texte zunächst lesen. Dann schreibt jeder Einzelne seine Bemerkungen an den Rand und reicht den Text an das nächste Gruppenmitglied weiter, bis jeder den Text überprüft hat. Am Ende erhält der Verfasser den Text zurück und arbeitet die Korrekturen bzw. Verbesserungsvorschläge ein, soweit er es selbst für sinnvoll erachtet.

Aufgaben

1 Erproben Sie in Kleingruppen die Methode der Schreibkonferenz anhand der von Ihnen erarbeiteten Texte (s. S. 193).

Evaluieren

Vgl. auch S. 16

Feedback geben – Feedback nehmen

„Feedback" ist eine Gesprächsform, anderen etwas darüber zu sagen, wie man sie sieht bzw. zu lernen, wie andere mich sehen. Feedback besteht daher in zwei Richtungen, nämlich dem **Feedback-Geben** und dem **Feedback-Nehmen**. Am Ende einer Arbeitsphase, einer Gruppenarbeit oder auch einer Präsentation kann dieser Austausch stattfinden, um aus konkreten Erlebnissen zu lernen und seine Argumentationstechnik, sein Auftreten in der Gruppe oder seine Präsentationstechnik oder sein Präsentationsverhalten zu verbessern. Feedback geben verbindet sich mit drei Zielsetzungen:

- Man will den anderen darauf aufmerksam machen, wie man sein Verhalten erlebt und was es bewirkt (im positiven wie im negativen Sinn).
- Man will den anderen über seine Bedürfnisse und Gefühle informieren, damit er darüber informiert ist, worauf er intensiver Rücksicht nehmen könnte.
- Man will den anderen darüber aufklären, welche Veränderungen in seinem Verhalten die Zusammenarbeit mit ihm erleichtern würden.

Es ist keine einfache Angelegenheit, Feedback zu geben oder zu nehmen. Es kann manchmal wehtun, peinlich sein, Abwehr auslösen oder neue Schwierigkeiten heraufbeschwören, da niemand leichten Herzens akzeptiert, in seinem Selbstbild korrigiert zu werden. Auch muss der offene Umgang mit Gefühlen – um die es beim Feedback meist geht – häufig erst erlernt werden. Eine Feedback-Situation ist daher oft prekär, sodass es günstig ist, dass Feedback-„Geber" und Feedback-„Nehmer" bestimmte Regeln einhalten.

Regeln zum Feedback geben:

- Beschreiben Sie nur die eigenen Beobachtungen und Wahrnehmungen.
- Vermeiden Sie bitte moralisierende Bewertungen und Andeutungen.
- Beziehen Sie sich auf Fakten und Sachverhalte.
- Bemühen Sie sich um eine klare Sprache.
- Achten Sie darauf, das Sie nicht verletzend und aggressiv sprechen.
- Vergessen Sie nicht, auch positive Wahrnehmungen und Gefühle zu beschreiben.

Aufgaben

1 Nach einer Gruppenarbeit, einem Referat oder einer Präsentation: Geben Sie dem oder den Vortragenden ein Feedback zu den positiven(!) und störenden oder fehlerhaften Verhaltensformen. Nutzen Sie die Ich-Botschaften.

Vgl. auch S. 27

Ein Portfolio führen

Ein Portfolio führen

Ein Portfolio sollte nicht die neue Form eines Hausaufgabenheftes mit anderen Mitteln sein, sondern es soll Ihnen helfen, den roten Faden im Unterricht und bei Ihrer selbstständigen Arbeit nicht zu verlieren.

Im Portfolio sollten Sie notieren, welche neuen Themen erarbeitet worden sind und/oder was zu einem Themengebiet entworfen worden ist. Außerdem sollte hier erläutert werden, wie Sie den Arbeitsprozess bei größeren Vorhaben (selbstständige Erarbeitungen, Gruppenerarbeitungen, Referate, Facharbeiten) strukturieren wollen. Zusätzlich können alle Texte, Hilfen, Übungen usw. hierin gesammelt werden.

Die äußere Form

Das Portfolio sollte ein Heft oder ein Ordner im DIN A4-Format sein, damit übersichtlich gearbeitet werden kann und um eventuell auch Aufgaben- oder Arbeitsblätter einlegen zu können. Am Ende jedes Lernschrittes oder (möglichst am gleichen Tag zu Hause) z. B. vor der Bearbeitung der Hausaufgaben sollten Sie Ihre Notizen machen. Es ist hilfreich, wenn mehrere Farben benutzt werden. So können neue Inhalte in einer Farbe gestaltet und offene Fragen sowie Probleme, die noch nicht geklärt sind, oder auch die Planung von weiteren Arbeitsschritten in anderen Farben gestaltet werden.

Strukturierende Fragestellungen

Bei den Eintragungen sollten Sie versuchen, schrittweise einige der folgenden Fragestellungen zu berücksichtigen.

Zum Inhalt

- Was war das Thema der Stunde? Welche Inhalte sind besprochen worden? (Datum nicht vergessen!)
- Was war neu – was wussten Sie schon über die Thematik?
- Welche neuen Begriffe (Definitionen) wurden eingeführt? In welchem Zusammenhang stehen diese neuen Begriffe mit bereits bekannten Begriffen? Versuchen Sie, eine Mind-Map zu erstellen.
- Was ist nicht klar geworden (andere Farbe wählen)? Wenn möglich, formulieren Sie eine Frage, die Sie in der kommenden Stunde den Mitschüler/-innen oder dem/der Lehrer/-in stellen wollen.
- Welche andere Ideen zur Vorgehensweise oder zum Ergebnis haben Sie gehabt?

Zur Planung von Arbeitsschritten

- Wie kann die Problemstellung (oder die Aufgabe) mit eigenen Worten formuliert werden?
- Welche Ideen haben Sie zur Lösungsstrategie?
- Welchen (kleinen und größeren) Schritte bieten sich an?
- Lässt sich die Aufgabe arbeitsteilig lösen?
- Welche zusätzlichen Hilfsmittel (Lexika, Fachbücher, Computer) werden benötigt?

Erstellen Sie gegebenenfalls einen Arbeitsplan oder ein Mind-Map.

- Haben Sie die Arbeitsziele der Stunden oder von Lernabschnitten erreicht?
- Wie erfolgreich konnten Sie sich in den Stunden des Unterrichts oder in den verschiedenen Arbeitsformen beteiligen? Hier sollten Sie sich eine Note geben!

4420198

Zur Rückbesinnung auf die Arbeit

- Welche Schwierigkeiten sind auf dem Weg zur Lösung aufgetreten?
- An welchen Stellen sind Sie nicht weitergekommen? Versuchen Sie, Fragen zu formulieren, die den Kursmitgliedern gestellt werden könnten.
- An welchen Stellen haben Sie etwas Neues gelernt? Wo kann dieses Neue noch eingesetzt werden? Hatten Sie die sehr zufrieden stellenden „Aha-Erlebnisse"?
- Haben Sie die Arbeitsziele der Stunden oder von Lernabschnitten erreicht?
- Wie erfolgreich konnten Sie sich in den Stunden des Unterrichts oder in den verschiedenen Arbeitsformen beteiligen? Hier sollten Sie sich eine Note geben!

Bewertung des Portfolios

Nur nach vorheriger Abmachung werden die Portfolios regelmäßig vom Lehrer/-in oder Kursleiter/-in kontrolliert und in die Beurteilung mit einbezogen. Dabei wird auf die Beschreibung des Lernprozesses, also auf die Klarheit, die Planung von Lösungswegen oder auch auf die Formulierung von Fragestellungen zum Thema besonderer Wert gelegt. Als weitere Bewertungsaspekte können die äußere Form des Portfolios, also Sauberkeit, Übersichtlichkeit, Vollständigkeit der Eintragungen bei der Beurteilung berücksichtigt werden. Derartige Beurteilungen können auch unter den Schüler/-innen selbst vorgenommen werden.

Aufgabe 1

Führen Sie in Ihrem Kurs/in Ihrer Klasse für einige Zeit oder die Behandlung einer Thematik über 6 Wochen Portfolio. Diskutieren Sie im Anschluss über die eigenen Erfahrungen. Worin war Ihnen das Portfolio besonders hilfreich?

Lesen – mit Texten und Medien umgehen

Lesetechniken beherrschen

Vgl. auch S. 13

Lesekompetenz als Schlüsselqualifikation

In der PISA-Studie des Jahres 2000 ist vor allem die Lesekompetenz („reading literacy") von Schülerinnen und Schülern verschiedener Länder untersucht worden. Wir wissen, dass die deutschen Schülerinnen und Schüler dabei nicht gut abgeschnitten haben und vielfältige Anstrengungen unternommen werden, diese Fähigkeit zu erweitern. PISA beschreibt die Fähigkeit als „... geschriebene Texte zu verstehen, zu nutzen und über sie zu reflektieren, um eigene Ziele zu erreichen, das eigene Wissen und Potenzial weiterzuentwickeln und am gesellschaftlichen Leben teilzunehmen".

Die somit beschriebene Kompetenz geht weit über das hinaus, was umgangssprachlich unter dem Begriff des Lesens verstanden wird. Gegenüber einer passiven Informationsentnahme wird der aktive, kritische Umgang mit Texten hervorgehoben.

PISA unterscheidet drei Komponenten der Lesekompetenz:

- das zielgerichtete Ermitteln von Informationen in einem Text,
- das Formulieren textbezogener Interpretationen und
- die kritische Reflexion und Bewertung eines Textes.

Auch Lesen will gelernt sein!

„Lesen Sie den Text und geben Sie die Absicht des Verfassers wieder." So lautet meist eine Aufgabenstellung, die sich auf eine Textvorgabe bezieht. Wie können Sie vorgehen, um das Lesen zu erleichtern?

1. Leseabsicht klären

Es ist unzweckmäßig, alles auf die gleiche Art zu lesen. Ein erfolgreiches und ökonomisches Lesen muss vielmehr an das jeweilige Ziel angepasst sein. Dabei ist sicher verständlich, dass man einen Brief oder eine E-Mail, auf die man schon lange wartet, anders liest als einen Text in einem Fachbuch oder einen Krimi, den man sich zur Unterhaltung geholt hat. Voraussetzung für erfolgreiches Lesen ist, dass Sie bei Ihrer Lektüre ein konkretes Ziel vor Augen haben. Bemühen Sie sich, zu Beginn der Lektüre Ihre Leseabsicht möglichst präzise zu formulieren.

2. Leseerwartung festlegen

Dazu gehört auch, dass Sie sich Gedanken über Ihr Vorwissen zum Thema machen. Wenn Sie Fachtexte lesen, wollen Sie etwas Neues lernen, früher Gelerntes vertiefen oder Unsicherheiten beseitigen. Sie können Ihren Lernerfolg steigern, wenn Sie vor Beginn des Lesens Ihr Vorwissen im Hinblick auf die bevorstehende Lektüre überdenken. Sie aktivieren damit im Langzeitgedächtnis gespeichertes Wissen und bereiten Ihr Gehirn auf die Aufnahme des neuen Lernstoffes vor, den Sie so leichter verstehen und besser behalten werden. Außerdem überlegen Sie, was Sie von dem konkreten Text, den Sie vor sich haben, erwarten können.

3. Lesetechniken nutzen

Die verschiedenen Lesetechniken dienen dazu, die Vorgehensweise beim Lesen den Zielen des Lesers anzupassen und ihm so zu einem guten Erfolg zu verhelfen. Grundsätzlich werden folgende Lesetechniken unterschieden:
Sequenzielles Lesen: Sequenzielles Lesen ist die am häufigsten verwendete Lesetechnik. Der Text wird hier – höchstens mit kurzen Unterbrechungen – linear vom Beginn bis zum Ende gelesen, mit dem Ziel, den Gedankengang möglichst vollständig zu verstehen. Dabei wird versucht, alle Inhalte möglichst in einem Zug, ohne wiederholendes Lesen abzuspeichern.

Intensives Lesen: Intensives Lesen verfolgt das Ziel, den Inhalt eines Textes und die dahinterliegende Absicht seines Verfassers möglichst umfassend zu verstehen, um eine gezielte Weiterverarbeitung zu ermöglichen. Meist liegt hier schon eine Leseerwartung vor, da der Leser Aspekte des Themas kennt. Der Text wird aus sachlicher Distanz gelesen und mit dem eigenen, vorhandenen Wissen verglichen. Um sich besonders wichtige Stellen zu merken, wird meist „mit dem Bleistift" gelesen.
Selektives Lesen: Beim selektiven Lesen nehmen wir beim Lesen nur auf, was unseren Erwartungen entspricht. Dies ist eine ebenso nützliche wie gefährliche Lesehaltung. Einerseits können wir der Lektüre das entnehmen, was wir brauchen, andererseits besteht die Gefahr, Textpassagen aus ihrem ursprünglichen Zusammenhang zu reißen und ihren Sinn zu verzerren. Das selektive Lesen ist eine spezielle Art von rationellem Lesen, die wir wählen, wenn wir mit unserer Lektüre eine ganz bestimmte Absicht verfolgen.

- Welche Informationen benötige ich?
- Welche Informationen muss ich später eventuell weitergeben?
- Was muss ich eventuell auf Dauer im Gedächtnis behalten?

Zum selektiven Lesen gehört wie beim intensiven Lesen eine entsprechende Markierungstechnik. Selektives Lesen wird oft dann angewandt, wenn die Lektüre schon vorhandene eigene Urteile oder Vorurteile bestätigen soll.

Aufgaben

1 Lesen Sie den Text 110 zunächst leise durch. Welche Lesetechnik wollen Sie verwenden?

2 Lesen Sie den Text erneut unter Verwendung der von Ihnen ausgewählten Lesetechnik.

Vgl. auch S. 11, 18

Die Fünf-Schritt-Lesemethode

Mit diesem Vorgehen können Sie sich zunächst einen Überblick über den zu lesenden Text verschaffen, sich dem Inhalt mit Fragen nähern, im Text arbeiten, abschnittsweise Aussagen treffen, um dann eine vollständige Inhaltswiedergabe zu erstellen.

Schritt 1: Einen Überblick verschaffen

Im ersten Schritt verschaffen Sie sich einen Überblick über den Text, indem Sie z. B. das Inhaltsverzeichnis, Kapitelüberschriften und vorhandene Verzeichnisse anschauen. Ist dies geschehen oder nicht vorhanden, lesen Sie „diagonal" durch den Text, um einen ersten Eindruck zu erhalten. Sie lernen den Text kennen.

Schritt 2: Fragen an den Text stellen

Nach dem ersten Eindruck vom Text sollten Sie genaue Fragen an den Text formulieren. Die Fragen hängen von Ihrem jeweiligen Leseziel ab, z. B.:

- Was interessiert besonders an dem vorliegenden Text?
- Welchen Schwerpunkt hat der Text?
- Was sind die Kernaussagen?
- Welche Einstellungen und Sichtweisen oder Absichten des/r Autors/en werden deutlich?
- Welche neuen Informationen, Sichtweisen oder Aspekte bietet der Text?

4420202

Schritt 3: Genaues Lesen

Haben Sie gezielte Fragen an den Text formuliert, lesen Sie ihn jetzt auf diese Fragen hin durch. Markieren Sie die wichtigen Stellen (= Mit dem Bleistift lesen!). Haben Sie einen längeren Text vor sich, gehen Sie abschnittsweise vor: Werden die eigenen Fragen in einem Abschnitt nicht beantwortet, wird dieser Abschnitt nicht weiter beachtet. Ansonsten können Sie die Sinnabschnitte kenntlich machen.

Schritt 4: Sinnabschnitte mit Überschriften versehen

Nach jedem Sinnabschnitt rufen Sie sich das Gelesene ins Gedächtnis und halten schriftlich fest, welche Antworten (Kernaussagen) der Text auf Ihre eigenen Fragen gegeben hat. Wichtig ist bei diesem Schritt, dass Sie möglichst eine eigene Sprache, eigene Formulierungen verwenden. Sie erhalten Aussagesätze, die Sie in der späteren Textwiedergabe nutzen können.

Schritt 5: Inhalt vollständig wiedergeben

Nun können Sie eine Inhaltsangabe schreiben. Die Inhaltsangabe hat ca. 20 – 25 % der Urtextes. Beachten Sie die sachliche Sprache und die Zeitstufe Gegenwart.

Aufgaben

1 Lesen Sie den Text 6 „Die Sache mit Christoph“ im Kapitel „Schulwelten – Lebenswelten“ so schnell wie möglich und schreiben Sie die Ihrer Meinung nach zwei wichtigsten Aussagen auf.

2 Stellen Sie die Fragen nach den Kernaussagen und lesen Sie erneut.

Inhalte wiedergeben

Vgl. auch S. 12, 34, 42, 44, 70, 73, 139

Eine Inhaltsangabe anfertigen

Inhaltsangaben sind im Grunde genommen Berichte über Texte. Wie in der „Fünf-Schritt-Lesemethode“ dargestellt beantworten sie kurz und bündig vom Leser gestellte Fragen. Ziel ist es dann, die Antworten knapp zusammengefasst weiteren Interessenten, die vielleicht nicht so viel Zeit haben, den ganzen Text zu lesen, mitzuteilen. Für die Inhaltsangabe gelten einige Vorgaben:

Inhalt

Die Inhaltsangabe beschränkt sich auf die kurze Zusammenfassung des Urtextes. Bei einem wiederzugebenden Textauszug müssen unter Umständen kurz die Zusammenhänge erläutert werden. Insgesamt umfasst der selbstständig verfasste Text ungefähr 25 % der Worte des Urtextes. Wertungen und eigene Meinung müssen ausgeschlossen werden.

Aufbau:

Einleitung mit einem Satz, der die „kommunikativen Bedingungen“ klärt: Autor/-in, Titel, Textsorte, Erscheinungsort und Erscheinungsdatum – vervollständigen mit dem Hauptaspekt des Textes

Hauptteil mit den in Reihenfolge (bei einer chronologischen Inhaltsangabe) zusammengefassten Teilaspekten des Textes in eigenen Worten

Sprache:

Die **Sprachhaltung** (der Stil, der Kode) ist sachlich, neutral. Wörtliche Rede wird in indirekte Rede (Achtung: Konjunktiv gebrauchen) umgewandelt. Es gibt keine wörtliche Übernahme des vorgegebenen Textes.

Zeitstufe ist das Präsens, die Gegenwart. Vorzeitiges wird in der Zeitstufe Perfekt (vollendete Gegenwart) wiedergegeben.

Aufgabe

1 Finden Sie in der Tagespresse einen Artikel, der sich mit der Situation der Jugendlichen und/oder jungen Erwachsenen beschäftigt, und geben Sie diesen in Form einer Inhaltsangabe wieder.

Literarische Texte verstehen und nutzen

Vgl. auch S. 71, 131, 147, 252

Der Literaturaufsatz: Texte analysieren und interpretieren

„Analyse“ … taucht dieser Begriff nicht vorwiegend in den Naturwissenschaften wie Chemie, Physik oder Biologie auf? Und jetzt dieser Begriff im Deutschunterricht: **„Analyse eines Textes“**? Auch wenn man die erste Frage vielleicht direkt bejahen möchte, gilt es zur Beantwortung der zweite Frage doch klar festzustellen: Die Anwendung einer Analyse in den Naturwissenschaften ist gar nicht so unterschiedlich zu einer Analyse von Texten oder Geschichten. Wie z. B. bei einer chemischen Analyse eines Stoffes, geht es auch hier darum, die wichtigsten Elemente und deren Bedeutungen und Bedingungen zu bestimmen und zu entschlüsseln.

Der Literaturaufsatz kann nach folgendem Muster verfasst werden:

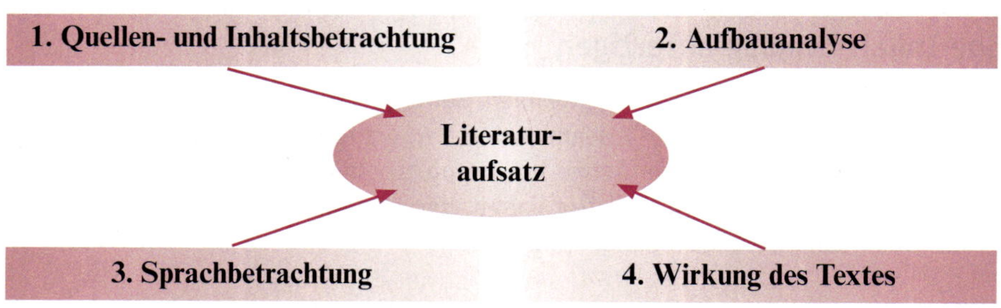

1. Inhalt und Zusammenhang

Jede Geschichte begegnet einem zunächst von ihrem Inhalt her. Diesen gilt es, kurz und knapp zusammenzufassen. Ein Text besteht jedoch nicht in einem luftleeren Raum, sondern er wird unter bestimmten Bedingungen und Umständen von einem Autor verfasst oder einem Leser gelesen. Der Literaturaufsatz hat daher zu berücksichtigen, dass der Inhalt einer Geschichte stets in einem umfassenderem Gesamtzusammenhang steht und durch den individuellen Standpunkt des Verfassers und die individuelle Sichtweise des Lesers geprägt ist. Dieser Standpunkt kann offensichtlich sein, oft ist er aber auch durch Hinzunahme weiterer Informationsmittel zu erschließen. Häufig besitzen bestimmte Textsorten – z. B. Märchen oder Fabeln – noch zusätzlich besondere Merkmale, die bei der Betrachtung des Inhalts oder des Aufbaus oder der Sprache berücksichtigt und benannt werden müssen.

4420204

Anschließend wird der Text mit eigenen Worten wiedergegeben. Es wird also eine Inhaltsangabe angefertigt. Diese wird in der Zeitstufe Gegenwart verfasst. Als grobe Richtschnur gilt, dass der Umfang der Wiedergabe ungefähr 25 % der Worte des vorgegeben Textes umfasst.

✎ **Merke:** Der Beginn eines Literaturaufsatzes gibt also zunächst Aufschluss über:

- den Autor und die Fundstelle des Textes
- den Zusammenhang, wie der Text entstanden ist
- den Schwerpunkt des Textes in einem knappen und neutralen Satz
- Es folgt die Inhaltswiedergabe in eigenen Worten (ungefähr 25 % der Worte oder knapper).

2. Aufbau des Textes

Wenn ein Autor einen Text verfasst, schreibt er seine Gedanken in einer bestimmten Reihenfolge nieder. Meist teilt er den Text in einzelne Sinnabschnitte, wenn er eine Überlegung verlassen hat und zur nächsten übergeht. Ein Leser/eine Leserin kann also analysieren, wie die Abfolge der einzelnen Gedankenschritte im Text vorkommt. Es wird erkennbar, ob eine Text sinnvoll, gut verständlich, logisch oder durchgängig erzählt ist.

✎ **Merke:** Der zweite Schritt eines Literaturaufsatzes sagt also etwas über den Aufbau, die Struktur des Textes aus:

- die Anzahl der gewählten (Sinn-)Abschnitte
- die gewählte Einleitung
- die Reihenfolge der Schwerpunkte des Textes
- entwickelte Schlussgedanken

3. Sprache des Textes

Jeder Mensch mag einen Text oder eine Geschichte dann gerne, wenn er eine Sprache vorfindet, die flüssig zu lesen, spannend geschrieben oder mit interessanten Worten gespickt ist. Dies ist von der Fähigkeit des Autors abhängig, Sprache und Stilmittel gelungen einsetzen zu können. Jeder Erzähler oder jede Erzählerin, jeder Autor oder jede Autorin macht sich ein Bild von den Lesern/Leserinnen und wählt danach seine/ihre Worte und Sätze aus. Wenn man einen Analyseaufsatz schreibt, achtet man bei der Sprachbetrachtung besonders auf Worte und Sätze.

✎ **Merke:** Als dritten Schritt betrachtet man die benutzte Sprache im Text:

- bevorzugter Bereich des Wortschatzes
- bildhafte Sprache
- ausmalende Adjektive oder Adverbien
- viele/wenige Vergleiche
- besondere Sprachmerkmale (z. B. Wiederholungen)
- lange, verweilende oder kurze, treibende Satzbildung

4. Wirkung des Textes

Der Schriftsteller *Max Frisch* hat einmal gesagt, dass ein Text nur dann einen Leser oder eine Leserin wirklich fesselt, wenn etwas offen bleibt oder gar Fragen aufgeworfen werden. Dies gilt erst recht für erzählte Geschichten. Als Leser oder Leserin fühlt man sich dann am Geschehen beteiligt und man möchte am liebsten mitreden. Innerhalb eines Analyseaufsatzes muss man also untersuchen, wo und wie der Schriftsteller dem Leser die Möglichkeit gibt, für sich selbst Wirkungen zu spüren. Dies gilt besonders für so bekannte Erzählformen wie Sagen oder Märchen, deren spezielle Merkmale auch betrachtet werden müssen. Oft gelingt es auch, sich noch einmal die Fragen nach der Entstehung des Textes oder der Geschichte zu stellen, so wie im ersten Abschnitt „Inhalt und Zusammenhang" begonnen. Dadurch bekommt man einen runden Aufsatz, der ein Gesamtbild über die betrachtete Geschichte gibt. Dieser abschließende Teil des Literaturaufsatzes greift also hauptsächlich die Absicht und die Wirkung des Textes auf.

Merke: Zum Abschluss wird der Eindruck, die Wirkung des Literaturstückes dargestellt:

- Wo lässt der Autor die Geschichte spielen und welche Vorstellung bewirkt er damit?
- Welche Figuren bestimmen die düstere oder heitere oder gefährliche oder ... Stimmung?
- Wie prägen die beschriebene Kleidung, Ausrüstung etc. die Vorstellung des Lesers?

Aufgabe

●●● **1** Verfassen Sie einen Literaturaufsatz zu einem Text Ihrer Wahl, z. B. zu einem der folgenden Texte: 38, 39 oder 42.

Vgl. auch S. 33, 34, 62, 256

Lyrische Texte untersuchen

Das Besondere an den meisten lyrischen Texten ist, dass ihre Aussage in einer Dichte auf „engstem Raum" zusammengefasst („verdichtet") ist. Gedichte zu analysieren und sie dadurch weitgehend verstehen zu können, setzt die gleichen methodischen Schritte voraus wie bei der Analyse eines Prosatextes oder eines dramatischen Textes.

Das Besondere beim Gedicht ist die äußere Form, die in den meisten Fällen eine große Bedeutung hat. Deshalb kann man Gedichten gut über die äußere Form inhaltlich näherkommen.

Folgende Fragestellungen ermöglichen einen schrittweisen Zugang zu Gedichten:

I. Die äußere Form

Äußere Gestalt des Gedichts

- Wie viele Strophen hat das Gedicht?
- Wie viele Verse haben die Strophen?
- Sind alle Strophen gleich groß?
- Gibt es Reime im Gedicht oder ist es reimlos?
- Gibt es ein regelmäßiges Reimschema (Paarreim, Kreuzreim, umarmender Reim)?
- Gibt es Störungen innerhalb der Regelmäßigkeit?
- Gibt es einen regelmäßigen Rhythmus oder herrschen freie Rhythmen vor?

4420206

- Bei Regelmäßigkeit: Welches Versmaß liegt vor (Jamben, Trochäen, Daktylen, Anapäste)?
- Wie viele Hebungen haben die Verse?

Ziel/Zusammenfassung:

Wie wirkt die Regelmäßigkeit des Gedichts auf mich?/Wie wirken die Unregelmäßigkeiten des Gedichts auf mich?/Was bewirken Störungen in der Regelmäßigkeit?

Wie verhält sich die äußere Form zum Inhalt/Aussagegehalt des Gedichts (Entsprechung oder Gegensatz)?

Sprachliche Besonderheiten/Auffälligkeiten

- auf der **Satzebene**: Enden die Verse mit dem Satzende oder gehen die Sätze in die nächste Verszeile über (Zeilensprung/Enjambement)? Sind die Sätze grammatikalisch vollständig/unvollständig? Welche Satzarten (Aussagesätze, Fragesätze) liegen vor?
- auf der **Wortebene**: Gibt es Begriffe, die wiederholt werden (Leitbegriffe)? Aus welchen Wortfeldern (Natur, Gefühl, Farbe ...) stammen die Begriffe? Gibt es Wortschöpfungen, die in der normalen Schriftsprache nicht bekannt sind?

Sprachliche Gestaltung/Stilmittel

- Gibt es Stilmittel im Gedicht (Anaphern, rhetorische Fragen, Metaphern, Vergleiche ...)?
- Gibt es Beziehungen zwischen einzelnen Strophen/Versen?

Ziel/Zusammenfassung:

Welche Stimmung verbreitet das Gedicht? Wie wirkt die Machart auf den Leser/die Leserin?

Welche ersten thematischen Zusammenhänge kann man über die sprachliche Gestaltung erkennen?

II. Inhaltliche Aspekte – Aussagegehalt

Gedankengang des Gedichts

- Gibt es Personen im Gedicht (lyrisches Ich)? Gibt es ein „Du“? Besteht das Gedicht vorwiegend aus einer Beschreibung oder aus einer Handlung?
- Kann man die Kommunikationssituation (wer spricht was zu wem, wann und wo, in welcher Weise) klären?
- Wie kann man den Inhalt jeder Strophe durch eine Überschrift oder einen kurzen Satz wiedergeben?
- Welcher Gedankengang wird daraus sichtbar? Ist eine Argumentationsstruktur erkennbar? Oder sind die Verse weitgehend zusammenhanglos (in ganz modernen Gedichten möglich)?
- Gibt es hinter den wörtlichen Bedeutungen der Begriffe, Bilder oder Vorgänge noch andere Bedeutungen?

III. Gesamtinterpretation durch Einbeziehung von Inhalt und Form

- Was ist das Thema des Gedichts?
- Wie unterstützt die äußere Form die Aussagen des Gedichts? (Sind Störungen des Reims oder Versmaßes inhaltlich bedeutsam?)

- Welche Botschaft enthält das Gedicht? (Achtung: Meistens haben die Gedichte keinen Appell und keine Moral nach dem Muster: „Der Dichter will uns damit sagen, auch wir sollen ... tun!“)

Nach diesen Vorarbeiten kann ein zusammenhängender, nach verschiedenen Aspekten gegliederter Aufsatz verfasst werden. Dabei sollte der Zusammenhang von äußerer Form und Aussage des Gedichts zum Ausdruck gebracht werden.

Aufgabe

●●● **1** Untersuchen Sie ein Gedicht Ihrer Wahl unter Berücksichtigung der oben aufgeführten Fragestellungen, z. B. Text 17, 18 oder 112.

Vgl. auch S. 44, 47

Dramatische Texte untersuchen

Wenn man dramatische Texte (Schauspiele, Theaterstücke, Drehbücher) untersucht, dann gibt es eine Reihe von Verfahren, die man auf fast alle derartigen Texte anwenden kann. Klassische Theaterstücke sind meist in Akte gegliedert, die ihrerseits wieder aus mehreren Szenen (Auftritten) bestehen. In neueren Theaterstücken fehlt oft eine Aufteilung in Akte, eine Gliederung in Szenen oder Bilder weisen aber auch sie in aller Regel auf.

Stellung und Aufbau der einzelnen Szenen (Bilder) untersuchen

Wenn man den **Inhalt** eines Theaterstücks wiedergibt, untersucht, wie der **dramatische Spannungsbogen** gebaut ist, und die **zentrale Aussage bzw. die zentrale Problemstellung** des Stücks herausarbeitet, geht man am besten Szene für Szene (Bild für Bild) vor. Zunächst klärt man den

Inhalt der Szene,
indem man die Handlung in wichtige Abschnitte gliedert, beschreibt, wovon die Szene handelt, was das Thema ist und ob sie unbeantwortete Fragen aufwirft. Nun beschäftigt man sich mit den

Figuren der Szene
und beschreibt, was man über den Charakter, die soziale Herkunft und Situation der die Handlung tragenden Personen, über deren aktuelle Lage, über ihre Gefühle, Gedanken und Handlungsweisen erfährt. Dabei achtet man auch auf verborgene oder klar erkennbare Absichten. Man klärt auch, in welchen Beziehungen die Person zu anderen wichtigen Personen des Stücks steht. Dabei kann es auch von Bedeutung sein, ob sich eine Person von anderen durch die Verwendung besonderer sprachlicher oder mimischer Ausdrucksmittel unterscheidet, zum Beispiel ob jemand besonders derb, besonders vornehm oder besonders gebildet erscheint oder erscheinen will. Dann wird es Zeit, dass man sich mit der

Stellung der Szene
im gesamten Handlungsablauf beschäftigt. Macht sie, wie meist am Anfang eines Theaterstücks, die Zuschauer/Leser erst einmal mit der Ausgangslage und den handelnden Personen vertraut, bringt sie eine bereits in Gang befindliche Handlung voran, spitzt sie einen bereits bekannten Konflikt zu oder gibt sie dem bisherigen Handlungsverlauf durch die Einführung weiterer Handlungsstränge oder das Eintreten unerwarteter Komplikationen eine neue Richtung? Schließlich muss man noch klären,

4420208

was die

Bedeutung der Szene für die Aussage des Dramas
ist. In welchem Verhältnis steht die zentrale Aussage der Szene zur zentralen Aussage des Stücks insgesamt? Macht die Szene klar, worauf der Autor hinauswill? Welche Gedanken und Empfindungen löst die Szene beim Zuschauer/Leser aus und sind das die Gedanken und Empfindungen, die das Stück insgesamt auslösen möchte?

Klassisches Theater, episches Theater

Es gibt sehr unterschiedliche Konzeptionen von Dramen, und dies muss bei der Analyse von Theaterstücken berücksichtigt werden. Die klassische Form des Dramas, die in der Antike entwickelt wurde und an die sich sehr viele Autoren von Dramen bis ins 20. Jahrhundert hinein hielten, hat einen klaren und strengen Aufbau. Schon der griechische Philosoph Aristoteles (384–322 v. Chr.) hat die „Regeln" für ein Theaterstück aufgeschrieben, man spricht deshalb beim klassischen Drama auch vom **„aristotelischen Theater"**, womit man vor allem die klassische **Tragödie** meint. Hat Aristoteles noch die Einheit von Ort (das gesamte Stück spielt am gleichen Ort), Zeit (die gesamte Handlung spielt sich an einem einzigen Tag ab) und Handlung (ein zweiter Handlungsstrang darf kein „Eigenleben" entwickeln und nur so weit vorkommen, als er auf die Haupthandlung einwirkt) gefordert, so wird diese Forderung in den wichtigen Dramen seit dem 18. Jahrhundert aufgeweicht, vor allem was die Zeit und den Ort betrifft. Gehalten hat sich aber der Aufbau in meist fünf Akte. Der 1. Akt bietet die **Exposition,** die die Ausgangslage und den sich anbahnenden Konflikt, den Ort und die Zeit erklärt sowie die Hauptpersonen vorstellt. Im 2. und 3. Akt wird die Handlung (der Konflikt, das Thema des Stücks) entfaltet, oft durch die Einführung weiterer Handlungsstränge, und am Ende des 3. oder am Beginn des 4. Akts tritt in der Regel ein Wendepunkt, die **Peripetie,** ein, von der aus die Tragödie unweigerlich in die **Katastrophe** mündet, den Untergang der Hauptperson, der trotz dessen edler Gesinnung und trotz seines vorbildlichen Charakters unausweichlich ist. Erklärtes Ziel der klassischen Tragödie ist es, eine Reinigung, **„Katharsis"**, der Zuschauer/Leser durch die Erweckung von **„Furcht und Erschütterung"** zu erzeugen (weil das Leben auch die edelmütigsten Menschen in unauflösbare Konflikte und schließlich in den Untergang treibt).

Auch die **Komödie** gibt es schon seit den Zeiten der alten Griechen. Sie hat eine etwas weniger strenge Form und dient vor allem einerseits der Unterhaltung der Zuschauer/Leser, andererseits deren Belehrung, weil in ihr bestimmte Verhaltensweisen verspottet und damit bestraft werden, salopp gesagt: Der „Untergang" des Helden fällt in der Regel nicht wirklich schlimm aus und er ist von diesem selbst verschuldet. Deshalb wird er vom Publikum auch nicht mit Erschütterung, sondern mit herzlicher Schadenfreude aufgenommen.

Das von Bertolt Brecht entwickelte **epische Theater,** das vor allem in der zweiten Hälfte des 20. Jahrhunderts die Theaterlandschaft stark verändert hat, verzichtet auf diese klassische Form ganz. Es will, wie die klassische Komödie, das Publikum vor allem belehren, aber, anders als die Komödie, ihr Ziel nicht durch die Verspottung von Verhaltensweisen erreichen. Das epische Theater soll vielmehr ein **Nachdenken** über eingefahrene Verhaltensweisen hervorrufen und eine **Änderung** dieser Verhaltensweisen bewirken. Dass die Zuschauer über die Verhaltensweisen der handelnden Personen nachdenken, statt, wie im herkömmlichen Theater, mit ihnen zu empfinden, versucht Brecht vor allem mit dem **Verfremdungseffekt** (V-Effekt) zu erreichen: Die agierenden Personen auf der Bühne begehen immer wieder Handlungen, die zum einen zwangsläufig auf Ablehnung der Zuschauer stoßen müssen. Zudem schaffen die Schauspieler eine gefühlsmäßige Distanz zu den Personen, die sie darstellen, indem sie durch ihr Spiel klarmachen, dass sie nur eine Rolle spielen, nur zeigen wollen, wie eine bestimmte Person sich verhält. Sie tun das, indem sie beispielsweise mitten im Stück „aus der Rolle fallen" und direkt dem Publikum sagen, was sie davon halten, wie sich die Person, die sie spielen, verhält. Sie verhindern damit systematisch, dass sich die Zuschauer mit den Hauptpersonen identifizieren, mit ihnen mitfühlen, wie dies ganz selbstverständlich im klassischen Theater (und übrigens auch heute noch in fast allen Kino- und Fernsehfilmen) der Fall ist.

In Reinkultur findet sich das Konzept des epischen Theaters nur in den Stücken von Bertolt Brecht, konsequent angewandt hat es sonst kein Theaterschriftsteller von Bedeutung. Aber es gibt auch kaum einen wichtigen Theaterschriftsteller, den das epische Theater nicht beeinflusst hätte.

Aufgabe

1 Untersuchen Sie den Auszug aus Max Frischs „Andorra" (Text 24) im Hinblick auf die Szenengestaltung.

Vgl. auch S. 75

Sprachliche Gestaltungsmittel untersuchen

Zwar können sich fast alle sprachlichen Gestaltungsmittel in allen Textsorten finden, nicht alle Gestaltungsmittel sind aber bei jeder Textsorte gleich wichtig. Das Versmaß, also der Rhythmus, den ein Text aufweist, untersucht man natürlich vor allem bei Gedichten, aber auch jeder andere Text kann einen günstigen, die beabsichtigte Wirkung unterstützenden oder eben störenden Sprachrhythmus haben.

In **Gedichten** sind vor allem folgende Gestaltungsmittel besonders wichtig:

Der Reim: Es gibt verschiedene Arten von Reimen, den Endreim, den Stabreim und den Binnenreim. Vom *Endreim* sprechen wir, wenn sich die letzte oder die letzten beiden Silben eines Verses reimen, zum Beispiel: „Der Vorhang fällt, das Stück ist aus, / Und Herren und Damen gehn nach Haus." (Heinrich Heine, „Sie erlischt") *Stabreim* heißt ein Reim, wenn mehrere Wörter hintereinander mit dem gleichen Laut beginnen, zum Beispiel: „Lauter Lust und Lebensfreude …" Bei einem *Binnenreim* reimen sich innerhalb eines Verses zwei Wörter, zum Beispiel: „Wenn auf der Wiese Hasen grasen …" Die Reime können unterschiedlich **angeordnet** sein. Im *Paarreim* reimen sich zwei aufeinanderfolgende Verse (Reimschema: a – a). Beim *umarmenden Reim* wird ein Paarreim in der Mitte der Strophe von zwei sich ebenfalls reimenden Versen umschlossen (Reimschema: a – b – b – a). Im *Kreuzreim* reimen sich jeweils der erste und der dritte sowie der zweite und der vierte Vers (Reimschema: a – b – a – b).

Der Refrain (Kehrreim): Von einem Refrain oder Kehrreim sprechen wir, wenn sich in einem Gedicht und besonders häufig in einem Lied ein Vers regelmäßig, zum Beispiel am Ende einer Strophe, wiederholt.

Das Metrum (Versmaß): Den Rhythmus von Versen, also die Abfolge von betonten und unbetonten Silben, nennt man Versmaß oder Metrum. Bezeichnungen für die unterschiedlichen Abfolgen von betonten und unbetonten Silben im Vers sind:

- der *Trochäus*, der mit einer betonten Silbe beginnt, auf die immer eine unbetonte folgt, Beispiel: „Fréude schṓner Gṓtterfúnken …" (Friedrich Schiller, „An die Freude");

4420210

- der *Jambus*, der mit einer unbetonten Silbe beginnt, auf die jeweils eine betonte folgt, Beispiel: „Er stánd auf séines Dáches Zínnen ..." (Friedrich Schiller, „Der Ring des Polykrates");
- der *Daktylus*, bei dem auf eine betonte Silbe zwei unbetonte folgen, Beispiel: „Wir síngen und ságen vom Gráfen so gern, ..." (Johann Wolfgang Goethe, „Hochzeitlied");
- der *Hexameter*, der aus sechs Daktylen pro Vers besteht.

In **erzählenden Texten** sind folgende Gestaltungsmittel besonders wichtig:

Wechsel der Erzählperspektive: Dies ist beispielsweise der Fall, wenn in einen Roman, der aus der Perspektive des „allwissenden Autors" geschrieben ist, Briefe, Tagebuchnotizen oder Zeitungsartikel von oder über Personen oder Vorgänge im Romangeschehen eingestreut werden.

Tempuswechsel: Es kommt oft vor, dass Autoren mitten im Text die Erzählzeit, das Tempus, wechseln. Besonders häufig wird dies gemacht, um die Spannung zu erhöhen, beispielsweise wenn sich in einem Text eine Situation zuspitzt.

Wörtliche Rede: Der ausgiebige Einsatz von wörtlicher Rede lässt einen Text lebendig und subjektiv erscheinen und gibt dem Leser/Hörer/Zuschauer das Gefühl, nah am Geschehen und an den Personen des Textes dran zu sein.

Verbalstil: Die häufige Verwendung von aussagekräftigen Verben lässt einen Text lebendig und persönlich erscheinen („Wenn man den Garten betritt, umfängt einen der Duft der Rosen" statt: „Beim Betreten des Gartens wird Rosenduft wahrnehmbar.").

In **informativen Sachtexten** sind folgende Gestaltungsmittel besonders wichtig:

Nominalstil: Die Verwendung von nominalisierten Verben (also von Verben, die als Nomen gebraucht werden) lässt einen Text sachlich und unpersönlich erscheinen („Die Verwendung von aussagekräftigen Verben. ..." statt: „Wenn man aussagekräftige Verben verwendet ...").

Konjunktiv/indirekte Rede: Die gehäufte Verwendung des Konjunktivs lässt einen Text distanziert und sachlich (objektiv) erscheinen.

In **appellativen** (und expressiven) **Sachtexten** sind folgende Gestaltungsmittel besonders wichtig:

Appellative Texte wollen den Leser oder Hörer dazu bringen, auf eine bestimmte Weise zu handeln oder eine bestimmte Meinung zu übernehmen, **expressive Texte** wollen Meinungen, Haltungen oder Gefühle des Schreibers/Sprechers ausdrücken. Um diese Wirkung zu erzielen, kann es hilfreich sein, **rhetorische Figuren** zu benutzen. Die folgende Auswahl rhetorischer Figuren wird besonders oft eingesetzt.

Rhetorische Figur	Merkmale	Beispiel
Metapher	sprachliches Bild	Behördensumpf
Anapher	Wiederholung eines oder mehrerer gleicher Wörter am Satzanfang	Dieser Schüler macht keine Hausaufgaben. Dieser Schüler ist faul.
Parallelismus	parallele Anordnung gleichrangiger Satzteile, oft mit Anapher	Er schaut nicht nach links, er schaut nicht nach rechts. Er schaut nicht in die Zukunft, er schaut nicht auf die Vergangenheit.

Rhetorische Figur	Merkmale	Beispiel
rhetorische Frage	Frage, auf die keine Antwort erwartet wird, sondern die zum Nachdenken anregen will	Wer hilft mir? statt: Mir hilft schließlich auch niemand.
Alliteration	Folge von Wörtern mit gleichem Anlaut	bei Wind und Wetter
Personifikation	menschliche Tätigkeiten oder Eigenschaften werden für Nicht-Menschliches verwendet	schreiende Ungerechtigkeit; blinder Gehorsam
Ellipse	bewusstes Auslassen von Wörtern im Satz	Ich, keine Hausaufgaben? (statt: Ich soll meine Hausaufgaben nicht gemacht haben?)
Vergleich	Verdeutlichen einer gemeinsamen Eigenschaft in zwei Sachverhalten	Die Vernunft verscheucht den Aberglauben wie das Licht die Finsternis.
Symbol	Metapher mit feststehender Bedeutung	Taube für Frieden; Rose für Liebe
Euphemismus	beschönigende Beschreibung	entschlafen statt sterben
Ironie	Verspotten eines scheinbar ernsthaften Gedankens mit dem Ziel, das Gegenteil des Gesagten auszudrücken	Das ist mir ein großer Held! (wenn jemand kläglich versagt hat)
Onomatopöie	lautmalende Beschreibungen	der tuckernde Kahn, das gackernde Huhn

Vgl. auch S. 14, 45, 50, 66

Texte gestaltend interpretieren

Neben der szenischen Interpretation gibt es eine Reihe weiterer Möglichkeiten der kreativen und produktiven Auseinandersetzung mit literarischen Texten. Allen ist gemein, dass der Schwerpunkt nicht auf einer erklärenden und erläuternden Beschreibung des Textes liegt, sondern auf einem gestalterischen und künstlerischen Prozess.

Ausgangspunkt für das gestaltende Interpretieren ist dabei die **Analyse des Textes** (s. „Der Literaturaufsatz“) und – darauf aufbauend – die Entwicklung einer **Deutungshypothese**, die man zur Grundlage des gestaltenden Arbeitens macht.

4420212

Aufgaben zum gestaltenden Interpretieren lassen sich in zwei Hauptgruppen untergliedern:

1. **Innertextliche Ergänzungen:** Hierbei handelt es sich um Fortschreibungen des Textes, z. B. durch
   - das Füllen von Leerstellen,
   - den Wechsel der Perspektive zu einer anderen Figur,
   - die Ergänzung eines inneren Monologs, ...
2. **Außertextliche Ergänzungen:** Die hier geforderten Texte bewegen sich außerhalb des Handlungsrahmens und sind in der Regel nachträgliche Kommentare zu den geschilderten Ereignissen, z. B.
   - das Verfassen eines Tagebucheintrages,
   - die Gestaltung einer Parallelszene, eines Gegentextes,
   - die Fortsetzung der Erzählung unter veränderten Bedingungen, ...

Beim Prozess des Schreibens selbst bleibt die Wahl des Stils ebenso wie die der inhaltlichen Gestaltung frei. Berücksichtigt werden muss aber

- der inhaltlich richtige Bezug zur Vorlage,
- die Übereinstimmung im Auftreten der Figuren/im Hinblick auf die Gestaltung der Atmosphäre,
- die korrekte und stilistisch schlüssige sprachliche Form.

Aufgabe 1

Verfassen Sie zu der Kurzgeschichte „Happy End" (Text 38) einen Tagebucheintrag der Frau, in dem sie die Ereignisse des Kinobesuches reflektiert.

Sach- und Gebrauchstexte verstehen und nutzen

Vgl. auch S. 102

Sachtexte analysieren

I. Erste Orientierung über den Text

Text **genau lesen**, dabei Auffälligkeiten unterstreichen (z. B. unbekannte Wörter, auffällige oder ungewöhnliche Begriffe, wichtige Sätze oder Wendungen) und **Kurzbemerkungen** oder **Symbole** am Textrand **notieren** (z. B. ! = wichtige Aussage, ? = fragliche Äußerung, ...), **unbekannte Begriffe** mit Hilfe eines Lexikons **klären.**

II. Vorarbeit für die schriftliche Ausarbeitung auf Konzept

- das Thema des Textes vorläufig möglichst exakt schriftlich formulieren (dieser Versuch muss oft nach der weiteren Textarbeit nochmals präzisiert, ergänzt oder korrigiert werden)
- den Sachtext in Sinnabschnitte gliedern (Fragestellung dazu: An welcher Stelle im Text beginnt ein neuer Gedanke?)
- den einzelnen Sinnabschnitten Überschriften geben, die den Inhalt des Abschnitts möglichst exakt, aber möglichst mit eigenen Worten wiedergeben; sinnvoller als Stichworte sind dabei vollständige Sätze, da diese den logischen Zusammenhang deutlicher zum Ausdruck bringen können
- Notizen über die Argumentation über die gedankliche Struktur, über die Machart des Sachtextes machen

- Einleitungsfragen klären (**VTT**): **V**erfasser, **T**itel, **T**hema (Erscheinungsdatum, Erscheinungsort [Quelle], wenn zugänglich)

III. Schriftliche Ausarbeitung der Sachtextanalyse

Die Sachtextanalyse ist ein zusammenhängender dreiteiliger Aufsatz, der die Ergebnisse der Vorarbeit in einen Gesamttext einarbeitet. Die Analyse verfolgt das Ziel, über den Inhalt, den Gedankengang, die Logik und die Machart eines fremden Textes analytisch Aussagen zu machen. Die Sachtextanalyse unterscheidet sich deutlich von der bloßen Inhaltswiedergabe (Paraphrase) eines Sachtextes.

Einleitung formulieren

Angabe von Verfasser, Titel, Thema, wenn möglich Quelle und Erscheinungszeitpunkt

Hauptteil ausarbeiten

Gedankengang darstellen:

- Welche Hauptthese wird aufgestellt?
- Wie ist der Text gegliedert/aufgebaut?
- Welchen Gedankengang kann man erkennen?

Argumentation beschreiben

- Wie ist die Argumentationsstrategie?
- Gibt es Thesen, Beispiele, Beweisführungen?
- Ist die Argumentation nachvollziehbar, verständlich, logisch, sachlich, richtig oder gibt es Ungereimtheiten/Widersprüche, Unsachlichkeit, logische Brüche?

Das Ziel des Verfassers nennen

Will der Verfasser informieren (was?), provozieren (wie? wozu?), warnen (wovor?), appellieren (an wen? zu welcher Aktion?)?

Schluss formulieren

Die eigene Einstellung zu Thema, Hauptthese, Argumentation oder Machart des Textes in wenigen Sätzen darlegen.

Aufgabe

1 Analysieren Sie einen der folgenden Sachtexte, z. B. Text 4, 7 oder 61.

Beschreibungssprache

Die nachfolgend aufgeführten Verben sind zur Beschreibung von Dialogen, Diskussionen und Vorträgen oder Sachtexten gut geeignet:

Anwendung: Dialoganalyse bei der Drameninterpretation oder anderen literarischen Formen, Protokoll von Diskussionen, Sitzungen, Vorträgen, Darstellung der Argumentationsstrategie in Sachtexten

jemand …

anerkennt, gibt zu bedenken, beantragt, hält fest, befürwortet, informiert über, bejaht/verneint, kritisiert, betont, legt dar/vor, bezeichnet, lehnt ab, empfiehlt, meint, entgegnet, möchte/will wissen, ergänzt, nennt (z. B. Zahlen, Ergebnisse, Beispiele), erinnert daran/ruft in Erinnerung, nimmt an, erklärt, schlägt vor, erklärt sich

4420214

bereit, schließt sich einer Meinung an, erkundigt sich nach, spricht sich für/gegen etwas aus, erläutert, stellt die Frage nach, fasst zusammen, stellt fest, fordert, stellt vor, fragt, übt Kritik an, fügt an/hinzu, unterstreicht, führt ... zurück auf, unterstützt, führt an/aus, verlangt, geht einig mit, verlangt Auskunft über, gibt bekannt, weist den Vorwurf zurück, gibt zu, wendet ein, wendet/wehrt sich gegen

Werbetextanalyse

Vgl. auch S. 92, 106

Mögliche Aspekte zur Betrachtung von Werbeanzeigen:

Äußere (formale) Beschreibung

- Erscheinungsort und -datum der Printwerbung
- Thema, Marke, Artikel

Bild

- Größe
- Farbeinsatz
- Platzierung
- Anordnung ...

Text

- Schriftgröße
- Schrifttype
- Textmenge
- Farbigkeit
- Anordnung
- Hervorhebungen, Headline, ...
- Firmenlogo
- werblicher Gegenstand

Was ist besonders aufmerksamkeitserregend an dieser Printwerbung?

Inhalt

- Was zeigt das Bild?
- Was sagt der Text?
- Gibt es einen Zusammenhang zwischen Bild und Text? Welchen?
- Ruft der Text oder das Bild oder beides Gedanken an etwas anderes hervor (Konnotationen)?
- Werden durch Text und Bild besondere Gefühlswelten erschaffen?
- Wofür wird geworben?
- Was wird durch die Anzeige über den werblichen Gegenstand gesagt?

Machart des Textes

- Gibt es sprachliche Besonderheiten durch Satzbau, Wortverwendung, Stilmittel?

Strategie

- Informiert die Werbeanzeige über den werblichen Gegenstand?
- Ist die Anzeige suggestiv (manipulativ)?
- Welche Erwartungen werden im Zusammenhang mit dem Produkt geweckt?
- Werden diese Erwartungen über Bild oder Text oder beides geweckt?
- Welche Wirkungen werden dem Produkt zugesprochen?
- Wodurch vermittelt die Werbung dem Betrachter, dass er das Produkt kaufen soll?

Zusammenfassende Bewertung

Halten Sie die Werbung für gelungen (mit Begründung)?

Aufgabe

1 Blättern Sie in Zeitschriften. Wählen Sie eine Werbeanzeige aus, die Sie besonders anspricht, und verfassen Sie eine Werbetextanalyse mit Hilfe der oben aufgeführten Kriterien.

Vgl. auch S. 19, 160, 166

Journalistische Textsorten unterscheiden

Die Nachricht, der Bericht

Nachrichten und Berichte sind journalistische Textsorten, die einen Sachverhalt oder eine Handlung objektiv darzustellen versuchen, ohne Wertungen eines Autors zu enthalten. Im Journalismus sind beide sehr häufige Genres (Textsorten) mit klar strukturierten Ausprägungen.

Damit Nachricht und Bericht ihrem Ziel, über einen Sachverhalt oder ein Ereignis zu informieren, gerecht werden, müssen die so genannten **„7 W-Fragen“** beantwortet werden:

Wo? Wann? Was? Wer? Wie? Warum? Welche Folgen?

Die **Nachricht** wird häufig in den Außenspalten der Zeitungsseite platziert, umfasst nur wenige, ca. 12 bis 20 Druckzeilen. Sie ist faktenorientiert, streng gegliedert und strebt eine Vermittlung von Informationen in knapper, möglichst unparteiischer Weise an. Sie beantwortet die wichtigen W-Fragen und wird damit meist zur ersten Information des Lesers genutzt.

Der **Bericht** ist zwischen 30 und 60 Druckzeilen lang und lässt sich auch als ausführliche Nachricht definieren. Der Aufbau ist wie bei der Nachricht pyramidenförmig mit der Beantwortung möglichst aller 7 W-Fragen. Häufig beginnt der Bericht mit einer Zusammenfassung der wichtigsten Informationen in einem Vorspann, der optisch vom übrigen Text abgesetzt ist (Fettdruck, andere Schrift).

Der erste Satz sollte den Kerninhalt wiedergeben. Die Zeitform des Berichts ist das Imperfekt bzw. das Plusquamperfekt.

Es sollten keine längeren Erläuterungen vorgenommen werden und der Gebrauch einer sachlich nüchternen Sprache sollte eine objektive Haltung entstehen lassen. Hintergrundberichte sind ebenfalls ein verbreitetes Genre, um eine aktuelle Nachricht in einen Zusammenhang zu stellen und für den Leser verständlich zu machen.

Der Kommentar

Kommentare sind Meinungsäußerungen, Erklärungen zu bestimmten Nachrichten, in denen – im Gegensatz zur Nachricht – eine Wertung vorgenommen wird. Einerseits geben sie dem Leser Orientierungshilfen und Denkanstöße, andererseits machen sie auch eine politische oder gesellschaftliche Haltung deutlich.

Optisch sind Kommentare oft von den Nachrichten zu unterscheiden, da sie durch Nennung des Namens des Verfassers, Einrahmung, Kursivschrift oder einem Foto des Autors hervorgehoben werden. Der Verfasser muss unbedingt genannt werden!

Der Kommentator sollte seine Sichtweise begründen: Argumente und Gegenargumente müssen gegeneinander abgewogen, Schlussfolgerungen gezogen und eventuell Hintergrundinformationen mitgeliefert werden. Dadurch wird das kommentierte Ereignis von verschiedenen Seiten beleuchtet oder in einen größeren Zusammenhang gestellt.

Der/die Kommentator/-in geht meist von eigenen Ideen, Vorstellungen und Meinungen aus. Erst nachdem der Gedankengang in Stichworten konzipiert worden ist, sollte mit dem Schreiben begonnen werden! Absatzweise soll nachgelesen werden, ob auch alles verständlich, deutlich und logisch ist. Durch den gesamten Kommentar sollte sich ein roter Faden ziehen, der den Leser zur Schlussfolgerung führt.

In der Praxis ist eine Länge von nicht mehr als 50 Spaltzeilen üblich, was eine strikte Beschränkung auf das Wesentliche, sowohl im Inhalt als auch in der Formulierung, bedeutet.

4420216

Ein Kommentar ist die persönliche Stellungnahme zu einem Thema, das (im Idealfall) an anderer Stelle der Zeitung in Nachrichten- oder Berichtsform behandelt worden ist. Im Kommentar kommen nicht viele Informationen hinzu, denn er setzt voraus, dass der Leser das Thema kennt oder eben an anderer Stelle darüber sachlich informiert worden ist.

Meist ist ein Kommentar in drei Teile aufgegliedert:

- **Einleitung:** Bezug auf den Sachverhalt, origineller Einstieg, der zum Weiterlesen anregt
- **Entwicklung der eigenen Position:** logische Argumentationskette, keine Gedankensprünge; Gegenargumente widerlegen, Beispiele und Veranschaulichungen, Überleitungen zur Schlussfolgerung
- **Schlussfolgerung** sollte klar und eindeutig sein und den Leser zum Nachdenken und zu weiterer Überlegung anregen.

Der Leserbrief

Keine Zeitung der Welt lässt es sich entgehen, Rückmeldungen von Leserinnen und Lesern zu veröffentlichen. Diese Briefe zeigen, wie intensiv sich Leser mit einem Ereignis, einem Bericht oder einem Kommentar beschäftigt haben. Ein Leserbrief nimmt innerhalb der Zeitung eine Sonderstellung ein, da er nicht von den Redakteuren verfasst worden ist, meist einen eigenen Stil aufweist und häufig sehr meinungsbezogen ist. Er bietet Leserinnen und Lesern die Möglichkeit, die „Einwegkommunikation" zu durchbrechen und ihre Meinung in Form einer öffentlichen Stellungnahme zu äußern. Weitere Gründe der Stellungnahmen können ein Zeitungsartikel, ein anderer Leserbrief oder ein Ereignis von öffentlichem Interesse sein.

Der Verfasser des Leserbriefes will im Allgemeinen für oder gegen eine bestimmte Sache Stellung beziehen, Missstände aufzeigen, Verbesserungsvorschläge vorbringen usw. Auch bei persönlicher Betroffenheit ist eine sachliche Form der Auseinandersetzung einzuhalten. Beschimpfungen, persönliche Angriffe, Verunglimpfungen, Unterstellungen gehören nicht in den Text, reduzieren auch die Chance auf Veröffentlichung und können darüber hinaus rechtliche Folgen nach sich ziehen.

Der Leserbrief ist zwar an keine bestimmte Form gebunden, es sollten aber die folgenden Richtlinien beachtet werden:

- Im Einstieg ist Bezug auf den zugrunde liegenden Gegenstand oder Anlass zu nehmen.
- Je kürzer und prägnanter der Brieftext formuliert wird, desto größer ist die Chance, dass er auch veröffentlicht wird.

Bei zu weitschweifiger oder langatmiger Darstellung besteht die Gefahr, dass der Brief vom zuständigen Redakteur eigenmächtig gekürzt und somit möglicherweise inhaltlich entstellt wird.

Aufgabe 1

Suchen Sie in einer regionalen Tageszeitung nach Beispielen für die oben aufgeführten Textsorten. Begründen und belegen Sie Ihre Zuordnung am Text.

Vgl. auch S. 104, 122, 218

Schaubilder auswerten

Schaubilder dienen dazu, Sachverhalte in Bilder zu fassen. Sie können übersichtlicher sein als ein Text, der den gleichen Sachverhalt in Sprache fasst. Ein weiterer Vorteil ist, dass verschiedene Aspekte des Sachverhalts gleichzeitig gesehen werden können.

Es gibt verschiedene Arten von Schaubildern: Grafiken, Mind-Maps, Organigramme, Strukturskizzen, Diagramme …

Einige zeigen hierarchische Beziehungen an, andere verdeutlichen einen Prozess. Des Weiteren können Beziehungen verschiedener Teile zueinander verdeutlicht werden oder verschiedene Aspekte eines Sachverhaltes.

Eine besondere Form von Schaubildern sind alle statistischen Darstellungen, die Zahlenmaterial ins Bild bringen.

Man benötigt etwas Übung, um ein Schaubild genau zu erfassen und seine Aussagen lesen und interpretieren zu können.

Folgende Fragestellungen geben Hilfestellung zur Analyse:

1. Was ist das **Thema** des Schaubildes?
2. Welche genaue **Fragestellung** wird im Schaubild behandelt?
3. Welche **Form der Darstellung** wurde gewählt?
4. Welche ersten Ergebnisse kann ich aus der Darstellung ziehen (Darstellung eines Zustandes, einer Entwicklung, eines Prozesses, einer hierarchischen Struktur, …)?
5. Welche **Inhalte** werden dargestellt, welche genauen Daten, Prozesse, Beziehungen, Widersprüche, Überschneidungen, … werden im Bild verdeutlicht?

Zusätzliche Fragen bei statistischen Schaubildern:

6. Über welchen **Zeitraum** sind die Messungen erhoben worden?
7. Was genau kann miteinander **verglichen werden**?
8. Welche **Veränderung** zeigen die Daten?
9. Gibt es eine **Entwicklung,** einen Trend? In welche Richtung?
10. Welche Messungen/Werte zeigen den **Mittelwert** an?
11. Welche Werte stehen **weit über/weit unter dem Mittelwert?**

Säulen- und Balkendiagramm

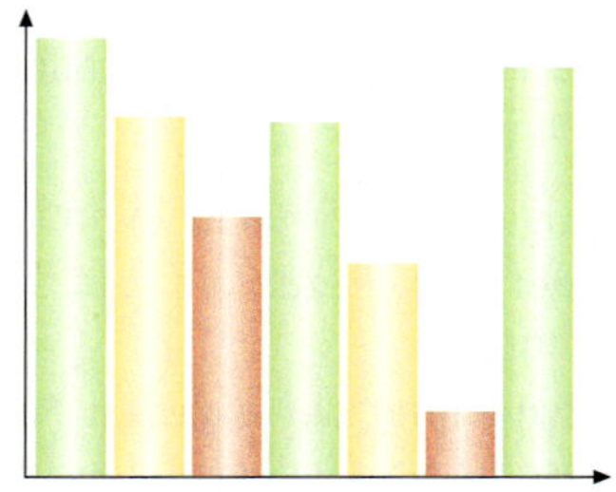

Organigramm

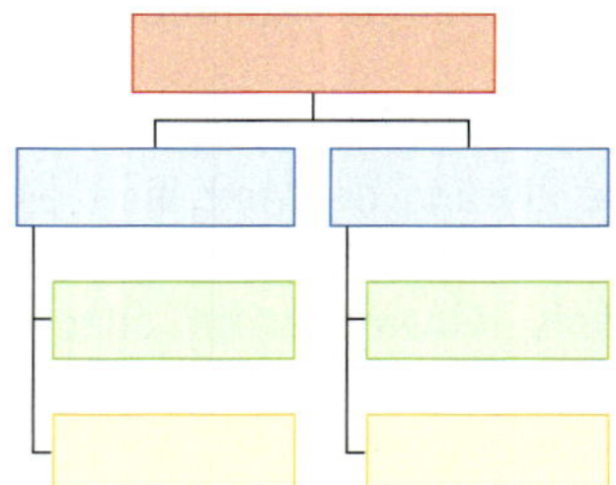

Tortendiagramm

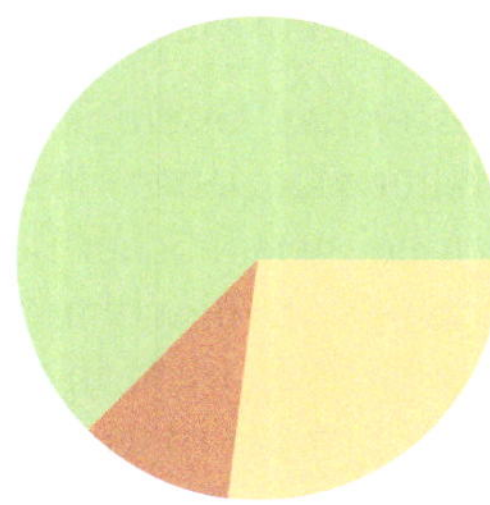

Ablaufdiagramm

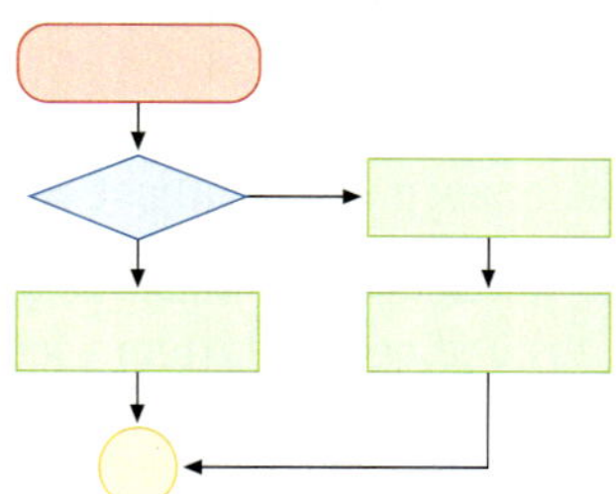

4420218

Fragestellungen für eine Deutung (Interpretation) der Schaubilder:

12. Welche **Schlüsse** kann man aus dem Datenmaterial für die **Gegenwart** ziehen?
13. Kann man aus dem Datenmaterial **Schlüsse** für die **Zukunft** ziehen?

Kritische Auseinandersetzung:

14. **Stimmen** die Aussagen mit den eigenen Einschätzungen **überein**?
15. Ist **Kritik** am Schaubild notwendig? (Fragestellung sinnvoll? Datenauswahl aussagekräftig?)

Nicht alle der vorgeschlagenen Fragen können auf jedes Schaubild angewendet werden, die kritische Auseinandersetzung ist nur bei besonders auffälligen Methoden oder Ergebnissen notwendig.

Vgl. auch S. 89, 105

Umfragen durchführen und auswerten

Umfragen begegnen uns in Zeitungen, im Fernsehen oder auf der Straße, wenn wir selbst die Befragten sind. Die Formen der Befragung sind z. B. das Interview, die Telefonbefragung oder die Umfrage über Fragebogen. Sie werden eingesetzt, wenn man zu einem aktuellen Thema oder Sachverhalt die Ansicht möglichst vieler Menschen erhalten möchte. Man kann mit Umfragen momentane Trends oder Entwicklungen in der Zukunft erfahren.

Umfragen, die Schüler/-innen durchführen können, sind nur sehr kleine, zufällige, nicht repräsentative Momentaufnahmen. Repräsentativ ist eine Umfrage erst, wenn mindestens 1000 – 1200 Personen nach bestimmten Auswahlkriterien (Alter, Familienstand, Beruf, Einkommen, ...) befragt wurden.

Wichtig für eine sinnvolle Umfrage, ob schriftlich oder mündlich, ist die Fragetechnik.

Fragetypen:

Offene Fragen:

- Die Antwort des Befragten ist für alle Möglichkeiten offen.
- „Stellen Sie Ihren Werdegang dar"; W-Fragen

Bewertungsfragen:

- „Was halten Sie von ...?"

Mehrfachnennungen:

- Der Befragte kann mehrere eigene Antworten geben
- „Welche Chancen sehen Sie für ...?"

Skalierungsfragen:

- Möglichkeit, innerhalb einer Skala zu antworten (z. B. ja/teilweise/kaum/gar nicht)

Mehrfachvorgaben:

- Mehrere Antwortmöglichkeiten unter vielen sind vorgegeben (Gründe für den Besuch einer weiterführenden Schule: Weiterbildung/Arbeitslosigkeit/Qualifizierung)

Multiple choice:

- Der Befragte soll sich aus mehreren Antwortmöglichkeiten entscheiden.

Alternativfragen:

- Ja/Nein

Einen Fragebogen erstellen

Wer eine Umfrage durchführen will, muss zunächst viel Sorgfalt in die Vorbereitung einbringen. Wenn klar ist, was genau erfragt werden soll, muss über die **Fragetypen** entschieden werden. Je offener die Fragen sind, desto schwieriger wird die Auswertung der Ergebnisse. Andererseits: Je enger und geschlossener die Fragen sind, desto ungenauer ist das Bild, das man über die Umfrage zum Thema erhält.

Es kommt bei der Entscheidung über die Fragetypen also darauf an, welche Art von Ergebnissen man anstrebt. Man kann in einem Fragebogen auch verschiedene Fragetypen kombinieren.

Wichtig ist jedoch, dass die Fragen

- klar und präzise,
- einfach verständlich,
- eindeutig,
- sich nicht überschneidend,
- pro Frage nur einen Sachverhalt abfragend

sind.

Danach wird der **Fragebogen** erstellt. Zu beachten ist, dass für offene Fragen genügend Platz in Form von Leerzeilen freigehalten wird. Selbstverständlich sind Umfragen anonym. Überlegen Sie, ob Informationen über den Befragten (Alter, Geschlecht, Beruf, ...) für Ihr Erkenntnisziel von Nutzen sind. In diesem Fall bringen Sie die entsprechenden Vorgaben im Kopfteil des Umfragebogens an.

Die nachfolgende **Checkliste** gibt einen Überblick über die Vorbereitung der Umfrage:

- Sind die Fragen eindeutig und einfach formuliert, sodass die Befragten nicht überfordert werden?
- Sind die Fragen kurz und prägnant?
- Sind die Fragen konkret und eindeutig gestellt?
- Sind Suggestivfragen, d.h. Fragen, die eine Antwort nahelegen, vermieden worden?
- Sind zu persönliche bzw. heikle Fragen vermieden worden?

Bei vorgegebenen Antworten:

- Sind alle möglichen Antworten auf die Frage vorgegeben?
- Sind die Antworten trennscharf, d.h., unterscheiden sie sich klar voneinander?

Weitere organisatorische Vorbereitungen

Nun entscheiden Sie, in welchem Kreis Sie Ihre Umfrage durchführen wollen (auf dem Schulhof, im Lehrerzimmer, auf der Straße, im Einkaufszentrum, ...) und wie viele Fragebögen Sie mindestens zur Auswertung benötigen und welche Hilfsmittel Sie dazu brauchen (Schreibunterlage, Stifte).

Wenn Sie eine mündliche Umfrage planen, besorgen Sie sich ein intaktes Aufnahmegerät.

Überlegen Sie sich vorher, wie Sie auf die Menschen zugehen wollen, ob Sie sich äußerlich zu erkennen geben und bei wem Sie möglicherweise eine Erlaubnis einholen müssen.

Denken Sie daran: Höflichkeit gebührt auch demjenigen, der jetzt gerade keine Lust oder Zeit hat, einen Fragebogen auszufüllen.

4420220

Umfragen auswerten

Wenn genügend Umfragen durchgeführt worden sind, werten Sie die Antworten aus: Die Auswertung erhebt die Häufigkeit von gleichen Antworten und zusätzlich bei offenen Fragen die besonderen, auffälligen Einzelantworten.

Leitfragen zur Auswertung:
- Was wird immer wieder genannt? Wie häufig?
- Was wird am häufigsten genannt?
- Wie viele und welche Einzelantworten gibt es?
- Was fällt besonders auf?
- Gibt es Auffälligkeiten oder Trends bei verschiedenen Personengruppen (jung – alt/ Mann – Frau)?

Wenn Ihnen die Auswertung der Umfrage vorliegt, entscheiden Sie, welche Form Sie für die Präsentation der Ergebnisse wählen. Sie können die absoluten Zahlen in einer Übersicht darstellen, aber auch Prozentzahlen machen Ergebnisse deutlich. Für die Darstellung von Häufigkeiten bieten sich verschiedene Diagramme an.

Zum Abschluss stellt sich die Frage nach dem Erkenntnisgewinn aus den Umfrageergebnissen:
- Welchen gegenwärtigen Trend zeigen sie an?
- Welche Zukunftsprognose kann gewagt werden?
- Welche Schlüsse kann man aus den Ergebnissen ziehen?

Aufgabe

1 Machen Sie in Form von Gruppenarbeit in Ihrer Schule eine Umfrage zum Medienkonsum (Nutzung von Fernsehen, Computer, Handy usw.). Erstellen Sie zunächst einen geeigneten Fragebogen. Werten Sie Ihre Umfrageergebnisse aus und stellen Sie sie vor.

Sich mit den Medien auseinandersetzen

Vgl. auch S. 79

Filme analysieren und interpretieren

Auch Filme lassen sich wie Texte analysieren und interpretieren. Dabei kann man beispielsweise folgende Kategorien in den Blick nehmen:

Bildanalyse: Einstellungsgrößen – Perspektiven – Kamerabewegungen

Einstellung: kleinste filmische Einheit (shot), Zeitraum zwischen zwei Schnitten

Einstellungsgrößen: Abstand des abgebildeten Objekts zur Kamera

Panorama/Weit: Landschaftsaufnahme, der Einzelne verliert sich in der Landschaft, häufig Einführungs- oder Schlussbilder

Totale: Abbildung einer oder mehrerer Personen, wobei die Umgebung im Vordergrund steht; Ziel ist die räumliche Orientierung für den Zuschauer

Halbtotale: Die Person ist ganz zu sehen, ausgewogenes Verhältnis von Person und Umgebung; die Person gewinnt Eigengewicht.

Halbnah: Die Person ist bis zu den Knien/Oberschenkeln sichtbar, Beziehung zu anderen Personen/Gegenständen wird aufgebaut, Betonung der Gestik der Person.

Amerikanisch: Die Person ist ab der Hüfte aufwärts zu sehen (Entlehnung: amerikanischer Western).

Nah: Brustbild bzw. Darstellung der Person bis zum Bauch, Mimik und Gestik stehen im Vordergrund

Groß: Darstellung eines Gesichts, innere Befindlichkeit der Person wird gezeigt

Detail: Abbildung eines Details, z. B. ein Auge, Finger usw.

Perspektiven: Die Kamera gibt die Perspektive vor, unter der der Zuschauer ein Geschehen wahrnimmt.

Normalsicht/Augenhöhe: Die Kamera ist auf Augenhöhe mit der Person, wie in der alltäglichen Wahrnehmung.

Untersicht/Froschperspektive: Die Kamera blickt von unten nach oben, die abgebildeten Personen/Gegenstände wirken häufig bedrohlich.

Aufsicht/Vogelperspektive: Die Kamera blickt von oben nach unten; die abgebildeten Personen/Gegenstände wirken oft klein und hilflos.

Kamerabewegungen: Die Bewegung der Kamera nimmt die erzählende Funktion im Film ein. Dabei kann der Zuschauer in das Geschehen einbezogen oder nicht einbezogen werden. Bei einem **Schwenk** behält die Kamera während des Films einen festen Standpunkt. Bei der **Fahrt** wird auf einem Kamerawagen gefahren.

Handlung und Figur

Figuren und Schauspieler bilden zusammen den Charakter einer Rolle im Film. Schon bei der Entwicklung der Filmhandlung muss man eine Vorstellung von den Gefühlen, Leidenschaften, Komplexen, Hoffnungen und Motivationen einer Figur haben. Dabei können folgende Leitfragen helfen:

- Wann, wo und wie lebt die Figur?
- Wer ist die Familie?
- Wie ist die äußere Erscheinung?
- Wie ist ihre soziale Lage?
- Wie sind die persönlichen Charakterzüge? Ist sie eher introvertiert oder extrovertiert, rational oder emotional?
- Welche Wünsche, Ängste hat sie?
- Welche Bildung hat sie? Welchen Beruf?
- Welche Freunde bzw. Feinde hat sie?
- Wie verhält sie sich gegenüber anderen?

Szene

Im Film meint die Szene einen in sich geschlossenen Handlungszusammenhang. Zur Analyse von Szenen können folgende Leitfragen helfen:

Handlung

- Wer ist beteiligt? Wer kommt hinzu?
- Wer ist Haupthandlungsträger? Wo war er vor der Szene, wohin wird er nachher gehen? Was will er?
- Welche Schwierigkeiten, welche Konflikte entstehen?

Ort

- Wo spielt die Szene? Draußen? Drinnen?
- Welche Bedeutung hat der Ort für die Handlung?

Zeit

- Wann spielt die Szene? Tag? Nacht?
- Wie ist das Verhältnis von Darstellungszeit (Zeit, in der man die Szene sieht) und dargestellter Zeit (Zeit, die die Szene umfasst)?

4420222

- Wird mehr gesprochen oder ist die Szene eher visuell?
- Welche Themen werden angedeutet?

Ton

Sprache, Geräusche und Musik werden auf der Tonspur des Films gespeichert und wiedergegeben. Bei der Sprache stehen die Dialoge der Figuren sowie Kommentare aus dem Off (eines Erzählers oder einer Figur) im Vordergrund. Geräusche begleiten in der Regel die Handlung. Musik kann ebenfalls diese Funktion erfüllen oder die Handlung „kommentieren".

Aufgabe 1

Wählen Sie eine Filmszene aus Ihrem Lieblingsfilm und fertigen Sie dazu ein Sequenzprotokoll an:

Einstellungs-nummer	Inhalt	Einstellungs-größe	Einstellungs-perspektive	Kamera-bewegung	Zeit
1	...	z. B. Halbnah	z. B. leichte Untersicht	z. B. Schwenk von rechts nach links	...

Werten Sie das Sequenzprotokoll mit Blick auf die Wirkung der Szene aus.

Vgl. auch S. 86, 87

Literaturverfilmungen untersuchen

Eine Literaturverfilmung meint einen Film, der auf einer literarischen Vorlage (z. B. einem Roman) basiert. Bei der Untersuchung der Literaturverfilmung können folgende **Leitfragen** helfen:

- Wie wird der literarische Text im Film umgesetzt?
- Wie ist die literarische Vorlage gestaltet im Hinblick auf
  - das erzählte bzw. dargestellte Geschehen?
  - Figuren und Beziehungen der Figuren untereinander?
  - Handlung?
  - Erzählweise?
- Welche **Regiekonzeption** wird verfolgt, z. B.
  - *illustrierend:* Die literarische Vorlage wird möglichst vorlagengetreu in Bilder und Szenen umgesetzt. Der Film entspricht einer Nacherzählung der Textvorlage, also Beibehaltung von Handlung, Dialogen, Kostümierung bzw. Dekoration.
  - *interpretierend:* Die literarische Vorlage wird mit Hilfe der filmischen Mittel subjektiv ausgewertet. Sie enthält durch die Verfilmung einen neuen individuellen Sinn. Der Film ist gegenüber der literarischen Vorlage ein eigenes Kunstwerk.
  - *stofforientiert:* Aus der literarischen Vorlage werden einzelne Elemente übernommen und weiterentwickelt. Die literarische Vorlage als Ganzes wird nicht umgesetzt.

Um einen Film zu analysieren, wählen Sie bestimmte Sequenzen aus und protokollieren sie mit Hilfe eines Sequenzprotokolls.

Sprache und Sprachgebrauch untersuchen

Rechtschreibung, Grammatik und Orthografie

Vergleichen Sie hierzu auch das Kapitel „Training: Rechtschreibung, Grammatik und Stil" (S. 264 – 273).

Glossar: Fachbegriffe für den Sprachunterricht

Adjektiv	Eigenschaftswort, Wie-Wort Adjektive kennzeichnen die Eigenschaften von Personen, Sachen, Begriffen und Sachverhalten; sie drücken aus, **wie** etwas ist. *Beispiele: schön, klein, freundlich, ...*
Adverb	Umstandswort Adverbien bestimmen die **näheren Umstände** eines Sachverhalts. *Beispiele: hier, morgen, nah, ...*
Akkusativ	4. Fall, Wenfall Akkusativobjekt = Satzergänzung im 4. Fall, Ergänzung eines Verbs im 4. Fall *Beispiel: Du holst **den Schuh**.*
Aktiv	Tätigkeitsform Die Aktionsform Aktiv drückt aus, dass ein Vorgang aus der Sicht des Handelnden dargestellt wird. *Beispiele: Er weint. Sie schießt das Tor.*
Artikel	Geschlechtswort Artikel kennzeichnen als Begleiter eines Nomen, dessen grammatisches Geschlecht. *Beispiele: bestimmter A. = **der** Mann, die Frau, das Kind* *unbestimmter A. = **ein** Mann, eine Frau, ein Kind*
Attribut	Beifügung, Begleiter Attribute begleiten andere Wörter. Ihr Inhalt bestimmt den Inhalt der Wörter, denen sie beigefügt sind, genauer. *Beispiele: ein **biegsamer** Stahl, der Fahrer **des roten Pkw***
Dativ	3. Fall, Wemfall Dativobjekt = Satzergänzung im 3. Fall, Ergänzung eines Verbs im 3. Fall. *Beispiel: Das Buch gehört **der jungen Frau**.*
Deklination	Beugung Deklination ist die Formveränderung von Nomen, Artikeln, Adjektiven, Pronomen und Numeralien, damit sinnvolle Sätze entstehen. deklinieren = beugen, verändern, abwandeln
Femininum	weibliches Geschlecht Ein Femininum ist das grammatische weibliche Geschlecht eines Nomens. *Beispiele: die Sonne, die Frau*
Futur	Zukunft Die Zeitform Futur drückt eine in der Zukunft zu erwartende Handlung oder einen zu erwartenden Zustand aus. **Futur I** = Zukunft *Beispiel: Wir **werden** nächstes Jahr reich **sein**.* **Futur II** = vollendete Zukunft *Beispiel: Wenn ihr wiederkommt, dann **werden** wir schon **weggezogen sein**.*

Genitiv	2. Fall, Wesfall Genitivobjekt = Satzergänzung im 2. Fall *Beispiel: der Waldhüter **des Grafen*** Ergänzung eines Verbs im 2. Fall *Beispiel: Sie gedenken **der Toten**.*
Genus	Geschlecht Das Genus benennt das **grammatische Geschlecht** eines Nomens, eines Adjektivs und eines Pronomens. *Maskulin – feminin – neutral = männlich – weiblich – sächlich*
Gliedsatz	Nebensatz Ein Gliedsatz ist ein Satz, der, um seinen Informationsgehalt verstehen zu können, von einem anderen Satz abhängig ist. *Beispiel: Das Haus, das der Urgroßvater gebaut hatte, stand immer noch.*
Grammatik	Sprachlehre Die Grammatik einer Sprache beschreibt den Bau und die Struktur dieser Sprache, ihre Form und ihre Regeln.
Grundform	Infinitiv, Nennform Mit Grundform bezeichnet man das ungebeugte Verb. *Beispiele: machen, lachen, krachen, ...*
Hauptsatz	eine normal und inhaltlich abgeschlossene Aussage Der Hauptsatz besteht mindestens aus einem Subjekt und einem Prädikat. *Beispiel: Die Aufführung war wunderschön anzuschauen.*
Imperativ	Befehlsform Der Imperativ fordert zu einer Handlung auf. *Beispiele: Hilfe! Komm her!*
Imperfekt	Vergangenheit, auch: Präteritum Die Zeitform Imperfekt drückt aus, dass ein Geschehen oder Zustand der Vergangenheit angehört. *Beispiele: Ich **ging** in die Disco. Es **war** furchtbar.*
Indikativ	Wirklichkeitsform Der Indikativ drückt die Wirklichkeit einer Handlung oder eines Zustandes aus. *Beispiele: Sie hören gerade Musik. Der Autor liest sein Buch.*
Kanal	in der Kommunikationslehre eine vereinbarte Verständigungsebene zwischen einem Sender und einem Empfänger (Sprache, Schrift, Morsen, ...)
Kasus	Fall, 1.–4. Fall; Einzahl und Mehrzahl Der Kasus bezeichnet die Rolle, die ein Nomen, Pronomen oder Adjektiv in einem Satz spielt. Erkennbar ist ein Kasus oft an der Endung des gebeugten Wortes. *Beispiel: Das Schiff des Mannes sah so alt aus, wie sein grauer Bart lang war.*
Kode	Schlüssel der Verständigung Umsetzung von Vorstellungen, Gedanken und Gegenständen in Begriffe Vgl.: Semantische Kodierung
Konjugation	Beugung Konjugieren ist die Formveränderung eines Verbs innerhalb eines Satzes. *Beispiel: Ich liebe, du liebst, sie liebt, wir lieben*

Konjunktion	Bindewort s. „Satzgefüge" und „Satzverbindung"
Konjunktiv	Möglichkeitsform Mit dem Konjunktiv drückt man aus, dass man sich einen Sachverhalt a) als Möglichkeit vorstellt *Beispiel: Ich könnte sie küssen.* b) herbeiwünscht *Beispiel: Wäre doch schon Feierabend!* c) ihn nicht selbst sagt, sondern davon berichtet *Beispiel: Er sagte, es sei nun zu spät.*
Konsonant	Mitlaut Konsonanten heißen die Buchstaben, die beim Aussprechen zum Klingen einen Vokal brauchen, also: *b,c,d,f,g,h,j,k,l,m,n,p,q,r,s,t,v,w,x,y,z*
maskulin	männlich Maskulinum = männliches Geschlecht Ein Maskulinum ist das grammatische männliche Geschlecht eines Nomens. *Beispiele: der Apfelbaum, der Eimer, der …*
Neutral	sächlich Neutrum = sächliches Geschlecht Ein Neutrum ist das grammatische sächliche, neutrale Geschlecht eines Nomens. *Beispiele: Das Kind, das Rad, das …*
Nomen	Nennwort, auch: Dingwort, Namenwort, Hauptwort, Substantiv Nomen sind Wörter, mit denen man Lebewesen, reale und abstrakte Dinge benennt. *Beispiele: Fritz, Hund, Brot, Freundschaft, Hass, …*
Nominativ	1. Fall, Werfall, Nominativergänzung *Beispiel: Sie ist die beste Läuferin.*
Numerale	Zahlwort Das Numerale (bestimmte und unbestimmte) drückt eine Anzahl, eine Reihenfolge, eine Vervielfachung oder einen Teil aus. *Beispiele: drei, fünftens, einige, viertel*
Numerus	Einzahl und Mehrzahl Der Numerus drückt die Anzahl der durch Wörter in einem Satz bezeichneten Personen, Gegenstände und Handlungen aus.
Objekt	Satzergänzung Das Objekt ergänzt die Aussage des Prädikats in einem Satz. *Beispiel: Die Verkäuferin reicht der Kundin das Brot über den Ladentisch.*
Präposition	Verhältniswort Eine Präposition gibt die Beziehung, das Verhältnis zwischen Wörtern an. *Beispiele: zwischen, neben, seitwärts, unter, mit*
Prädikat	Satzaussage Das Prädikat sagt aus, was das Subjekt tut, was es macht. Es wird durch ein Verb gebildet.
Präsens	Gegenwart Die Zeitform Präsens drückt aus, dass ein Geschehen oder Zustand zur Zeit des Sprechens/Schreibens andauert. *Beispiele: Sie liest gerade einen Comic. Wir arbeiten.*

Präteritum	Vergangenheit, Imperfekt Die Zeitform Präteritum drückt aus, dass ein Geschehen oder Zustand der Vergangenheit angehört. *Beispiele: verschloss, fiel, schlief, verblühte*
Passiv	Leideform Die Aktionsform Passiv drückt aus, dass eine Handlung aus der Sicht des Betroffenen dargestellt wird. *Beispiele: Er wurde geschlagen. Ihr wird gratuliert.*
Perfekt	vollendete Gegenwart Die Zeitform Perfekt drückt ein zwar vollendetes Geschehen oder einen vollendeten Zustand aus, die aber noch nicht der Vergangenheit angehören, vielmehr in die Gegenwart hineinwirken. *Beispiele: Meine Freundin **hat** mich **verlassen**.*
Person	Die grammatische Person unterscheidet durch unterschiedliche Pronomen und Beugen des Verbs den Sprecher vom Angesprochenen und vom Besprochenen. *Beispiele: ich, du, er, wir, ihr, sie*
Plural	Mehrzahl Der Plural drückt eine Mehrzahl von Wesen und Dingen durch beugbare Wörter aus. *Beispiele: drei Kinder, die Eltern, …*
Plusquamperfekt	vollendete Vergangenheit Die Zeitform Plusquamperfekt wird ausschließlich zur Herstellung einer zeitlichen Beziehung zwischen zwei Handlungen oder Zuständen benutzt. *Beispiel: Nachdem ich den Fußgänger **bemerkt hatte**, bremste ich.*
Pronomen	Fürwort Pronomen werden anstelle des Nomens gebraucht. *Beispiele: ich, du, er, sie – sein, euer, euch, …*
Satzgefüge	Hypotaxe In einem Satzgefüge sind Haupt- und Nebensätze verbunden. Die Nebensätze ergänzen die Information des Hauptsatzes und sind von ihm abhängig; sie beginnen mit einem untergeordneten Bindewort oder einem bezüglichen Pronomen oder einem Fragewort, werden durch Komma vom Hauptsatz getrennt und enden mit einem Verb. *Untergeordnete Bindewörter sind: weil, dass, als, während, da, nachdem, obwohl, falls, soweit, …*
Satzglied	Prädikat, Subjekt sowie Objekte und Umstandsbestimmungen eines Satzes bezeichnet man als Satzglieder. *Beispiel: Gerd holt den Wein aus dem Keller.* *S P Akk. Objekt U.-best d. Ortes*
Satzverbindung	Parataxe Eine Satzverbindung besteht aus zwei oder mehreren Hauptsätzen mit je selbstständigen Aussagen, die aber sinngemäß zusammengehören. Sie werden durch gleichordnende Bindewörter verbunden. Gleichordnende Bindewörter sind: *und, denn, aber, oder, sondern, sowohl … als auch, außerdem, …* *Beispiel: Kommen Sie, und schauen Sie diese Blumen.*
Semantische Kodierung	Bestimmung des inhaltlichen Gehaltes eines Wortes

Semiotik	Lehre der verwendeten Zeichen innerhalb einer Sprachgemeinschaft
Singular	Einzahl *Beispiel: Die Schnepfe ist ein Vogel.*
Subjekt	Satzgegenstand Das Subjekt eines Satzes bezeichnet die Person oder Sache, die handelt. Subjekt und Prädikat bilden die Grundeinheiten eines Satzes.
Tempus	Zeitform Das beugbare Verb lässt sich in die verschiedenen Zeitformen bringen und bestimmt damit, wie und wann das Geschehen abläuft. *Zeitformen: Gegenwart/Vergangenheit/Zukunft*
Umlaut	auch: Diphthong Klangveränderung eines Vokals durch einen zusätzlichen Vokal *Beispiele: eu, au, oe, ü, ö, …*
Umstands-bestimmung	Satzergänzung Umstandsbestimmungen geben das Verhältnis eines Satzteiles zum Prädikat an. *Beispiel: Hagen tötete Siegfried **frühmorgens an der Quelle.***
Verb	Tätigkeitswort, Zeitwort Verben drücken die Tätigkeit oder den Zustand aus, in dem sich eine Person oder Sache befindet. *Beispiele: lachen, krachen, machen, …*
Vokal	Selbstlaut Die Buchstaben, die die klangvolle Aussprache bestimmen, nennt man Vokale, also: *a, e, i, o, u*
Wortschatz	Anzahl der Worte, die Menschen nutzen und die zur absichtsvollen Verständigung notwendig ist.
Zeichenmenge	Die Menge von Zeichen und Worten, deren sich eine Sprache zur Konstruktion oder Verständigung bedient. Semiotik = Lehre der Zeichen einer Sprache

Stilistische und sprachliche Normen, Sprachwandel

Vgl. auch S. 29

Jugendsprache

Ursachen: Sprache ist etwas Lebendiges, das einem **ständigen Wandel** unterworfen ist. Dies äußert sich nicht zuletzt in den Jugendsprachen. Überall in der Welt entwickeln Jugendliche besondere Ausprägungen ihrer Sprache, mit der sie sich einerseits **von der Welt der Erwachsenen abgrenzen** und andererseits die **Zugehörigkeit zu einer bestimmten sozialen Gruppe** signalisieren. Diese Gruppen definieren sich meist durch das Alter und so gibt es unter Jugendlichen oft mehrere verschiedene Ausformungen von Jugendsprachen für verschiedene Altersgruppen. Innerhalb dieser Altersgruppen verbreiten sich neue Wörter und Begriffe in der Regel sehr schnell, auf der anderen Seite kommen viele Wörter auch wieder sehr schnell aus der Mode. Es ist deshalb fast unmöglich, „die Jugendsprache" zu fixieren und zu beschreiben, welche Ausdrücke und Begriffe dazugehören und welche nicht. Generell kann man sagen, dass Jugendsprachen eine Tendenz zu Tabuverletzungen haben. In diesem Sinn sind auch Fäkalismen und sexuelle Begriffe, die eine neue Bedeutung angenommen haben, in allen Jugendsprachen weit verbreitet. Es lassen sich auch längerfristige Tendenzen erkennen. So nimmt beispielsweise derzeit die Flut von Anglizismen, von denen die Jugendsprache in Deutschland über viele Jahre geprägt war, deutlich ab zugunsten von Wortschöpfungen, die von deutschen Wörtern abgeleitet wurden.

Wirkungen: Die verwendeten Ausdrücke unterscheiden sich regional und von Gruppe zu Gruppe so stark, dass es durchaus zu Verständigungsschwierigkeiten kommen kann. Einige Ausdrücke halten sich besonders lang, gehen schließlich in die Sprache der nun erwachsen gewordenen ehemaligen Jugendlichen über und sind so eine **Hauptursache für den Sprachwandel**.

Oft versuchen Erwachsene, besonders stark in der Werbung, die Sprache der Jugendlichen zu imitieren, um sich der Zielgruppe der Jugendlichen anzunähern. Dies ist aber schon deshalb schwierig, weil es ja neben der Stiftung von Gruppenidentität gerade ein wichtiges Motiv der Verwendung von Jugendsprache ist, sich von der Welt der Erwachsenen abzugrenzen. Außerdem setzen sich Erwachsene der Gefahr aus, mit Ausdrücken zu operieren, die bereits wieder aus der Mode gekommen sind und kaum noch verwendet werden. Dies kann dann sehr schnell lächerlich oder peinlich auf die Jugendlichen wirken und das Gegenteil dessen bewirken, was man beabsichtigt hat.

Fachsprachen

Im Gegensatz zur Gemeinsprache, die allgemein gebräuchlich und verstanden wird, gibt es bei Fachsprachen einen **speziellen Fachwortschatz**, der für ein Fachgebiet oder einen Beruf typische Begriffe benennt. Diese sind teilweise aus anderen Sprachen entlehnt, z. B. im Bankwesen aus dem Italienischen, in der Computerfachsprache aus dem Englischen, beim Kochen aus dem Französischen. In anderen Fällen werden Begriffe der Gemeinsprache in einer anderen Bedeutung verwendet, z. B. „Frosch" und „Reiter" in der Bürowirtschaft.

Das Erlernen und Beherrschen der für einen Beruf wichtigen Fachbegriffe gehört mit zur Berufsausbildung. Bei der Beschreibung von Arbeitsprozessen (s. S. 173) und beim Schreiben des Berichtsheftes kommt der Fachterminologie eine besondere Bedeutung zu.

Aufgabe

1 Sammeln Sie Fachbegriffe zu einer Berufssparte Ihrer Wahl und erklären Sie deren Bedeutung.

4420230

Vgl. auch S. 94

Anglizismen gebrauchen – Anglizismen verstehen

Zu allen Zeiten war die deutsche Sprache Veränderungen unterzogen. Das mittelalterliche Deutsch entwickelte sich aufgrund des jahrhundertelangen Sprachwandels so enorm, dass nur noch besonders ausgebildete Wissenschaftler es verstehen.

Heute ist die Sprache durch die weltweite Vernetzung der Kommunikation Einflüssen ausgesetzt, die sich in einer auffälligen Veränderung der Sprache bemerkbar machen.

Begriffe aus dem Englischen prägen die Sprache in einem derartigen Ausmaß, dass manche bereits befürchten, dass man das Deutsche nur noch mit Fremdwörter-Lexikon verstehen kann. Nicht nur in der Jugendsprache („cool“ etwas „checken“, „chillen“) hält das Englische Einzug ins Deutsche, in fast allen technischen Bereichen werden die deutschen Begriffe von englischen ersetzt (Personal Computer, Website, Mailbox).

Im Bereich des Geschäftslebens werden bisher gebräuchliche deutsche Begriffe zunehmend von englischen oder englisch lautenden Wörtern verdrängt. *Manager* laden nicht mehr zu einem Treffen oder einer Verabredung ein, sondern zu einem *Meeting*, um danach nicht Arbeitsgruppen zu bilden, sondern *Teams*, in denen die *Basics* oder *Skills* bearbeitet werden.

Bevor Mitarbeiter zu wichtigen Verhandlungen mit dem *Business-Partner* gehen, werden sie *gebrieft*, damit sie ihre Verhandlungsziele nicht aus den Augen verlieren.

Auch die Alltagssprache ist voll von englischen Wörtern. Ob in der Werbung, der Modebranche oder im Freizeit- und Sportbereich, keine Sparte ist davon ausgenommen.

Kritiker sehen die Gefahr, dass durch die Anglisierung ein dauerhafter Verfall der deutschen Kultur zu befürchten sei; im Übrigen würden durch den häufigen Gebrauch englischer Wörter im Deutschen bestimmte Teile der Bevölkerung (insbesondere älteren Menschen) überfordert und damit benachteiligt oder aus dem gesellschaftlichen Leben ausgeschlossen.

Ein besonders eindrucksvolles Beispiel findet man bei „Wikipedia“ unter dem Stichwort „Anglizismen“:

„Unser Way of Life im Media Business ist hart, da muss man ein tougher Kerl sein. Morgens Warm-up und Stretching, dann ein Teller Cornflakes und ein Softdrink oder Darjeeling Tea, dann in das Office und schon Brunch mit Top-Leuten, Meeting zum Thema: Sollen wir die Zeitung pushen mit Snob Appeal oder auf Low Profile achten?

Ich habe den Managern ganz cool und businesslike mein Paper präsentiert: Wir müssen News powern und erst dann den Akzent auf Layout und Design legen, auf der Frontpage die Headline mehr aufjazzen. Für jede Story brauchen wir ein starkes Lead. Das Editorial muss Glamour und Style haben, unsere Top Priority bleibt: Action und Service“.

Aufgaben

1 Sammeln Sie englische Begriffe aus dem Bereich der Mode, der Werbung, der Autoindustrie und „übersetzen“ Sie sie.

2 Überlegen Sie, welche Funktion die Verwendung in den verschiedenen Bereichen haben soll und was tatsächlich damit bewirkt werden kann.

Tipps zum Lernen und Arbeiten

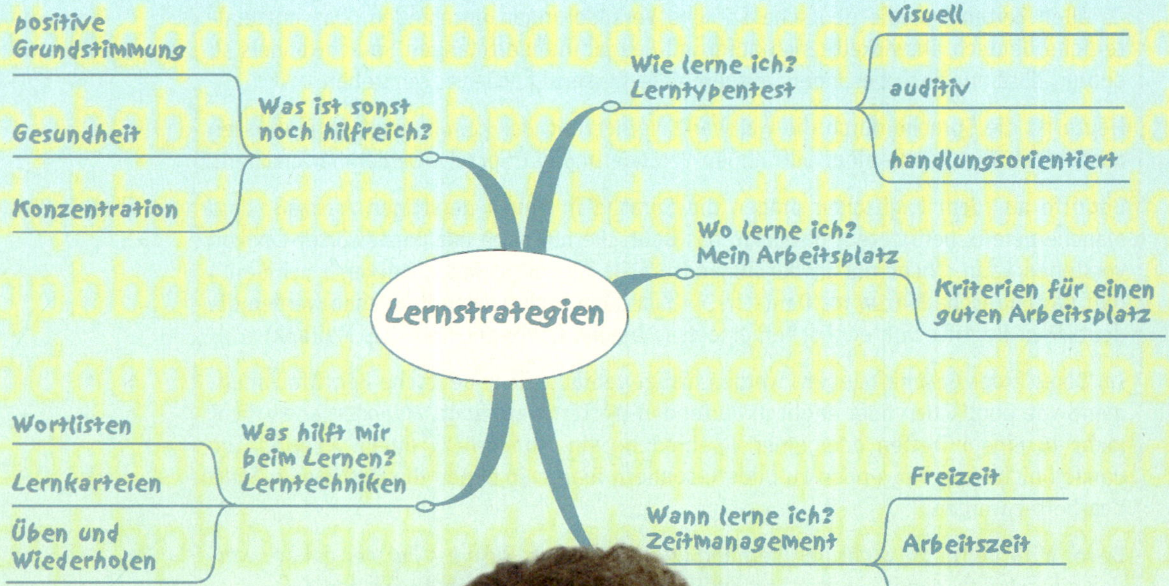

Der Mensch wird oft zu dem, was er zu sein glaubt. Wenn ich mir ständig einrede, eine bestimmte Sache gehe einfach über meine Kraft, dann kann es sein, dass ich schließlich tatsächlich zu schwach bin. Glaube ich hingegen fest an meine Fähigkeit, eine bestimmte Leistung zu erbringen, so werde ich diese Fähigkeit sicher erwerben, auch wenn ich sie ursprünglich nicht besaß.

Mahatma Gandhi

Aufgabe 1

Ergänzen Sie die Mind-Map auf S. 226 um weitere Faktoren, die Ihrer Meinung nach ein effektives und nachhaltiges Lernen fördern.

Wie lerne ich? Lerntypentest

Ist Ihnen auch schon mal aufgefallen, dass Sie ganz andere Aspekte wahrnehmen und im Gedächtnis behalten als andere? Das kann daran liegen, dass es unterschiedliche Lerntypen gibt. Während eine Person eher das Wissen behält, das sie über das Sehen aufgenommen hat, behält ein anderer eher das, was er hörend lernt. Obwohl es manchmal lästig erscheint, verschiedene Lernmethoden einzusetzen, kann dies doch eine sinnvolle Möglichkeit sein, die verschiedenen Sinneskanäle, die man hat, anzusprechen.

Wir behalten:

- ca. 20 % von dem, was wir hören,
- ca. 30 % von dem, was wir lesen,
- ca. 70 – 80 % von dem, was wir in eigenen Worten und Sätzen sagen, und sogar
- ca. 90 % von dem, was wir eigenverantwortlich tun.

Mit dem nachfolgenden Test können Sie feststellen, zu welchem Lerntyp Sie gehören: Welcher Ihrer Sinne ist am aufnahmefähigsten für neue Informationen?

Aufgabe 1

Führen Sie den Test durch: Notieren Sie für die aufgeführten Lernwege (denen die Buchstaben a - r zugeordnet sind) eine **3**, wenn Sie auf dem jeweiligen Weg **viel** behalten, eine **2**, wenn Sie **einiges** behalten und eine **1**, wenn Sie **wenig** behalten. Anschließend können Sie das Ergebnis berechnen, indem Sie die Werte nach dem darunterstehenden Schema addieren.

a. Ich mache mir zu einem Sachtext eine Tabelle. ____
b. Der Lehrer hält einen Vortrag zum Unterrichtsthema. ____
c. Ich sammle in Biologie verschiedene Pflanzen, klebe sie in eine Mappe und schreibe kurze Erläuterungen dazu. ____
d. Unsere Lehrerin zeigt uns in Politik einen Film zur Bundestagswahl. ____
e. Eine Mitschülerin liest einen Text aus dem Schulbuch vor. ____
f. Ich schaue mir die Bilder und Zeichnungen im Schulbuch an. ____
g. Ich fertige mir zu einem Lernstoff eine Zeichnung an. ____
h. Ich höre mir eine Englisch-Übungskassette an. ____
i. Der Lehrer zeigt uns Dias zum tropischen Regenwald. ____
j. Der Lehrer erklärt mir, wie der Bundeskanzler gewählt wird. ____
k. Ich schreibe die zu lernenden Vokabeln auf einen Zettel. ____
l. Ich schaue mir im Museum eine Ausstellung an. ____
m. Ich lese mir einen Text im Schulbuch durch. ____
n. Eine Mitschülerin trägt das Ergebnis ihrer Arbeitsgruppe vor. ____
o. Ich führe im Chemieunterricht einen einfachen Versuch durch. ____
p. Ich höre im Radio eine Reportage zu einem aktuellen Thema. ____
q. Ich betrachte einen Bildband zum Alltagsleben in Afrika. ____
r. Ich schreibe mir zu einem Text das Wichtigste heraus. ____

Addieren Sie die notierten Ziffern nach dem folgenden **Muster**:
Muster 1: Ziffern zu (d) + (f) + (i) + (l) + (m) + (q) = **?**
Muster 2: Ziffern zu (b) + (e) + (h) + (j) + (n) + (p) = **?**
Muster 3: Ziffern zu (a) + (c) + (g) + (k) + (o) + (r) = **?**

Auswertung Lerntypentest:

Höchste Punktzahl nach Muster 1: Sie sind ein **visueller Lerntyp**, lernen am besten durch Sehen.
Höchste Punktzahl nach Muster 2: Sie sind ein **auditiver Lerntyp**, lernen am besten durch Hören.
Höchste Punktzahl nach Muster 3: Sie sind ein **handlungsorientierter Lerntyp**.

Lernhinweise für jeden Typ

Der **visuelle Lerntyp** erschließt sich die Lerninhalte vorwiegend über die Augen. Bevorzugt werden vor allem Lesen und grafische Vorstellungen. Visuelle Signale wie Bewegung, Größe, Form und Farbe, werden im Gedächtnis behalten.

Als visueller Lerntyp sollte man

- Übersichten zeichnen und farbig gestalten
- Wesentliches mit Farbe markieren
- Merktexte mit dem Computer in leicht lesbarer, ansprechender Schrift aufbereiten
- bildliche Darstellungen suchen bzw. selbst herstellen
- Dias, Bilder, Filme ansehen
- Merkblätter, Hefte selber mit attraktivem Bildmaterial ausgestalten
- Karikaturen und Comics zum Thema suchen bzw. selbst zeichnen
- genau beobachten, fotografieren, nachzeichnen
- als Hilfsmittel z. B. Bücher, Skizzen, Lernposter, Mind Maps, Lernkarteien benutzen
- zu Texten Cluster anfertigen, oder Struktur des Textes mit Schaubildern untermauern bzw. sichtbar machen

Der **auditive Lerntyp** lernt vorwiegend über das Ohr, bevorzugt konzentriertes Zuhören oder lautes Lesen.

Als auditiver Lerntyp sollte man

- Fragen stellen
- Lernstoff zum Abhören aufnehmen
- im Gespräch mit einem Partner Lernstoff nachvollziehen
- sich gegenseitig „abprüfen"
- laut lesen! (eventuell mit leiser Musik unterlegt)
- vorhandene Tonträger anhören (Lernkassetten, Mitschnitte aus Unterrichtsstunden, Radiosendungen, …)
- beim Lernen mitsprechen, auf laut/leise, Betonung, Dynamik etc. achten

Der **handlungsorientierte Lerntyp** setzt gern seine motorischen Kräfte beim Lernen ein. Durch eigenes Tun und Handeln wird ausprobiert, durch Berührungen und Bewegungen praktisch gelernt.

Als handlungsorientierter Lerntyp sollte man

- Lernstoff „(be)greifbar" machen (z. B. Lernkarten sortieren)
- Material besorgen, Experimente durchführen
- Lernspiele verwenden bzw. selber herstellen
- selbst handeln, z. B. Sezieren, Beobachten, Dinge anfassen
- Notizen machen
- beim Lernen umhergehen
- anderen den Lernstoff berichten, vorspielen, zeigen, in der Gruppe lernen
- Unterrichtsphasen selbst vorbereiten (mit entsprechenden Materialien), präsentieren

4420234

Wo lerne ich? Mein Arbeitsplatz

Kriterien für einen guten Arbeitsplatz

Um zu Hause gut lernen zu können, sind folgende Kriterien optimal:

- Der Arbeitsplatz ist hell genug.
- ausreichende Sauerstoffzufuhr durch Lüftung
- Ungestörtes Arbeiten ist möglich.
- Vermeidung von Ablenkung
- Arbeitsmaterial ist vorhanden (Papier, Schreibzeug, Marker, Stifte, Bleistift, Radiergummi, Lineal).
- Lernunterlagen sind geordnet und gut zugänglich.
- Rechtschreibduden, Nachschlagewerk und Lexikon liegen bereit.
- evtl. PC

Auch in der Schule sollte man wichtige Unterlagen und Arbeitsmaterialien dabei haben, um gut lernen zu können.

Aufgabe

1 Besprechen Sie in der Klasse, wie Sie Ihre eigenen Lernvoraussetzungen zu Hause verbessern und wodurch Sie Störungen und Ablenkungen vermeiden können.

Was hilft mir beim Lernen? Lerntechniken

Aufgabe

1 Informieren Sie sich über die Begriffe *Ultrakurzzeitgedächtnis, Kurzzeitgedächtnis* und *Langzeitgedächtnis*. Verfassen Sie mit Hilfe der gefundenen Informationen einen kurzen Text zum Thema „Wie funktioniert unser Gedächtnis?

Info-Kasten „Informationsquellen nutzen" S. 176

Wortlisten

Auto, Ersatzrad, Wagenheber, Autobahn, Sturm, Nacht, Kino, Abschleppdienst, Decke, Apfel, Mond, Kälte

Segelschiff, Meer, Anker, Hafen, Restaurant, Hund, Wurst, Gäste, regnen, Tau, Sturm, Rettung

Schlaflosigkeit, Prüfung, Angst, Wecker, Frühstück, Kaffee, Spaziergang, Gedanken, Ampel, Hund, Auto, quietschen

Aufgaben

1 Wählen Sie eine der Wortlisten oben aus. Lesen Sie die 12 Wörter. Decken Sie die Liste zu. Erinnern Sie sich an möglichst viele Wörter und schreiben Sie diese in der richtigen Reihenfolge auf.

2 Überprüfen Sie Ihr Ergebnis. An wie viele Wörter konnten Sie sich erinnern? Stimmt die Reihenfolge? Welche Technik haben Sie verwendet, um sich die Wörter einzuprägen?

Oberbegriffe finden

Fassen Sie jeweils drei oder vier aufeinanderfolgende Begriffe zusammen und überlegen Sie sich einen passenden Oberbegriff, ein Bild oder Symbol. Auf diese Weise müssen Sie sich statt zwölf Begriffen nur vier Informationen merken. Darüber hinaus sprechen Sie mehrere Eingangskanäle an.

Bildergeschichten erzählen

Erfinden Sie zu den Wörtern eine kleine Geschichte, in der die Wörter in der richtigen Reihenfolge vorkommen. Sie müssen sich nur eine übergeordnete Information merken, die Handlung der Geschichte.

Aufgabe

1 Erproben Sie eine der oben genannten Strategien an einer weiteren Wortliste.

Mit Lernkarteien arbeiten

Vorderseite	Rückseite
Adjektiv	Eigenschaftswort, Wie-Wort Adjektive kennzeichnen die Eigenschaften von Personen, Sachen, Begriffen und Sachverhalten; sie drücken aus, **wie** etwas ist. *Beispiele: schön, klein, freundlich, …*

Die Arbeit mit Lernkarteien hilft, Fachbegriffe und Definitionen nachhaltig zu lernen, d.h. sie vom Kurzzeitgedächtnis ins Langzeitgedächtnis zu transportieren.

Wichtige Wissenselemente zu festgelegten Bereichen (z.B. Fachbegriffe) werden auf der Vorderseite der Karteikarte notiert. Auf die Rückseite schreibt man die „Lösung", d.h. Erklärung bzw. Definition. In regelmäßigen Abständen wird nun überprüft, ob man über die Wissenselemente Bescheid weiß.

Tipp: Arbeiten Sie mit einem Partner. Ziehen Sie abwechselnd Karten aus der Lernkartei. Ein Partner fragt nach dem Begriff. Der andere Partner erklärt den Begriff.

Tipps zum Üben und Wiederholen

- Konzentration, Aufmerksamkeit und aktive Mitarbeit im Unterricht sind die Voraussetzung für nachhaltiges Lernen: Je besser ein Inhalt beim ersten Lernen begriffen wird, desto besser kann man ihn sich einprägen.
- Die erste Wiederholung sollt möglichst frühzeitig (z.B. nach 2–3 Tagen) stattfinden, weil die Gefahr zu vergessen in der ersten Zeit besonders hoch ist. In wachsenden Abständen sollten weitere Wiederholungen erfolgen.
- Aktive Bearbeitung des Lernstoffs: Es reicht nicht aus, den Lernstoff bloß durchzulesen. Er sollte besser unter neuen Perspektiven aufbereitet oder in Schaubilder oder Grafiken übertragen werden. Ein aktiver Umgang mit dem Lerngegenstand fördert ein nachhaltiges Einprägen.
- Wichtiges von Unwichtigem unterscheiden: Kernwissen muss intensiver geübt werden als Ergänzungswissen. Dabei ist ggf. auch hilfreich, bestimmte Dinge auswendig zu lernen.

4420236

Wann lerne ich? Zeitmanagement

Zu einer guten Lern- und Arbeitsorganisation gehört ein gelungenes Zeitmanagement. Unter Zeitmanagement versteht man die effektive Nutzung von Zeit für die Beschäftigung mit beruflichen bzw. schulischen Anforderungen und privaten Interessen. Dafür kann man gezielt Zeitplanungs- und Arbeitstechniken einsetzen.

Voraussetzungen für ein gutes Zeitmanagement sind:

- Klare Zielvorstellungen: Was will ich erreichen? Was sind meine Lernziele?
- Realistische Einschätzung des eigenen Arbeitsverhaltens: Welche Arbeitstechniken helfen mir? Wodurch lasse ich mich von meiner Arbeit ablenken?
- Berücksichtigung des eigenen Biorhythmus: Wann kann ich besonders gut/besonders schlecht lernen?
- Zeitbedarf der anstehenden Aufgaben: Wie schwierig sind die anliegenden Aufgaben? Wie viel Zeit benötige ich, um sie zu erledigen?
- Förderung der Selbstdisziplin: Welche Vorsorge kann ich treffen, um meinen Zeitplan diszipliniert einzuhalten?

Aufgaben

1 Beobachten Sie über einen bestimmten Zeitraum Ihr Arbeitsverhalten. Notieren Sie
- die Art der Arbeit,
- den benötigten Zeitrahmen,
- Störfaktoren.

2 Bewerten Sie im Anschluss die Effektivität Ihrer Arbeit. Ziehen Sie Rückschlüsse
- im Hinblick auf den eigenen Biorhythmus.
- im Hinblick auf Störfaktoren, die es zukünftig zu vermeiden gilt.

Versuchen Sie, aus Ihren Ergebnissen persönliche Verhaltensregeln für die eigene Lern- und Arbeitsorganisation abzuleiten.

Ein hilfreiches Instrument, um die eigene Zeiteinteilung zu verbessern, kann sein, einmal eine Woche lang in einem Plan aufzuschreiben, wie viel Zeitbedarf man für welche Aufgaben schätzt. Man plant bewusst doppelt so viel Zeitbedarf ein als man üblicherweise braucht. Vermerkt man die tatsächlich benötigte Zeit, kann man sich über Zeitreserven freuen und das Gefühl genießen, einmal für alles ausreichend Zeit zu haben.

Beispiel:

Datum	Aufgabe	geschätzter Zeitbedarf normal	doppelt	Tatsächlich benötigte Zeit
Mi., 03.10.2006	*Matheaufgaben*	*30 Minuten*	*60 Minuten*	*40 Minuten*
	Englischübersetzung	*20 Minuten*	*40 Minuten*	*25 Minuten*
	Textanalyse	*45 Minuten*	*90 Minuten*	*35 Minuten*

Zeit für eine Pause

Nach 45 Minuten äußerster Konzentration ist eine kurze Pause (5 – 10 Minuten) notwendig. Dies ist besonders wichtig, wenn Sie am PC arbeiten. Ein wenig Bewegung am geöffneten Fenster ist ideal. Überlegen Sie sich kurz, mit welcher Aufgabe Sie nach der Pause weitermachen werden und legen sich dafür alle Arbeitsmaterialien zurecht. Das erleichtert Ihnen das Weiterarbeiten.

Freizeit – freie Zeit?

Unbedingt sollten Sie sich auch freie Zeit nehmen und zum Ausgleich sinnvollen Freizeitbeschäftigungen nachgehen. Mit Freunden zusammen sein, Sport treiben, tanzen, Musik hören ... damit können Sie Kraft tanken für die nächste Arbeitsphase. Sehen Sie diese Aktivitäten auch als Belohnung für Ihr fleißiges Lernen und genießen Sie die Freizeit.

Was ist sonst noch hilfreich? Unterstützung

Eine positive Grundstimmung

Beim Lernen gilt dasselbe wie in vielen anderen Lebensbereichen. Eine positive Grundstimmung, die Ausrichtung nach Zielen und die Motivation, diese Ziele zu erreichen, fördern ein „gutes Lernklima".

Aus dem NLP (Neurolinguistisches Programmieren, ein aus der Psychotherapie abgeleitetes Verfahren) gibt es dazu ein Verfahren, sich positiv auf das Ziel einzustimmen. Versuchen Sie einmal – z. B. beim Lernen für die nächste Klassenarbeit –, sich auf die folgende Übung einzulassen:

Sie stellen sich ein positives Ziel vor, also nicht: Ich will in Mathe keine Sechs mehr schreiben, sondern: Ich möchte in Mathe auf eine Drei kommen. Als nächstes stellen Sie sich vor, Sie hätten dieses Ziel bereits erreicht. Machen Sie es sich ganz deutlich und malen es mit allen Sinnen aus. Wie sieht es aus? (wenn Sie die gute Klassenarbeit zurückerhalten) Was sehen Sie? Was hören Sie? Was sagen Ihre Eltern? Was sagen Ihre Klassenkameraden? Was fühlen Sie? Wie fühlen sich Freude, Stolz, Erleichterung an? Danach planen Sie, was Sie auf dem Weg zu dem Ziel machen werden. Sie könnten z. B. einen Freund bitten, Ihnen die Aufgaben noch mal zu erklären und mit Ihnen zu üben. Täglich eine Übungsaufgabe zu erledigen wäre ebenfalls ein guter Ansatz.

Machen Sie sich bewusst, dass Sie das Ziel erreichen können und motivieren Sie sich damit, dass Sie sich immer wieder sagen: Ich kann, ich will und ich werde mein Ziel erreichen. Verankern Sie diese Überzeugung fest in Ihrem Bewusstsein.

Gesundheit, Ihr wertvollstes Gut

„In einem gesunden Körper wohnt ein gesunder Geist" war schon im Altertum herrschende Meinung. Viele Schülerinnen und Schüler leiden an Gesundheitsproblemen. Kopfschmerzen, Verdauungsprobleme, Essstörungen, Rückenschmerzen, Bewegungsmangel bereiten ihnen Beschwerden.

Für die eigene Gesundheit kann man etwas tun. Bewegung, gesunde Ernährung, ausreichende Flüssigkeitszufuhr (Alkohol und Kaffee zählen nicht!), ein ergonomischer Schreibtischstuhl und ausreichend Schlaf sind gute Voraussetzungen zur Gesunderhaltung. Bei andauernden Beschwerden (ständige Übelkeit, häufige Kopfschmerzen, Kreislaufprobleme) sollten Sie unbedingt einen Arzt aufsuchen.

Konzentration

Vergleichen Sie Ihre Körperhaltung beim Lernen mit der Haltung, die Sie beim Sport einnehmen, wenn Sie aktiv und konzentriert, also ganz bei einer Sache sind.

Wenn Ihre Gedanken mal wieder spazieren gehen oder Sie sich von äußeren Einflussfaktoren ablenken lassen, probieren Sie diese Konzentrationsübung.

Setzen Sie sich entspannt an Ihren Arbeitsplatz und reiben die Handinnenflächen aneinander, bis sie richtig warm sind. Stellen Sie sich dabei vor, Sie würden eine Kugel aus weichem Ton formen. Legen Sie nun die Hände mir der warmen Innenseite auf die geschlossenen Augen. Genießen Sie die entspannende Wärme, die von den Händen auf die Augen übergeht. Atmen Sie tief durch.

Anschließend fassen Sie mit beiden Daumen an Ihre Schläfen und massieren mit den Fingerkuppen Ihre Kopfhaut bis sie angenehm durchblutet wird.

Sie schließen die Augen und sagen still zu sich: „Jetzt kann ich mich wieder viel besser konzentrieren."

4420238

Konzentrationsübungen

Den folgenden Test können Sie durchführen, um zu prüfen, wie gut Sie sich konzentrieren können. Sie können ihn immer mal wieder durchführen, um festzustellen, ob sich Ihre Konzentrationsfähigkeit verbessert hat.

Sie haben zwei Minuten Zeit, um ohne Hilfsmittel (z. B. Stift oder Finger) die „d" herauszusuchen. Markieren Sie die Stelle, bis zu der Sie gekommen sind und notieren Sie die Anzahl.

dbddqdppqddbbdbdbbddqddpdbbpd
opbqbbqdbbpbpqqddddqbbpbqpdpd
dqbbqdpddbbdbbbdqpdbbddbbbddq
qpbbdbdqpbdbdqqpbqqpddbbbbbbb
bdqqpppdddbddqdppqddbbqqdbdbb
ddqdbpdbbpbbdqpbqbbqdbbpqqddd
dqbbpbbpqqbpddqbbqdpdddbbbdqp
bbbddbbbddddqqbppqbbpdbdqqpdq
qpddbbbddbbbbdqqpdpqdbdddbddq
dqppqddbbdbdbbddqdbbpbbdqpbqb
bqdpddqqpbbdbdqpbdbdqqpbqqpdd
bbbbbbbbdqbqpppdddbddqdppqddb
bqqdbdbbpqddqdbpdppqddbbdbdbb
qpbbdbdqpbdbdqqpbqqpddbbbbbbb
bdqqpppdddbddqdppqddbbqqdbdbb
ddqdbpdbbpbbdqpbqbbqdbbpqqddd

Wie viele Ellipsen haben eine, zwei, drei oder vier Schnittstellen?

Lösungen:

Anzahl der „d" in den einzelnen Zeilen: 14, 7, 11, 6, 11, 9, 8, 9, 12, 9, 8, 9, 10, 10, 11, 13, 11, 8, 8

Eine Schnittfläche = 1 – zwei Schnittflächen = 3 – drei Schnittflächen = 3 – vier Schnittflächen = 4

Sich auf schriftliche und mündliche Prüfungen vorbereiten

Schriftliche Prüfungen bestehen

In vielen Bundesländern ist es inzwischen üblich, dass zum Ende einzelner Schulstufen Abschlussarbeiten geleistet werden müssen. Das Fach Deutsch gehört zu den Fächern, in denen diese Arbeiten geschrieben werden. Die Vorgaben können für Schulformen, die den mittleren Abschluss an beruflichen Schulen anstreben, gut genutzt werden.

„Schriftliche Prüfungen mit zentral gestellten Aufgaben und zentral vorgegebenen Kriterien für die Bewertung sorgen für

- größere Transparenz der Anforderungen,
- bessere Vergleichbarkeit von Leistungen,
- größere Gerechtigkeit bei der Abschlussvergabe.

Die zentralen Prüfungen am Ende der Klasse 10 gehen Hand in Hand mit den Kernlehrplänen, in denen festgelegt wird, über welche Kompetenzen Schülerinnen und Schüler am Ende der Jahrgangsstufen 6, 8 und 10 verfügen sollen. Die Kernlehrpläne setzen Standards für die Ergebnisse von Lernprozessen und lassen den einzelnen Schulen freie Hand, wenn es darum geht, den Unterricht zu gestalten. Wenn die Gleichwertigkeit von Lernergebnissen und Abschlüssen bei größer werdenden Gestaltungsspielräumen der einzelnen Schulen gewährleistet werden soll, sind zentrale Prüfungen die notwendige Konsequenz. Die Aufgaben dieser Prüfungen beziehen sich direkt auf die Kompetenzerwartungen der Kernlehrpläne." (Quelle: www.learnline.nrw.de)

So steht es in den Vorgaben für die Schulen, die in den jeweiligen Fächern Vorbereitungen dazu gestalten sollen. Im Folgenden sollen Ihnen mehrere Teilaspekte helfen, erfolgreich jede Prüfung im Fach Deutsch zu bestehen.

Den Haken dabei kennen Sie selbst auch: Sich mit den Inhalten und Methoden der Teilgebieten auseinanderzusetzen und zu üben, das bleibt Ihnen nicht erspart, geht aber mit den folgenden Hilfen sicher etwas leichter.

Prüfungsangst bewältigen

Wer kennt sie nicht, die „normale" Prüfungsangst? Sie macht sich bei jedem Gedanken an die kommende Prüfung bemerkbar: Schwitzen, Aufregung, Bauchkribbeln, Unruhe sind Zeichen dafür. Seien Sie beruhigt, jeder engagierte Mensch hat sie, denn sie hat auch etwas Gutes. Die „normale" Prüfungsangst regt an, sich mit der anstehenden Aufgabe zu beschäftigen und wirkt leistungssteigernd. Moderne Neurologen haben herausgefunden, dass unser Gehirn Hormone und Botenstoffe braucht, um eine tolle Leistung zu erbringen. Diese Botenstoffe werden zu Stresszeiten ausgeschüttet. Natürlich kann bei wenigen eine schwerere Prüfungsangst Dauer-Nervosität, Übelkeit, Schlaflosigkeit hervorrufen. Sie lähmt die Konzentration und das Erinnerungsvermögen im Lernprozess und in der Prüfung.

Ein paar Tipps zum Umgang mit dem Prüfungsstress sowie Ratschläge zur Bewältigung von Prüfungsangst sollen folgen:

In der Zeit vor der Prüfung:

- Zum ersten Umgang mit der Angst vor Prüfungen gehört die Akzeptanz dieser Angst und die Anerkennung der Stresssituation. Die Prüfung sollte als Herausforderung gedeutet werden (Sie kommt ja sowieso – also dann eben jetzt!). Daneben sollten Sie bedenken, dass es auch Entspannung geben muss (Ohne Entspannung – keine (positive) Prüfungsspannung).

- Sprechen Sie mit Ihren Freunden/-innen, Eltern oder mit Schulkameraden. Jedes Gespräch zeigt, dass sie nicht allein sind, sondern andere Ähnliches erleben!
- Bewährte Methoden sind Autogenes Training, Yoga oder Thai Chi. Wer nicht so weit gehen möchte: auch Sportarten wie Jogging oder Radfahren oder ein Spaziergang (nicht in die nächste Kneipe!) wirken als Ausgleich. Danach kann man sich meist besser konzentrieren.
- Für schriftliche Prüfungen bietet es sich an, einige Arbeiten bzw. Klausuren der vorigen Jahrgänge durchzusehen. Diese sind häufig von den Lehrern oder auch über die Schülerverwaltung zu erhalten. Auch das Internet hilft (manchmal).
- Auch die gedankliche Vorstellung der Prüfungssituation kann hilfreich sein (Raum, Tische, Stühle, Licht, was man anzieht, darf man ein Getränk mitnehmen, den Talisman ...). Auch den zeitlichen Ablauf kann man in Gedanken schon einmal durchgehen.
- Man sollte sich klar beantworten, welche Erwartungen in der Prüfung gestellt werden, welche Kenntnisse vorhanden sind, wo Wissenslücken sind, welche Benotung zu erwarten ist. Hier können Lernschwerpunkte gesetzt werden. Dazu mehr in den folgenden Darstellungen der Prüfungsteile.

und dann ist er da, der Prüfungstermin:

- „Jetzt ist der Tag der Tage!" „Bloß keine Fehler machen!" Wer sich nur diesem Erfolgsdruck aussetzt, sollte sich verdeutlichen, dass ein Verschreiber, ein Zahlendreher, ein tatsächlicher Fehler oder eine Wissenslücke nicht alleine über das Bestehen oder Nicht-Bestehen einer Prüfung entscheiden.
- Angst und Aufregung sollte man bei Prüfungsbeginn gedanklich abschütteln oder durch entspannende Atmungsübungen „wegatmen". Tiefes Ein- und Ausatmen hilft! Ein Zuviel an Stresshormonen würde keine Leistungssteigerung bewirken, sondern vielmehr eine Blockade im Gedächtnis auftun.
- Macht sich beim Antworten in einer schriftlichen Prüfung ein Blackout bemerkbar, können verschiedene Techniken den Gedankengang wieder anregen. Diese Methoden lassen sich ebenso gut nutzen, um durcheinanderwirbelnde Ideen festzuhalten und zu strukturieren. Zum Einsatz können folgende Strategien kommen:
  - **Innerer Dialog** = Einen Stift zwischen beide Hände nehmen, darauf schauen, die Augen schließen und stumm mit sich selbst reden: Wie bin ich heute hierhin gekommen? Was mache ich hier? Welches Ziel habe ich? Was war noch mal das, was ich sicher konnte – ist es dabei? ...
  - **Entspannungsübung** = Arme rechts und links baumeln lassen, tief ein- und ausatmen; oder: Handflächen gegeneinander führen und fest gegeneinander pressen, Luft anhalten bis zehn zählen.
  - **Brainstorming** (s. S. 192) = auf einem Nebenzettel alle Stichworte, die kommen, einfach untereinander aufschreiben. Nach zwei, drei Minuten durchlesen und es ist sicher ein verwertbarer Gedanke dabei.
  - **Automatisches Schreiben** (s. S. 178) = Auf einem Nebenzettel alles, was einem einfällt nacheinander, ohne Punkt, Komma und Gedankenstrich aufschreiben. Wenn Sie nicht mehr weiterwissen, den letzten Buchstaben solange weiterschreiben, bis ein neuer Gedanke kommt und weiter, weiter ... Wetten, dass eine Beruhigung eintritt!
  - Eine **Mind-Map** (s. S. 178) anfertigen = Von einem Zentralbegriff ausgehend Verzweigungen zu zeichnen, die nach den Gedanken benannt werden. Die jeweils kommenden Gedanken dann zuordnen.
- Vor allem: Nicht sofort aufgeben! „Das kann ich doch nicht", kann jede/r sagen. Etwas Durchbeißen ist meist nötig! Übrigens: Der/die blöde Svenni hat es auch geschafft – dann schaffe ich es auch! Na also!

4420242

Prüfungsgebiet: Einen Sachtext erschließen, analysieren und (evtl.) interpretieren

Vgl. auch S. 213

Folgende Fähigkeiten sollen Sie in drei Schritten nachweisen:

1. Schritt → Textverstehen:
- einen Text sinnentnehmend lesen
- Text bearbeiten
- Fragen an den Text stellen (Was ist der Hauptaspekt? ...) und natürlich beantworten

2. Schritt → Textwiedergabe und Analyse
- einen einleitenden Satz formulieren
- den Inhalt verkürzt wiedergeben (z.B. eine Inhaltsangabe anfertigen)
- die Gliederung des vorliegenden Textes darstellen
- sprachliche Besonderheiten erläutern
- Abschlusssatz formulieren

→ Bei einer reinen Textanalyse haben Sie nun alles erreicht. Wird aber eine Stellungnahme (meist bei Sachtexten) oder eine Interpretation (meist bei literarischen Texten) gefordert, folgt ein nächster Schritt:

3. Schritt → Stellungnahme zum Ursprungstext
- den vorliegenden Text in einen gesellschaftlichen oder politischen Zusammenhang stellen
- Wertung und Gewichtung der geäußerten Gedanken
- Vergleich mit Aussagen anderer Autoren herstellen
- eigenes Wissen hinzufügen
- Logik der Aussagen bewerten
- eigene Stellung beziehen
- vergleichende Betrachtung anstellen
- Abschlussthese oder Synthese aufstellen

Textvorgabe

Tote Fledermäuse kosten der Windkraft in Freiburg Sympathiewerte

Text 110

Neue Studienergebnisse des Instituts für Forst- und Umweltpolitik an der Universität Freiburg

Zum dritten Mal haben Studierende des Instituts für Forst- und Umweltpolitik der Albert-Ludwigs-Universität ein Stimmungsbild zum Thema Windkraft in Freiburg erfasst. 326 Bürger und Bürgerinnen der Stadt wurden dafür interviewt. Die Ergebnisse der Untersuchung machen deutlich, dass die Nutzung von Windkraft weiterhin von der Mehrheit der Bürger unterstützt wird. Die Anlagen auf der Gemarkung Freiburg haben jedoch gegenüber den Vorjahren an Unterstützung verloren. Wie schon in den letzten Jahren ist unter den befragten Freiburgern die Zustimmung zur Nutzung der Windkraft in Deutschland sehr hoch. Mit 85 Prozent der Interviewpartner halten nahezu genauso viele Menschen wie in den Vorjahren diese Form der Energiegewinnung generell für sinnvoll (2004 und 2003 = 86 %).

Die regionale Bewertung fällt wiederum differenzierter aus. Im Schwarzwald wird die Windkraftnutzung noch von 64 Prozent der Befragten für sinnvoll erachtet. Der Wert entspricht weitgehend den Vorjahresergebnissen.

Verändert hat sich die Bewertung der Freiburger Windräder. Windkraftanlagen auf der eigenen Gemarkung halten noch 57 Prozent für sinnvoll (2003: 65 %, 2004: 61 %). Die Zahl der Befürworter geht damit zum dritten Mal in Folge leicht zurück. Dass die Bewertung von Windkraftanlagen nicht stabil ist, wird an einer anderen Frage deutlich, die die Freiburger Studenten sowohl 2004 als auch 2005 stellten. Die Interviewpartner wurden nach einer möglichen Änderung ihrer Meinung gefragt. Jeder Vierte sagt dazu, die eigene Haltung seit dem Zeitpunkt des Baus der Anlagen auf Rosskopf und Holzschlägermatte geändert zu haben. Jenen Bürgern, die sich inzwischen an die Anlagen gewöhnt haben, steht eine größere Gruppe gegenüber, die nach eigener Einschätzung die Windräder heute kritischer sieht als 2003.

Die Gründe für die Ablehnung der Anlagen werden im Vergleich der Jahre vielfältiger, das hat die Studie gezeigt. Wurden 2003 vor allem der Landschaftsschutz und der Fremdenverkehr als Gründe für eine Ablehnung der Anlagen genannt, ist die Palette der Argumente in der diesjährigen Befragung deutlich breiter. Vor allem der aktuelle Streit um die Auswirkungen von Windrädern auf den Artenschutz hat den Anlagen Sympathie gekostet. Auf einige Besonderheiten der Ergebnisse im überregionalen Vergleich weist der Leiter der Studie, Dr. Ulrich Schraml, hin: Anlagen vor Ort werden regelmäßig kritischer betrachtet als jene in anderen Regionen. Allerdings widerspricht das Freiburger Ergebnis Beobachtungen an anderen Windkraftstandorten, die ebenfalls sozialwissenschaftlich begleitet werden. Dort wurde wiederholt eine Gewöhnung der Anwohner an die Anlagen festgestellt. Viele Autoren gehen daher davon aus, dass nach einer Zeit der heftigen Ablehnung von Windkraftvorhaben in der Bau- und Planungsphase später Ruhe einkehrt und die Zahl der Kritiker zurückgeht. Im dritten Jahr des Freiburger Windkraftkonflikts kann davon keine Rede sein. Die fortdauernde Debatte hat nicht nur den Bekanntheitsgrad der Anlagen gefördert, sondern deren Bewertung maßgeblich beeinflusst. Stabil erweist sich vor allem die Altersabhängigkeit der Bewertung von Windkraftanlagen. Es sind – wie in den Vorjahren auch – insbesondere die älteren Bürger und Bürgerinnen sowie alteingesessene Freiburger, die die Windkraft generell und vor Ort kritisieren.

Aufgaben

1 Scannen Sie den Text ein, damit Sie ihn bearbeiten können. Bearbeiten Sie den eingescannten Text, indem Sie ihn einrücken, sodass rechts ein Rand von 5 cm entsteht.
Lesen Sie den Text nun zunächst leise für sich. Lesen Sie den Text dann erneut betont.

2 Bearbeiten Sie den Text. Ihre Tätigkeiten: Markieren wichtiger Stellen, am Rande Stichworte für Wichtiges und Unklares vermerken, Sinnabschnitte bilden und Teilüberschriften erstellen.

3 Stellen Sie Fragen an den Text und beantworten Sie diese. Hier bietet sich eine Tabelle an.

Worum geht es generell?	Windkraft
Welcher spezielle Aspekt wird im Text behandelt?	Befragung Freiburger Bürger zur Windkraft

4420244

Wann und Wo wurde die Befragung durchgeführt?	2005 in der Stadt Freiburg
Wer hat und wer wurde befragt?	Studenten der Uni Freiburg haben 326 Freiburger Bürger befragt
Welche Teilaussagen trifft der Text?	Wie in den Jahren davor halten ca. 85 % die Windkraft generell für sinnvoll
Was ist die Haupt …?	
…	
…	

4

Beantworten Sie die folgenden Fragen und Aussagen zum Text:

Welche Aussage trifft der Verfasser im Text?	◗ Alle Menschen in Freiburg lieben die Windkraft. ◗ Die neuen Anlagen haben die Einstellung nicht verändert. ◗ Bei Planung und Bau von Windanlagen gibt es kaum Widerstand. ◗ Vor allem ältere Bürger stehen der Windkraft kritisch gegenüber.

Welche Veränderung hat sich zwischen 2003 und 2005 ergeben?

In welchen Zeilen und mit welchen Worten wird im Text die veränderte Haltung zu den Freiburger Windrädern dargestellt?

Auf welche Besonderheiten der Befragung weist der Leiter der Studie hin?

„Es sind – *wie in den Vorjahren auch* – insbesondere …"
Wie nennt man fachlich eine solche Einschiebung und was soll sie bewirken?

5

Fertigen Sie nun eine Inhaltsangabe an. Beginnen Sie mit einem einleitenden Satz (*In dem Text von … aus der Quelle … mit dem Datum vom … wird dargestellt …*)

→ Denken Sie daran, dass eine Inhaltsangabe ca. 25 % der Worte des Ursprungtextes umfassen sollte. ➡ **Info-Kasten S. 203**

6

Beschreiben Sie nun die Struktur des Textes (Überschrift, Ausgangspunkt, Grundgedanken, Weiterführung(en) in Teilaspekten: evtl. Höhepunkt oder Resümee der Textvorgabe).

So könnten Sie diesen Teil beginnen:

Mit der Überschrift „Tote Fledermäuse kosten der Windkraft in Freiburg Sympathiewerte" stimmt der Autor die Leser auf die veränderte Haltung zu Windkrafträdern in Freiburg ein. Im Text stellt er zunächst die Gruppe der Interviewer und Befragten vor und …

7

Betrachten Sie die Sprache des Textes und beschreiben Sie den Sprachgebrauch. (Fachsprache genutzt? Umschreibungen oder Metapher? Übertreibungen? logische Sprachverknüpfungen, anschauliche Sprache, Satzbau, rhetorische Fragen)

So könnte dieser Teil beginnen:

Der Autor hat entsprechend dem Fachgebiet eine Sprache benutzt, die einen sachlichen und informierenden Charakter besitzt. Zwar beginnt der Artikel mit einer aufmacherischen

Überschrift, hält sich jedoch im Folgenden an eine objektive Sprachhaltung. Einige Fachbegriffe, wie z. B. Gemarkung (= katastermäßig eingetragenes Gebiet), benötigen der Klärung, während ansonsten eine gut verständliche Sprache gewählt worden ist. Die Sätze sind …

8 Verfassen Sie nun „einen" Abschlusssatz. (Zusammenfassender Satz; Aktualität des Themas; Wirkung des Textes; Liegt eine Einzelmeinung vor? Wie reagieren Sie auf den Text?).

So könnten Sie diesen Teil beginnen:

Der sachlich gehaltene Text informiert über eine Befragung, die deutlich macht, dass zwar ca. 85 % der Befragten für die Windkraft sind, aber durch die Errichtung zweier neuer Windanlagen doch vermehrt Vorbehalte haben. Dies scheint nicht überall der Fall zu sein, sodass man von einer Besonderheit für Freiburg ausgehen muss. In vielen Artikeln wird zur Zeit wieder über die überall sprießenden Anlagen geschrieben, auch davon, dass die Bundesregierung beschlossen hat, keine einzelstehenden Anlagen mehr zuzulassen. Es scheint so, dass …

9 Lesen Sie Ihren Aufsatz noch einmal durch. Versuchen Sie Fehler zu beheben. Vielleicht helfen Ihnen folgende Konjunktionen die Sprache noch zu glätten.

Ziel	Konjunktion
Folge beschreibend (konsekutiv)	*dass, sodass, also, folglich, daher, …*
begründend (kausal)	*also, weil, da, deshalb, daher,….*
zeitlich folgend (temporal)	*da, seitdem, wenn, nachdem, während, …*
bedingend (konditional)	*wenn, falls, indem, ansonsten, …*
aneinanderreichend (konjunktiv)	*und, ebenfalls, außerdem, zweitens, auch, sondern auch, …*

Prüfungsgebiet: Eine textgebundene Erörterung schreiben

Vgl. auch S. 188

Folgende Fähigkeiten sollen Sie hier nachweisen:

1. Schritt → Textverstehen:
- einen Text sinnentnehmend lesen
- Text bearbeiten
- Fragen an den Text stellen (Was ist der Hauptaspekt? …) und natürlich beantworten
- Meinungen und Argumente des Autors herausfinden

2. Schritt → kurze(!) Textwiedergabe und Analyse
- einen einleitenden Satz formulieren
- den Inhalt verkürzt wiedergeben (z. B. eine kurze Inhaltsangabe anfertigen)
- die speziellen Meinungen und Argumente des Autors darstellen
- Einstellung des Autors beschreiben (eignet sich gut zur Überleitung auf die eigene Argumentation)
- evtl. sprachliche Besonderheiten erläutern (Übertreibungen; …)

3. Schritt → Eigene Argumentation entwickeln
- den vorliegenden Text in einen gesellschaftlichen oder politischen Zusammenhang stellen
- Logik der Aussagen bewerten und mit eigener Argumentation verstärken oder widersprechen
- Abschlussthese oder -synthese aufstellen

4420246

Textvorgabe

Vom Winde verweht – Die Windkraft

Text 111

Windkraftanlage

Vor gar nicht allzu langer Zeit, genauer gesagt vor 4 Monaten, lernte ich im Erdkunde-Unterricht die Vorzüge der umweltfreundlichen, erneuerbaren Energiequellen, wie z. B. die Windkraftanlagen, kennen. Ich war begeistert von der Idee, auf all die qualmenden Atom- und Kohlekraftwerke verzichten zu können. Zwar hörte ich hier und dort mal von ein paar Landschaftsschützern, denen diese Windkraftanlagen wohl nicht gefielen, aber es diente doch alles dem Umweltschutz, denn die Windkraft ist schließlich eine Stromquelle ohne Abgase.

Der Zufall wollte es, dass ich mit meiner Familie durch den Westerwald fuhr. Dort liegt das kleine Dorf Stein-Neukirch, und am Dorfrand steht ein so genannter Windpark mit 12 Windrädern. Als Freund der Windkraft wollte ich mir bei dieser Gelegenheit jene weißen Riesen einmal näher betrachten.

Ich kann nur sagen, ich war erschüttert. 12 Windräder, jedes so hoch wie die Nikolaikirche, zerschnitten mit ihren insgesamt 36 Rotorblättern die Luft und machten dabei einen Krach wie eine ganze Flugzeugarmada. Auch die Bewohner des kleinen Dorfes Stein-Neukirch hatten diesen Lärm satt. Ich war nur glücklich, nicht dort zu wohnen. Die Windparks sind wie Mülldeponien, jeder will sie, aber bitte nicht vor der eigenen Haustür.

Bei Mülldeponien sah ich auch die Notwendigkeit ihrer Existenz ein. Bei den Windkraftanlagen war ich mir plötzlich nicht mehr ganz sicher.

Eines stand fest: Windparks verschandeln die Landschaft und nerven die Anwohner ohne Ende. Und die Vorteile? „Windkraft erzeugt umweltfreundlich Strom. Für jede mit Windrädern produzierte Megawattstunde werden 30 Gramm Atommüll eingespart", war in neben den Windrädern aufgestellten Schaukästen zu lesen. Na also, sind eben doch nützlich, diese Windpropeller.

Aber werden wirklich 30 Gramm Atommüll weniger produziert? Dazu müsste ja immer, wenn sich die Windräder drehen, die Leistung der Atomkraftwerke entsprechend zurückgefahren werden. Passiert das denn? Man stelle sich mal folgende Szene vor:

Die Windräder drehen sich. Der Atomkraftwerksdirektor sagt zu seinen Leuten: „Tach Jungs, stellt mal für ne halbe Stunde den Reaktor ab. Im Westerwald weht der Wind wieder."

Aber Spaß beiseite, die Realität sieht wohl ganz anders aus. Die Stadtwerke sind gesetzlich dazu verdonnert, jederzeit jedem Haushalt genug Strom zu liefern. Kein halbwegs vernünftiger Energieplaner wird sich dabei auf eine so hoch unzuverlässige Stromquelle wie die Windkraft verlassen. Deshalb laufen die Kraftwerke konstant mit der selben Leistung. Tag und Nacht. Und was passiert mit dem Windradstrom? Er landet irgendwo im Elektro-Nirwana. Doch die Stadtwerke müssen ihn teuer mit mindestens 90 Prozent des normalen Strompreises ankaufen, ob sie wollen oder nicht. Diese Mehrausgaben müssen natürlich irgendwie durch Mehreinnahmen gedeckt werden. Was tun die Stadtwerke daraufhin? Sie erhöhen die Strompreise. Nun verlangen die Windradbesitzer aber auch mehr, was natürlich den Strompreis wieder nach oben treibt. So wird es weitergehen, bis, ja ich weiß es auch nicht.

Ich will nun mal eine kleine Bilanz ziehen. Die Windräder stören die anwohnende Bevölkerung durch ihr monströsen Ausmaße und zu Tode nervenden Lärm. Die dafür versprochene Einsparung an Atommüll gibt es nur in der Theorie.

Fazit ist, dass die Windkraft zumindest auf dem Festland nichts verloren hat.

Zumindest auf dem Festland? Ja, denn die offene See ist ein idealer Standort für Windräder. Dort stören sie weder Mensch noch Tier; und sie hören nicht auf, sich zu drehen, denn auf dem Meer ist so gut wie immer Wind! Letzten Endes gibt also doch ein kleines „Happy End" für die Windkraft.

Peer-Philipp Weiß, 10d, Schülerzeitung Streberg@rten des Fürst- Johann-Moritz-Gymnasiums Siegen, 2001

Aufgaben

1+2 Die Aufgaben 1 und 2 entsprechen der Vorgehensweise zum vorangegangenen Text (→ Leseleistung und Verstehensleistung erbringen, S. 244).

3 Fertigen Sie nun eine stark verkürzte Inhaltsangabe an. Beginnen Sie mit einem einleitenden Satz (*In dem Text … von … aus der Quelle … mit dem Datum vom … wird dargestellt …*): Denken Sie daran, dass eine Inhaltsangabe hier dazu dient, die grundsätzliche Position des Ursprungtextes zu verdeutlichen.

4 Beschreiben Sie nun die Argumentation innerhalb des Textes (Überschrift, Ausgangspunkt(e), Weiterführung(en) in Teildarstellungen und -argumenten: evtl. Höhepunkt oder Resümee der Textvorgabe):
So könnten Sie diesen Teil beginnen:
Der Autor, Peer-Philipp Weiß, ist Schüler der Klasse 10 gewesen und hat sich nach dem Erleben im Erdkundeunterricht mit den Auswirkungen der Windkraft auf ein Dorf im Westerwald beschäftigt, das er persönlich besucht hat. Er benennt einige Argumente, die gegen die Windkraft sprechen. So zeigt er in Zeile 12, wie groß und landschaftsbestimmend die Bauten der Windräder sind und dass dies schlecht aussehend sei. Auch den Lärm führt er als ein Argument … Ebenfalls bezweifelt er die Vorteile der Windenergie gegenüber der Atomkraft, wenn er schreibt, …

5 Beginnen Sie nun Ihre Argumentation. (Gesamtzusammenhang, Bezug auf die Argumente im Text nehmen, eigene Argumente entwickeln, sachliche, belegende Hinweise hinzufügen, …):
So könnte dieser Teil beginnen:
Die ablehnende Meinung von Peer-Philipp Weiß kann ich (nicht) teilen … Ich denke vielmehr, dass gerade die Anlegung von Windparks sinnvoll ist, da diese nach Lage und Anzahl über Windkarten analysiert sind. Nur so lässt sich eine Vereinzelung vermeiden. Außerdem ist einer Errichtung von Windparke immer ein Planfeststellungsverfahren vorgeschaltet, das die Interessen eventuell beteiligter Bürger prüft …

In diesem Teil des Aufsatzes können Sie auch die Sprache des Textes und den Sprachgebrauch betrachten (Umgangssprache genutzt? Umschreibungen oder Metapher? Übertreibungen? anschauliche oder ausmalende Sprache, Satzbau, rhetorische Fragen).

6 Verfassen Sie nun einen Schlussgedanken (Zusammenfassung, Abschlussthese, Synthese):
So könnten Sie diesen Teil beginnen:
Wenn ich die Argumente von Peer-Philipp und meine vergleiche, komme ich zu dem Schluss, dass die Windkraft doch/wirklich (k)eine Alternative darstellt. Es ist für mich sehr wichtig, dass …

7 Finden Sie im Internet Vorlagen für (textgebundene) Erörterungen. Zum Beispiel auf der Seite: www.deutschboard.de/topic,172,-beispieleroerterung.html.

4420248

Prüfungsgebiet: Eine freie Erörterung schreiben

Folgende Fähigkeiten sollen Sie hier nachweisen:

1. Schritt → Das Thema untersuchen und verstehen:
- das Thema (das meist als Frage formuliert ist) nach Schwerpunkten und Schlüsselbegriffen analysieren
- Fragen an das Thema stellen (Was ist der Hauptaspekt? Wer ist …? Wann …? Wie lange …? Warum …?) und natürlich beantworten
- erstes eigenes Wissen zu geforderten Sachinhalten zusammenstellen

2. Schritt → Vorarbeiten für den Aufsatz leisten
- Stoffsammlung (in Form einer Mind-Map oder eines Brainstormings möglichst viele Aspekte zum Thema finden)
- sich noch einmal über das Schreibprinzip klar werden: Behauptung (These), Begründung (Argument), Beleg, Beispiel
- aus dem Thema die These/die Thesen (= die Behauptung/en) entwickeln
- aus der Stoffsammlung die Argumente, die die These/n stützt/en, herausfinden und zuordnen
- aus der Stoffsammlung und weiteren eigenen Überlegungen Belege und Veranschaulichungen für die Argumente zusammenstellen
- erste Gedanken für eine Gliederung zusammentragen

3. Schritt → Den Schreibprozess durchführen
- Anfertigen einer Gliederung + Festlegen der Reihenfolge der Argumente
- eine Einleitung entwerfen
- die These/die Thesen als Aussagesätze formulieren
- die der/den Thesen zugeordneten Argumente ausformulieren (Argument → Beleg → Beispiel)
- auf die Logik der Aussagen achten
- Synthese (als Schlussfolgerung) aufstellen

Vorüberlegungen

Ausgangslage:

„Wo man auch hinschaut, jede Menge Probleme!“, sagte der Freund und fuhr fort: „Wie soll ich sie nur alle lösen?“ Und tatsächlich, wenn man an Arbeitslosigkeit, Gesundheitsfürsorge, Gewalt in Schule und Familie, gammeliges Fleisch usw. usw. denkt, könnte der Freund schon Recht haben. Und wenn man die eigenen kleinen und großen Fragen und Herausforderungen (Eigenheim oder Mietwohnung, Urlaub oder neues Auto, Sekt oder Selters, mit dem Rauchen aufhören usw.) hinzunimmt, sind noch mehr Probleme vorhanden. Die Ansätze, solche Fragestellungen zu lösen oder Entscheidungen zu treffen, kann durch ein erörterndes Vorgehen erleichtert werden.

Begriffsbestimmung:

Erörtern (Die Erörterung) meint also die Auseinandersetzung mit einer Sachfrage, einer Behauptung, einem Problem oder einer Meinung. Jeder Mensch ist immer wieder gezwungen, sich mit bestimmten Fragen, Problemen oder Erfahrungen auseinanderzusetzen, zwischen Alternativen eine Entscheidung zu treffen, Situationen zu bedenken und zu beurteilen, sich über aktuelle Sachverhalte klar zu werden, sie zu den eigenen Kenntnissen in Beziehung zu setzen und persönlich Stellung zu nehmen. Die Erörterung dient also dazu, Einstellungen zu finden, Meinungen zu vertreten, Urteile zu bilden und zu begründen, Entscheidungen zu treffen und Kritik zu üben. Erörtern nennt man jenes Überlegen, Vergleichen und Abwägen, das einem Urteil, einer Entscheidung vorausgeht.

Arten der Erörterung

Im vorherigen Abschnitt haben Sie die textgebundene Erörterung kennen lernen können. Bei der jetzt behandelten **freien Erörterung** unterscheidet man grundsätzlich **zwei Formen**: Die **lineare Erörterung** (= eine Denkrichtung → Warum ist Nichtrauchen sinnvoll?) und die **dialektische Erörterung** (= zwei Denkrichtungen (pro und kontra) → Lohnt es sich ein Eigenheim zu bauen?).

Die beiden Arten sind durch die Themenformulierung gut erkennbar und unterscheidbar. Je nach der Art muss eine entsprechende Vorgehensweise vorgenommen werden.

1. Das Thema ist als Sachfrage gestellt, was bedeutet, dass der Schreibende im Rahmen einer steigernden Erörterung die im Thema genannte Frage beantworten muss, wobei unterschiedliche, stichhaltige Aspekte dazu gefunden werden müssen.
   Beispiel: Warum ist getrennter Sportunterricht für Jungen und Mädchen positiv?

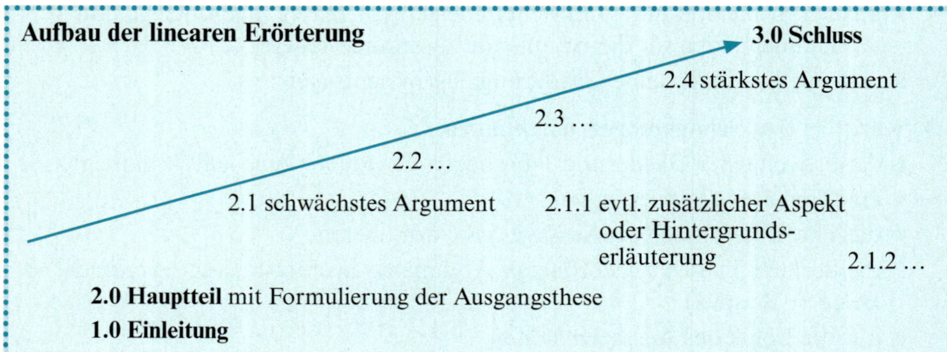

Wenn das Thema als Entscheidungsfrage gestellt ist, muss der Schreibende durch das Abwägen der Vor- und Nachteile der im Thema genannten Frage zu einer persönlichen Stellungnahme gelangen. Dies geschieht im Rahmen der dialektischen Erörterung durch gegenüberstellendes Diskutieren mit Behauptung (These), Gegenbehauptung (Antithese), jeweiliger Argumentation und Erstellen einer logischen Schlussfolgerung bzw. Zusammenfügung von Meinungen (Synthese).

Beispiel: Soll für Mädchen und Jungen getrennter Sportunterricht eingeführt werden?

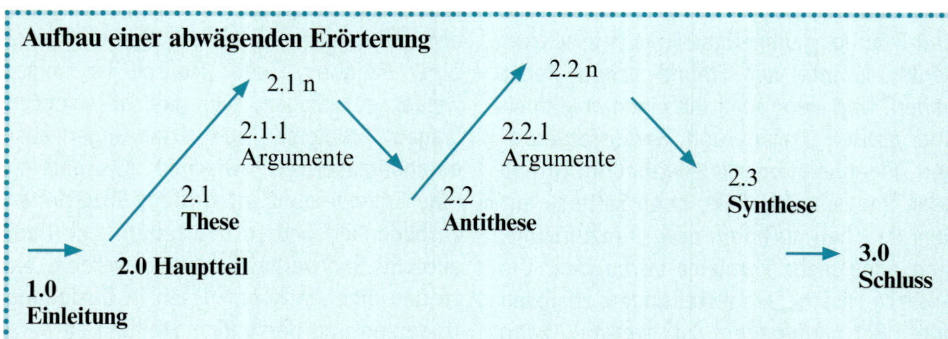

4420250

Aufgaben

1 Entscheiden Sie, welches Thema welche Art der Erörterung verlangt.

a) Lohnt es sich eine Eigentumswohnung zu kaufen?
b) Sollen Tierversuche verboten werden?
c) Welche Vorteile bietet die Windenergie?
d) Warum sollten Abgeordnete ihre beruflichen Verbindungen offen legen?
e) Soll man den Urlaub mit dem Auto oder der Bahn unternehmen?
f) Inwiefern ist das Trampen heutzutage gefährlich?
g) Welche Chancen weist die Kernkraft auf?
h) Soll eine Ausbildungsplatzabgabe für Betriebe, die nicht ausbilden, eingeführt werden?
i) Welche Vorteile bietet ein soziales Jahr für Jungen und Mädchen?

2 Fertigen Sie zum Themengebiet „Getrennter Sportunterricht für Jungen und Mädchen" eine Stoffsammlung an. ➡ **Info-Kasten S. 192**

3 Stellen Sie zum Themengebiet „Getrennter Sportunterricht für Jungen und Mädchen" mehrere Themen auf:

a) lineare Themen = Sachfragen
b) abwägende Themen = Entscheidungsfragen

4 Ordnen Sie die in der Stoffsammlung gefundenen Aspekte „Getrennter Sportunterricht für Jungen und Mädchen" in eine Liste und erweitern Sie diese:

Behauptungen/Thesen	Argumente	Belege/Beispiele

Dem Hauptteil voran geht die Einleitung, die die Leser für das in der Arbeit formulierte Thema interessieren soll. Dieses Interesse kann beispielsweise gefunden werden durch:

- Bezug zu einem aktuellen Ereignis
- Hinweis auf etwas bereits Geschehenes (Geschichte)
- Einbeziehung der eigenen Erfahrungswelt oder der des Lesers

5 Verfassen Sie nun eine Einleitung. Schildern Sie vielleicht ein eigenes Erlebnis.

So könnten Sie diesen Teil beginnen:
Ein Volleyballtraining läuft in einem gemischten Jungen- und Mädchenkreis ab. Der Lehrer, der zuerst bei den Mädchen mitgespielt hat, teilt die Gruppen dann nach Geschlecht auf, geht zu den Jungen und sagt: „So, bei den Jungs machen wir jetzt eine Erschwernis." Zu den Mädchen gewandt: „Macht ihr noch so weiter. Das ist für euch sowieso zu schwer." Derartige Äußerungen kann man in vielen Sporthallen mitbekommen und auch die wachsende Unlust, die die Mädchen beschleicht. Als Frage könnte sich nun ergeben, ob getrennter …

6 Sie müssen im nächsten Schritt zum Hauptteil übergehen. Je nach Art der Erörterung muss nun die These oder eben These und Antithese formuliert sein. Arbeiten Sie in Gruppen zwei Argumente zu einer These aus.

So könnten Sie weiterarbeiten:
Eine Trennung von Mädchen und Jungen beim Sportunterricht ist sinnvoll, weil die sozialen Entwicklungen unterschiedlich verlaufen. Häufig wird berichtet, dass Jungen Sportlehrerinnen und Mitschülerinnen herabsetzen und dominieren, dass sie Schwächere (meist die Mädchen) nicht mitspielen lassen, dass sie soziale Lernprozesse stören, dass sie zum Beispiel Tanz und Körpererfahrung sabotieren, dass sie rücksichtslos mit anderen umgehen und mit ihrem eigenen Körper auch. Überdies könnten sie in gemischten Gruppen nur schwer Gefühle mitteilen …

8 Nachdem Sie nun mehrere Argumente zusammengestellt und ausgeführt haben, müssen Sie zu einem abschießenden Resümee kommen, der Schlussfolgerung oder eben Synthese genannt. Diese sollte sich auf die vorher entwickelten Argumente beziehen.

So könnte eine Schlussfolgerung lauten:

Die Trennung der Geschlechter bietet also die Möglichkeit, die mit der Geschlechterrolle verbundenen Zwänge zu reduzieren, indem sie in den geschlechtshomogenen Gruppen für die jeweilige Gruppe besonders interessante Sport- und Spielarten anbietet. In reinen Mädchengruppen können Mädchen ihre Leistungen, ihre Stärken erkennen, wenn ihnen ihre Art des Sporttreibens zugestanden wird. Wenn auf ihre Bedürfnisse nach Leistungen, Spielen und Tanzen eingegangen wird und sie diesbezüglich gefordert werden, haben sie die Möglichkeit, eine selbstbewusste Einstellung zum Sport zu entwickeln und Kompetenzen aufzubauen.

Reine Jungengruppen im Sportunterricht haben die Möglichkeit, geschlechtsspezifische Bedürfnisse nach Erfolg, körperlichen Auseinandersetzungen und Wettkampf auszuleben und gemeinsam zu reflektieren, ohne dass gegenüber Mädchen Rücksicht zu nehmen ist oder die Jungen selbst unter dem Zwang stehen, sich vor den Mädchen besonders darzustellen.

9 Sie sollten auf eine dem Thema angemessene sprachliche Gestaltung achten. Bei der Erörterung muss man auch mit der sprachlichen Darstellung überzeugen. Umgangssprache soll vermieden und stattdessen angemessene Schriftsprache verwendet werden. Die Übergänge zwischen den einzelnen Teilen der Arbeit müssen harmonisch, fließend sein.

Überarbeiten Sie Ihr Konzept und verbessern Sie Sprache und Satzbau.

Prüfungsgebiet: Einen Interpretationsaufsatz schreiben

Vgl. auch S. 204

Folgende Fähigkeiten sollen Sie nachweisen:

1. **Schritt → Text verstehen:**
   - einen Text sinnentnehmend lesen
   - Text bearbeiten
   - Fragen an den Text stellen und natürlich beantworten
2. **Schritt → Textwiedergabe und Analyse**
   - einen einleitenden Satz formulieren
   - den Inhalt verkürzt wiedergeben (z. B. eine Inhaltsangabe anfertigen)
   - die Struktur des vorliegenden Textes darstellen
   - die Erzählhaltung und die literarische Gattung erläutern
   - sprachliche Besonderheiten beschreiben
   - Abschlusssatz formulieren
     → Bei einer reinen Literaturanalyse haben Sie nun alles erreicht. Wird aber eine Interpretation gefordert, folgt ein nächster Schritt:
3. **Schritt → Interpretation**
   - den vorliegenden Text in einen historischen, gesellschaftlichen oder politischen Zusammenhang stellen
   - Wertung und Gewichtung der geäußerten Gedanken
   - Vergleich mit Aussagen anderer Autoren zum Hauptaspekt
   - eigenes Wissen hinzufügen
   - eigene Stellung beziehen
   - vergleichende Betrachtung anstellen
   - Schlussbemerkung verfassen

4420252

Textvorgabe

Heimkehr

Franz Kafka

Text 3

Ich bin zurückgekehrt, ich habe den Flur durchschritten und blicke mich um. Es ist meines Vaters alter Hof. Die Pfütze in der Mitte. Altes, unbrauchbares Gerät, ineinander verfahren, verstellt den Weg zur Bodentreppe. Die Katze lauert auf dem Geländer. Ein zerrissenes Tuch, einmal im Spiel um eine Stange gewunden, hebt sich im Wind. Ich bin angekommen. Wer wird mich empfangen? Wer wartet hinter der Tür der Küche? Rauch kommt aus dem Schornstein, der Kaffee zum Abendessen wird gekocht. Ist dir heimlich, fühlst du dich zu Hause? Ich weiß es nicht, ich bin sehr unsicher. Meines Vaters Haus ist es, aber kalt steht Stück neben Stück, als wäre jedes mit seinen eigenen Angelegenheiten beschäftigt, die ich teils vergessen habe, teils niemals kannte. Was kann ich ihnen nützen, was bin ich ihnen und sei ich auch des Vaters, des alten Landwirts Sohn? Und ich wage nicht, an der Küchentür zu klopfen, nur von der Ferne horche ich, nur von der Ferne horche ich stehend, nicht so, dass ich als Horcher überrascht werden könnte. Und weil ich von der Ferne horche, erhorche ich nichts, nur einen leichten Uhrenschlag höre ich oder glaube ihn vielleicht nur zu hören, herüber aus den Kindertagen. Was sonst in der Küche geschieht, ist das Geheimnis der dort Sitzenden, das sie vor mir wahren. Je länger man vor der Tür zögert, desto fremder wird man. Wie wäre es, wenn jetzt jemand die Tür öffnete und mich etwas fragte. Wäre ich dann nicht selbst wie einer, der sein Geheimnis wahren will!

Eine typische Aufgabenstellung in einer Prüfung könnte sein:

Schreiben Sie zum vorstehenden Text einen Interpretationsaufsatz.

Berücksichtigen Sie dabei u.a. die in den folgenden Fragen enthaltenen Aspekte.

- Welche Situationen durchläuft der Ich-Erzähler in dieser Geschichte?
- Welche Schlüsselbegriffe haben eine offenbar tiefere Bedeutung? Wie könnten diese Begriffe gedeutet werden?
- Welche Erzählperspektive enthält der Text?
- Welche Rolle spielen Zeit und Raum in dieser Erzählung?
- Welche Aussage hat Ihrer Ansicht nach der Text?
- Wie unterstützen sprachliche Mittel der Wortwahl und des Satzbaus die Aussageabsicht des Textes?

Sie können jedoch auch schrittweise vorgehen:

Aufgaben

1 Scannen Sie den Text ein, damit Sie ihn bearbeiten können. Bearbeiten Sie den eingescannten Text, indem Sie ihn einrücken, sodass rechts ein Rand von 5 cm entsteht.
Lesen Sie den Text nun zunächst leise für sich. Lesen Sie den Text dann erneut betont.

2 Bearbeiten Sie den Text. Ihre Tätigkeiten: Markieren wichtiger Stellen, am Rande Stichworte für Wichtiges und Nachzuschauendes vermerken, Sinnabschnitte bilden und Teilüberschriften erstellen.

3 Stellen Sie Fragen an den Text und beantworten Sie diese. Hier bietet sich eine Tabelle an, aber auch eine Mind-Map ist möglich.

Wer ist der Verfasser des Textes? Was weiß ich über ihn?	

Welche Literaturgattung liegt vor?	
Worum geht es generell?	
Wann und wo spielt das Geschehen?	
Welche speziellen Aspekte oder Einstellungen liegen vor?	
Welche sprachlichen Mittel werden angewandt?	
...	
...	

4 Beantworten Sie die folgenden Fragen und Aussagen zum Text:

Welche Aussage zur Parabel ist richtig?	▸ Freudig kehrt ein Mensch zu seinem Elternhaus zurück. ▸ Die Katze und der Hund begrüßen den Heimkehrer. ▸ Der Heimkehrer freut sich schon auf den Kaffee. ▸ Der Heimkehrer ist der Sohn des alten Landwirts.

Welche Veränderung vom Beginn der Parabel bis zum Ende ergibt sich?

In welchen Zeilen und mit welchen Worten wird im Text die Umgebung des alten Hofes beschrieben?

Was ist eine Parabel? Wieso ist die Geschichte „Heimkehr" von Franz Kafka eine Parabel?

... „verfahren", „altes", „unbrauchbares", „zerrissenes", „heimlich", „unsicher" ...
Es werden Adjektive und Adverbien benutzt. Was wird dadurch bewirkt? Suchen Sie weitere Worte, die die Stimmung prägen.

5 Stellen Sie zum folgenden Interpretationsaufsatz eine Gliederung auf.

Interpretationsaufsatz zu Franz Kafka, „Heimkehr"

Die Parabel „Heimkehr" wurde von Franz Kafka 1920 in einem Quartheft niedergeschrieben und 1936 von Max Brod veröffentlicht, der auch den Titel festlegte. Sie ist eine Erzählung in der Form einer Parabel. In dieser Ich-Erzählung geht es um Gefühle und Vorstellungen, nach einer Abwesenheit sich den mit der Kindheit verbundenen Ängsten stellen zu wollen.

Die Parabel gibt die Situation einer Person wieder, die zu ihrem Elternhaus zurückkehrt. Das erzählende Ich bleibt jedoch vor dem Hof stehen und beschreibt die ersten Eindrücke des Hauses. Die Fremdheit und Kälte, die Angst vor dem Vater und die eigene Unsicherheit lassen die Person im Hof verharren. Auf der Beschreibungsebene lassen sie das Haus verwahrlost und heruntergekommen wirken. In inneren Gedanken beschreibt das lyrische Ich einerseits das Gefühl, aus Neugier eintreten zu wollen, und andererseits die Angst, mit Innensitzenden konfrontiert zu werden. Das Geschehen in der Küche bleibt für den Erzähler ein Geheimnis, ebenso wie die Neugier des draußen horchenden Sohnes für die Eltern ein Geheimnis bleiben muss.

4420254

In der Ich-Erzählsituation ist der Erzähler mit einer Figur der Erzählung identisch, er tritt also mit in die Handlung ein. Man spricht hier von der Identität der Seinsbereiche von Erzähler und Figuren. Das „erzählende Ich" zeigt auch hier, wie es aus der Distanz heraus sich an frühere Erlebnisse erinnern kann, aber nicht den Weg zum Neubeginn findet.

Der Satz „Ich wage nicht, an der Küchentür zu klopfen." (Z. 11) leitet eine neue Richtung ein und gibt zu erkennen, dass der Erzähler sich entfernen möchte („weil ich von der Ferne horche", Z. 13). Hier werden die emotionalen Auswirkungen der Heimkehr auf den Ich-Erzähler verdeutlicht. Während die Verhältnisse innerhalb der Familie „heimlich", Z. 7 (geborgen/wohl), sind („Rauch kommt aus dem Schornstein", Z. 6; „der Kaffee zum Abendessen wird gekocht", Z. 6) erzeugen sie in der Ich-Person Zweifel, sodass er sich immer „fremder" (Z. 17) fühlt. Die Selbstzweifel („Was kann ich ihnen nützen", Z. 10) schließen ihn von der Familie aus. Die Gegenstände und Situation gewinnen dabei symbolische Bedeutung (Küche als Raum der Geborgenheit).

Den Text durchziehen Fragesätze und weisen sprachlich auf das Problem des Ich-Erzählers hin. Sie verstärken den inhaltlichen Gegensatz, da sie nicht beantwortet werden. Lediglich die Frage „Ist dir heimlich?" (Z. 7) wird vom Autor beantwortet. Auf die weiteren Fragen folgt keine Antwort; sie verstärken dadurch den Anschein von Selbstvorwürfen. Die beiden letzten Fragen werden durch den Konjunktiv gebildet und beziehen sich auf die Vorstellungskraft, sich ein zukünftiges, mögliches Geschehen vorzustellen.

Die Wahl der Verben bringt keine Bewegung, sondern lässt alles statisch erscheinen und ruft das Gefühl von Pessimismus und Isolation hervor („zurückgekehrt", Z. 1; „gewunden", Z. 4; „wartet", Z. 5; „lauert", Z. 3).

Die wenigen Adjektive und Adverbien, die vorhanden sind, werden hauptsächlich im dem ersten beschreibenden Teil der Erzählung gehäuft untergebracht („altes", „unbrauchbares", Z. 2; „zerrissenes", Z. 4; „heimlich", Z. 7; „unsicher", Z. 7), während die Adjektive „kalt" (Z. 8) und „leicht" vereinzelt im späteren Textverlauf folgen. Gleichwohl verweisen sie auf die ähnlichen Gefühle des Ich-Erzählers. Der Satz „Ich wage nicht, an der Küchentür zu klopfen" (Z. 11) leitet eine Wende ein, worauf folgt „... und weil ich von der Ferne horche ..." (Z. 13). Es wird im übertragenen Sinne auf die emotionalen Auswirkungen der Heimkehr auf den Ich-Erzähler hingewiesen. Während die Verhältnisse innerhalb der Familie „heimlich" (Z. 7) sind („Rauch kommt aus dem Schornstein", Z. 7; „der Kaffee zum Abendessen wird gekocht", Z. 6) wirken sie auf den Ich-Erzähler doppeldeutig, nämlich geheimnisvoll, sodass er sich immer unwohler fühlt. Die Selbstzweifel („Was kann ich ihnen nützen, was bin ich Ihnen?", Z. 10) lassen ihn an der Geborgenheit nicht teilhaben. Dabei gewinnen im Zusammenhang mit Thema und Problematik die Gegenstände und Situation eine symbolische, bildliche Bedeutung, z. B. die Wiederholungen („horchen", Z. 12 ff.) ebenso wie die Bedeutung, die ihnen in dieser Situation zukommen (die Küche als symbolischer Raum der Geborgenheit). Das Ergebnis der Heimkehr wird in der letzten Zeile angekündigt: „Wäre ich dann nicht selbst wie einer, der sein Geheimnis wahren will?".

Das besondere Thema in Kafkas Werk ist immer wieder die Beziehung des Sohnes zum Vater bzw. zur Familie. In der Erzählung „Heimkehr" stellt Kafka diese Problematik parabolisch dar. Gleichwohl verfolgen Kafkas Texte literarisch-künstlerische Ziele und eine reine Suche nach entsprechenden biographischen Bezügen in seinen Texten würde seinem Werk nicht gerecht werden. Andere Geschichten wie „Gib's auf" oder „Der Nachbar" zeigen ebenfalls die starke Suche des jeweiligen Ich- Erzählers nach Anerkennung und Erfolg.

Man kann sagen, dass die Person in dieser Erzählung nicht heimkehrt. Während zu Beginn des Textes die Person tatsächlich angekommen zu sein scheint, wird sie nach und nach immer unsicherer und entfernt sich immer mehr. Es kommen Zweifel und Ängste auf, der Sohn entfernt sich immer weiter, statt näher zu kommen und den Mut zu haben einzutreten. Er selbst kann nicht zur Familie gehen, am Ende der Geschichte hofft er darauf, dass jemand anderes die Tür öffnet, sodass die Entscheidung von ihm weggenommen wird. Es bleibt in dieser Geschichte mehr bei dem Wunsch, heimzukehren.

Die Geschichte kann auch heute noch als aktuell bezeichnet werden. Wie oft stehen Menschen vor Entscheidungen, die ihnen schwer fallen. Die inneren Gedanken, die jeder dann in sich selbst wälzt, kommen den Gedanken des „Heimkehrers“ sehr nahe.

Aufgaben

●●● **6** Verfassen Sie einen Literaturaufsatz zum Text „Nicht alles gefallen lassen“ von Gerhard Zwerenz auf S. 42 (Text 74).

Vgl. auch S. 206

Prüfungsgebiet: Ein Gedicht analysieren und interpretieren

Die äußere Form (s. „Sprachliche Gestaltungsmittel untersuchen“, S. 208)

Beispiel 1: Clemens Brentano, „Abendständchen“

Reimschema und Strophen

Hör', es klagt die Flöte wieder,	a	
Und die kühlen Brunnen rauschen,	b	
Golden wehn die Töne nieder –	a	
Stille, stille, lass uns lauschen !	b	Kreuzreim
Holdes Bitten, mild' Verlangen,	c	
Wie es süß zum Herzen spricht!	d	
Durch die Nacht, die mich umfangen,	c	
Blickt zu mir der Töne Licht.	d	

Fazit: Das Gedicht hat zwei gleich große Strophen mit jeweils vier Versen. Das Reimschema ist regelmäßig. Es besteht durchgehend aus Kreuzreimen.

Aufgabe

●● **1** Bestimmen Sie an weiteren Gedichten im Buch die äußere Form.

Rhythmus

Im Deutschen hat jedes Wort seine festgelegte Betonung auf der Stammsilbe.

Aufgabe

● **1** Bestimmen Sie von Ihrem Vor- und Nachnamen den Rhythmus.

Beispiel:

Michael		*Maurer*
x *xx* *Daktylus*		**x** *x* *Trochäus*

4420256

Ermittlungen der Hebungen (Anzahl der Betonungen im Vers)

Hör', es **klagt** die **Flö**te **wie**der,

Und die **küh**len **Brun**nen **rau**schen,

Golden **wehn** die **Tö**ne **nie**der –

Stille, **stil**le, **lass** uns **lau**schen!

Fazit: Die vier Verse weisen einen regelmäßig fließenden harmonischen Rhythmus auf. Es handelt sich in jedem Vers um vierhebige Trochäen.

Zusammenfassung:

Die äußere Form weist von der Strophenform sowie in Reim und Rhythmus eine harmonische Struktur auf, die den Inhalt dieser Strophe unterstreicht. Das Bild eines romantischen Abends (vgl. Titel „Abendständchen") mit wohltuenden Tönen und Farben wird dem Leser dieser Strophe präsentiert.

Äußere Form und sprachliche Besonderheiten

Beispiel 2: Friedrich Hebbel, „Sommerbild"

Ich **sah** des **Som**mers **letz**te **Ro**se **stehn**,	a
Sie **war**, als **ob** sie **blu**ten **kön**ne, **rot**;	b
Da **sprach** ich **schau**ernd **im** Vor**über**gehn:	a
So **weit** im **Le**ben, **ist** zu **nah** am **Tod**!	b
Es **reg**te **sich** kein **Hauch** am **hei**ßen **Tag**,	c
Nur **lei**se **strich** ein **wei**ßer **Schmet**ter**ling**;	d
Doch, **ob** auch **kaum** die **Luft** sein **Flü**gel**schlag**	c
Be**weg**te, **sie** emp**fand** es **und** ver**ging**.	d

Fazit: Das Gedicht hat zwei gleichgroße Strophen, jeweils vier Zeilen mit einem regelmäßig alternierenden Reimschema. Der Rhythmus besteht aus Jamben mit je fünf Hebungen. Das Klangbild wirkt insgesamt ruhig fließend und harmonisch. Die dadurch erzeugte eher liebliche Stimmung wird äußerlich an einer Stelle im Gedicht gestört: Der Übergang von der siebten zur achten Zeile verläuft stockend. Es ist die einzige Stelle im Gedicht, an der das Zeilenende nicht mit einer Satzeinheit zusammenfällt. Der Zeilensprung (Enjambement) von „Flügelschlag" (Z. 7) zu „bewegte" (Z. 8) bewirkt eine Stockung im Rhythmus und damit eine Unterbrechung des ruhigen Flusses. Diese Störung hat ihre Entsprechung auf der inhaltlichen Ebene.

Sprachliche Gestaltung

Auffällig sind die Farben, die das Gedicht direkt oder indirekt benennt:

Rose – bluten – rot
weißer Schmetterling

und die Begriffe, die Ruhe (Statik) und Bewegung ausdrücken:

stehn – im Vorübergehn
es regte sich kein Hauch – Flügelschlag (des Schmetterlings)
verging

Nicht nur die Nennung der Begriffe für Farben oder Bewegung bzw. Stillstehen sind auffällig, sondern auch die Art, wie sie zueinander stehen. Bewegung und Statik stehen wie Gegensatzpaare einander gegenüber. Die blühende Rose ist der Ruhepool, lyrisches Ich und Schmetterling sind um sie herum in Bewegung. Die Farbe Rot wird in einem Vergleich mit „bluten“ in Verbindung gebracht, was in einer „als-ob“-Konstruktion wiederum mit Bewegung zu tun hat (bluten als fließende Bewegung)

Ebenso sind Entsprechungen von Wörtern im Gedicht, die die Strophen neben Reim und Rhythmus inhaltlich miteinander verbinden, aufschlussreich: (blut)-rot (Z. 1), Tod (Z. 4), verging (Z. 8) gehören gedanklich zusammen und leiten den Leser durch die Zeilen des Gedichts zum Thema hin: Es geht um Sterben und um Vergehen, um das Ende des Lebens.

Die Kommunikationssituation im Gedicht

1. Strophe		
Das lyrische Ich	beobachtet	eine Rose steht als Letzte da
	vergleicht	die rote Farbe mit Blut
	spricht	so weit im Leben – so nah am Tod
2. Strophe		
Das lyrische Ich	beobachtet	heißer windstiller Tag (Statik)
		strich ein Schmetterling (feine Bewegung)
		Flügelschlag (feine Bewegung)
		(Rose) verging (Prozess, Bewegung)

Kommunikationssituation

Klärung der W-Fragen: Wer tut (spricht) mit wem was, wo, wann, in welcher Zeit, wie lange, zu welchem Zweck ?
Grundlage jeder Textanalyse ist die Klärung der Kommunikationssituation.

Das lyrische Ich

Bei der Interpretation von Gedichten geht man davon aus, dass ein Subjekt, ein Sprecher-Ich, ein Vortragender hinter den lyrischen Zeilen steht. In manchen Texten ist das lyrische Ich als Person greifbar („Ich sah des Sommers …“), in anderen Texten wird es im Text nicht genannt.
Wichtig ist die Unterscheidung von lyrischem Ich und Autor: Das lyrische Ich ist eine vom Autor erfundene, geschaffene (fiktive) Person, während der Autor tatsächlich existiert bzw. existiert hat.

Inhaltliche Aspekte – Aussagegehalt

Beschreibung der Vorgänge/Handlung im Gedicht

Das lyrische Ich beobachtet einen kaum sichtbaren Naturvorgang: An einem heißen, windlosen Sommertag streicht ein weißer Schmetterling an einer tiefroten Rose vorbei.

Durch seinem Flügelschlag, der kaum wahrnehmbar ist, entblättert er die Rose, die einen Moment vorher noch in höchster Blüte stand.

Die Bedeutung dieser Vorgänge:

Die Begriffe „Rose“, „Sommer“ und „bluten“ haben neben ihrem wörtlichen Aussagegehalt noch eine tiefere Bedeutung. Sie weisen bildlich auf einen umfassenderen Zusammenhang hin: Die Rose als Symbol für die Schönheit, ihre tiefrote Farbe als

Symbol für die Blüte des Lebens, der Sommer als Symbol für den Höhepunkt des Lebens weisen auf das Thema des Gedichts hin, das in Z. 4 schon genannt wird: „So weit im Leben …“

Am Bild der voll blühenden Rose zeigt der Dichter die Vergänglichkeit des Lebens. So wie die Rose ohne Übergang von der schönsten Blüte durch eine fast unmerkliche unbedeutende Bewegung entblättert wird, so steht der Mensch in der Blüte, am Höhepunkt seines Lebens bereits in der Nähe des Todes. In der Blüte seiner Jahre, so zeigt es das Gedicht im Bild, kann der Mensch unvermittelt in den Tod übergehen. Die Bewegung des Lebens, das Fortschreiten der Lebenszeit kann unmerklich vor sich gehen, aber es ist unaufhaltsam.

Dass das lyrische Ich in Z. 3 „schaudernd“ an der schönen Rose vorübergeht, ist im Kontext dieser Erkenntnis verständlich.

Die Aussage des Gedichts wird über die äußere Form unterstützt: Die harmonisch fließenden Verse werden an der inhaltlich entscheidenden Stelle, als der Falter mit seinen Flügeln schlägt, gestört und unterbrochen. Eine Disharmonie drängt sich in den ruhigen Fluss der Verse hinein und zeigt drei Takte lang, wie verletzlich und brüchig letztlich das Leben ist. Nicht zufällig ist „vergehen“ („verging“) das letzte Wort des Gedichtes.

Die Entwicklung der Menschheit*

Erich Kästner

Text 112

Einst haben die Kerls auf den Bäumen
gehockt,
behaart und mit böser Visage.
Dann hat man sie aus dem Urwald
gelockt,
und die Welt asphaltiert und aufge-
stockt
bis zur dreißigsten Etage.

Da saßen sie nun, den Flöhen entfloh'n
in zentralgeheizten Räumen.
Da sitzen sie nun am Telefon,
und es herrscht noch genau der selbe
Ton
so wie seinerzeit auf den Bäumen.

Sie hören weit, sie sehen fern,
sie sind mit dem Weltall in Fühlung.
Sie putzen die Zähne, sie atmen modern,
die Erde ist ein gebildeter Stern
mit sehr viel Wasserspülung
Sie schießen die Briefschaften durch ein
Rohr,
sie jagen und züchten Mikroben,
sie verseh'n die Natur mit allem Kom-
fort
sie fliegen steil in den Himmel empor
und bleiben zwei Wochen oben.
Was ihre Verdauung übrig lässt
das verarbeiten sie zu Watte.
Sie spalten Atome, sie heilen Inzest.
Sie stellen durch Stiluntersuchungen
fest,
daß Cäsar Plattfüße hatte.
So haben sie mit dem Kopf und dem
Mund
den Fortschritt der Menschheit geschaf-
fen.
Doch davon mal abgesehen und
bei Lichte betrachtet
sind sie im Grund
noch immer die alten Affen.

Aufgabe 1

Interpretieren Sie das Gedicht.

Prüfungsgebiet: Einen beschreibenden Text verfassen

Vgl. auch S. 173

Folgende Fähigkeiten sollen Sie nachweisen:

1. Schritt → Beobachten und Wahrnehmen:
- einen Gegenstand oder einen Vorgang detailliert betrachten
- Teilaspekte, Besonderheiten und Funktionen benennen
- logische Beziehungen, Abläufe und technische Zusammenhänge fachsprachlich benennen

2. Schritt → eine Struktur des Textes entwerfen
- einen Schreibplan erstellen (logische Struktur: von innen nach außen; von oben nach unten; vom Allgemeinen zum Detail; …)
- einen einleitenden Satz formulieren
- auf Fachsprache achten
- Abschlusssatz formulieren

3. Schritt → einen beschreibenden Text verfassen
- den „Einleitungs"-Satz verfassen
- nach dem Schreibplan nun den Gegenstand (Gegenstandsbeschreibung) oder den Ablauf (Funktionsbeschreibung/Bedienungsanleitung) beschreiben
- Abschlusssatz verfassen
- Sprache eines Beschreibungstextes berücksichtigen
- Korrektur lesen

Aufgaben

1 Schauen Sie sich bitte die nebenstehende Abbildung an. Es geht um einen Becher aus Papier, der gefaltet werden soll. Stellen Sie erst Vermutungen an.

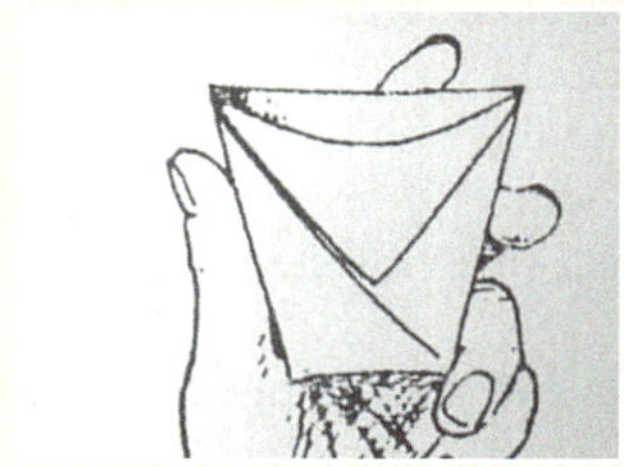

2 In der folgenden grafischen Darstellung finden Sie nun die Skizze, nach der der Becher gefaltet werden muss. Sie sind dran: Falten Sie den Becher und probieren Sie ihn aus.

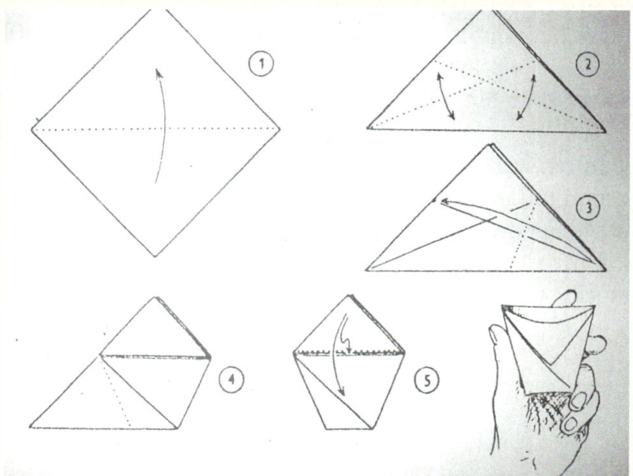

Aus: AART VAN BREDA, Kempers Großes Papierfaltbuch

3 Finden Sie die entscheidenden Nomen, Verben, Adjektive und Konjunktionen, die für eine schriftliche Beschreibung zur Herstellung des Bechers benötigt werden. Erstellen Sie eine Liste.

4 Entwickeln Sie einen Schreibplan (➡ **Info-Kasten S. 192**), wie Sie die grafische Darstellung in einen Text umwandeln werden.

5 Finden Sie einen einleitenden Satz. So könnten Sie beginnen:
Origami ist eine alte japanische Papierfaltkunst, die neben sehr schmuckvollen Teilen auch praktische Hilfen entstehen lässt: Anstreicherhut aus Papier, eine Papierschachtel usw. In diesem Fall geht es um einen Becher, der …

6 Verfassen Sie nun eine Vorgangsbeschreibung, nach der man auch ohne Skizze den Becher falten kann. So könnten Sie beginnen:
Um den Becher falten zu können, benötigen Sie ein quadratisches Blatt aus festem Papier (~100 gr.-Papier) mit einer Seitenlänge von 20 cm. Über eine Diagonale falten Sie nun daraus ein Dreieck. Legen Sie dieses so vor sich hin, dass die Grundlinie zu Ihnen weist. Dann …

7 Wie könnte ein Abschlusssatz aussehen? So könnten Sie beginnen:
Der Becher ist recht robust, und könnte kurzfristig zur Verteilung einer Flüssigkeit an mehrere Personen gut genutzt werden. Allerdings kann er nicht von alleine stehen, so dass …

Textvorgabe

ein halter für kugelschreiber

Text 113

oft ist es notwendig einen kugelschreiber griffbereit zu haben ohne ihn lange in einer schachtel oder einem etui suchen zu müssen heute ist mir dazu ein ebenso orgineller wie praktischer halter vorgestellt worden dieser besteht aus einem ca fünfzehn zentimeter langen durchsichtigen kunststoffzylinder der in längsrichtung halb aufgeschnitten ist so dass man hier in ihn hineingreifen kann oben und unten wird der zylinder von je einer ein zentimeter dicken weißen scheibe begrenzt die scheiben haben wie der zylinder einen durchmesser von fünf zentimeter in der oberen scheibe befindet sich ein so stark dimensionierter magnet dass er einen oder auch zwei kugelschreiber die mindestens einen metalldruckknopf haben oder ganz aus metall bestehen senkrecht halten kann auf der unteren scheibe die aus gründen der standfestigkeit mit blei beschwert ist kann man vorne den blauen aufdruck dlrg (deutsche lebensrettungsgesellschaft) von ca 08 cm schriftgröße und die bildliche darstellung eines ankers erkennen funktionsmäßig stellt man die kugelschreiber in den halbzylinder hinein so dass sie zu schweben scheinen oder hängt sie an die obere scheibe an diese interessante konstruktion erlaubt es schnell und ohne langes zirkeln kugelschreiber unterzubringen ich denke dass diese originelle idee die auch vom ästhetischen eindruck her durch die runden formen besticht nachahmenswert ist

Aufgaben

1 Schreiben Sie den Text nach den geltenden Regeln der deutschen Rechtschreibung auf ein Blatt.

2 Stellen Sie die Gliederung, den Schreibplan auf, nach der dieser Gegenstand beschrieben worden ist. Machen Sie Absätze zwischen den einzelnen Aufsatzteilen.

3 Fertigen Sie nach der Beschreibung eine maßstäbliche Skizze an.

Mündliche Prüfungen bestehen

Mündliche Prüfungen müssen und können unter verschiedenen Aspekten geplant und vorbereitet werden.

- Mit einem Zeitplan kann man sich Sicherheit verschaffen, dass und wie man den Prüfungsstoff bewältigen kann.
- Mit einer gründlichen Analyse der Erwartungen, die an den Prüfungskanditaten gestellt werden, kann man sich zielgerichtet vorbereiten.
- Mit einem Training der inhaltlichen und methodischen Fähigkeiten verschafft man sich die nötige innere Ruhe für die Prüfung.

Zeitplan

Folgende Fragen sind zu klären:

- Wann (und wo) genau ist der Prüfungstermin?
- Wo kann ich darüber Auskunft erhalten (im Terminkalender festhalten)?
- Welche umfangreicheren Termine sind in der Zeitumgebung des Prüfungstermins noch zu erwarten?
- Welche davon kann oder sollte ich besser verschieben oder absagen?
- Wie viel Zeit (ca. 8 – 10 Wochen ?) benötige ich, um den Prüfungsstoff zu bearbeiten und zu trainieren?
- Wie teile ich die Wiederholung des Prüfungsstoffs zeitlich ein?
- Welche Einheiten sind sinnvoll?

Dazu kann man seine Stoffgebiete strukturieren (z. B. in Mind-Maps), was schon die erste Wiederholung ist.

Danach kann eine genaue Zeitplanung erfolgen. Es wird festgelegt, welche Themen an welchen Tagen wiederholt werden sollen.

Am Ende sollte noch Zeit für die Trainingsphase eingeplant werden.

Erwartungshorizont

Bitten Sie Ihre Lehrer/-innen um folgende Informationen:

- Auf welche Aufgabentypen muss man sich in der mündlichen Prüfung einstellen?
- Welche Unterlagen (Unterrichtsmaterial, Bücher ...) stehen dafür zur Verfügung?
- Wie sieht in der Regel der Verlauf einer mündlichen Prüfung aus?

Für die Vorbereitung ist es von entscheidender Bedeutung zu wissen, ob die mündliche Prüfung ein „Frage-Antwort-Spiel" zwischen Prüfer und Prüfungskandidat ist, ob ein Text zur Interpretation vorgelegt wird und ob Fragen zur Grammatik und zur Orthographie zu erwarten sind.

Eine andere Möglichkeit wäre, dass von einem abgegrenzten Stoffgebiet oder von einem einzigen Thema eine Präsentation, das heißt ein umfangreicherer Vortrag mit Medienunterstützung erwartet wird.

Die verschiedenen Prüfungsformen setzen unterschiedliche Fähigkeiten voraus. Natürlich können diese eingeübt und trainiert werden.

Training

Ein Prüfungstraining hat dann Sinn, wenn man die Stoffgebiete weitgehend beherrscht. Dies kann über Wiederholungen mittels Lernkarteien, grafischen Darstellungen, „Spickzetteln" und anderen übersichtlichen Aufbereitungen des Prüfungsstoffs gesichert werden. Es geht dabei neben der Verfestigung des Wissens um die Fähigkeit, das Wissen gegliedert und in angemessener verständlicher Sprache und Form darzubieten.

Das Trainieren des freien Sprechens ist besonders sinnvoll, damit man in der Aufregungssituation auf bereits erworbene Erfahrungen und Strategien zurückgreifen kann.

Bitten Sie Ihre Lehrer/-innen, mit Ihnen typische Prüfungssituationen durchzuspielen (Rollenspiele).

Lassen Sie Ihre mündlichen Versuche probeweise benoten.

4420262

Üben Sie im Team, auf Fragen mit längeren Wortbeiträgen zu antworten und frei zu sprechen.

Lassen Sie sich nicht entmutigen, wenn die ersten Versuche nicht so gut gehen, wie Sie sich das wünschen. Übung macht den Meister.

Typische Aufgabenstellungen in schriftlichen und mündlichen Prüfungen

Verschiedene Fragestellungen stellen unterschiedliche Anforderungen. In der Regel wird eine Prüfung mit einfacheren Fragestellungen beginnen, um dann – je nach Fähigkeiten des Prüfungskandidaten – die Anforderungen zu steigern.

Leichtere Fragestellungen verlangen das

- Nennen von Fakten, Sachverhalten
- Darstellen
- Beschreiben
- Wiedergeben
- Zusammenfassen von Texten

Fragestellungen mittleren Schwierigkeitsgrad verlangen das

- Einordnen
- Herausarbeiten von Aspekten, Zusammenhängen
- Erklären von Sachverhalten/Vorgängen
- Belegen von Behauptungen
- Vergleichen von Sachverhalten, Aussagen

Fragestellungen mit hohem Schwierigkeitsgrad verlangen

- eine Stellungnahme zu einer Behauptung/einem Vorgang ...
- das Erörtern von Standpunkten/Sachverhalten
- das Bewerten von Meinungen ...
- das Entwerfen und das Entwickeln eines Gedankengangs, einer Strategie, einer Lösung

Grammatik, Rechtschreibung, Stilistik

Grammatik

Fremde Gedanken, Aussagen und Meinungen wiedergeben: Zitat, Wörtliche Rede, Indirekte Rede

a) Regeln

Wenn man fremde Gedanken, Aussagen und Meinungen wiedergibt, ist es erforderlich, dies kenntlich zu machen, damit der Leser oder Zuhörer sofort merkt, dass dies keine Tatsachenbehauptung und auch nicht seine eigene Meinung oder Aussage ist. Dies kann man auf verschiedene Weise tun, indem man

- die Aussage des anderen wörtlich übernimmt, also wörtlich zitiert oder die direkte Rede verwendet und dies durch Anführungszeichen („...") kenntlich macht,
- die indirekte Rede verwendet und dies mit dem Konjunktiv verdeutlicht oder
- eine Umschreibung wählt, die deutlich macht, um wessen Gedanken, Aussagen oder Meinungen es geht, zum Beispiel: „Paul hält den Bundespräsidenten für den wichtigsten deutschen Politiker".

Merke: Beim Zitieren, insbesondere beim wissenschaftlichen Zitieren, das besonders streng gehandhabt wird, muss beachtet werden, dass der zitierte Inhalt innerhalb der Anführungszeichen ohne jede Veränderung übernommen wird und Kürzungen oder Auslassungen mit [...] gekennzeichnet werden müssen. Bei der indirekten Rede kann man sich auf die wesentlichen Aussagen beschränken. Gibt man Aussagen mehrerer Personen oder umfangreiche Aussagen einer Person wieder, so ist es aus stilistischen Gründen ratsam, zwischen direkter Rede, indirekter Rede und Umschreibung abzuwechseln, wie dies zum Beispiel in Nachrichtensendungen in Rundfunk und Fernsehen und in Zeitungen üblich ist.

b) Übung

Rede von Bundespräsident Horst Köhler am 21. September 2006

Text 114

„(...) In Deutschland erwerben vergleichsweise wenig junge Menschen die Hochschulreife, und zu wenige schließen ein Studium ab. Andere Nationen wandeln sich mit Begeisterung zu Wissensgesellschaften, in denen Lernen und Können als Auszeichnung gelten – Deutschland tut sich schwer damit.
Wir hören von Schulen, in denen Gleichgültigkeit, Disziplinlosigkeit, ja Gewalt den Alltag bestimmen. Auch dadurch verliert unser Land intellektuell und sozial jedes Jahr einen Teil seiner jungen Generation.

Und: Ein Kind aus einer Facharbeiterfamilie hat im Vergleich zu dem Kind eines Akademikerpaares nur ein Viertel der Chancen, aufs Gymnasium zu kommen. Die Ursachen dafür mögen vielschichtig sein; der Befund ist beschämend. Bildungschancen sind Lebenschancen. Sie dürfen nicht von der Herkunft abhängen. Darum werde ich immer auf der Seite derer sein, die leidenschaftlich eintreten für eine Gesellschaft , die offen und durchlässig ist und dem Ziel gerecht wird: Bildung für alle. (...)"

Aufgaben

1 ●● Wandeln Sie den Ausschnitt aus einer Rede von Bundespräsident Horst Köhler zur Bildungspolitik, die er am 21. September 2006 in Berlin gehalten hat, in indirekte Rede um.

2 ●●● Schreiben Sie einen Zeitungsbericht zu den Aussagen des Redeausschnitts, der zwischen indirekter Rede, Umschreibungen und wenigen markanten wörtlichen Zitaten abwechselt.

Modus: Tatsächlich, möglich oder unmöglich – Indikativ, Konjunktiv I und Konjunktiv II

a) Regeln

Bei der **Konjugation** (Beugung) von Verben unterscheidet man nicht nur die verschiedenen **Zeitformen** (Präsens/Gegenwart, Präteritum/Vergangenheit, Futur/Zukunft, Perfekt/vollendete Gegenwart, Plusquamperfekt/vollendete Vergangenheit und Futur II/vollendete Zukunft) und die Tätigkeits- oder Leideform Aktiv und Passiv, sondern auch den Modus (die Aussageweise). Man unterscheidet **drei Modi**, den **Indikativ** (die Wirklichkeitsform), den **Konjunktiv I** (die Möglichkeitsform, die hauptsächlich benutzt wird, um wörtliche Rede in indirekter Rede wiederzugeben oder erfüllbare Wünsche auszudrücken) und den **Konjunktiv II**, der etwas Unwirkliches, Unwahrscheinliches oder einen unerfüllbaren Wunsch ausdrückt.

Beispiele:

Indikativ: „Jan geht ins Kino". – *Jan geht also tatsächlich ins Kino.*

Konjunktiv I: „Julia sagt, Jan gehe ins Kino." – *Ob Jan tatsächlich ins Kino geht, wird nicht ausgesagt, sondern nur, dass Julia dies sagt.*

Konjunktiv II: „Jan sagt, er ginge ins Kino, wenn er genügend Zeit hätte." – *Er geht aber tatsächlich nicht ins Kino, weil er nicht genügend Zeit hat.*

Der Konjunktiv I wird aus der Präsensform der Verben gebildet und um ein „e" erweitert. Diese „e" findet sich aber in vielen Formen auch schon im Indikativ, dann ist die Form des Konjunktiv I gleich lautend wie der Indikativ. *Beispiel:* Indikativ: ich gehe, du gehst; Konjunktiv I: ich gehe, du geh**e**st. Der Konjunktiv II wird aus dem Präteritum gebildet und ebenfalls um ein „e" erweitert. *Beispiel:* Indikativ: ich ging, du gingst; Konjunktiv II: ich ging**e**, du ging**e**st.

✎ **Merke:** Wenn die Form des Konjunktiv I gleich lautet wie der Indikativ, kann man den Konjunktiv II verwenden, um deutlich zu machen, dass man keine Aussage in der Wirklichkeitsform macht. *Beispiel:* „Ich versprach ihm, dass ich komme". „Komme" kann sowohl Indikativ als auch Konjuktiv I sein. Deshalb kann man hier auch den Konjunktiv II verwenden: „Ich versprach ihm, dass ich käme". Wenn der Konjunktiv II sich nicht vom Indikativ unterscheidet, kann man ihn mit „würde" umschreiben. *Beispiel:* „Ich redete nicht mehr mit ihm, wenn er sich nicht entschuldigt hätte". Die Umschreibung „Ich würde nicht mehr mit Dennis reden, wenn er sich nicht entschuldigt hätte", stellt die Aussage eindeutig in den Konjunktiv II und macht damit deutlich, dass ich tatsächlich ja noch mit Dennis rede.

b) Übung

Text 115 Der eingebildete Kranke

Eugen Roth

Ein Griesgram denkt mit trüber List,
Er wäre krank, (was er nicht ist!)
Er müsste nun, mit viel Verdruss,
Ins Bett hinein, (was er nicht muss!)
Er hätte, spräch der Doktor glatt,
Ein Darmgeschwür, (was er nicht hat!)
Es soll verzichten, jammervoll,
Aufs Rauchen ganz. (was er nicht soll!)
Und werde, heißt es unbeirrt,
Doch sterben dran. (was er nicht wird!)
Der Mensch könnt, als gesunder Mann
Recht glücklich sein. (was er nicht kann!)
Möcht glauben er nur einen Tag,
Dass ihm nichts fehlt, (was er nicht mag!)

Aufgabe

1 Bestimmen Sie den Modus sämtlicher Prädikate (Verbformen) des Gedichts. Erklären Sie, warum an den jeweiligen Stellen der Indikativ, der Konjunktiv I oder der Konjunktiv II verwendet wird und welche Auswirkungen dies auf die Aussage des Gedichts hat.

4420266

Verschachtelt oder in Reihe und Glied: Satzbau

a) Regeln

Es gibt **Hauptsätze** und **Nebensätze**. Haupt- und Nebensatz bestehen mindestens aus einem **Subjekt** (Satzgegenstand) und einem **Prädikat** (Satzaussage). Sie können ergänzt werden durch ein **Objekt** (Satzergänzung), durch eine **adverbiale Bestimmung** (Umstandsbestimmung) oder durch ein **Attribut** (Beifügung).

Hauptsätze können allein stehen, Nebensätze benötigen einen Hauptsatz, an den sie gebunden sind. Nebensätze beginnen mit einem **Relativpronomen** (der, die, das, welcher, welche, welches), einer **Konjunktion** (dass, weil, als, nachdem, während usw.) oder einem **Fragepronomen** (wer, warum, wann, wie usw.). Im Nebensatz steht das Prädikat am Schluss. Es gibt verschiedene Arten von Nebensätzen. Ein **Relativsatz** beginnt mit einem Relativpronomen (bezügliches Fürwort). Ein Relativsatz bezieht sich auf ein vorangegangenes Nomen, zu dem er eine Aussage macht. Ein **Konjunktionalsatz** beginnt mit einer Konjunktion (Bindewort). Ein Konjunktionalsatz verbindet zwei Sätze, einen Haupt- und einen Nebensatz oder zwei Hauptsätze, miteinander. Ein **indirekter Fragesatz** beginnt mit einem Fragewort. **Verkürzte Nebensätze** sind der **Infinitiv mit zu** und **Partizipialsätze** mit Partizip I oder Partizip II.

Haupt- und Nebensätze können hintereinander in einer **Reihe** angeordnet werden. Dabei kann der Nebensatz vor oder hinter dem Hauptsatz stehen. Der Nebensatz kann auch in den Hauptsatz eingeschoben („verschachtelt") werden.

Werden zwei Hauptsätze miteinander verbunden, spricht man von einer **Satzverbindung**, werden Haupt- und Nebensatz miteinander verbunden ist es ein **Satzgefüge**.

Das Prädikat (Verb) kann in verschiedenen Tempora (Zeitformen) verwendet werden. Die Tempora sind Präsens (Gegenwart), Perfekt (vollendete Gegenwart), Präteritum (Vergangenheit), Plusquamperfekt (vollendete Vergangenheit), Futur I (Zukunft) und Futur II (vollendete Zukunft).

Sätze können in allen Tempora in zwei verschiedenen Handlungsformen, im Aktiv (Tätigkeitsform) oder im Passiv (Leideform) stehen.

Aufgabe 1

Ergänzen Sie den Satz „Der Hund beißt" um ein Objekt, eine adverbiale Bestimmung und durch ein Attribut. Bilden Sie anschließend eine Satzreihe und eine Satzverbindung mit dem Beispiel.

b) Übung

Text 116

Dankbarkeit

Johann Peter Hebel

In der Seeschlacht von Trafalgar, während die Kugeln sausten und die Mastbäume krachten, fand ein Matrose noch Zeit, zu kratzen, wo es ihn biss, nämlich auf dem Kopf. Auf einmal streifte er mit zusammengelegtem Daumen und Zeigefinger bedächtig an einem Haare herab und ließ ein armes Tierlein, das er zum Gefangenen gemacht hatte, aus den Boden fallen. Aber indem er sich nieder bückte, um ihm den Garaus zu machen, flog eine feindliche Kanonenkugel ihm über den Rücken weg, paff, in das benachbarte Schiff. Da ergriff den Matrosen ein dankbares Gefühl, und überzeugt, dass er von dieser Kugel wäre zerschmettert worden, wenn er sich nicht nach dem Tierlein gebückt hätte, hob er es schonend von dem Boden auf und setzte es wieder auf den Kopf. „Weil du mir das Leben gerettet hast", sagte er, „aber lass dich nicht zum zweiten Mal attrapieren, denn ich kenne dich nimmer."

Aufgabe 1

Bestimmen Sie die Haupt- und Nebensätze, die Satzglieder, die Attribute und die Tempora.

Rechtschreibung

Dehnung, Schärfung, s-Laute

a) Regeln

Dehnung
Unter Dehnung versteht man die Schreibweise, die anzeigt, dass ein Vokal lang gesprochen wird. Dass ein Vokal lang ausgesprochen wird, wird aber nicht in jedem Wort in der Schreibweise angezeigt. So haben beispielsweise die Wörter *Schule, Buch, Blut, Mut,* suchen usw. zwar einen langen Vokal, sie werden aber trotzdem nur mit **einfachem Vokal** geschrieben. Lange Vokale können angezeigt werden durch die **Verdoppelung des Vokals**, zum Beispiel in den Wörtern *Saal, Staat, Paar, Meer, Teer, Beere, Boot, Moos* usw. Ein langes „i" wird angezeigt durch **ie** oder durch **ieh**, zum Beispiel in *ziehen, liegen, fliehen, Biene* usw. Lange Vokale können außerdem durch ein **Dehnungs-h** angezeigt werden, zum Beispiel in *Uhr, Draht, Sohn, kühl, fühlen* usw. Es gibt keine Regel dafür, wann welche Art der Dehnung verwendet wird, die Rechtschreibung orientiert sich am deutschen Wortstamm, und dessen richtige Schreibung muss man einfach lernen. Es gibt sogar gleich ausgesprochene Wörter mit unterschiedlicher Schreibweise und unterschiedlicher Bedeutung, zum Beispiel *Meer* und *mehr, leeren* und *lehren*, *Lied* und *Lid, Mal* und *Mahl*, *Bote* und *Boote*.

Schärfung
Unter Schärfung versteht man die **Verdoppelung von Konsonanten.** Sie wird angewendet nach kurzen Vokalen, zum Beispiel in Flamme, Kappe, essen usw. Bei zusammengesetzten Wörtern können verdoppelte Konsonanten am Ende des ersten Wortteils zusammentreffen mit dem gleichen Konsonanten am Anfang des zweiten Wortteils, sodass der gleiche Konsonant dreimal hintereinander steht wie zum Beispiel in *Schifffahrt, Kaffeeernte* oder *Balletttruppe*. Ebenfalls zulässig ist auch die Schreibweise mit Bindestrich: Schiff-Fahrt, Kaffee-Ernte und Ballett-Truppe.

s-Laute
Ein **einfaches „s"** wird immer geschrieben, wenn der Laut am Anfang eines Wortes steht, wenn er innerhalb eines Wortes stimmhaft gesprochen wird (*lesen*), in der Nachsilbe **-nis** (*Erlebnis*) und in der Endsilbe **-us** (*Omnibus*) in Fremdwörtern.

„ß" wird geschrieben, wenn ein stimmloser s-Laut nach einem langen Vokal oder einem Diphtong (Doppellaut wie **au, eu, ei**) steht (*gießen, heißen, Fuß*). Wird ein Wort in Versalien (Großbuchstaben), zum Beispiel in einer Überschrift geschrieben, so wird SS statt ß verwendet (LINDENSTRASSE).

„ss" wird geschrieben, wenn ein stimmloser s-Laut nach einem kurzen Vokal steht (*Kuss*), im Plural bei Wörtern mit der Nachsilbe **-nis** (*Erlebnisse*) und im Plural mancher Fremdwörter mit der Endsilbe **-us** (*Omnibusse*).

Problemfall „das" und „dass"
„das" und **„dass"** sind verschiedene Wortarten. „das" ist entweder ein Artikel, ein Relativpronomen oder ein Demonstrativpronomen. Wenn „das" ein Relativpronomen ist, kann man es durch „welches" ersetzen (*das Haus, welches verkauft wurde*), wenn es ein Demonstrativpronomen ist, kann man es durch „dieses" ersetzen (*Er sagt, dieses sei ihm unverständlich.*). Ist das/dass kein Artikel (Geschlechtswort) und kann weder durch „dieses" noch durch „welches" ersetzt werden, dann handelt es sich um eine Konjunktion, die einen Nebensatz einleitet und diesen mit einem Hauptsatz verbindet (*Er sagt, dass er das Haus verkaufen wird*).

Aufgabe

1 Setzen Sie die richtigen s-Laute ein und begründen Sie Ihre Entscheidung:

Da__ ich da__ noch erleben mu__, da__ hätte ich nicht geglaubt. Fa__t alle__, wa__ ich mir müh__am er__part habe, hat __ich an der Bör__e in nicht__ aufgelö__t. Da__ Geld, da__ nun weg, i_t, war __auer verdient. Da__ ärgert mich __o, da__ ich be__timmt nicht noch einmal __o leicht_innig alles ver__piele.

Getrennt- und Zusammenschreibung, Schreibung mit Bindestrich

a) Regeln

1. Verbindungen von einem Verb im Infinitiv mit einem zweiten Verb werden in der Regel getrennt geschrieben, wie *„spazieren fahren"*, oder *„flöten gehen"*. Ausnahme: Verbindungen mit *„bleiben"* und *„lassen"* können sowohl getrennt als auch zusammengeschrieben werden, wenn die Verbindung in übertragener Bedeutung verwendet wird, wie bei *„kennen lernen/kennenlernen"* oder *„stehen lassen/stehenlassen"*.

2. Verbindungen von Nomen und Verb werden getrennt geschrieben, zum Beispiel *„Rad fahren"*, *„Maschine schreiben"* oder *„Hof halten"*.

3. Verbindungen mit dem Verb „sein" werden immer getrennt geschrieben, zum Beispiel *„dabei sein"* oder *„zusammen sein"*.

4. Verbindungen mit „irgend-" werden zusammengeschrieben, zum Beispiel *„irgendjemand"* oder *„irgendetwas"*.

5. Wahlfreiheit für Getrennt- oder Zusammenschreibung hat man in folgenden Fällen: *so dass/sodass; an Stelle/anstelle; auf Grund/aufgrund; mit Hilfe/mithilfe; zu Lasten/zulasten; zu Gunsten/zugunsten; zu Ungunsten/zuungunsten; auf Seiten/aufseiten; außer Stand/außerstand; im Stande/imstande (sein); in Stand/instand (setzen); zu Leide/zuleide (tun); in Frage/infrage (stellen); zu Mute/zumute (sein); zu Stande/zustande (bringen); zu Schanden/zuschanden (machen); zu Wege/zuwege (bringen); zu Grunde/zugrunde (gehen); zu Rande/zurande (kommen)*.

6. In Zusammensetzungen mit Ziffern wird ein Bindestrich gesetzt, zum Beispiel bei *„10-mal"*, *„2-monatig"*, *„6-Tonner"*, *„(ein) 20-Jähriger"*.

7. Der Bindestrich kann zur Gliederung unübersichtlicher Zusammensetzungen und mehrgliedriger Fremdwörter gesetzt werden, zum Beispiel bei *„Fußballbundestrainer/Fußball-Bundestrainer"* oder *„Handout/Hand-out"*.

b) Übung

Aufgabe 1

Im folgenden Text sind einige Wörter zusammengeschrieben, die getrennt geschrieben werden müssen, andere sind getrennt geschrieben, müssen aber zusammengeschrieben werden. Schreiben Sie die falsch geschriebenen Wörter in richtiger Rechtschreibung auf ein Blatt Papier:

Irgend wie hatte Jan etwas falschgemacht. Bei Fahrradfahren war ihm die Kette vom Zahnrad herunter gesprungen, er war aber nicht imstande, sie wieder aufzulegen. Jan kam in Nöte und wollte schon sein Rad stehenlassen, denn schließlich wollte er ja nicht spazierenfahren, sondern er musste zu einem Vorstellungsgespräch. „Mein neuer Job wird mir noch flöten gehen", dachte er, doch da kam sein Freund, ein 19jähriger Fahrradmechanikerlehrling, vorbei, und der konnte Jan ja nicht im Regen stehenlassen. Mit Hilfe eines Schraubenziehers lösten sie das Problem und weil er wieder radfahren konnte, kam er rechtzeitig zum Vorstellungsgespräch.

Groß- und Kleinschreibung

a) Regeln

1. Nomen (Hauptwörter) und der Satzanfang werden großgeschrieben. (*Der Hund hat mich gebissen.*)

2. Anredepronomen (Anredefürwörter) können auch in Briefen und Urkunden wahlweise groß- oder kleingeschrieben werden, wenn es sich um eine vertraute Person handelt, die man duzt. (*Ich wünsche dir/Dir, dass deine/Deine Verletzung durch den Hundebiss schnell heilt.*). **Anreden von Personen, zu denen man „Sie" sagt, werden großgeschrieben** (*Sehr geehrter Herr Müller, ich hatte Ihnen bereits mitgeteilt, dass mich Ihr Hund gebissen hat und bitte Sie deshalb darum, für Schadensersatz zu sorgen.*)

3. Ableitungen von Personennamen auf „-(i)sch" werden kleingeschrieben (*das ohmsche Gesetz, die grimmschen Märchen*). **Will man den Personennamen besonders**

hervorheben ist auch die Schreibweise mit dem großgeschriebenen Namen und Apostroph zulässig (*das Ohm'sche Gesetz, die Grimm'schen Märchen*).

4. Tageszeiten nach den Adverbien (Umstandswörtern) „heute", „gestern", „morgen", „übermorgen" und „vorgestern" werden großgeschrieben (*heute Abend, gestern Mittag*).

5. Adjektive (Eigenschaftswörter), die mit einem Nomen (Hauptwort) eine feste Verbindung eingehen, werden dann klein geschrieben, wenn sie nicht einen Eigennamen bilden (*das schwarze Brett, das große Los*; aber: *das Rote Kreuz, der Stille Ozean, das Zweite Deutsche Fernsehen*). Achtung: Das Adjektiv kann auch großgeschrieben werden, wenn hervorgehoben werden soll, dass die Verbindung in einer neuen Gesamtbedeutung gebraucht wird, wenn also das „schwarze Brett", beispielsweise gar nicht schwarz ist und betont werden soll, dass es sich um eine Anschlagetafel handelt (das Schwarze Brett = Anschlagetafel; der Letzte Wille = Testament)

6. Paarformeln für die Bezeichnung von Personen werden großgeschrieben (*Jung und Alt, Groß und Klein*).

b) Übung

Aufgaben

1 Im folgenden Brief sind alle Wörter kleingeschrieben. Schreiben Sie die Wörter heraus, die großgeschrieben werden müssen:

sehr geehrter herr müller,

leider muss ich feststellen, dass ihr mitarbeiter maier seine aufgaben nicht ordnungsgemäß erledigt. gestern mittag beispielsweise musste ich nach einer begehung der baustelle feststellen, dass er nicht viel vom verlegen elektrischer leitungen versteht. die ohmschen gesetze sind ihm offenbar ein buch mit sieben siegeln. an den unmöglichsten stellen hat er widerstände eingebaut, so dass mehrere blockiert sind. dieses blockieren konnte ich inzwischen beheben. ich habe an allen stellen, an denen widerstände falsch gesetzt waren, mit einem roten kreuz markiert. leider war mir das auffinden aller fehler ihres mitarbeiters nicht vergönnt. als meine sekretärin das licht einschalten wollte, erhielt sie einen elektrischen schlag und musste vom roten kreuz versorgt werden. ich sehe mich daher gezwungen, schadenersatz von ihnen zu fordern. da das auflisten der schäden noch nicht abgeschlossen ist, werde ich ihnen die höhe meiner forderungen erst in der nächsten woche mitteilen können.

mit freundlichen grüßen

alfred maier

Zeichensetzung

a) Regeln

1. Haupt- und Nebensätze werden durch Komma getrennt (*Der Halter des Hundes, der mich gebissen hat, wurde ermittelt.*).

2. Zwei Hauptsätze werden durch Komma getrennt. Werden die beiden Hauptsätze mit „und" oder „oder" verbunden, steht es frei, ein Komma zu setzen oder darauf zu verzichten. Man sollte ein Komma setzen, wenn man die Gliederung und den Sinn des Satzes verdeutlichen möchte (*Der Hund biss mich (,) und der Besitzer schaute tatenlos zu.*).

3. Bei Infinitivgruppen muss ein Komma nur noch in drei Fällen gesetzt werden, und zwar a) wenn die Infinitivgruppe mit „als", „(an)statt", „außer", „ohne" oder „um" eingeleitet wird (*Statt zu bellen, biss der Hund sofort zu.*), **b) wenn die Infinitivgruppe von einem Nomen im übergeordneten Satz abhängt** (*In mir regte sich der Wunsch, den beißenden Hund zu erwürgen.*) und **c) wenn die Infinitivgruppe durch ein hinweisendes Wort angekündigt wird** (*Hier ist es wichtig, beißende Hunde an die Leine zu nehmen.*). Bei allen anderen Infinitivsätzen ist es freigestellt, ein Komma zu setzten oder es wegzulassen (*Er beeilte sich, den Hund anzuleinen.*).

b) Übung

Aufgabe 1

Setzen Sie die fehlenden Kommas, begründen Sie ihre Entscheidung:

Plötzlich verspürte ich ein heftiges Verlangen den Raum zu verlassen und in der freien Natur herumzulaufen denn drinnen war es stickig und eng und draußen schien die Sonne. Weil dies aber nicht möglich war fingen die Schweißperlen an mir übers Gesicht zu rinnen. Statt mich hier zu quälen sollte ich mir lieber etwas Gutes tun dachte ich durch den Wald schlendern in der Waldgaststätte ein Eis essen gehen ohne mir irgendwelche Sorgen machen zu müssen. Wie kommt man eigentlich dazu immer wieder Dinge zu machen die man gar nicht will? Statt sein Leben selbst zu bestimmen lässt man sich von anderen Menschen vorgeben was zu tun ist. Dabei wäre es doch so einfach das Leben in vollen Zügen zu genießen. Aber nein ich sitze in diesem blöden Raum und zermartere mir das Hirn bloß weil irgend so ein Mensch meint das sei gut für mich und das müsse so sein. Große Spaziergänge zu machen ist zwar eigentlich auch nicht gerade mein Ding aber es ist immer noch besser als diese blöde Mathearbeit zu schreiben.

Worttrennung am Zeilenende

a) Regeln

1. Grundsätzlich wird nach Silben getrennt (*Hun-de-lei-ne*).

2. Das Trennungsverbot von „st" und die Auflösung von „ck" in „k-k" aus der alten Rechtschreibung ist aufgehoben (*Fens-ter, De-cke, pa-cken*).

b) Übung

Aufgabe 1

Setzen sie überall, wo Trennung möglich ist, ein Trennungszeichen:

Der dicke Dackel packte die Bratwurst und sprang aus dem Fenster. Aber er hatte die Rechnung ohne den Wirt gemacht. Draußen saß der schwarzgelbe Schäferhund und der bellte laut, als er die Bratwurst samt Dackel auf ihn zufliegen sah. Der Dackel bekam einen riesigen Schrecken und ließ seine Beute fallen. Darauf hatte der große Hund nur gewartet, er setzte zu einem gewaltigen Sprung an und schnappte sich die fette Wurst.

Stilistik

In der Stilistik (auch: Stilkunde) sind vor allem zwei Dimensionen wichtig:

1. Wenn man selbst schreibt oder redet, gibt sie Anleitungen dafür, dass man lernt, sich möglichst gut auszudrücken, indem man

- dem Thema oder Gegenstand gegenüber angemessen spricht oder schreibt,
- funktionsgemäß redet oder schreibt, also beispielsweise beachtet, dass man anders als bei einer spannenden Geschichte in einem Bericht sachlich bleiben sollte, und
- stilistische und rhetorische Mittel einsetzt, um die erwünschte Wirkung seiner Rede oder seines Textes auch tatsächlich zu erzielen.

2. Wenn man Sachtexte, Reden oder literarische Texte untersucht, gibt die Stilistik Hinweise darauf, mit welchen Mitteln ein Text oder eine Rede eine bestimmte Wirkung erzielt. Sie hilft dabei

- die Textsorte richtig festzustellen, also zu erkennen, ob es um sachliche Information geht, oder ob ein Text überzeugen will,
- einen Text oder eine Rede kritisch zu beurteilen, indem man beispielsweise feststellt, dass hier vor allem Stilmittel verwendet werden, die die Gefühle der Zuhörer oder Leser ansprechen, oder dass Stilmittel verwendet werden, die auf logische Schlussfolgerungen setzen, und
- zu beurteilen, ob der Text oder die Rede sach- und funktionsgerecht gestaltet wurde.

Unter dem Sprachstil versteht man die von einem Sprecher oder Schreiber gewählte sprachliche Ausdrucksweise. Guter Stil ist die angemessene und deshalb wirkungsvolle Ausdrucksweise, die abhängig ist von dem Zusammenhang, in dem der Text verwendet wird. Was in einer Festrede guter Stil ist, ist also in der Regel kein guter Stil in einem Bericht. Außerdem ist das, was als guter Stil empfunden wird, auch abhängig von der Zeit und von sprachlichen Moden. Was vor 100 Jahren geschliffener, höchst wirkungsvoller Stil war, kann heute durchaus als völlig ungelenk empfunden werden.

Untersucht werden in der Stilistik vor allem die **Wortwahl** (sachlich/persönlich/emotional/rhetorische Mittel), der **Sprachrhythmus** (im Gedicht: Hat der Text ein Versmaß?; im Prosatext: Haben die Sätze eine „Sprachmelodie“?), und der **Satzbau** (Überwiegen kurze Sätze und Satzreihen oder herrschen lange, verschachtelte Sätze vor?).

Einschränkung: Was „guter Stil“ ist, lässt sich nicht eindeutig sagen. Es gibt schlichtweg keine eindeutigen Regeln dafür (was übrigens auch dazu führt, dass der eine Deutschlehrer die stilistischen Qualitäten eines Textes durchaus anders beurteilen kann als ein anderer). Was als „guter Stil“ gilt, hängt von der Zeit (von „sprachlichen Moden“), vom Kontext oder der Situation ab.

Allerdings: Was „schlechter Stil“ ist, lässt sich schon eher eingrenzen: Man kann also nicht unbedingt sagen, wie es „richtig“ und was „guter Stil“ ist, aber man kann durchaus sagen, was „falsch“ und was ganz bestimmt „schlechter Stil“ ist. In diesem Sinn kann man vor allem sagen, was in Texten falsch ist, die sachlich informieren sollen, wie zum Beispiel der Bericht oder das Protokoll. Dagegen kann ein Autor durchaus sein Ziel, seine Leser aufzuwühlen, gerade damit erreichen, dass er ganz sachlich ausgewählte Fakten aneinander reiht.

Sachlich: Nominalstil bevorzugt (*Das Überqueren der Autobahn durch Fußgänger ist mit großen Gefahren verbunden.*), keine Wertung, keine Emotionalisierung, keine die Vorstellungskraft beflügelnde Formulierungen.

Persönlich: Verbalstil bevorzugt (*Zu Fuß über die Autobahn zu gehen, ist sehr gefährlich.*), Wertungen sind erlaubt, Gefühle sollen angesprochen und geweckt werden, die Vorstellungskraft darf beflügelt werden.

4420272

Aufgaben

1

Formen Sie den folgenden Brief in einen Bericht um:

Hi Jana,
nachdem du gestern auf der Party die Fliege gemacht hattest, kam es noch zu einem megamäßigen Crash zwischen Jens und Dennis. Jens hatte wohl die Wodkaflasche zu heftig angeguckt. Er glaubte offenbar, unbedingt einen alten Clinch mit Dennis wegen dir hoch kochen zu müssen. Jens lallte etwas von Spast und wollte Dennis eins reinwürgen, weil der dran Schuld sei, dass du ihn in die Wüste geschickt hast. Jens meinte im Ernst, Dennis hätte dir gesteckt, dass er die Aline angebaggert hatte. Jens drehte immer hohler. Plötzlich griff er sich eine leere Pulle, um sie auf dem Kopf von Dennis zu zerstäuben. Dennis aber tauchte rechtzeitig ab, sodass Jens nur ein Loch in die Luft schlug. Dabei verlor er das Gleichgewicht, donnerte mit dem Schädel gegen die Tür. Das war's fürs erste, seither träumt er seinen Alk aus sich heraus.
Tschö, Nico

2

Schreiben Sie über den im folgenden Bericht festgehaltenen Vorgang einen Brief an die beste Freundin/den besten Freund (aus Sicht des Monteurs oder aus Sicht der jungen Frau):

Bei der Verlegung neuer Telefonanschlüsse im 4. Stock der Schüsselstraße 28 in Freiburg kam es zu einer Störung des normalen Arbeitsablaufs. Die Bewohnerin der Wohnung rechts von der Treppe, die 28 Jahre alte allein wohnende Frau Simone Maier, führte Beschwerde. Die Belästigungen durch die Benutzung des Bohrhammers seien unzumutbar. Sie müsse die Zuhilfenahme der Polizei erwägen, wenn die Lärmbelästigungen nicht sofort eingestellt würden. Der Monteur setzte Frau Maier in der gebotenen Freundlichkeit die Notwendigkeit und Unvermeidbarkeit der Belästigungen auseinander, was zu einer Einladung auf eine Tasse Kaffee in der Wohnung Frau Maiers führte. Heute sind die beiden ein Paar.

4420274

Barüske, Heinz: *Die Geschichte vom Alten und dem Eisbären, S. 133.* Aus: Märchen der Eskimo. Frankfurt a. M.: Suhrkamp 1964.

Benni, Stefano: *Bruder Geldautomat, S. 64.* Aus: Es gibt keine schlechten Menschen, sagte der Bär, wenn sie gut zubereitet sind. Aus dem Italienischen von Hinrich Schmidt-Henkel. Freiburg: Beck & Glückler 1996. S. 25 ff.

Brandt, Anja: *Jugendliche über ihre Ausbildung, S. 115.* Aus: www.beiersdorf.de/Area-Job-Career/DE_Auszubildende/DE-Erfahrungsberichte.aspx?l=1 - 86k -

Brandt, Beatrice: *Schulinformen: Pro – Gut für das Gemeinwohl, S. 18.* Aus: www.abendblatt.de/daten/2004/02/27/266719.html?prx=1

Brecht, Bertolt: *Fahrend in einem bequemen Wagen, S. 34.* Aus: Gesammelte Werke 9. Gedichte 2. Werkausgabe. Frankfurt a. M.: Suhrkamp 1967. S. 586 f.

Wenn Herr K. einen Menschen liebte, S. 9. Aus: Geschichten des Herrn K. Frankfurt a. M.: Suhrkamp 1984.

Brednich, Rolf Wilhelm: *Der Fund am Straßenrand, S. 141; Nachbars Kaninchen, S. 141.* Aus: Sagenhafte Geschichten von heute. www.kaee.uni-goettingen.de/personal/brednich/brednich.htm.

Brothers Keepers: *Adriano (letzte Warnung), S. 31.* Aus: Sascha Verlan. Rap-Texte. Für die Sekundarstufe herausgegeben von Sascha Verlan. Stuttgart: Philipp Reclam jun. 2003. S. 130 ff.

Brown, Fredric: *Der Posten, S. 144.* Aus: Galaxis-Science Fiction. München: Heyne 1965, einem Unternehmen der Verlagsgruppe Random House GmbH.

Christian, Heiko: *Erfolgsfaktoren für den Berufsstart I und II, S. 109 und 110.* Aus: www.boyng.de/arbeitswelt/ausbildung-studium-arbeit/erfolgsfaktoren-fuer-den-berufsstart-i-schluesselqualifikationen

Die Fantastischen Vier: *Neues Land. S. 30.* Aus: www. fullyrics.com/lyrics/d/Die_Fantastischen_Vier/Neues_Land.

Frisch, Max: *Andorra, S. 43, S. 45.* Aus: Stücke 2. Frankfurt a. M.: Suhrkamp 1962. S. 223 ff.; *Der andorranische Jude, S. 41.* Aus: Gesammelte Werke in zeitlicher Folge. Bd. 2, 1944 – 1949. Frankfurt a. M.: Suhrkamp 1976. S. 372 ff.; *Du sollst dir kein Bildnis machen, S. 9.* Aus: Tagebuch 1946 – 1949. Frankfurt a. M.: Suhrkamp 1988.

Fuchs, Kirsten: *eine socke bleibt selten alleine, S. 63.* Aus: taz vom 12. August 2004.

Gernhardt, Robert: *Die Waldfee und der Werbefachmann, S. 134.* Aus: Die Waldfee und der Werbefachmann. Frankfurt a. M.: Fischer 2003; *Ich selbst, S. 33; Kleine Erlebnisse großer Männer: Kant, S. 33.* Aus: Über alles. Frankfurt a. M.: Fischer 1996. S. 416, S. 360.

Grimm, Jakob und Wilhelm: *Der Wolf und die sieben Geißlein, S. 128.* Aus: Sammlung von Kinder- und Hausmärchen. Ditzingen: Reclam 1996.

Grönemeyer, Herbert: *Zum Meer, S. 62.* Aus: www.nomorelyrics.net/song/300358.html.

Gunturu, Gesa: *Konflikte im Privatleben, S. 58.* Nach: www.wissen.de.

Händel, Ruth: *Meine letzte Zigarette, S. 105.* Aus: www.home.tiscalinet.ch/ecoglobe/audio/zigarette.htm

Havel, Jonas/Pagel, Hannes: *Jugend in Ihrer Vielfalt kaum noch überschaubar, S. 11.* Aus: www.bernhardkeller.de/Projekte/_Jugendkulturen__-_Inhalt/_Jugendkulturen__-_Vielfalt.

Hebbel, Friedrich: *Sommerbild, S. 257.* Aus: Ziel und Grund. Potsdam: Rütten und Loening o. J. © Aufbau Verlagsgruppe GmbH

Hebel, Johann Peter: *Dankbarkeit, S. 261; Der Barbierjunge von Segringen, S. 72.* Aus: Schatzkästlein des Rheinländischen Hausfreundes. In: Johann Peter Hebel. Werke in einem Band. München: Carl Hanser o. J. S. 54 f.

Heffner, Markus/Keck, Christine: *Mick Jagger bringt Fans außer Atem, S. 165.* Aus: Stuttgarter Zeitung online.

Heine, Heinrich: *Nachtgedanken, S. 34.* Aus: Gesammelte Gedichte und Verse. Lechner-Verlag 1994. S. 193 f.

Herder, Johann Gottfried: *Die Ratte in der Bildsäule, S. 76.* Aus: Herders sämtliche Werke. Hrsg. v. Bernhard Suphan. Berlin: Weidmann 1866. Bd. 24. S. 14.

Hesse, Hermann: *Der Steppenwolf, S. 54.* Aus: Der Steppenwolf. Frankfurt a. M.: Suhrkamp 1974.

Hohler, Franz/Schubiger, Jörg: *Der Fährmann, S. 76.* Aus: Hin- und Hergeschichten. Zürich: Nagel & Kimche 1986.

Hussel, Horst: *Gespräch, S. 36.* Aus: Abendglühn. München 1986. Rechte: Verlag Klaus G. Renner, München.

Huxley, Aldous: *Schöne neue Welt, S. 146.* Aus: Schöne neue Welt. Übersetzung ins Deutsche von Herberth E. Herlitschka. Frankfurt a. M.: Fischer 1988.

Jodda, Bettina: *Spieglein, Spieglein an der Wand, S. 49.* Aus: www.heise.de/tp/r4/magazin/lit/15473/1.html - 12k.

Kästner, Erich: *Entwicklung der Menschheit, S. 259.* Aus: Gesang zwischen den Stühlen. Zürich: Atrium 1933.

Kafka, Franz: *Heimkehr, S. 253.* Aus: Sämtliche Erzählungen. Hrsg. von Paul Raabe. Frankfurt a. M.: Fischer 1970.

Keck, Christine: *Weiß, weiblich und nicht einmal besonders cool, S. 161.* Aus: Stuttgarter Zeitung vom 16. März 2006.

Köhler, Horst: *Rede des Bundespräsidenten zur Bildungspolitik vom 21. September 2006 in Berlin, S. 265.* Quelle: http://www.bundespraesident.de/-,11057/Reden-und-Interviews.htm.

Korschunow, Irina: *Die Sache mit Christoph, S. 14.* Aus: Die Sache mit Christoph. München: dtv junior 1972.

Lebert, Benjamin: *Felix, S. 52.* Aus: Crazy. Köln: Kiepenheuer & Witsch. 1999. S. 26.

Leicht, Robert: *Schuluniform allein genügt nicht, S. 18.* Aus: ZEIT online vom 8. Mai 2006, www.zeit.de/online/2006/19/schuluniform_kommentar.

Lemke, Marie-Luise: *Mein Berichtsheft, S. 117.* Aus: http://www.ausbildung-im-bundestag.de/berichtsheft_woche5.html-8k.

Liebsch, Sylvie: *Saugen statt Joggen – Das Geschäft mit der Schönheit boomt, S. 10.* Aus: www.einslive.de/daswort/derservice/gesundheit_und_drogen

Loriot (Victor von Bülow): *Feierabend, S. 38.* Aus: Szenen einer Ehe in Wort und Bild. Zürich: Diogenes 1989. S. 29 ff.

Mann, Thomas: *Aus dem Anfang der Novelle, S. 79; Im Grand Hotel, S. 80; Aus dem Schluss der Novelle, S. 82.* Aus: Mario und der Zauberer. Frankfurt a. M.: S. Fischer Verlag 1930.

Marti, Kurt: *Happy End, S. 70.* Aus: Dorfgeschichten. Darmstadt und Neuwied: Luchterhand Literaturverlag 1983, einem Unternehmen der Verlagsgruppe Random House GmbH. S. 20.

Müller, Claudia: *Schrauben gehört zum Handwerk, S. 162.* Aus: NWZ vom 17. März 2006.

Nell, Oliver: *Denglisch in der Werbung, S. 94.* Aus: www.rhetorik-netz.de/rhetorik/nell.htm

Novak, Helga M.: *Schlittenfahren, S. 71.* Aus: Geselliges Beisammensein. Prosa. München: Luchterhand Literaturverlag 1968, einem Unternehmen der Verlagsgruppe Random House GmbH. S. 130 ff.

Pink: *Stupid Girls, S. 103.* Aus: www.lyricstop.com/s/stupidgirls-pink.html

Polasik, Daria: *Manchmal muss es die Kerze sein, S. 60.* Aus: www.echo-online.de.

Pusch, Helmut: *Der König ist tot, es lebe der König, S. 164.* Aus: Südwestpresse vom 15. März 2005.

Reinig, Christa: *Fische, S. 77.* Aus: Orion trat aus dem Haus. Neue Sternbilder. Stierstadt i. Taunus: eremiten-Presse 1968. S. 39.

Rijckaert, Alix: *Spielsucht, S. 156.* Aus: Darmstädter Echo vom 22. Juli 2006.

Roth, Eugen: *Der eingebildete Kranke, S. 266.* Aus: Der Wunderdoktor. München: Carl Hanser Verlag 1950. S. 72.

Roth, Joseph: *Der Vorzugsschüler, S. 53.* Aus: Werke. Bd. 4. Romane und Erzählungen 1916 – 1929. Hrsg. und mit einem Nachwort versehen von Fritz Hackert. © 1989 by Verlag Kiepenheuer & Witsch, Köln und Verlag Allert de Lange, Amsterdam.

Schiller, Friedrich: *Lied der Räuber, S. 35.* Aus: Die Räuber. Stuttgart: Philipp Reclam jun. 1969. 2001, S. 586 f.

Schnitzler, Arthur: *Im Konzertsaal, S. 56.* Aus: Leutnant Gustl. Meistererzählungen. Frankfurt a. M.: S. Fischer 1981. S. 149 f.

Schulz von Thun, Friedemann: *Die vier Seiten einer Nachricht, S. 39.* Aus: Miteinander reden 1. Störungen und Klärungen. Reibek b. Hamburg: Rowohlt 1998. S. 26 ff.

Seitz, Wolfgang: *Ein Fall für Kommissar Seitz: Der Film zur Tat, S. 158.* Aus: DIE ZEIT Nr. 26. vom 22. Juni 2006. S. 55.

Steineck, Almut: *Judiths Geschichte(n) – Geständnisse einer Manga-Süchtigen, S. 20.* Aus: www.spiegel.de/unispiegel/schule/0,1518,380957,00.html.

Strittmatter, Erwin: *Der Bauernkalender, S. 73.* Aus: Schulzenhofer Kramkalender. Berlin und Weimar: Aufbau Verlag 1967. S. 253f.

Tegtmeier, Sascha/Schottner, Dominik: *Eine neue Schulmode, S. 17.* Aus: Eine neue Schulmode. taz vom 8. Mai 2006. S. 2.

Thurber, James: *Das kleine Mädchen und der Wolf, S. 133.* Aus: 75 Fabeln für Zeitgenossen. Deutsch von Ulla Hengst, Hans Reisinger, H. M. Ledig-Rowohlt. Reinbek b. Hamburg: Rowohlt 1989.

Valentin, Karl: *Im Hutladen, S. 124.* Aus: Gesammelte Werke in einem Band. Hrsg. von Michael Schulte. München: Piper 1994.

Verlan, Sascha: *Die Rückkehr des Reims, S. 30.* Aus: Rap-Texte. Für die Sekundarstufe herausgegeben von Sascha Verlan, Stuttgart: Philipp Reclam jun. 2003. S. 20f.

Vietor, Peter/Beranek, Martin: *Tobacco Road, S. 143.* Aus: H. Alpers / R. Hahn. Science Fiction aus Deutschland. München: Heyne 1974, einem Unternehmen der Random House Verlagsgruppe GmbH.

Weiß, Peer-Philipp: *Vom Winde verweht – Die Windkraft, S. 247.* Aus: Schülerzeitung Streberg@rten des Fürst-Johann-Moritz-Gymnasiums Siegen, 2001. Quelle: http://members.aol.com/esSGeh/sg94/windkrft.htm.

Ziegler, Reinhold: *Dschonghi und der Computer, S. 67.* Aus: Oder die Entdeckung der Welt. 10. Jahrbuch der Kinderliteratur. Hrsg. von Hans-Joachim Gelberg. Weinheim und Basel: Beltz & Gelberg 1997. S. 85f.

Zwerenz, Gerhard: *Nicht alles gefallen lassen, S. 74.* Aus: Gesänge auf dem Markt. Satiren und phantastische Geschichten. Köln und Frankfurt a. M.: EVA 1978 S. 73ff.

Texte ohne Verfasserangabe und Texte unbekannter Verfasser

Anglizismen gebrauchen – Anglizismen verstehen, S. 231. Aus: www.inst.at.trans/3Nr/sanford.htm, aufgerufen am 26.09.2006.

Anschreiben, S. 111. Aus: www.beska-bewerbungsservice.de/bewerbertipps. Impressum/Inhalt: Beska-Bewerbungsservice, Doreen Beska, Thomas-Müntzer-Str. 34, 04838 Eilenburg.

Aus der Traum für Düsseldorferin, S. 96. Aus: in: Rheinische Post vom 26. Januar 2006. www.rp-online.de/public/article/dtoday/cityinfo/studium/173373, aufgerufen am 21.02.2006.

Ausbildungsberuf: Medizinischer Fachangestellter, S. 115. Aus: www.bibb.de/de/20395.htm - 32k. Hrsg. vom Bundesinstitut für Berufsbildung (BIBB), Robert-Schuman-Platz 3, 53175 Bonn.

Aus dem Drehbuch, S. 79; Im Grand Hotel, S. 81; Aus dem Schluss des Drehbuchs, S. 83; Norbert Beilharz im Gespräch mit Klaus Maria Brandauer, S. 87. Aus: Jürgen Haase. Mario und der Zauberer. Das Buch zum Film von Klaus Maria Brandauer. Berlin: Henschel Verlag 1994.

Bericht zur Lage der Jugend, S. 151. Aus: 3. Bericht zur Lage der Jugend in Österreich. Thema „Freizeit". Österreichisches Institut für Jugendforschung, Wien 1999. [gekürzt]

Brief der Schulleitung, S. 159. Autorentext

Das Bahkauv, S. 138. Aus: R. Hermann. Geheimnisvolles aus Aachen. Aachen: Shaker Verlag 1998.

Das geheime Gewölbe, S. 137. Aus: Das Projekt Sagen. www.sagen.at. Universität Innsbruck, Innrain 52, A-6020 Innsbruck. © 2000 – 2006 Wolfgang Morscher.

Das Song-Zitat der Woche, S. 29. Aus: www.scenario4u.de. Verlag J. Bauer KG, 45765 Marl.

Das Supermodel Heidi Klum verteidigt ihre umstrittene Castingshow, S. 100. Aus: www.alphacross.de/ inhalt/artikel-323.htm#top, aufgerufen am 21.02.2006.

Das Volksmärchen – eine für Kinder ansprechend gestaltete Erzählung, S. 131. Autorentext

Das Wesen von Sagen und Legenden, S. 136. Autorentext

DGB beklagt Mängel bei Ausbildung, S. 121. Aus: Mittelstand Netzeitung. www.netzeitung.de/spezial/mittelstand/339429.html. NZ Netzeitung GmbH, Albrechtstr. 10, 10117 Berlin, © 2006 NZ Netzeitung GmbH.

Die maßgeschneiderte Bewerbung, S. 111. Autorentext

Die Nibelungensage, S. 135. Autorentext

Ein Abend der Bürgerinitiative Meppen, S. 26. Autorentext

Eine Präsentation vorbereiten und durchführen, S. 179; Eine Präsentation auswerten, S. 181. Aus: Jürgen Hudelmayer. Präsentationstraining in Klasse 12. Aus: entwurf 1/2005, Materialien zum Download. www.entwurf-online.de, aufgerufen am 27.06.2006. [verändert und ergänzt]

In der Schönheitsfalle, S. 98. Aus: www.schoenheit-und-medizin.de. Dr. Georg Mekras, Sven Dieball, Olaf Nieman GbR, Biedenkopfer Weg 9, 60489 Frankfurt a. M. © Chirurgie-Portal 2006.

Jil Sander – Neuanfang mit 60 Jahren, S. 93. Aus: www.welt.de (dpa/AP). Artikel erschienen am 22.11.2003.

Joanne K. Rowling ist gegen Magermodels, S. 103. Aus: Frankfurter Allgemeine Zeitung vom 07. April 2006. Nr. 83. S. 10.

Jugend im Internet, S. 155. Aus: www.computerbase.de/news/allgemein/studien/2006/februar/europas_jugend_18_prozent_zeit/, aufgerufen am 29.06.2006.

Kundengespräche führen S. 184. Aus: www.vnr.de/vnr/unternehmensaufbausicherung/unternehmensstrategien/praxistipp_03109.html. VNR Verlag für die Deutsche Wirtschaft AG, Theodor-Heuss-Straße 2-4, 53177 Bonn.

Lerntypentest, S. 233. Aus: http:// www.pohlw.de/lernen/kurs/lern-10.htm. Wolfgang Pohl, Zur Lohmühle 8, 27793 Wildeshausen. © Wolfgang Pohl.

Männer im Schlankheitswahn, S. 100. Aus: www.amica.msn.de/beauty-body/shape/duerre_männer, aufgerufen am 23.05.2006. [leicht verändert und gekürzt wiedergegeben]

Medienkonsum der 14- bis 19-Jährigen, S. 153; Von Reportagen bis zu Nachrichten, S. 154. Aus: Birgit van Eimeren. Mediennutzung und Fernsehpräferenzen der 10-bis 15-Jährigen. Internationales Zentralinstitut für das Jugend- und Bildungsfernsehen (IZI) Ausgabe: 13/2000/2. www.br-online.de/jugend/izi/text/eimeren.htm, aufgerufen am 20.10.2006.

Mein schöner Schulalltag, S. 12. Aus: „... zu spüren, dass es mich gibt". Schüler schreiben. Hrsg. von Matthias Kalusch, Hessisches Schulministerium. Frankfurt 2003.

Patchworkfamilie, S. 59. Aus: www.familienratgeber-nrw.de/index.php?id=1891 - 16k. Hrsg. vom Ministerium für Generationen, Familie, Frauen und Integration des Landes Nordrhein-Westfalen, 40190 Düsseldorf.

Plakate, S. 107. Bundeszentrale für gesundheitliche Aufklärung

Punker von Rohrbach, S. 138. Aus: Das Projekt Sagen. www.sagen.at. Universität Innsbruck, Innrain 52, A-6020 Innsbruck. © 2000–2006 Wolfgang Morscher.

Rauchfrei, S. 105. Aus: Frankfurter Allgemeine Sonntagszeitung vom 28. Mai 2006.

Razzia in der Schule, S. 158. Aus: Spiegel online vom 10. März 2006. www.spiegel.de/schulspiegel/0,1518,405331,00.html, aufgerufen am 10.03.2006.

Schaubilder auswerten, S. 218. Aus: www.lehrerfortbildung-bw.de/faecher/projektkompetenz/methoden, aufgerufen am 31.05.2006.

Soziales Engagement? Warum ich? Warum eigentlich nicht?, S. 119. Aus: www.fsj-waldbreitbach.de/index.php?option=com_content&task=view&id=19&Itemid=32 - 16k. Hrsg. von MARIENHAUS GmbH, Postfach 1220, 56588 Waldbreitbach.

Stellenanzeigen, S. 113/114. Medienhaus Südhessen, Holzhofallee 25-31, 64295 Darmstadt; Caterpillar Logistics Services Germany GmbH, Hans-Böckler-Str. 9, 64521 Groß-Gerau; KfH Kuratorium für Dialyse und Nierentransplantation e.V., Martin-Behaim-Straße 20, 63263 Neu-Isenburg; Hessenwasser GmbH & Co.KG, Taunusstraße 100, 64521 Groß-Gerau/Dornheim; bauverein AG Darmstadt, Siemensstraße 20, 64289 Darmstadt; Evangelische Kirche in Hessen und Nassau Kirchenverwaltung, Paulusplatz 1, 64285 Darmstadt.

Stress mit dem Chef, S. 122. Aus: dpa/gms. http://rhein-zeitung.de/on/05/06/06/news/t/rzo156758.html?a. RZ-Online GmbH, Gusanusstraße 7, 56073 Koblenz. © RZ-Online GmbH.

Tote Fledermäuse kosten der Windkraft in Freiburg Sympathiewerte, S. 243. Aus: www.pr.uni-freiburg.de/prmit_layout_alt/prmit.php?ind=1197, Freiburg 2005. Kontakt: Dr. Ulrich Schraml, Institut für Forst- und Umweltpolitik, Uni Freiburg.

Übler Scherz mit Betonfußbällen, S. 140. Aus: Die Welt vom 5. Juli 2006.

Umfragen durchführen und auswerten, S. 219. Aus: www.lehrerfortbildung-bw.de/faecher/projektkompetenz/methoden, aufgerufen am 31.05.2006.

Verein Deutsch Sprache, S. 93. Aus: Verein Deutsche Sprache e.V. www. vds-ev.de. Prof. Dr. Walter Krämer. Verein Deutsche Sprache, Postfach 104128, 44041 Dortmund.

Verliebt in Berlin, S. 69. Aus: www.verliebtinberlin.de. SevenOne Intermedia GmbH, Medienallee 6, 85774 Unterföhring, 2006 SevenOne Intermedia GmbH.

Was schön ist, ist relativ?, S. 98. Aus: Markus Siemons. Welche Schönheit ist chinesisch?. In: Frankfurter Allgemeine Zeitung vom 24. August 2006. Nr. 196. S. 31.

Zur Attraktivität von Science-Fiction-Literatur, S. 145. Autorentext

Agentur Focus/Enno Kapitza 101 (u)

Agentur Focus/Herlinde Koelbl 33

Agentur Focus/Titti Fabi/Team/Grazia Neri 101 (o)

Akg-images 9 (u), 126 (li), 134 (re), 134 (li, o)

Akg-images/Sotheby's 134 (li, u)

Alimdi.net/Stefan Auth 48 (Collage), 52

Argum 103 (o)

Argum/Falk Heller 240

Argus/Schwarzbach 148 (Collage), 152

Artur/Werner Huthmacher 28

Werner Bachmeier 119

Beiersdorf AG, Hamburg 115

Bildagentur online 48 (2), 52 (m + re)

Blitzwerk Fotoart & Design 60

Bundeszentrale für gesundheitliche Aufklärung, Köln 107

Peter Butschkow/Baaske Cartoons 95

Carlsen Verlag GmbH, Hamburg 2007 20, 21

Caro/Teich 10

Das Fotoarchiv/Lineair 105

Deutscher Taschenbuch Verlag 13

Diogenes Verlag AG, Zürich 141 (1)

EB-STOCK 19

Face to face 62

Jochen Eckel 108 (u)

Wolfgang Filser 247

Getty-Images 2006 97 (m)

Getty-Images/2005 China Photos 97 (li)

Getty-Images/2006 China Photos 97 (re)

Barbara Henninger/Baaske Cartoons 264, 271

Axel Hess 52

Heyne Verlag, München 141 (2)

Interfoto/Sammlung Rauch 56

Joker/David Ausserhofer 241

Keystone/Jochen Zick 11, 12, 108 (o), 125

Keystone/Volkmar Schulz 26

Erik Liebermann/Baaske Cartoons 273

Look/Karl Johaentges 148

Mediacolors/dia 48

Gerhard Mester 128

Photoalto/Milena Boniek 48, 52 (m)

Photoselection/Michael Germana 100

Photothek.net/Thomas Koehler 121

Photothek.net/U. Grabowsky 59

Picture-alliance/akg-images 41

Picture-Alliance/dpa 32, 37, 103 (u), 140, 165

Picture-alliance/dpa/dpaweb 96, 164, 263

Picture-alliance/KPA 9 (o), 126 (re)

Picture-alliance/Okapia KG 131

Picture-alliance/ZB 29

Klaus Puth/Baaske Cartoons 271

Henriette Rintelen 99

Schapowalow/Cora 137

Schapowalow/Fahn 17

Matthias Schwoerer/Baaske Cartoons 40

Thomas Semmler 148 (Collage), 156

Spiegel-Verlag, Hamburg 51 (o)

Uli Stein/catprint 224

STOCK 4B/Stephan Hoek 162

Jan Thomaschoff 48 (Collage), 65

Ullstein - Granger Collection 170

Vario images /Rainer Unkel 8

Vario images/Marija Kasalo 167

VG Bild-Kunst, Bonn 2007/Klossowski de Rola, Balthus 51 (u), 200

Heinz Wildi/Baaske Cartoons 40

Trotz intensiver Nachforschungen ist es uns in einigen Fällen nicht gelungen, die Rechteinhaber zu ermitteln. Wir bitten diese, sich mit dem Verlag in Verbindung zu setzen.

4420280